牟宗三先生全集④

佛性與般若（下）

牟宗三　著

目　次

上冊

第三部
天台宗之性具圓教
第一分
圓教義理之系統的陳述

第一章
天台宗之判教

前已說華嚴宗，今應說天台宗。依時間次序，天台宗在前，華嚴宗在後，何以先說華嚴，後說天台？蓋有二故。一因繫屬故，先說為便。華嚴宗之義理支持點在《大乘起信論》，而《大乘起信論》則是順前後期唯識學而發展至者。由阿賴耶緣起而至如來藏緣起，由如來藏緣起而至華嚴宗，這是一系之發展──發展至華嚴而極，無可再進者。雖有真心妄心之別，然皆屬分解的路──阿賴耶緣起是經驗的分解，如來藏緣起是超越的分解。華嚴圓教是基于這超越的分解而立者。因此繫屬故，順說為便，故華嚴宗雖在時間上後于天台，而亦先述之于前也。二因判教不盡故，先說為便。華嚴宗雖後起，然其性格已定于分解之路，不因其為後起而有改變，故雖在後而亦在前。智者時已有就《華嚴經》而立法界宗，視《華嚴經》為加勝于《法華經》者，而智者斥之，明《華嚴經》仍帶有權教未融，此即吾因而謂猶有一隔之權者。前之法界宗未能外于天台之鑒定，後起之華嚴宗性格未變，自亦不能外于天台之鑒定。既待鑒定，自非最後之綜和。即因此故，先列在前。故天台判教乃係最後者。設有後于華嚴宗而起者，若其入路仍為分解的，則亦仍未越過華嚴宗之範圍。然則圓教之所以為圓教必有其獨特之問題以及其

抒義之獨特的模式。天台宗定圓教之標準在《法華經》，不在《華嚴經》，必有故也。此非淺嘗者所能知。《華嚴經》早有晉譯（佛陀跋陀羅＝覺賢譯六十《華嚴經》），賢首引經文亦多依晉譯。（唐實叉難陀譯八十《華嚴經》，雖完備，而經旨不變）。智者豈無知于《華嚴經》耶？豈不能欣賞《華嚴經》之圓滿無盡與圓融無礙耶？蓋已知徒從佛法身法界展轉引申而為分析的圓不能決定圓之所以為圓也。如是，吾人急須決定《法華經》之性格。

第一節
《法華經》之性格

　　《法華經》是空無第一序之內容的，它無特殊的教義與法數。《般若經》教吾人以實相般若；《涅槃經》教吾人以法身常住，無有變易；《解深密經》教吾人以阿賴耶系統；《勝鬘》、《楞伽》、《密嚴》等經教吾人以如來藏系統；《維摩詰經》教吾人以不二法門；《華嚴經》教吾人以法界圓融。凡此等經皆有鮮明之內容而足以吸引人。《法華經》教吾人以什麼呢？若與上列諸經對比，你馬上可以覺到它實在貧乏得很！天台宗宗《法華經》，豈不怪哉？但是它豈真無所說乎？它有所說。它所說的不是第一序上的問題，乃是第二序上的問題。它的問題是佛意，佛之本懷；是權實問題，迹本問題，不是特殊的教義問題；它處理此問題的方式是開權顯實，開迹顯本。它只在此成立圓實教，以明佛之本懷。這顯然是第二序上的問題，高一層的問題，也可以說是虛層的問題，因此，它沒有特殊的法數，教義，與系統，因而它亦無鋪排。（華嚴

宗的「別教一乘圓教」是第一序上的。）

　　1.此經七卷共二十八品。依智者《法華文句》中的判別，分全經為迹本二門。從〈序品·第一〉至〈安樂行品·第十四〉，為迹門開權顯實。從〈涌出品·第十五〉訖經末，為本門開權顯實（開迹顯本），本迹二門各立序分，正說分，流通分，三分。

　　迹門三分如下：

　　㈠〈序品·第一〉為發起端由。

　　㈡從〈方便品·第二〉訖〈授學無學人記品·第九〉為迹門正說。此正說中更開為兩重：一、從〈方便品〉開始至「無上兩足尊，願說第一法」全偈止，為略說開三顯一。二、從此品「爾時世尊告舍利弗汝已殷勤三請」起直至〈授學無學人記品·第九〉為廣說開三顯一。廣說凡七品半。此中有法說，譬說，因緣說，三種。（甲）法說。從〈方便品·第二〉「爾時世尊告舍利弗汝已殷勤三請」起至〈譬喻品·第三〉「盡迴向佛道」偈語止，為法說。法說者，佛為上根人作三乘一乘說，開三乘之權，顯一乘之實，依法而說也。（乙）譬說。從〈譬喻品〉「爾時舍利弗白佛言」起直至〈授記品·第六〉，為譬說。譬說者，佛為中根人于上法說中不悟，更作三車一車說，依譬喻而說也。初許三車是施權，後同賜一大白牛車是顯實。（丙）因緣說。〈化城喻品·第七〉下共三品為因緣說。因緣說者，佛為下根人于上法說譬說中不能了悟，遂說宿世曾于大通智勝佛時同下一乘之種，令其得悟，依宿世因緣而說也。

　　㈢〈法師品·第十〉下共五品為迹門之流通分。

　　本門開權顯實三分如下：

㈠〈涌出品・第十五〉從頭起至「彌勒已問是事，佛今答之，汝等自當因是得聞」止這半品爲本門中之序分。

㈡〈壽量品・第十六〉爲正說「開近迹顯遠本」。〈分別功德品・第十七〉，于中佛說長行爲總授法身記；彌勒說偈爲總申領解。正說至此竟。

㈢從〈分別功德品〉彌勒說偈後以及此下三品爲本門法通分之勸持流通，從〈神力品・第廿一〉直至經末爲付囑流通。

據此科段，則知只有正說分才是《法華經》的正式內容，而此內容不過是說三乘爲方便（權），一乘爲眞實（實）；若只說一乘，則不能接衆機，是以方便亦必要；既說方便已，便不能死在方便下，執方便爲眞實，故又須開方便顯眞實（開權顯實）。這一點內容佔分量並不多，只是一個權實問題以及如何處理此權實問題之問題。如何處理之之問題即是「開權顯實」也。開者不是施設義，乃是順所已施設者不讓我們定死在這所已施設者之下而開發之，暢通之，決了之之謂。是故〈法師品・第十〉說偈云：「若聞是深經，決了聲聞法，是諸經之王，聞已諦思維，當知此人等，近于佛智慧。」此中「決了聲聞法」之「決了」即是智者說「開」字之所本。

何以說全經之前十四品爲迹門？「迹」者，佛成道後四十餘年間說法教化衆生之行迹也。在此有生之年所說之諸教有權有實，此即是迹門之權實。「迹」亦曰「近迹」，即佛于有生之年所現而爲吾人眼前所見之迹，此亦如孟子所謂「有聞而知者，有見而知者」之見知。但佛之近迹只是其永恆生命之一階段的示現。佛之八相成道而現爲八十餘歲之一期生命（分段身）亦只是其永恆生命之示

現，其成道並不自今日分段身「始成」也。他早已成了。其降生，住母胎，處王宮等等只是示現耳。是以「近迹」是對「遠本」而言。「遠本」者，其宿世久遠已來即已成佛說法矣，即此名為「遠本」。全經後十四品名為本門之開權顯實。本門之本即此「遠本」也。故本門之正說分是就〈壽量品‧第十六〉而言。自法身而言，佛之壽量是無限。此壽量是無時間限制的壽量，即是永恆的智慧生命。然落于現實上，此無限生命能現為有長有短之生命，此即是有限之壽量。是故壽量品云：「善男子！若有眾生來自我所，我以佛眼觀其信等諸根利鈍，隨所應度，處處自說名字不同，年紀大小。」此「名字不同，年紀大小」即佛于現實應化中之示現也。佛之永恆生命，若自時間拉長來說，便是「甚大久遠，壽命無量，阿僧祇劫常不住滅。」（〈壽量品〉）。自其能長短而言，便是其應化之示現。即依此故，說名「遠本」。由遠本故，則八十年間之行迹即是示現之「近迹」。近迹門中諸方便說固須開通決了，即此「近迹」自身亦須開通決了以顯「遠本」。顯遠本者，一示「近迹」本由「遠本」而垂成；一示近迹中之諸方便教本非定說，不可執實，其中諸聲聞，諸菩薩，乃至微塵數眾生，俱已在遠本中總授記，皆可成佛。只因在近迹中不知是佛之方便權說，認為是定說實說，是定性眾生，定性聲聞，定性菩薩，此即囿于權而權亦死，忘其可通于佛，權本非死權，是活權也（既為權，自必是活權）。是則顯「遠本」者，無異于喚醒也。將「近迹」中眾生之忘記從「遠本」中喚醒之，使其豁然醒悟也。此即「本」門中通過「開近迹顯遠本」以開權顯實也。

　　2.《法華經》之綱格只如此，此並非天台宗師之穿鑿，乃經之

大體規模自如此。智者不過相應此規模，就原有之詞語，正式說爲開權顯實，發迹顯本，以彰著之，使人有如實之印持而已。

《法華玄義・卷第七上》說本門十妙中，先約六義說六重本迹。上說《法華經》之本迹，名爲「約今已論本迹」。智者說云：

> 六、約今已論本迹者，前來諸教〔《法華經》前四時所說之諸教〕已說事理乃至權實者，皆是迹也。今經所說久遠事理乃至權實者，皆名爲本。非今所明久遠之本，無以垂于已說之迹。非已說迹，豈顯今本？本迹雖殊，不思議一也。文云：「諸佛法久後，要當說眞實。」

「今經所說久遠事理乃至權實者皆名爲本」，即「遠本」也。「前來諸教已說事理乃至權實者皆是迹也」，即「近迹」也。但此「約今已論本迹」仍可步步還原，而至前五重本迹，最基本者爲「約理事明本迹」，其次爲「約理教明本迹」，其次爲「約教行明本迹」，再其次爲「約體用明本迹」，最後爲「約實權明本迹」。此爲前五種本迹。第六「約今已」說者仍只就《法華經》而言耳。此一點是《法華經》之特性。智者說前五重本迹云：

> 一、約理事明本迹者，「從無住本立一切法」。無住之理即是本時實相眞諦也。一切法即是本時森羅俗諦也。由實相眞本垂于俗迹，尋于俗迹即顯眞本。本迹雖殊，不思議一也。故文云：「觀一切法空、如、實相，但以因緣有，從顚倒生」云云。〔案：荊溪《法華玄義釋籤》解云：「初理事中

云『從無住本立一切法』者,無明爲一切法作本。無明即法性,無明復以法性爲本,當知諸法亦以法性爲本。法性即無明,法性復以無明爲本。法性即無明,法性無住處;無明即法性,無明無住處。無明法性雖皆無住,而與一切諸法爲本,故云『從無住本立一切法』。無住之本既通,是故眞諦指理也;一切諸法事也,即指三千爲其森羅。言從本垂迹者,此理性之本迹。由此,方有外用本迹。是故始從『理事』,終乎『已今』。」案「從無住本立一切法」,語出《維摩詰經》,詳論見下章。法性無住,無明無住,此「無住之理本」即是「本時實相眞諦」,實相眞諦即本。「本時」語中之「本」即「遠本」也,佛久遠已來(本時)即已如此明照法本,故荊溪亦以「理性之本」說之。「一切法即是本時森羅俗諦」,俗諦即「迹」。此「迹」亦是「本時」之迹,荊溪亦以「理性之迹」說之——本迹合說,則爲「理性之本迹」。「理性」者客觀本自義,原則義,或法理義,乃對「外用本迹」而言。下理教、教行、體用、實權、已今,皆外用也。由此「理性本迹」方有「外用本迹」。〕

二、理教明本迹者,即是本時所照二諦俱不可說,故皆名本也。昔佛方便說之,即是二諦之教,教名爲迹。若無二諦之本,則無二種之教。若無教迹,豈顯諦本?本迹雖殊,不思議一。文云:「是法不可示,言辭相寂滅。以方便力故,爲五比丘說。」

三、約教行爲本迹者,最初稟昔佛之教以爲本,則有修因致果之行。由教詮理而得起行,由行會教而得顯理。本迹雖

殊，不思議一也。文云：「諸法從本來，常自寂滅相。佛子
行道已，來世得作佛」云云。

四、約體用明本迹者，由昔最初修行契理，證于法身爲本。
初得法身本故，即體起應身之用。由于應身，得顯法身。本
迹雖殊，不思議一。文云：「吾從成佛已來，甚大久遠若
斯。但以方便教化眾生，作如此說。」

五、約實權明本迹者，實者、最初久遠實得法應二身皆名爲
本，中間數數唱生唱滅、種種權施法應二身，皆名爲迹。非
初得法應之本，則無中間法應之迹。由迹顯本，本迹雖殊，
不思議一也。文云：「是我方便，諸佛亦然。」

下即接第六「約今已論本迹」，見上錄。前五重本迹是通說，唯
「約今已論本迹」則獨顯《法華經》之綱格，而前五重本迹亦皆于
此「今已本迹」中顯也。迹門開權顯實，故《法華玄義》釋名中解
經題之「妙」字有迹門十妙（境妙、智妙、行妙、位妙、三法妙、
感應妙、神通妙、說法妙、眷屬妙、功德利益妙、爲迹門十妙）。
本門開權顯實，故于迹門十妙外，復有本門十妙（本因妙、本果
妙、本國土妙、本感應妙、本神通妙、本說法妙、本眷屬妙、本涅
槃妙、本壽命妙、本利益妙爲本門十妙）。權即粗、實即妙，此爲
判粗妙。開權顯實，開粗成妙，則一是皆妙，此爲《法華經》之圓
實妙；就迹門說，即迹門之十妙。迹者近迹也。四十餘年一期之教
說皆近迹也。此既是近迹，則久遠已來即是遠本，此即爲開近迹顯
遠本。既開近迹中之權粗令成實妙，則遠本中之一切久已實妙，不
待言矣，故有本門十妙也。是故「照迹中十粗之境爲權，照迹中十

妙之境爲實。乃至中間三世所照十粗之境爲權，十妙之境爲實。若
權若實，悉皆是迹，迹故稱權。如是中間無量無量不可說節節權
實，餘經尙無中間一番之權，況一番之實？尙無中間一番權實，況
無量番？尙無中間權實，況有本地權實？中間權實皆名爲權。本初
照十粗十妙，皆名爲實。」（《法華玄義・卷第七下》本門十妙中
「明權實」文）。「本初照十粗十妙皆名爲實」者，佛自照自證之
法理本如此也，佛心通達本無執也，通達惡際即是實際，是則權迹
之粗不待開決而自開矣。中間三世節節權實乃至近迹中之權實，其
所以「悉皆是迹，迹故稱權」者，乃因其是相應本地權實而起現之
化迹也。旣是化迹，則在此化迹中者若不知是佛之方便化迹，而執
實執定，則成死權。死權故待開決以成實妙而復其本初也。餘經無
此近迹遠本之說，故亦未曾開權顯實，發迹顯本，故亦總無《法華
經》之圓實教也。

　　3.是故了此近迹遠本之說（約今已明本迹），則可了《法華
經》之教相。《法華玄義・卷第十上》「釋教相」中初出「大意」
云：

　　大意者，佛于無名相中假名相說。說餘經典，各赴緣取益。
　　至如《華嚴》，初逗圓別之機，高山先照。直明次第不次第
　　修行住上地上之功德，不辨如來說頓之意。〔案：《華嚴
　　經》爲佛迹門五時說法初時之頓說，只逗圓別菩薩之機，不
　　錄小乘，故如日初出，先照高山。是即不開權顯實也。頓說
　　圓滿修多羅，而「不明如來說頓之意」，是即不開迹顯本，
　　佛之本懷（佛意）不暢也。其爲圓教只是迹門中之權說。即

此圓教亦是權也，尚非眞圓實教。何以故，因尚有一隔之權
故。是即雖圓滿而復顯一權相。小乘之權固須有待開，即此
權相亦須待開也。開決小乘，則此權相即泯矣。〕

若說四《阿含》，《增一》明人天因果，《中》明眞寂深
義，《雜》明初禪定，《長》破外道，而通說無常，知苦斷
集，證滅修道，不明如來曲巧施小之意。〔案此即明四《阿
含經》灼然說小而已，不明說小之意。此只是小乘教，未就
佛意明其爲方便權說，開權以顯實也。〕

若諸方等，折小彈偏，歎大褒圓，慈悲行願、事理殊絕，不
明並對訶讚之意〔案：諸方等大乘經爲佛迹門五時說法中第
三時之所說。此等經大小並說對揚，但亦未就佛意開權顯
實。對于偏小只是彈折，對于圓大只是褒讚，而大小偏圓不
融。何以故？以對于偏小不開決故。以不開決，故佛意仍不
暢也。是即「不明並、對、訶、讚之意」。〕

若《般若》，論通則三人同入，論別則菩薩獨進。廣歷陰
入，盡淨虛融，亦不明共別之意。〔案：《般若》部爲佛迹
門五時說法中第四之所說。共般若即是通教，不共般若（別
論之般若）則是別教圓教。有共不共，而不明共不共之意，
即不明「設教所以」。此亦未開權顯實，佛意仍不明也。
即，只有此共不共之事而已。〕

若《涅槃》在後，略斥三修，粗點五味，亦不委說如來置教
原始結要之終。〔案：《涅槃經》爲佛迹門五時說法中第五
時之所說，與《法華》爲同時。《涅槃經》爲捃拾教，四教
俱說，追說追泯，令皆知常，歸于圓實。但亦未就佛意委細

詳明開權顯實以通佛意，故只以「法身常住」爲論題也。是則雖與《法華》同時，而亦不同于《法華》。〕

凡此諸經皆是逗會他意，令他得益，不談佛意意趣何之。今經不爾。絓是法門網目、大小觀法、十力無畏、種種規矩，皆所不論，爲前經已說故。但論如來布教之元始，中間取與、漸頓適時，大事因緣、究竟終訖——說教之綱格，大化之筌蹄。

其宿殖深厚者，初即頓與直明菩薩位行功德，言不涉小。文云：「始見我身，聞我所說，即皆信受，入如來慧。」〔案：此明佛于第一時就大根人說《華嚴經》之意。荊溪《釋籤》解云：「從『其宿殖』去，正出今經叙于一代用教之意。故前文云：始從《華嚴》，至《般若》來，皆不說于設教之意。故從此下，騰今經意，述一代教用與之由。故初說《華嚴》，意在大根。『言不涉小』，則三意未周。一不攝小機，二不開權，三不發迹。」〕

其不堪者，隱其無量神德，以貧所樂法，方便附近，語令勤作。文云：「我若讚佛乘，衆生沒在苦。」如此之人應以此法漸入佛慧。〔案：此明佛于第二時就「不堪者」——不堪信受初時顯說之《華嚴》教者——說小乘教之意。荊溪《釋籤》解云：「從『其不堪者』去，說《阿含》教意在于小。亦有三意未周。一不涉大機，二不開權，三不發迹。」〕

既得道已，宜須彈斥，即如方等，以大破小。文云：「苦切責之已，示以所繫珠。」〔案：此明佛于第三時說方等教之意。荊溪《釋籤》解云：「從『既得道已』去，說方教具明

大小，總有二意：一逗大逗小，二以大斥小。亦三意未周。
一者不明逗緣彈斥之意，餘二同前。」〕

若宜兼通，半滿淘汰，如大品遣蕩相著，會其宗途。文云：
「將導眾人欲過嶮道。」〔案：此明佛于第四時說《般若》
教之意。荊溪《釋籤》解云：「從『若宜兼通』去，說《般
若》教亦有二意：一通被大小，二淘汰付財。亦三意未周。
一者無通被、淘汰之意，餘二同前。」「通被大小」即有共
般若與不共般若。「淘汰」即遣蕩相著，「付財」即佛以般
若空慧付須菩提，今其轉教。「半滿淘汰」者，小乘為
「半」字教，大乘為「滿」字教，依半滿教義淘汰其相著，
融而通之，皆會歸于實相也。〕

過此難已，定之以子父，付之以家業，拂之以權迹，顯之以
實本。〔案：此明佛于第五時說《法華》之意。荊溪《釋
籤》解云：「從『過此難已』去，唯至《法華》說前教意，
顯今教意。故云『過此以後，定之以父子』，開權人也：
『付之以家業』，委權實法也。此約迹門開權顯實。次『拂
之以權迹，顯之以實本』，此本門開迹顯本也。此即《法
華》之大綱，今家之撮要，不過數行而已。收一代教法，出
《法華》文心，辨諸教所以。請有眼者，委悉尋之，勿云
《法華》漸圓不及《華嚴》頓極。」〕

當知此經唯論如來設教大綱，不委微細網目。

案：《法華》「唯論如來設教之大綱」，此大綱是第二序上的，唯
論權實問題，以及如何處理權實問題（即開權顯實，開迹顯本）。

「不委微細網目」，意即它不詳說那些「微細網目」，即第一序上
的那些特殊教義。故此大綱不是如普通所謂之大綱，即不是分解
的，乃是批判的。如就般若學而論般若學之大綱，就涅槃學而論涅
槃學之大綱，就阿賴耶系統而論唯識學之大綱，就如來藏系統而論
眞常心學之大綱，就小乘教而論小乘學之大綱，或就藏通別圓四教
而總論四教之綱要，凡此大綱皆是第一序上的分解鋪陳之大綱，故
皆有特殊之內容與法數。獨《法華經》則無第一序上的特殊內容，
教義，與法數，它只是開權顯實，開迹顯本，「不過數行而已」。
以此觀之，它豈非空洞貧乏得很？然它本是批判疏導之大綱，本無
特定之材質內容；特定之材質內容皆在他經，乃所已知而預設者。
故若不精熟他經，不能了解《法華》。精熟他經是學力工夫，了解
《法華》是智慧識見。故《法華玄義》「收一代教法，出《法華》
文心」，鋪陳得那麼多，此見智者之學力，而「《法華》文心」寧
有多哉？此「文心」，以及了解此文心之智慧與識見，乃是經過與
他經一一比決而呈現出者。若浮泛觀之，或以「與他經爲同層面」
之態度視之，焉能知之？又焉能呈現出此智慧與識見？即以此故，
乃覺智者爲不可及也。彼乃眞正弘揚佛法佛教而實得佛意者。而歐
陽竟無先生卻因其只居五品，未入賢聖位，故謂其所見自不及西土
大士。殊不知西土大士並未說至此程度也。又謂「自天台、賢首宗
出，佛法之光愈晦」，此眞顛倒之見也。

　　4.開權顯實，開迹顯本，是《法華》之綱骨。以此比決，《華
嚴》三意未周，一不攝小機，二不開權，三不發迹，不能謂爲眞圓
教明矣。《法華玄義・卷第九下》「明宗」章，明《法華》「以本
中師弟因果爲經妙宗」，蓋「此之因果」爲「衆經所無」故。此亦

顯《法華》之性格。《玄義》明宗如下：

> 正明宗者，此經始從〈序品〉，訖〈安樂行品〉，破廢方
> 便，開顯眞實佛之知見，亦明弟子實因實果，亦明師門權因
> 權果。文義雖廣，撮其樞要，爲成弟子實因，因正果傍，故
> 于前段〔全經之前半段〕明迹因迹果也。從〈涌出品〉訖
> 〈勸發品〉，發迹顯本，廢方便之近壽，明長遠之實果，亦
> 明弟子實因實果，亦明師門善士因權果，而顯師之實果，果
> 正因傍，故于後段明本因本果。合前因果共爲經宗，意在于
> 此。

但迹門因果與衆經有同有異，而本門因果則永異諸經。

> 本門因果永異諸經者，若三藏菩薩始行實因果，無權因果，
> 乃至明佛道樹始成，非久遠本迹。通教菩薩亦始行因，神通
> 變化而論本迹，非久遠本迹也。《大品》說菩薩有本迹，二
> 乘則無；說佛始得生法二身本迹，不說久遠。《淨名》不說
> 聲聞有本迹，但明菩薩住不思議之本迹；說佛有淨土，螺髻
> 所見，亦非久遠。《華嚴》說舍那釋迦爲本迹，菩薩亦有本
> 迹；聲聞尚不聞不解，云何自有本迹？〔案：此明諸經只約
> 迹門論「體用本迹」，皆無「今已本迹」。〕
> 今經發聲聞有本，本有因果示爲二乘迹中因果；發佛之迹，
> 王宮生身生，道樹法身生，乃至中間生法二身，悉皆是迹，
> 但取最初先得眞應名之爲本。故師弟本因本果與餘經永異。

今經迹中師弟因果與眾經有同有異，本中師弟因果眾經所無，正以此之因果爲經妙宗也。

先以迹門因果與本門因果共爲經宗。再經檢查，迹門因果與餘經有同有異，蓋籠統地說，餘經皆有因果，此是同也；不開權顯實明因果，此是異也。而此異總結在本門因果中，故本門因果永異眾經，即已概括迹門因果之異而捨其同矣。此下判粗妙云：

粗妙者，若半字之因，道樹偏果，此宗則粗。〔案：此指小乘經之宗說。〕

《大品》所明三乘共因果亦如是。〔案：此指通教經之宗說〕。

不共之因，雖云菩薩一日行般若，如日照閻，發心即遊戲神通，而猶帶粗因，圓因不得獨顯；雖說法身無來無去，猶帶粗果，圓果不得獨顯，故名爲粗。〔案：此就不共般若說。〕

方等中雖彈偏因果，〔然〕高原陸地不生蓮華，不辨偏得入圓，圓不彰顯，是亦爲粗。〔案：此就方等經說。〕

《華嚴》前照高山，說一圓因；究竟後身，說一圓果。又帶別因果，所帶處粗。

今經聲聞受記，菩薩疑除；同開佛知見，俱入一圓因；發迹顯本，同悟實果：因圓果實，不帶方便，永異餘經，故稱爲妙也。

開粗者，昔緣根鈍，未堪聞讚佛乘因果，用方便因果引接近

情，五味調熟，心漸通泰，決了粗因同成妙因，決諸粗果同
成妙果。故低頭舉手，著法之衆，皆成佛道，更無非佛道
因。佛道既成，那得猶有非佛之果？散善微因，今皆開決，
悉是圓因。何況二乘行？何況菩薩行？無不皆是妙因果也。

總案：以上就《法華經》之科段明《法華經》之性格爲開權顯實，
發迹顯本；並進而就《法華玄義》中之「釋教相」明《法華經》爲
反省的，第二序上的，即批判的大綱之學，此大綱仍是開權顯實，
發迹顯本；並就其中之「明宗」明《法華經》以本門因果爲妙宗，
此仍是開權顯實，發迹顯本也。

「開」者就方便教原始要終而總言之之詞。就方便教之始出而
言，「開」謂開出或開設或設立；就其要終而言，「開」謂開發
（對閉塞而封于權者而言），暢通（對拘囿于權而不通者而言），
或決了（對執權爲實而不了者言）。就《華嚴》之不攝小機而言其
「不開權」，開字取開出義，「不開權」者即不開出權教也。既不
開出，則亦無所謂進而開發暢通而決了之。就小乘經、通教經、及
諸方等經之已有權教者而言其不「開權顯實」，開字取開發、暢
通、或決了義。其大小並說，偏圓並立者，而若不開權顯實，則雖
言大言圓，其大與圓亦有權隔之相，此種權相亦須開發暢通而決了
之。大抵一說開權顯實，開字便偏重在開發暢通或決了義。正由于
此種開義，始能就權而顯實也。而開出之開則已不言而喻矣。在
此，說開權顯實，其意不是說開出權來以顯實，而是說就已開出者
進而決了之以顯實也。若只是開出而不決了，則不必能顯實也。

「發」字同于「開」字，但卻是就迹本而言，故言「發迹顯

本」。而發迹顯本亦正是開權顯實也。發字亦有發出義，此同于開出，發出迹來同于開出權來；亦有開發暢通或決了義。對《華嚴》之不攝小機而言「不發迹」，發字取發出義。既不發出近迹，自亦無所謂進而顯久遠之本。即事實上已有小乘矣，而小乘在《華嚴》會上如聾如啞，而不理它，則亦不能開發暢通而決了之；就已有此迹言，若不開發暢通而決了之，則亦不發此迹也。此發字即取開發暢通或決了義。故不但于《華嚴》說其不開權，不發迹，即于餘經亦同樣說其不開權不發迹。

　　權對實言，迹對本言。權者暫時義，方便義，曲巧對機義，非究竟義，非了竟義，粗不妙義。實者圓義，妙義，無那權中諸義。迹者近迹義，指佛有生之年之敎迹而言。本者遠本義，指久遠之本而言，即佛成道成佛不自有生之年始，有生之年之「始成」只是其永恆生命所示現之近迹；他久遠已來早已成佛，此即示法身常住，此即是遠本也。此遠本在其示現爲有生之年近迹以前，即已有種種示現以及權實，即所謂中間示現，此是久遠以來之「遠迹」。此遠本遠迹對近迹而言，皆爲遠本。故佛有久遠本迹，菩薩亦有久遠本迹，小乘亦有久遠本迹。（餘經小乘無久遠本迹，未受記成佛故，亦無體用本迹，無權用故；菩薩只有體用本迹，無久遠本迹；佛則只是始成，非久遠成。）故發迹顯本即決發聲聞菩薩佛之近迹而顯其久遠之本迹也。發佛之近迹也顯其遠本，即顯圓實佛法身常住，而且顯其自始以來即不離迹，佛身即是迹，非只神通變化是迹。（《法華玄義・卷第九下》「明用」中云：「餘經但道佛所變化是迹，不道佛身自是迹。今經自道佛身是迹，其餘變化寧得非迹？」）發聲聞菩薩之近迹而顯其遠本，即顯其久遠已來即已被授

法身記而可作佛矣。是故發迹顯本即是開權顯實，一是皆歸于圓實之一乘，而無二無三。故《法華》之迹門因果及本門因果皆圓因圓果，不帶方便。故上錄《法華玄義》「明宗」中開粗成妙文云：「決了粗因同成妙因，決諸粗果同成妙果。故低頭舉手，著法之衆，皆成佛道，更無非佛道因。佛道既成，那得猶有非佛之果？散善微因，今皆開決，悉是圓因。何況二乘行？何況菩薩行？無不皆是妙因果也。」

　　5.迹門開權顯實，本門發迹顯本，在此種開顯作用上顯出佛權實二智大用。此大用復有種種方式的作用可說。就迹門說，有十種；就本門說，亦有十種。此見于《法華玄義·卷第九下》「明用」章。迹門十用如下：

　　㈠破三顯一。正破三情，而顯一智。何者？昔「若初讚佛乘，衆生沒在苦。」既不堪聞大，「尋念過去佛，所行方便力，亦應說三乘。」說三乘已，齊教封三乘，「不更願好者。」今破三執，顯于佛智。故言「諸佛法久後要當說眞實。」

　　㈡廢三顯一者，此正廢教。雖破其情，若不廢教，樹想還生。執教生惑，是故廢教。「正直捨方便，但說無上道。」「十方佛土中，唯有一乘法，無二亦無三。」

　　㈢開三顯一者，正就於理，傍得約教。約教者，昔教明三人入眞，今教明三人得佛也。正約理者，只是二乘眞空自有實相。昔方便不深，不能妙見。今開此空即是實相。故言「決了聲聞法，是諸經之王」。開方便門，示眞實相。

《大經》云：「爲諸聲聞開發慧眼。」

㈣會三顯一者，正就於行。《大品》會宗云：「四念處四禪
等，皆是摩訶衍。」但會其法，未會其人。此經人、法、
行、俱會。故云：「汝等所行是菩薩道。漸漸修學，悉當
成佛。」低頭舉手皆成佛道。云云。

㈤住一顯一者，此就佛本意，本以實智化物。「佛平等說，
如一味雨。」「佛自住大乘，如其所得法，定慧力莊嚴，
以此度眾生。若以小乘化，我則墮慳貪，是事爲不可。」
故知從得道夜，常說中道，常說大乘。而眾生罪故，故使
如來以毒塗乳，著弊垢衣，方便婆和，引令向大。故言
「雖說種種道，其實爲一乘」。云云。

㈥住三顯一者，此就佛權智，方便化物。「尋念過去佛，所
行方便力，我今亦如是，即趣波羅奈。」「以方便力故，
爲五比丘說。」過去諸佛亦住三乘而顯一乘。今佛亦爾，
故言「更以異方便，助顯第一義。」

㈦住非三非一顯一者，或約理，或約事。約理者，「是法住
法位，世間相常住。」是法不可示。「知法常無性，佛種
從緣起。」「無性」即非三非一。「從緣起」即是三緣顯
一。今會非三非一。約事者，即是人天乘。此乘非三，亦
復非一。常以此乘引入於大。低頭舉手皆成佛道。「若我
遇眾生，盡教以佛道。」

㈧覆三顯一者，此就權巧多端。前權前度，但除其病，不除
其法。法不除故，擬化後緣。若破此法，後何所用？機息
則覆，機興則用。何但佛爾？入實菩薩亦然。「若有不信

此法，於餘深法中示教利喜。」云云。

㈨住三用一者，此就法身妙應眷屬。前住三顯一是師門。今
　住三用一是弟子門。如富樓那等實是法身，現作聲聞，示
　住於三而常顯一，饒益同梵行者。

㈩住一用三者，此就本誓。如華光作佛，願說三乘，而非惡
　世。今佛亦於寶藏佛所，願於惡世說此三乘。云云。

案：以上爲迹門十種權實大用。本門亦有十種力用，此就近迹遠本
而言。文如下：

㈠破迹顯本，亦就破情。〈序品〉、〈方便〉、〈寶塔〉三
　文已動執生疑。如文殊答彌勒云：昔八王子師事妙光。妙
　光先居補處，而王子成佛，號曰然燈。弟子今又成佛，號
　曰釋迦。妙光翻爲弟子，字曰文殊。〔案：以上故事見
　〈序品〉〕。動迹執生，此疑何由可決？今言非是補處淹
　緩，亦非弟子超越。良由釋迦成道已久，昔示弟子，今示
　作師耳。拂此迹疑，顯于本智，故言破迹顯本也。〈方便
　品〉云：「我從久遠劫來，讚示涅槃道，生死苦永盡。我
　常如是說。」當知生死久已永盡，非是中間始入涅槃。寶
　塔涌現，證示滅不滅，即迹而常。分身皆集，八方不可稱
　數。分身既多，當知成佛久矣。如荷積滿池之喻。推三品
　文，已是破迹之漸。所以下方涌出，非寂滅道場受化，亦
　非他方分身所受化。此兩處人彌勒皆識，而今不識，所以
　驚異。破此近情，顯本長遠。故文云：「一切世間皆謂我

釋迦牟尼出釋氏宮，去伽耶城不遠，得三菩提。然我實成佛來無量百千萬億那由他劫。」直舉世界問彌勒，彌勒不知其數。何況世界中塵而當可數？此是破近執謂，生其遠智也。

(二)廢迹顯本者，亦就說法。昔爲五濁障重，不得遠說本地，但是迹中近成。今障除機動，須廢道樹王城迹中之說，皆是方便。執近之心既斷，封近之教亦息。文云：「自從是來，我常在此娑婆世界說法教化，亦于餘處百千萬億那由他阿僧祇國導利眾生。」即是廢一期之迹教，顯久遠之本說也。

(三)開迹顯本者，此亦就法，亦就理。只文殊所述然燈佛及久遠來讚示涅槃道及分身諸佛，如是迹說，以是顯本之意，惑者未悟玄旨。今若顯本，亦不迴餘途，還開近迹示其本要耳。就理者，但深觀方便之迹，本理即顯。文云：「我實成佛已來，久遠若斯。但以方便教化眾生，令入佛道。」若入佛道，即于迹得本也。

(四)會迹顯本者，此則就行。尋迹中諸行，或從此佛行行得記，或從彼佛行行得記；或示己身他身，隨機應現長短大小。諸迹悉從本垂。若結會古今，還結迹而顯本耳。本迹雖殊，不思議一。文云：「諸善男子！于是中間，我說然燈佛等，又復言其入于涅槃。如此皆是方便分別。」即會迹顯本意也。

(五)住本顯本，此就佛本意。即如下方菩薩于空中住，法身佛爲法身菩薩說法。法身修道，純說一乘，文云：「娑婆世

界純以黃金爲地，人天充滿。」又云：「人眾見燒盡，我淨土不毀。能如是深觀，是爲深信解相。」常住此本，恆顯于本。文云：「我成佛已來，甚大久遠。壽命無量，阿僧祇劫常住不滅。」豈非住本顯本耶？

㈥住迹顯本者，此就迹意。即是釋迦住生身而顯一。由顯一故，古佛塔涌。塔涌故，召請分身。分身集故，慕見弘經，下方出現，彌勒疑問。問故，説壽長遠，動執遣疑。是爲住迹顯本也。文云：「我以佛眼觀其信等諸根」，乃至「種種方便説微妙法，能令眾生發歡喜心」也。

㈦住非迹非本而顯本者，既約絕言冥會。即是非本非迹而能本迹。昔非迹而垂迹，今非本而顯本。文云：「非實非虛，非如非異。」如斯之事，如來明見也。

㈧覆迹顯本者，亦約機應多端。若執迹障本，故覆令不執。更對後機，還須用迹。故有師子奮迅之力。文云：「以若干言辭，因緣譬喻，種種説法。所作佛事未曾暫廢。」

㈨住迹用本者，上來「住迹顯本」者直是迹中隨機方便，顯本地理；今言住迹用本者，即是中間迹至道樹，數數生滅，他身他事者，皆用本地實因實果，種種本法，爲諸眾生而作佛事，故言住迹用本。此就師爲解。若約弟子者，即是本時妙應眷屬，住于權迹、垂形九道，而用本法利益眾生。文云：「然我今非實滅度，而便唱言當取滅度。如來以是方便教化眾生。」此是住迹而用本時滅度而示滅度也。

㈩住本用迹者，即是本地不動而迹周法界。非生現生，非滅

現滅。常用此迹利潤眾生。此義據師。若據弟子者，即是
法身菩薩以不住法、住于本地，無謀之權迹用無盡。文
云：「又善男子！諸佛如來法皆如是。爲度眾生，皆實不
虛。」

案：迹門十用通迹門十妙（十妙文繁不錄），本門十用通本門十妙
（亦不錄）。此迹十用、本十用總不外是佛之權實二智。佛以權實
二智爲妙能，《法華經》以斷疑生信爲勝用。「只二智能斷疑生
信，生信斷疑由于二智。約人約法左右互論耳。」「諸經不純明佛
智慧，不發佛自應迹；不正破廢二乘果；不斷生身菩薩之遠疑，起
其遠信；不顯本地增法身菩薩本念佛之道，損界外之生。如此力
用，眾經所無，今經具之。所以命章不論二乘菩薩等智，純顯佛之
微妙智慧；不開眾生九法界知見，純開眾生佛之知見。餘經但論佛
所變化是迹，不道佛身自是迹。今經自道佛身是迹，其餘變化寧得
非迹？今經正破廢化城二乘之果，況其因行耶？又破裏方便教菩薩
執迹爲極。今皆發廢，悉稱是權迹。及中間諸疑悉斷，起于深遠不
思議信。又顯本地眞實功德，令法身菩薩得大利益，始自初阿，終
鄰後荼。抹十方那由他土爲塵數增道菩薩，不能令盡。蓋由如來雨
權實二智一味之雨，普等四方俱下者，一切諸四門俱破也。充足求
于具足道者，斷其深疑，起其大信，令入一圓因，控摩訶衍車遊于
四方，直至道場。大用大力，妙能妙益，猶自未盡。復次，此力能
破二乘之果。二乘怖畏生死，入空取證，生安穩想，生已度想；墮
三無爲坑，若死若死等苦；已如敗種，更不還生；智醫拱手，方藥
無用。至如《涅槃》能治闡提，此則爲易。闡提心智不滅。夫有心

者皆當作佛。非定死人，治則不難。二乘灰身滅智。灰身，則色非
常住；滅智，則心慮已盡。焦芽敗種復在高原陸地。旣聾且啞，永
無反覆。諸敎主所棄，諸經方藥不行。今則本佛智大，妙法藥良。
色身不灰，如淨琉璃，內外色像悉于中現。令心智不滅，開示悟入
佛之知見。令客作賤人，付菩提家業。高原陸地授佛蓮華。其耳一
時聽十法界聲，其舌隨一切類演佛音聲，令一切聞。能以一根遍爲
衆用。即是今經之力用也。」（《法華玄義・卷第九下》「明用」
章文）。

　　權實二智斷疑生信，餘經亦非全無。然「名雖通用，力大差
別。藏通以二智斷四住之疑，生偏眞之信。《淨名》雖彈斥二乘及
偏行菩薩，亦是界內斷疑生信，不能令小乘及方便菩薩斷大疑，生
大信。《大品》通意亦是界內疑斷信生；別意雖在界外，亦未斷近
疑，生遠信。《華嚴》正意斷界外疑，生于圓信，亦未斷近生遠。
故權實二名雖復通用，而力大異。今經用佛菩提二智斷七種方便最
大無明，同入圓因；破執近迹之情，生本地深信，乃至等覺亦令斷
疑生信。如是勝用豈同衆經耶？」（同上）。

　　當知《法華》開權顯實，發迹顯本，故能見「佛權實二智斷疑
生信」之大用。界內界外疑一齊俱斷。界內謂三界內，界外謂三界
外。界內疑爲小疑，斷小疑生小信。界外疑爲大疑，斷大疑生大
信。（界內界外詳見後第四章智者大師之「位居五品」）。迹門爲
近迹。斷近迹中之疑，則生遠信。未斷近迹中之疑，則不能生遠
信。今經斷大疑生大信，斷近疑生遠信，則一切俱通，故極圓也。
一切俱通，則無不是妙因妙果。「低頭舉手皆成佛道」。〈方便
品〉偈云：「或有人禮拜，或復但合掌，乃至舉一手，或復小低

頭，以此供養像，漸見無量佛，自成無上道，廣度無量衆。」「低頭舉手皆成佛道」一語即出自此偈語。

6.「低頭舉手皆佛道」，此中即含有一「最元初最根源之洞見」，此洞見乃決定圓教之所以爲圓教者。吾人只從文句之科段即可勾畫出開權顯實、發迹顯本以爲設教之大綱。此已示出一圓教之規模。但此圓教之規模猶只是外部地說者。若眞想內在地即義理地極成此圓教，即如圓教之實而不走作而極成之，則必有一義理之實（不是分解的曲說的義理）而後可。此義理之實須靠一「元初的洞見」。此原初的洞見是天台智者大師的智慧識見，當然是由那圓教規模而啓發出者。此洞見中之義理之實不見于《法華經》，乃是智者大師之所抒發。當然其他經，尤其是《維摩詰經》，已有此理境，而且盛談此理境；但將此理境收于《法華》開權顯實之大綱，相應《法華》圓實教而言之，以極成此圓實教之所以爲圓實教者，則是智者之創闢，亦是天台圓教獨特性格之所在，亦是決定圓實教之爲圓實教者，即，是決定圓教之所以爲圓教之標準。此則下節論之。

第二節
原初之洞見

1.此洞見爲何？曰：即「低頭舉手皆成佛道」中所隱含之「即」字是也。誰即誰？權教本只是佛對衆生根器不齊所施之方便說或差別說。假定當初與佛結緣而爲佛之眷屬，被預記爲皆得成佛，則今日雖處凡夫之境或小機之境，佛就之而方便施教，遂成爲

迹門之權敎，可是若知是權敎，而不滯于權，執權以爲實，則一經開決，凡在此權敎指導下之凡夫之行或小機之行皆是佛因，佛因即圓因或妙因，此即所謂開權以顯實，權即是實。旣開權以顯實已，則雖凡夫或小機亦可成佛，今生不成，來生成，或經阿僧祗劫而成，畢竟總可成佛。要者是在成佛必須不離此凡夫之任一行或小機之任一行。「低頭舉手，著法之衆，皆成佛道，更無非佛道因。佛道旣成，那得猶有非佛之果？散善微因，今皆開決，悉是圓因。何況二乘行？何況菩薩行？無不皆是妙因果也。」【編校案：此段引文出自《法華玄義·卷第九下》，見《大正藏》33,795下－6上。】此即是圓佛之圓因圓果。若必隔斷了此凡夫或小機之任一行，以爲成佛必別是一套作法，則佛終不得成，即有所成，亦不是圓佛，蓋其因不圓，故果亦不圓也。是則成佛必即于凡夫、二乘、菩薩之任一行而成佛，擴大之，必即于九法界（六道衆生加聲聞緣覺與菩薩）之任一法而成佛。誰即誰？首先便是成佛必即于九法界之任何一法而成佛，此即佛之即衆生而爲佛也。

衆生固有散善，亦有散惡。衆生世間本即是穢惡之汙泥。但成佛不是高蹈事，必即于汙泥而成佛。「譬如高原陸地不生蓮華，卑濕汙泥乃生此華。如是，見無爲法入正位者，終不復能生于佛法。煩惱泥中乃有衆生起佛法耳。又如殖種于空，終不得生。糞壤之地，乃能滋茂。如是，入無爲正位者，不生佛法。起于我見如須彌山，猶能發于阿耨多羅三藐三菩提心，生佛法矣。是故當知一切煩惱爲如來種。譬如不下巨海，不能得無價寶珠。如是，不入煩惱大海，則不能得一切智寶。」（《維摩詰經·佛道品第八》）。此即「煩惱即菩提」，菩提必即于煩惱而生；「生死即涅槃」，涅槃必

即于生死而成。推之，《維摩詰經・佛道品》又說：「若菩薩行于非道，是爲通達佛道。」是即佛道即于非道而見。〈觀衆生品・第七〉又說：「言說文字皆解脫相。……無離文字說解脫也。」又說：「佛爲增上慢人說離淫怒痴爲解脫耳。若無增上慢者，佛說淫怒痴性即是解脫。」「離淫怒痴爲解脫」是方便權說。「淫怒痴性即是解脫」是圓實說。「離文字說解脫」是方便權說。「不離文字說解脫」是圓實說。〈弟子品・第三〉又云：「不斷淫怒痴，亦不與俱。不壞于身，而隨一相。不滅痴愛，起于明脫。以五逆相而得解脫，亦不解不縛。」是即解脫乃即于淫怒痴，即于身，即于痴愛，即于五逆相，而爲解脫，不是隔離或斷除此種種而爲解脫。

　　2.即于淫怒痴而得解脫，此名曰「不斷斷」，亦曰「不思議斷」，或「圓斷」。「不斷斷」者，不客觀地斷除或隔離淫怒痴等非道之惡事而主觀地即得「解心無染」也。不即于淫怒痴等而得解脫，則曰「斷斷」，亦曰「思議斷」，此非圓斷。

　　在「不斷斷」中，首先顯出主觀的解心無染與客觀的存在之法兩不相礙而並存，此即《維摩詰經》所謂「但除其病而不除法」（〈文殊問疾品・第五〉）。本來客觀地就法理說，「一切衆生皆如也，一切法亦如也，衆聖賢亦如也，至于彌勒亦如也。」「一切衆生即菩提相。」「一切衆生畢竟寂滅，即涅槃相，不復更滅。」（〈菩薩品・第四〉）就此而言，則亦無所謂斷不斷。但相應此法理而解心無染，則即有「不斷斷」。「解心無染」不是獨自成一個覺解的清淨體擺在那裡，而是即于一切法之法理之如而當體即如其如而如之，此即是「不斷斷」，亦曰「解惑不二」。淫怒痴等即是惑事，「不斷斷」即解心無染。只有「不斷斷」才是圓佛之斷。

生死、煩惱、淫怒痴等，有是凡夫的，有是聲聞的，有是菩薩的（菩薩只斷分段身，不斷變易身，至等覺位尚有一生待斷，唯佛究竟斷，即徹底的圓滿的解心無染。）是則下自凡夫（六道衆生亦在內），上至菩薩，每一法界之差別法，差別相，其成爲差別，主要地說，是由于無明。此中客觀地說固有法，而主觀地說亦皆有無明。而客觀的法之類聚于九法界而成爲此九法界之差別，則由于無明。凡夫的生命全在無明中，因此，其法界之法亦全在染著中。小乘斷見思惑，而不能斷塵沙惑，至如根本惑（無始無明）則只伏不斷，正因此故，而成其爲小乘法界。菩薩斷及無明，而不能斷盡，亦正因此而成爲菩薩界。至佛究竟斷（不斷斷，徹底而圓滿的解心無染），則其法界之法全在清淨中。他雖有凡夫法，而他畢竟不是凡夫，而只是佛。他雖有聲聞法，而他畢竟不是阿羅漢，而只是佛。他雖有菩薩法，而他畢竟不是菩薩，而卻純然是佛。他既具有九法界法（連其自身即爲十界互融而爲佛），則他即是「不斷斷」。他即于凡夫而爲「不斷斷」，則在其「不斷斷」中的凡夫法即與凡夫之無明脫節，病除而法存，因此，即成爲佛法。他即于聲聞緣覺與菩薩而爲「不斷斷」，亦復如此。是故《法華玄義・卷第九上》于「辨體」中第四「入實相門」中最後一段「開粗門顯妙門」云：

　　若《法華》後教不俟更開。《法華》前教，或門、理已入妙者，更何所開？或門、理雖妙，而人未妙，門理妙者亦不須開。若門若理若人未妙者，今當開。
　　謂開一切愛見煩惱即是菩提，故云：「觀一切法空如實

相。」開一切生死即是涅槃，故云「世間相常住。」開一切
凡人即是妙人，故云：「一切眾生是吾子。」開一切愛見言
教即是佛法，故云：「若說俗間經書，治生產業，皆與實相
不相違背。」開一切眾生即妙理，故云：「爲令眾生開佛知
見」，示悟入等亦復如是。〔案：以上就凡夫開。〕

開一切小乘法即是妙法，故云：「決了聲聞法，是諸經之
王。」開一切聲聞教，故云：「佛昔于菩薩前毀訾聲聞，然
佛實以大乘而見教化。」開一切聲聞行即是妙行，故云：
「汝等所行是菩薩道。」開一切聲聞理即是妙理，故云：
「開方便門，示真實相。」〔案：以上就聲聞開。〕

開諸菩薩未被妙者今皆得圓，故云：「菩薩聞是法，疑網悉
已除。」別教有一種菩薩，三藏亦有一種菩薩，通教一種菩
薩，未決了者。今皆開顯。

若門若理無不入妙，是名開權顯實，決粗令妙也。

案：開凡夫，則雖凡夫法而與佛法融。開小乘，開菩薩，亦復如
是。此一開決即顯示「不斷斷」也。此一不斷一切無明中的法之
「即」之洞見顯然是由《法華經》之開權顯實發迹顯本以及《維摩
詰經》中不斷淫怒痴等而得解脫之理境而啓發出。

　　3.由此原初之洞見即可進而相應《法華經》之開權顯實而立一
義理之實以成立天台宗所謂之圓教。此一圓教是對一切法亦有一根
源的說明即存有論的說明之圓教。那「不斷斷」之洞見是收于此存
有論的圓教而說，不只是《維摩詰經》中所說菩薩解脫所應走之途
徑，亦不只是《般若經》中不捨不著之實相般若之妙用（不壞假名

而說諸法實相）。當然，實相義是被保存下來的。故《法華玄義》
明經體即是以「一實相印」爲《法華經》之「體」也。但此「實相
印」是就《法華經》之開權顯實而立之存有論的圓教中之實相印，
不只是般若妙用中的實相，亦不只是般若之作用地圓具一切法這圓
具中之實相。那不斷斷之洞見啓發出一存有論的圓教，同時亦即收
入于此存有論的圓教中而被表現。因此，此一存有論的圓教即在
「不斷斷」之實踐中而呈現。

　　此一「不斷斷」之實踐中的存有論之圓教因爲由于一義理之實
而成立，故它亦爲一系統。此一圓教系統之義理既不同于阿賴耶妄
心系統，亦不同于如來藏眞心系統。它全無現成的論藏可據，它是
天台智者大師之所獨發。

　　然則此一圓教系統所依以成的義理之實是什麼呢？曰：即「一
念心」是。此「一念心」亦曰「一念無明法性心」，亦曰「無住
本」，亦曰「如來藏理」（六即中「理即」的如來藏，不是經過觀
行後的如來藏）。此是相應那原初的洞見（不斷斷中的「即」）而
來的存有論的圓具（圓具一切法之圓具）之「一念心」。它不是通
過經驗的分解（心理學的分解）而建立的持種的阿賴耶識，雖然它
與阿賴耶識同是無明妄心；它亦不是分解地說的八識中的第六意
識。雖然統此八識皆可名曰一念心，亦可說開決了此八識而成爲一
念心。分爲八識是阿賴耶系統，此是別教說（此當說爲始別教，見
下節。依華嚴宗，此爲大乘始教。）而此「一念心」則是圓教說，
故它既不可以被視爲第八識，亦不可以被視爲第六識。它是開決了
八識，相應圓教融而爲一說的。（圓教是就次第而不次第；開權顯
實，非四味外別有醍醐，非三乘外別有一乘。）復次，它亦不是通

過超越的分解而來的眞常心。眞常心之隨緣不變、不變隨緣是如來藏眞心系統，此亦是別教，而非圓教。它是消化了這眞心之「但中」，就「不斷斷」之實踐中的存有論的圓具而說的煩惱心，故不偏指淸淨眞如理以爲「一念心」也，此不是一念靈知，「知之一字衆妙之門」，這靈知心也。是故若就此「一念心」而言如來藏，這如來藏即是無明陰妄心，是就迷就事而論，此即是「理即」之如來藏。「理即」者，意謂此「一念無明法性心」，就法理說，它原則上即是佛也。法理之理即空如實相之中道理而且是圓具的「不但中」之中道理。法理如此，即是理佛。就衆生言，即是一理佛，即潛存的佛也。衆生在迷，有理無事，故只能就之而說「理即佛」，至多再進而說「名字即佛」，但總不說「觀行即佛」，因根本無觀行故。至于「觀行即」後之其他「即」更必說了。但「觀行即」以及此後「相似、分證、究竟即」亦不過就是此「一念心即如來藏理」在「不斷斷」中之明徹無染地逐步朗現。

　　如此，這一圓教系統之義理之實藉以成其爲圓教者根本無現成之論藏可據，是故不可以阿賴耶系統或如來藏眞心系統來混視，而此「一念心」旣不可以分解說的識心視，亦不可以分解說的眞心視。此是對于「一念心」之初步的規定。

　　4.再進而說此「一念心」不但只是一念心，而且是即具一切法的一念心。一切法趣此一念心，是趣不過。（此是將《般若經》的「一切法趣某某，是趣不過」之語移于此存有論的圓具上說）。此亦即是「一念三千」也。若只是分解說的識心，則不能說一念心即具三千。若只是分解說的眞心，則亦不能說此一念眞心即是三千世間法，而只能說它隨緣起現三千世間法。但此一念心，相應開權顯

實之圓敎，在「不斷斷」中，它必須存有論地圓具一切法──三千世間法。此須引文明之。《摩訶止觀・第七章正修止觀》中說「觀不可思議境」云：

> 夫一心具十法界，一法界又具十法界，百法界。一界具三十種世間，百法界即具三千種世間。此三千在一念心。若無心而已，介爾有心，即具三千。亦不言一心在前，一切法在後；亦不言一切法在前，一心在後。例如八相遷物，物在相前，物不被遷；相在物前，亦不被遷。前亦不可，後亦不可。祇物論相遷，祇相遷論物。今心亦如是。若從一心生一切法者，此則是縱。若心一時含一切法者，此即是橫。縱亦不可，橫亦不可。祇心是一切法，一切法是心故。非縱非橫，非一非異，玄妙深絕，非識所識，非言所言，所以稱爲不可思議境，意在于此，云云。

案：此是言「一念心即具三千」之典型文字。此境是不可思議之境。有此不思議境，故有「不斷斷」之「不思議斷」。因此，三千世間法皆成佛法，就十法界言，十界互融如水，非情執十界局限如冰也。此顯是開權顯實、決粗令妙、不斷斷中之「一念三千」也。情執十界局限如冰，是粗。十界互融如水，是妙。成佛必即九界而成佛也。故九界與第十佛界互融如水，皆成佛法，此是「不斷斷」也。在「一念三千」中，有十法界法。每一法界又各具十法界，是則成百法界。此是重疊言之耳。十法界中，除佛界外，有其他九界。就此其他九界而言，皆有無明在內。就此皆有無明在內之九界

而言，則曰「不斷」（不離不除）。就開權顯實皆成妙法（佛法）而言，則曰「斷」（解脫），此斷是「不斷斷」，亦曰「不思議斷」，即圓斷也。圓斷後而成佛，佛界既與其他九界互融，即在「不斷斷」中即于九界而成佛，則雖佛界亦有其他九界之煩惱相，惡業相，與苦道相，不過內心無「無明染執」而已。吾人必須在「不斷斷」之層次上了解那一念三千之不思議境。

　　5.《法華玄義・卷第五下》論三法妙中開粗顯妙後，進而明始終云：

　　五、明始終者，不取五品教乘為始，乃取凡地一念之心具十法界十種相性為三法之始。

　　何者？十種相性只是三軌。「如是體」，即真性軌。「如是性」，性以據內，即是觀照軌。「如是相」者，相以據外，即是福德，是資成軌。

　　「力」者是了因，是觀照軌。「作」者是萬行精勤，即是資成。

　　「因」者是習因，屬觀照。「緣」者是報因，屬資成。

　　「果」者是習果，屬觀照。「報」者是習報，屬資成。

　　「本末等」者，空等即觀照，假等即資成，中等即真性。直就一界十如論于三軌。〔案：真性軌、觀照軌、資成軌為三軌。由真性軌言法身，由觀照軌言般若，由資成軌言解脫。故三法首先可指法身、般若、解脫而言，由三軌而套出者。但三法有各種三法，如三道、三識、三佛性、三般若、三菩提、三大乘、三身、三涅槃、三寶、三德。「法身、般若、

解脫」之三法即「三德」也。此將在下章中由涉及而詳展之。又十法界，每一界皆具十如，故有十種十如也。由此每一界之十如即可說三軌。凡地一念三千即爲三軌之始。〕

今但明凡心一念，即皆具十法界。一一界悉有煩惱性相，惡業性相，苦道性相。〔案：煩惱、惡業、苦道，此名惑業苦三道。〕

若有無明煩惱性相，即是智慧觀照性相。何者？以迷明故起無明。若解無明，即是于明。《大經》云：「無明轉，即變爲明。」《淨名》云：「無明即是明」。當知不離無明而有于明。如冰是水，如水是冰。

又凡夫心一念即具十界，悉有惡業性相。只惡性相即善性相。由惡有善，離惡無善。翻于諸惡，即善資成。如竹中有火性，未即是火事，故有而不燒。遇緣事成，即能燒物。惡即善性，未即是事。遇緣成事，即能翻惡。如竹有火，火出還燒竹。惡中有善，善成還破惡。故即惡性相是善性相也。凡夫一念皆有十界識名色等苦道性相。迷此苦道，生死浩然。此是迷法身爲苦道。不離苦道別有法身。如迷南爲北，無別南也。若悟生死，即是法身。故云苦道性相即是法身性相也。〔案：此由十二因緣明惑業苦三道，而三道即是三德也。此是不斷斷中的三德，即詭譎言之的三德也。〕

夫有心者皆有三道性相，即是三軌性相。故《淨名》云「煩惱之儔爲如來種」，此之謂也。〔案：此是性德三軌。〕

若言「如是力、如是作」者，菩提心發也，即是眞性萌動。「如是因」者，即是觀照萌動。「如是緣」者，即是資成萌

動。〔案：此是**修德三軌**。〕

「如是果」者，由觀照萌動成習因，感得般若習果滿也。「如是報」者，由資成萌動爲緣因，感得解脫報果滿也。果報滿故，法身亦滿。是爲三德究竟滿，名祕密藏。〔案：此是**究竟三軌**。〕

「本末等」者，性德三軌冥伏不縱不橫，修德三軌彰顯不縱不橫。冥伏，如等、數等、妙等。彰顯，如等、數等、妙等。故言等也。亦是空等、假等、中等，云云。〔案：此是將十如中「如是本末究竟等」一如移于性德三軌、修德三軌、究竟三軌，這三種三軌上而言其「等」。「等」者皆是不縱不橫也，皆是十如也（如等、數等），皆是妙也（妙等），皆是空也（空等），皆是假也（假等），皆是中也（中等）。「性德三軌冥伏不縱不橫，修德三軌彰顯不縱不橫」。彰顯而至其極即爲究竟三軌，亦不縱不橫也。〕

案：此一整段由凡夫一念心起至究竟三軌止，明三法之始終。此中「凡夫一念心即具十法界」即一念三千也。「一念心即三道性相」，而三道即三德，此即「不斷斷」也。「十法界中一一法界悉有三道性相」，是則雖成佛而亦有三道性相也，因本即九界而成佛，自身即是迹，永不離化迹故，不過「解心無染」而已。此之謂「不斷淫怒癡，亦不與俱；不壞於身，而隨一相〔一相無相即實相〕；不滅癡愛，起於明脫；以五逆相而得解脫，亦不解不縛。」

　　6.《摩訶止觀》中言「六即」之「理即」云：

> 理即者，一念心即如來藏理。如故即空，藏故即假，理故即
> 中。三者一心中具，不可思議，如上說。三諦一諦，非三非
> 一。一色一香，一切法，一切心，亦復如是。是名理即是菩
> 提心，亦是理即止觀。即寂名止，即照名觀。

案：此由「一念心」說如來藏。因說「理即佛」，故言「如來藏
理」，此一念心即具十法界，故它即是一如來藏。藏有二義，一潛
藏義，二藏庫義。隱名如來藏，顯名法身，皆具三千世間法。隱者
未通過觀行之「不斷斷」而在迷故，故爲迷染三千也。顯者通過觀
行之「不斷斷」而爲法身，故爲覺了三千也。隱顯是關聯著眾生與
佛而言。而就「一念心即如來藏」之自身言，則藏取藏庫義，因本
即具十法界故。就此義而言如來藏，若隨文解釋，吾人亦可說：如
故即空，藏故即假，由如而來非如非來即中。此具有三諦境之「一
念心即如來藏」。是故客觀地自法理而言之，它就是佛，此即是
「理即佛」也。「理即佛」者，只就客觀的法理而言是佛，未主觀
覺悟地眞是佛也，即，乃只是一法理佛，尙未是一覺悟佛。此客觀
的法理既即是佛，則此所謂「理」即就中諦而言也，蓋因空假皆爲
方便說，中才是實說故。中即是「即空即假即中」之「中」也。故
就法佛非覺佛言，此一念心即「如來藏理」，即就法理說的理佛
也。順文解釋，「如故即空，藏故即假，理故即中」，此「理故即
中」之理即前言之「由如而來非如非來〔藏涵蘊於來中〕」之中道
理也。即就「一念心」之此理而言，名曰「理即佛」。在此「理即
佛」上，說三諦、三觀、三智皆是客觀地就法理而言也，故云「是
名理即是菩提心，亦是理即止觀。」

　　如此說的如來藏是實相觀下的如來藏，非唯識系統中「如來藏」之單就自性清淨理即空如理而言，如世親《佛性論》之所說，亦非眞常心系統中「如來藏」之只就自性清淨心而言，如《起信論》與華嚴宗之所說。此後兩者皆是權敎中的如來藏，皆是分解地說者，亦皆是「斷斷」即「思議斷」中的如來藏。而此「一念心即如來藏」，若就理即佛而言，則進而說「一念心即如來藏理」，卻是相應開權顯實在「不斷斷」中之如來藏。故此如來藏是就迷就事而論也。「就迷」者，以有無明故，始有十法界之差別相。「就事」者，以一念心即是十法界故。（十法界詳展之，即三千世間。謂一一法界皆具十法界，是即成百法界。百法界之每一界皆有十種衆生世間，十種五陰世間，十種國土世間，共有三十種世間。每一界皆如此，則百法界即成三千世間矣。）

　　7.此一念心即如來藏理，故此中有法性，亦有無明。法性就空如說，無明就十法界之差別相說。佛是即於九法界在「不斷斷」中成。是故此「一念心即如來藏理」亦名「一念無明法性心」。此一整詞不見于《摩訶止觀》但有此義。前言一念三千不縱不橫爲不可思議境，即不可說也。但若得意，亦可隨便宜說。故《摩訶止觀》于「觀不可思議境」中，復進而說：

　　　　若得此意，俱不可說，俱可説。若隨便宜者，應言「無明法性」生一切法，如眠法法心〔眠這個法來法化此心〕，則有一切夢事。心與緣合，則三種世間三千性相皆從心起。一性雖少而不無，無明雖多而不有。何者？指一爲多，多非多。指多爲一，一非少。故名此心爲不思議境也。

此作爲不思議境之心即「一念無明法性心」也。法性是一，故云「一性雖少而不無」，蓋法性必即于三千法而爲一性也。無明差別是多，故云「無明雖多而不有」，蓋無明差別法當體即空，一法不可得也。此「一念無明法性心」之整詞見于智者《四念處・卷第四》說「圓教四念處」處。如云：

> 若約識爲唯識論者，破外向內。今觀明白十法界皆是一識。識空，十法界空；識假，十法界假；識中，十法界亦中。專以內心破一切法。若外觀十法界，即見內心。當知若色若識，皆是唯識；若色、若識，皆是唯色。今雖說色心兩名，其實只「一念無明法性」十法界，即是不可思議一心具一切「因緣所生法」。一句，名爲「**一念無明法性心**」；若廣說四句，成一偈，即因緣所生心，即空、即假、即中。

案：此「約識爲唯識論」是決了唯識宗而成的圓教說的唯識。故「若色若識皆是唯識，若色若識皆是唯色。」一切法趣識，一切法趣色。亦可說皆是唯聲唯香唯味唯觸。「若圓說者，亦得唯色、唯聲、唯味、唯觸、唯識。」（亦《四念處・卷第四》說「圓教四念處」文）。此顯然不是唯識宗的唯識。故總爲一句，亦得名曰「一念無明法性心」也。此是開權顯實，決了唯識宗後，所成的在「不斷斷」中的「一念無明法性陰識心」，故是圓說也。

8.此「一念無明法性心」亦曰「無住本」。前節言本迹中，約理事明本迹，《法華玄義・卷第七下》已言及「從無住本立一切法」。彼處重在約理事明本迹，故于「無住本」未詳釋。而荊溪

《釋籤》則解之云：

> 「從無住本立一切法」者，無明為一切法作本。無明即法
> 性，無明復以法性為本，當知諸法亦以法性為本。法性即無
> 明，法性復以無明為本。法性即無明，法性無住處。無明即
> 法性，無明無住處。無明法性雖皆無住，而與一切諸法為
> 本，故云「從無住本立一切法。」

案：此文前節已引及，茲再重引。「無住本」是指「法性無住」與
「無明無住」兩面而言。法性無住處，法性即無明。無明無住處，
無明即法性。此種來回地「相即」明法性與無明非異體，乃即在
「不斷斷」中而為同體之不思議境也。此即是「一念無明法性心」
矣。此「一念心」（無住本）從無明處一骨碌即是法性，從法性處
一骨碌即是無明：未動無明而言法性，未動法性而言無明。法性無
明在「不斷斷」中相即為一，即成「一念無明法性心」矣。此「一
念無明法性心」即具十法界，此是就一念心而籠統地言之。如此言
之，是「心具」。若分拆而從主從勝言之，則是「性具」或「理
具」。性者法性也。理者中道實相理也。蓋法性無住，法性即無
明，此即是心也。「心如工畫師，造種種五陰。一切世間中，無法
而不造。」是故凡說法（緣起生滅法）皆就心而說也。以心始有生
滅故，一說心，就是法。心是緣起造作或變現地具一切法。若圓
說，一念心就是一切法。法性即無明，就是一念心，就是一切法，
故此一念心乃剎那心、煩惱心也。有心有法即有「法性」。法性者
法之性也。法之性即是空如。法不出如，以如為性（亦言以如為

相）。法性雖已即于無明而爲心，即，爲一切法，然法性亦不失。故「一念心即具十法界」就等于說「法性即具十法界」或「中道實相理即具十法界」。然心有生起，而性不生起，理不生起。是以「一念心即具十法界」，此中之「即」是「就是」義，「具」是緣起造作地「具」。而「法性或中道實相理即具十法界」，此中之「即」是「即于」義，不離義，「具」是以即而具，非生起地具。此即是說，法之性是即于法而見，而見者見其空如無自性，即以空爲性也。是故此法性仍是抒義字，非實體字，不失緣起性空義也。故只說「性具」，不說「性起」。「性具」者，法性是即于一切法而且具備着一切法之謂也。故心具，從勝從主說，即是「性具」，法不出如故也。以法不出如，故如性即具備一切法矣。是故如性之「性具」即是「圓具」，此即所謂「圓談法性」。「理具」亦復如此。理者即「中道實相理」也。此「中道實相」之中是「圓中」，尚不只是「即空即假即中」之中，因爲此後者可只是一觀法之通式。「圓中」者，「即空即假即中」之中而復具備着十法界以爲中也。反過來，若以十法界爲主，則十法界一切法皆趣空趣假趣非空非假之中也。「一切法趣中，是趣不過」，即是圓中。故「中道實相理」是即于而且具備着十法界而爲實相理，因此，遂名曰「理具」，非謂此實相理是一實體性的本體或實有能生起萬法也。中道實相理是就圓敎下的法理而抒其義，故如此云。圓敎下的法理即是「即空即假即中而且一切法趣中」。把這個理抒義地抒發出來就名曰「中道實相理」。此亦如「圓談法性」中之法性之不可視爲實體性的本體也。是故天台敎雖是圓敎，而仍歸于實相學，不失《般若》與《中論》之規範也。圓敎之所以爲圓敎是相應《法華》開權

顯實發迹顯本而立。關鍵即在「一念無明法性心」即具十法界。從勝從主而說，則曰性具或理具。「一念心即具十法界」不是大混亂、大渾沌，而是開權顯實，發迹顯本，相應圓教，在「不斷斷」中，所成立的圓說。只有這圓說的一念心（函着性具理具）始能顯出開粗令妙，在「不斷斷」中，「低頭舉手皆成佛道」。

9.若問一念心既是無明法性陰識心，為所觀之不思議境，則「真心」在那裡？如何得見？曰：即在「不斷斷」中見。此是在「不斷斷」之解脫中依詭譎方式見，不是依分解方式先肯認一真常心以為一切法之源，然後在「緣理斷九」之還滅中再恢復之，如《起信論》與華嚴宗之所說。此後者之方式是別教，不是圓教。圓教之圓實地見真心亦即呈現真心必須依詭譎方式見亦即呈現。若再問：吾人如何能如此見？則答曰：一念心具十法界即有三道性相，而三道即三德，因而即有三軌性相。「三道即三德」是「不斷斷」之詭譎方式下的語句。此明示三因佛性即在此「三道即三德」中見。三道即三德，若就一念心即具十法界說，此只是開權顯實後，相應圓教而說的「性德三軌」。「性德」者法性之德也。作為法性之德的三軌即是一念無明法性心所本具。一念心既即是十法界，則此十界法皆是法性之德，亦皆是迷中之十法界法，即三道流轉法。而三道即三德，則性德三軌便是迷中之三軌。三軌中之真性軌是即十法界法而為真性。資成與觀照亦復如此。由三軌而言三德：法身、解脫、般若，亦是迷中之三德。由三德而言三因佛性亦是迷中之三因佛性。正因佛性（中道第一義空）是即十法界法而為第一義空。緣了二佛性亦然。故前引《法華玄義》中論三法云：「性德三軌冥伏不縱不橫」。「冥伏」者合而不開，隱而不顯，闇而不彰之

謂也。是則「性德三軌」只是客觀地依法理而言之的三軌。然既是依法理而言之的三軌，則就三因佛性言，其中緣了二佛性即能萌動而發為止觀。「止」即緣因佛性顯，「觀」即了因佛性顯。緣了顯，則正因佛性顯。緣因滿為解脫，了因滿為般若，正因滿為法身。此是由修德三軌而至究竟三軌也。性德三軌中即含有修德之可能。此可能之關鍵即在緣了二佛性也。緣了二佛性是性亦是修，是所亦是能，故與正因佛性不縱不橫而為三德秘密藏也。分解地先預設一眞常心以使定慧（即緣了二佛性）為可能，那是方便之權說。今既開權顯實，則此眞心定慧緣了二佛性即詭譎地收入於「一念心即如來藏理」中而為不縱不橫圓說之二佛性，而其自身即能萌動而為「能」也。其自身既即能萌動而為「能」，則它們即能依詭譎之方式而為「不斷斷」之解脫，因而解心無染之佛心（即眞心）得全現──三德滿即眞心全現。眞心即《中論》所說之寂滅相，由圓解脫與圓實相般若處而見者，是一個境界，不是一個法，尤其不是一個實體性的法。是即無明無住，無明即法性，無一相可得，而亦三千宛然即空假中也。

10.依以上輾轉引申之縷述，則知智者所說之「一念心」，雖是陰識心、煩惱心、刹那心，卻是一念心即具十法界而為不可思議境之一念心，故決不是唯識宗之分解說的識心，故必曰「一念無明法性心」。它雖是無明識心，卻即是法性；它雖是煩惱，卻即是菩提；它雖是刹那，卻即是常住（不是心理學的時間中之一心態）。此其所以為不思議境也。它是決了唯識宗權說的八識，相應《法華》圓教，在「不斷斷」中，依詭譎的方式，而圓說的一念心，作為「無住本」的一念心，亦即可以視作一「存有論的圓具」之一念

心。若依迹門權敎之分解的方式視之則悖。蓋若如此，則必視之爲大混亂。是以圓說不能與權說爲同一層次也。同理，此「一念心」亦不能視之爲超越分解下所設之眞心。此亦是決了此分解方式下的眞心，而在詭譎的方式下，在即於煩惱中，在不斷斷中，令其在「一念心即具十法界」中呈現，因此之故，不先預設眞心，而只說「一念無明法性心」，此純是圓說下的一念心也。

11.圓敎不與任何權敎爲同一層次，而表達方式亦不同。但圓敎必預設權敎，即，必即於權敎而顯。蓋《法華》圓敎爲末後說，由開權顯實而成故。

依此，吾人根據那原初的洞見而說「一念心即具十法界」之義理，以及此義理中種種詭譎語，凡此皆不可視作權敎中分解方式下的陳述語。㈠原初的洞見：不斷斷；㈡一念心即具十法界；㈢三道即三德：凡此皆是詭譎語。此與由「緣起性空」之輾轉引申而言佛法身法界之圓滿無盡與圓融無礙，如華嚴宗之所鋪陳者，亦不同。蓋此後者純爲分析的，是三德滿後自然如此，此可不言而喻，故天台宗不於此著力也。蓋此非問題之所在故。問題單在此圓佛如何可能？欲想解答此問題，依天台宗觀之，必相應法華之開權顯實，發迹顯本，由一最原初之洞見，立出「一念心即具十法界」之義理而後可。此完全是相應法華之大綱（無第一序上分解說的網目）而爲批判的解答。由此批判的解答，始開出那詭譎方式下的圓敎。

依此，吾人可說華嚴宗的別敎一乘圓敎是分析的圓敎，其前提如下：

Ⅰ緣起性空；

　　Ⅱ毘盧遮那佛法身。

其所因之前提如下：

　　Ⅰ空不空但中之理（靈知眞心）；
　　Ⅱ隨緣起現。

吾人就此所因處作一批判的考察，說其「曲徑紆迴，所因處拙」。
【編校案：語出《法華玄義・卷第五上》，見《大正藏》33，737
上】（智者已說「所因」，而後來華嚴宗之澄觀即就十玄而言十玄
之「所因」。此「所因」智者早已說其是「拙」矣，澄觀仍如此說
「所因」而對於拙無答辯。）是故但爲別敎，非圓實敎。那就佛法
身法界而說的分析的圓敎不能決定什麼也。
　　天台宗的《法華》圓敎，吾人可名之曰詭譎的圓實敎，其前提
如下：

　　Ⅰ原初的洞見——不斷斷。
　　Ⅱ一念無明法性心——無住本。
　　Ⅲ一切法趣空、趣色、趣非空非色。

不就佛法身作分析的鋪陳以爲圓敎，因爲此是不言而喻的（當然分
析地言之亦有價值），但就所因處開權顯實以爲圓敎，故此圓敎爲
眞圓實敎也。
　　12依此眞圓實敎之義理之實，吾人可依賢首所說諸敎所依心識

差別而確定地正說此圓實教所依之心識即如上所了解之「一念無明法性心」也。諸教全列如下：

㈠小乘但有六識。

㈡始教依阿賴耶。

㈢終教依如來藏自性清淨心。

㈣《華嚴》圓教則依「唯一眞心迴轉」。

㈤《法華》圓教則依「一念無明法性心」。

賢首於此法《法華》圓教說爲同教一乘圓教。於此同教所依心識，則說「若約同教，即攝前諸教所說心識。」此說儱侗，不著邊際。「攝前諸教所說心識」，如何攝耶？若如今解，即依「一念無明法性心」而攝前諸教所說之心識也。而且旣如此，則攝前諸教，此諸教之「諸」定攝及《華嚴》圓教，而無可諍議。（覆看前〈華嚴宗章・第四節〉）。此中不說頓教，以頓教地位不穩定故。

若依天台判教說此所依心識差別，則只說藏、通、別、圓四教。此可以智者語明之。《四教義・卷第十二約觀心明四教》云：

第一、約觀心明三藏教相者，即是觀一念因緣所生之心生滅相，析假入空，約此觀門，起一切三藏教也。……

二、約觀心明通教者，觀心因緣所生一切法，心空則一切空，是爲體假入空，一切通教所明行位因果皆從此起。

三、約觀心明別教者，觀心因緣所生即假名，具足一切恆沙佛法，依無明阿黎耶識，分別無量四諦，一切別教所明行位

因果皆從此起。

四、約觀心明圓教者，觀心因緣所生具足一切十法界，無所積聚，不縱不橫，不思議中道二諦之理，一切圓教所明行位因果皆從此起，如輪王頂上明珠。

是則四教皆從「一念無明心」起，即是破微塵出三千大千世界經卷之義也。【編校案：引文見《大正藏》46,767下－8上】

案：「四教皆從一念無明心起」此是泛說四教所依心識之通相。分別說中各有特殊之規定，而簡別不盡。嚴格言之，藏教「一念無明心」但限于六識，即，只限于界內，未達界外（智不窮源），故為有量四諦；而且又有「生滅相」，故為生滅四諦；而且又是析假入空（析法空），故為拙度。總此三者，其「一念無明心」非不思議境。此是迹門第一序上分解說的小乘教權教也。

通教一念無明心亦限六識，亦屬有量四諦；但因是「體假入空」（體法空、巧度），故為無生四諦。此一念無明心非不思議境。此是迹門第一序上分解說的通教權教也。

于別教「一念無明心」，只說「依無明阿黎耶識分別無量四諦」，此則有不盡。別教當該分別教之始與別教之終兩類。始別教「一念無明心」是阿賴耶識，窮法之源而未至其極，智者于《法華玄義》已說其為界外一途法門，故雖可至無量四諦，而不圓足。終別教則依如來藏自性清淨心，當然亦須無明妄心和合始能隨緣起現一切法，然總不能只說「依無明阿黎耶識分別無量四諦」。故于此只說「一念無明心」即為不盡不諦也。又，雖至無量四諦，而「曲

徑紆迴,所因處拙」,即非無作無量四諦也。故眞心「隨緣不變不
變隨緣」亦非不思議境也。此是迹門第一序上分解說的終別教之權
教也。(此中所函的華嚴圓教依唯一眞心迴轉,亦仍是別教,不必
論。)始別教之阿賴耶緣起尤非不思議境,故亦爲迹門第一序上分
解說的權教。

　　圓教「一念無明法性心」是開權顯實後在「不斷斷」中圓說的
「一念無明心」,與前諸教所依心識不同層次,此可曰第二序上的
「一念無明心」(相應《法華》之大綱而爲第二序)。此一念無明
心「具足一切十法界,無所積聚,不縱不橫,不思議中道二諦之
理」,即是不思議境,亦是無作無量四諦。此是迹門法華開權顯實
第二序上詭譎說的圓實教也。

　　經此簡別,則可確定地正說此圓實教之「一念無明法性心」即
攝前諸教所說心識。藏通二教之六識經開決後,即攝入于此「一念
無明法性心」中而亦爲不思議之妙境。始別教之阿賴耶經開決後,
亦攝入于此「一念無明法性心」中而爲不思議之妙境。終別教之眞
常心經開決後,亦攝入于此「一念無明法性心」中而爲不思議之妙
境。反過來,則說藏通二教之六識是由此圓說的「一念無明性心」
所開出的對機之限定說。始別教之阿賴耶以及終別教之眞常心亦
然。此種開出如破微塵出三千大千世界之經卷。開出後,再開發、
暢通,而決了之,則復歸于圓實。

　　本節所說是天台圓教之綜綱。以後所說皆由此爲中心而推演
出,或皆是此綜綱之注語。即後來荊溪之精簡圓別、辨《華嚴》,
以及知禮之破山外,亦皆由此綜綱而演出。其所說實皆爲智者所已
說者之所函。

第三節
五時八教

1.前已屢提及藏、通、別、圓四教，今正說之。智者將佛有生之年教化之近迹分爲五時八教。五時者將佛成道後說法之經過分爲五階段：㈠《華嚴》時，說《華嚴經》；㈡鹿苑時，說四《阿含》；㈢方等時，說諸方等大乘經，如《維摩》、《思益》、《楞伽》、《密嚴》、《三昧》、《金光明》、《勝鬘夫人》等經；㈣《般若》時，說諸《般若經》；㈤《法華、涅槃》時，說《法華經》與《涅槃經》。

八教者，頓、漸、秘密、不定爲化儀四教。「化儀」者說法教化衆生之方式也，如世藥方。藏、通、別、圓、爲化法四教。「化法」者說法教化衆生所說之法之內容也，如辨藥味。上列五時所說之經，辨其內容，不外藏、通、別、圓；辨其說之方式不外頓、漸、秘密、不定。詳列如下：

第一時：佛于成道後，第二七日，在寂滅道場，現毘盧遮那法身；四十一位法身大士及宿世根熟之天、龍、八部，一時圍繞，如雲籠月，在海印定中，以頓之方式說圓滿修多羅，即《華嚴經》是。約機約教，未免兼權。何者？一、只攝大機，不攝小機，猶有一隔之權；二、不開權；三、不發迹。此三意未周，故爲別教，非眞圓教。說其爲圓教者只就佛法身而言耳。此如日出先照高山，未照及平地幽谷。約味而言，如從牛出乳，爲乳味。

第二時：以小乘在第一時如聾如啞，故離莊嚴道場，遊鹿苑，

脫毘盧遮那佛法身，現老比丘相，成劣應身（即釋迦生身），在菩提樹下以草爲座，俯就小乘根性，依漸之方式爲說四《阿含》教。此純爲小乘教。亦三意未周。一不攝大機，二不開權，三不發迹，此約一日，如日照幽谷。約味，則爲乳出酪。

第三時：第二時說小乘教已，不能令其滯于小乘，故爲引小入大故，乃依漸之方式說諸方等經。在此等經中，彈偏折小，歎大褒圓，四教俱說。藏教（小乘教）爲半字教，通、別、圓爲滿字教。對半說滿，故言對教。此對大乘根性而說。中言小乘，但予彈斥，大小不融。故亦三意未周：一不明逗緣彈斥之意，二不開權，三不發迹。雖四教俱說，猶是權說也。于中雖有圓教，然只是隔離之圓。客觀地自法理而言之，而不問其所以，或說之之方式，則自可同于圓教，然若一問及其所以，則自具體而眞實的內容意義而言之，則可知其並非眞實圓教。此約一日，則爲食時，約味，則爲從酪出生酥。

第四時：說方等經後，復依漸之方式說《般若》以融通之。《般若》部中不說藏教，只帶通、別二，正說圓教，實只是依共般若與不共般若說圓教也。共般若爲通教，通者大乘而共小乘者也。不共般若爲別、圓教，別圓者專限于大乘而不共小乘者也。無論共不共，般若實只是共法。通、別、圓之異不能只以般若定。此意見下詳論。般若之精神爲融通與淘汰。融通者，統會歸于大乘而融化于實相一相所謂無相也。淘汰者，遣蕩相著也。此中之圓教實只是般若之作用的圓，尚非開權顯實發迹顯本之眞實的圓，即一念三千之存有論的圓。是故《般若》仍三意未周：一不明通被大小與融通淘汰之意（佛之本懷），二不開權，三不發迹。此約一日，爲「禺

中」時（日在巳時爲禺中）。約味，則爲從生酥出熟酥。

以上二、三、四，三時所說之經皆爲漸說，總名爲化儀之「漸教」。《華嚴》爲頓說，則爲化儀之「頓教」。化儀之「秘密教」者，如前四時中，如來三輪不思議故，或爲此人頓說，或爲彼人漸說，彼此互不相知，均令得益，故言「秘密教」。化儀之「不定教」者，亦由前四時中，「佛以一音演說法，衆生隨類各得解。」此則如來不思議力能令衆生于漸說中得頓益，于頓說中得漸益。如是得益不定，故言「不定教」。然無論秘密或不定，其義理內容只是藏、通、別、圓。

第五時：經般若融通淘汰後，諸根成熟，如是應說《法華》，開權顯實，發迹顯本，開前頓漸，會入非頓非漸。此示《法華》非第一序上之頓漸，亦非第一序上之藏通別圓，乃是開決後第二序上非頓非漸之圓實教也。此圓實教，若依不斷斷，低頭舉手皆是佛道，圓因圓果，以及「一念心即具三千，非縱非橫，非一非異，玄妙深絕，非識所識，非言所言，所以稱爲不可思議境」，諸義而言，亦可說是頓說頓示，在此，圓即頓，頓即圓，圓頓是一也。可是若依開權顯實，發迹顯本，以顯示出圓實境而言，則此圓實教亦可說是漸說，故《法華》亦曰「漸圓」，因不似《華嚴》之不開權，因根本無權故，不發迹，因根本無迹故，只直就佛之自證之頓說「稱法本教」也。《法華》之此種漸義是說其圓實教之來歷——批判的來歷，此亦是第二序上之漸義。開決後，圓實既顯，則此漸義即泯，而歸于頓示。頓示已，則只是一體平鋪，法法皆實，咸稱常樂，令成一味，亦更無頓義可言，此即所謂非頓非漸，末後教也。

諦觀《天台四教儀》云：

> 初頓部有一粗〔別教〕一妙〔圓教〕。一妙則與《法華》無
> 二無別。若是一粗，須待《法華》開會廢了，方始稱妙。
> 次鹿苑，但粗無妙。
> 次方等，三粗一妙。
> 次般若，二粗一妙。
> 來至《法華》會上，總開會廢前四味粗，令成一乘妙。諸味
> 圓教更不須開，本自圓融，不待開也。但是部內兼、但、
> 對、待，故不及《法華》純一無雜。獨得妙名，良有以也。

案：此中「諸味圓教更不須開」一語恐有問題。此不是諦觀之獨
見，蓋智者即已如此說。實則此亦是姑與爲論。徹底嚴格言之，諸
味之圓亦須待開。不但其中之粗待開決，即其中之妙亦須開決。蓋
其中之妙並非眞妙，其中之圓亦非眞圓。例如《華嚴》之圓本是隔
圓，即此一隔亦須待開，不但是開決其中別教之粗也。隔圓，則雖
圓亦粗。是則其爲妙是權妙，焉得說「與《法華》無二無別」？其
圓滿無盡圓融無礙，若從圓教法理言之，自是一樣。但若從呈現此
法理之所以言，則因爲它是隔圓，便不能與《法華》之圓同。圓即
不同，妙自有別，是故隔圓、權妙亦須待開，方成眞實圓、眞實
妙。蓋眞實圓妙只有一，無二無三也。方等經中之圓亦是如此。但
凡有隔對不融，便是粗圓權妙。至于《般若》中之圓則稍特別。般
若本身之圓只是實相般若，它只是如此，並無交替可言。但此亦並
非《法華》之圓，因爲它只是般若之作用的圓，此可說是共法，教

之圓不圓不能只由般若決定也。《般若經》中並無智者相應《法
華》而說的圓教，因爲它無一切法之根源的解釋故。它可能涉及某
種大乘粗圓權妙之教理以表現其實相般若之作用的圓。但其所涉及
者非其自身所能決定。即《法華》之真圓實妙亦非般若自身所能決
定。是則般若自身之作用的圓不須開，因爲它只是如此。但卻須補
充，補充之以真實圓教，使其落實于此真實圓教中方能成爲實般
若。依此義而言，只是「作用的圓」猶屬偏面也。正因其爲偏面
故，亦須開決，開決之，令其自身歸于圓實也。作用的圓必須歸于
存有論的圓方能落實。智者容與爲論，一例視之，于法疏矣。是則
《法華》前諸味，不但其粗者須待開決，即其妙者亦須開決。必如
此，始能顯出《法華》之「純一無雜，獨得妙名。」

　　如是，《法華》之開權顯實，約一日而言，如日輪當午，罄無
側影。約味而言，則爲醍醐。

　　開權顯實已，歸于法法皆常，咸稱常樂。而此義則正式說之于
《涅槃經》。故《大涅槃經》與《法華》爲同時，俱屬末後教也。
諦觀《天台四教儀》云：

　　　　說《大涅槃》者有二義：一、爲未熟者更說四教，具談佛
　　　　性，令具真常，入大涅槃，故名捃拾教，〔捃、具運切。捃
　　　　擴、拾取也。〕二、爲末代鈍根于佛法中起斷滅見，天傷慧
　　　　命，亡失法身，設三種權扶一圓實，故名扶律談常教。然若
　　　　論時、味，與《法華》同。論其部內，純雜小異。……
　　　　問：此經具說四教與前方等部具說四教爲同爲異？
　　　　答：名同義異。方等中四，圓則初後俱知常；別則初不知，

後方知；藏通則初後俱不知。涅槃中四，初後俱知。

案：《涅槃經》中四教，無論那一教，于初時，于終了，皆俱知眞常，以《涅槃經》是《法華》開決後而說者故。故《涅槃經》之具說四教就前三教言，是捃掇而拾取之，追說追泯，「設三種權扶一圓實」。《涅槃》中雖只談「法身常住，無有變易」，然一說「常」，必函「圓」義，故曰「圓常」。蓋佛性必是具有恆沙佛法之佛性也。佛性顯爲法身，故法身之常必是圓常，旣非數學之常，亦非上帝之常。而此圓常之圓必依《法華》去了解方是眞圓實妙。

2.以上略說五時八教已。此下再進而對于藏通別圓各作一原則性的規定。

Ⅰ　對于藏教之規定

智者名小乘教曰藏教。藏者三藏之簡稱。三藏者，一曰經藏，如四《阿含經》；二曰論藏，如《俱舍》、《婆沙》等論；三曰律藏，如五部律。此即近人所謂原始佛教。對後來出現之大乘而言，名之曰小乘。小乘而曰三藏教者，順歷史首先出現之結集方便言之耳，非不知大乘亦有三藏也。此在印度亦有此習慣。如《大智度論》云：「迦旃延子自以聰明利根，于《婆沙》中明三藏義，不讀衍經〔大乘經〕，非大菩薩。」又《法華》云：「貪著小乘三藏學者」。依此等文故，智者名小乘爲三藏教。

小乘之精神主要如下：

㈠從觀法方面說，爲析色入空，此名曰「析法空」。大體是就因緣和合而成的法，若分析而拆散之，便見其空。此種解空的辦法

當然是不徹底的。此亦函著色敗爲空。因見一切法有生有滅，生滅無常，因其敗壞而歸于滅無，名之曰空。「析法空」與「色敗空」都是不徹底的，非絕對的，乃只是方便權說：此顯然表示話並未說完，只姑如此曲示而已。而此種曲示亦是笨拙的曲示，故亦曰「拙度」。但此拙度，若爲佛所說，則亦是對鈍根人而現此拙度相。蓋因「空」義並非易解故。汝鈍而我之曲示亦拙。暫時順此拙度，亦可慢慢悟入。蓋凡佛說，雖有巧拙，不能有錯故。至于小乘學者，所謂部派佛教中，那些歧論與執著，如執著有極微等，那是論師事，與佛無關。例如就析法空而言，佛亦可能說此桌子由許多因素和合而成，如將此和合拆散，便無所謂桌子。此只是一時話未說完之引示，此並不函說有極微之實在。如若論師們順因素和合之因素而執有極微，那是論師之迷執，此不是佛緣生說之所函。如能順緣生一原則而思考下去，便自知不能有極微之肯定。但人們常不能空靈地依原則而思考，常不自覺地在半途中有許多迷執或情執。又如普通所謂小乘只見我空（人空），不見法空，此「不見法空」亦不是析法空之所函，此只是小乘行者一時想不到或未暇理會及，此不是原則性的話。如若眞原則地不能見法空，則亦不能眞見人空。如若眞能原則地見人空，自亦能原則地見法空。又如就「色敗空」而言，由色之生滅無常敗壞而說空，此亦是佛之初步引示。蓋「諸行無常」總是佛所說故。「無常」底直接意思即是由存在到不存在，而不存在就是敗壞。故如此描述地說空，亦不能算錯。但若執佛所說的空就是這敗壞義的空，空就表示一無所有，那亦只是論師的迷執，非佛由緣生無常說空之實義。是故色敗爲空，那只是話未說完之初步描述的引示，非原則性之話也。如若發迹顯本，則鹿苑之小

乘教必只是佛就鈍機而施的方便曲示，就析法空言，是所權施的拙度。而且必分別佛之拙度與小乘論師之迷執或謬執有所不同，蓋論師可有錯有迷，而佛不能有錯有迷故。

㈡從解脫方面說，三藏教中雖有聲聞、緣覺、菩薩之異，然同斷見思，同出三界，同證偏眞，同行三百由旬只入化城。「同斷見思」者，同斷見惑思惑。見惑障理，亦曰障智之惑。思惑障事，障解脫之事曰思惑，亦曰修惑。見思惑亦曰枝末惑。未斷及塵沙惑，以未行大乘菩薩道，無道種智故。更未斷及根本惑（無始無明），以未知如來藏恆沙佛法佛性故。「同出三界」者，同出離欲界、色界、無色界，此是三界內之工夫，未能進至于界外，以但依于六識，未知有第七第八等故。是則界內爲有限範圍，界外爲無限範圍。小乘功齊界內，智不窮源，故其所言之四諦爲有量四諦，而且亦是生滅四諦。「同證偏眞」者，同證偏空之眞也，未能至于如來藏恆沙佛法佛性而證「空而不空」之中道第一義空也。「同行三百由旬只入化城」者，「由旬」驛站義，「化城」見《法華經·化城喻品》，是中途幻現之地，令行者暫作休息，非最後寶所。如此寶所，行五百由旬始達，則小乘只行三百由旬耳。其所至者只是一化城，非實目的地也。（修行位次，斷惑次第，詳見後〈位居五品章〉。）

㈢從佛果方面說，爲灰斷佛，即灰身滅智，只留舍利爲人天福田。藏教之聲聞乘其極果爲阿羅漢，緣覺乘極果爲辟支佛，菩薩乘極果爲佛，而此佛亦仍是灰斷佛也。何以故？以未見至如來藏恆沙佛法佛性故，只有修得無常佛性，而無理性本具之眞常佛性，是故化緣一盡，即灰身入滅，故爲灰斷佛也。此若自四諦言之，亦示是

生滅四諦也。斷苦集，有道滅。道諦者略則戒定慧，詳則三十七道品（四念處、四正勤、四如意足、五根、五力、七覺支、八正道，共爲三十七道品）。修道諦，滅前苦集，顯偏空眞理，因滅以會眞，而滅自身非眞，只見于空，不見眞常不空。是故約四諦言，亦是生滅四諦，而且是有量四諦也。

總上三端，藏教之所以爲小乘，㈠約觀法言，爲析法空之拙度；㈡約功行言，爲獨善取滅，恩不及物，功齊界內、智不窮源；㈢約佛果言，爲灰斷佛；㈣總約四諦言，爲有量生滅四諦。前㈠爲觀法問題，此只能決定其爲拙，尚不能決定其爲小。小之所以爲小乃由㈡㈢決定，此是佛性問題。故佛性之進退，智之窮源不窮源，乃決定大小之關鍵。即佛性已進而至于如來藏恆沙佛法佛性矣，智已窮源矣，而窮一切法之源亦有不同之解釋，因而對于如來藏恆沙佛法佛性亦有不同之解釋，此則決定大乘宗派之差異。㈣爲總言。四諦之有量無量決定于佛性之進退，智之窮源與不窮源。佛性進而又能窮法之源則爲無量四諦，退而不能窮則爲有量四諦。藏教之有量四諦且亦爲生滅四諦，生滅義通觀法與佛性之兩面。即進至無量四諦矣，亦有有作無作之異，此則決定圓不圓者。

3.茲再進而言通教。

Ⅱ　對于通教之規定

通教者，通前藏教，通後別圓，故名通教。此只是字面解釋，尚不能令人明其所以。通教頗不易規定。一因通教並無特定之部帙，乃只就方等部及《般若》部中但是三乘共行者，即判屬通教。但又特別指《般若》部中「共般若」而言通教。蓋因方等部彈偏斥

小，嘆大褒圓，共義稍疏故。是故智者多以共般若之經及空宗之論
爲通教也。二因通教雖共小乘，卻亦是大乘，此大乘義亦頗難規
定。究竟其大之所以爲大依何而定？若就佛果而言，通教之佛亦是
灰斷佛，亦是功齊界內，智不窮源。如是，爲得爲大？豈只因《般
若經》爲大乘，龍樹空宗爲大乘，故說其爲大耶？若落實言之，其
大之爲大，豈只因般若之觀法而爲大耶？以此二故，通教之特色頗
不易規定，蓋亦只因兼濟不捨，悲願大，故爲大而已。茲就諦觀
《天台四教儀》言通教文而分疏之，看如何。彼文云：

> 通教者，通前藏教，通後別圓，故名通教。又從當教得名，
> 謂三人〔聲聞、緣覺、菩薩〕同以無言說道，體色入空，故
> 名通教。

案此所謂「從當教得名」，即從菩薩與聲聞、緣覺之共通處得名爲
通教，此即通教當身之正義、自義，故云「當教」。是故以《般若
經》中之乾慧等十地爲通教修行之位次，此十地位即三乘之所共
也。（詳見後第四章〈智者大師之位居五品〉，此處不暇詳及。）
此下，諦觀復繼之云：

> 此教三乘因同果異。證果雖異，同斷見思，同出分段，同證
> 偏眞。然于菩薩中有二種，謂利鈍。鈍則但見偏空，不見不
> 空，止成當教果頭佛；行因雖殊，果與藏教齊。若利根菩
> 薩，非但見空，兼見不空。不空即中道，分二種，謂但不
> 但。若見「但中」，別教來接。若見「不但中」，圓教來

接。故言通後。

……

問：此藏通二教，同是三乘，同斷四住，止出三界，同證偏眞，同行三百由旬，同入化城，何故分二？

答：誠如所問。然同而不同。所證雖同，大小巧拙永異。此之二教是界內教。藏是界內小、拙。不通于大，故小；析色入空，故拙。此教三人，雖當教內有上中下異，望通三人，則一概鈍根，故須析破也。通教則界內大、巧。大、謂大乘初門故；巧、謂體色入空故。雖當教中三人上中下異，若望藏教，則一概爲利。

問：教既大乘，何故有二乘之人？

答：朱雀門中，何妨庶民出入？故人雖有小，教定是大。大乘兼小，漸引入實，豈不巧哉？《般若》、方等部內，共般若等，即此教也。

案：據此所述，則知通教通前藏教是積極的，此即通教之當教義；通後別圓是消極的，此非通教之當教義。當教者通教當身而有其特定內容之謂也。茲順此當教義看通教之特定內容：

㈠從觀法方面說，爲體色入空，此名曰「體法空」。此比藏教之「析法空」、「色敗空」、爲進一步，而且一進即進至徹底之境。此是由緣起性空而言空，以諸緣生法無自性而當體即空，非必經由分析拆散而至于空，或由色敗而至于空。能由無自性而見當體即空，即是證「無生法忍」，亦是「不壞假名而說諸法實相。」實相一相，所謂無相。此是「體法空」之實義。若就四諦而言之，即

是「無生四諦」也。通教引小入大，首先在觀法上引其捨「析法空」而進至「體法空」，故云「三人同以無言說道體色入空」。依天台宗傳統之說法，此「體法空」似是通教之主要性格。通教之爲大乘亦由此定，即普通所謂大乘之中道觀法也。由龍樹發之，焉得不爲大乘？然此點實有問題。何以故？由下列二點故。

㈡從解脫方面說，此通教中聲聞、緣覺、菩薩三人「證果雖異，同斷見思，同出分段，同證偏眞。」此中「同斷見思」，同于前藏教，然通教菩薩以及被引之聲聞、緣覺之可轉爲此通教之菩薩，以行大乘菩薩道故，在體法空之精神下，亦可具道種智而斷塵沙惑，雖只是界內之塵沙惑。當然不能斷及根本惑。何以故？因「同出三界內分段身」，不能出界外之「變易身」（變易生死）。何以故？因但依六識，未進至第七第八識故。因此，仍是「同證偏眞」。何以故？以未至「如來藏恆沙法佛性」故，故只證得偏空之眞，不能證至「空而不空」之中道第一義空也。此「中道第一義空」完全是就佛性說，與「體法空」觀法上之「中道空」不同，不可混視。前藏教「同證偏眞」亦復如此。因「同出分段，同證偏眞」，限于界內，故就四諦而言，雖因「體法空」而爲無生四諦，然仍是有量無生四諦也。然則通教之爲大乘者，只因其在「體法空」之觀法下行菩薩道而不捨衆生也，非如小乘之恩不及物，只獨善而不兼濟也。然此不捨衆生亦非只由體法空之觀法所能推出。須加上「悲願」一觀念。可是如不能見不空之眞常，便不能充分證成此限于界內之菩薩道之「不捨」。而悲願之大亦虛浮無實力，只是偶然朦朧之大而已。然則通教之大乘地位亦仍不穩定也。

㈢從佛果方面說，仍是灰斷佛。何以故？以未進至如來藏恆沙

佛法佛性故。此與藏教同。既同，何以又有分別而爲二教？曰其分別只在大小巧拙之不同。巧拙是觀法底問題，大小是兼濟與不兼濟底問題。

吾人試檢查此種觀法底巧拙是否足以決定通教爲大乘；又，大乘之大在于兼濟，只「體法空」之巧度是否足以決定此「大」義；又，此種通教以《般若》部內之共般若以及龍樹之空宗實之是否恰當。

當然佛當機說法亦很可能說此「既是體法空，又是灰斷佛，復是功齊界內」的通教式的大乘，而爲一暫時之權說。但吾人試檢查上列三問題，覺得只觀法之巧拙實不足以決定教之爲大或爲小。而由析法空實亦可直接熟練至體法空。假定析法空只是話未說完的一時方便說，又假定亦是佛說，則吾人依諸行無常、諸法無我之緣生觀，勢必由此析法空之拙度，可以直接發展至體法空之巧度，而不須其他觀念之幫助。小乘之爲小不因其析法空之笨拙而爲小也，乃是因其「恩不及物，智不窮源」而爲小也。恩之及物不及物是悲心問題，智之窮源不窮源是佛性進退問題。而此兩問題實是一問題。若眞有大悲心願，必知成佛以一切衆生得度爲條件；而此一觀念必直接引至如來藏恆沙佛法佛性，因而必滲透至界外而至無量四諦。此是決定乘之所以爲大者，而非是巧度所能決定之。因此，若只有體法空之巧度，亦不必能決定教乘之爲大也。儘有觀法甚巧，而若不興發悲心，不窮法之源，亦仍是小乘也，因爲由觀法之巧拙不能直接引生出大悲心與如來藏恆沙佛法佛性故。

複次，此種通教以《般若》部內之共般若以及龍樹之空宗實之，尤有問題。本來《般若經》以及龍樹《中論》之般若學，其精

神只在融通與淘汰，不在立出有特定內容之教義，因此，它是「無諍法」。它只順已有之教義而淘汰其執相，而以實相般若融通之，融通之而為一實相，如順已說之《華嚴》教，小乘教，方等教，而融通淘汰之，而其自身並無特立之教義。擴大此精神，可擴至順一切法而融通淘汰之。凡有法教處，它即跟上去而融通淘汰之，如影隨形，無獨立的意義。因此它是無色的，它可被視為是真正的共法，一切大小乘皆不能違背之的共法。它可順小乘而融通淘汰之，亦可順大乘而融通淘汰之。而其自身不負大之為大之責任，亦不負小之為小之責任，那就是說，它自身亦非大亦非小。順大乘而表現其融通淘汰之精神，它即為大乘中之般若。順小乘而表現其融通淘汰之精神，它即為小乘中之般若。乘有大小，而般若無大小。因此，亦無所謂共般若，與不共般若。「共般若」只是順小乘而表現的般若，「不共般若」只是順大乘而表現的般若。若說共，統是共也，即吾所謂共法之共。無所謂不共，因它必順諸教義而融通淘汰之故。融通淘汰已，一切皆歸于寂然無相，即般若自身亦歸于寂然無相。此即「般若非般若，是之謂般若。」若以此共法義之共說通，亦可說般若「前通藏教，後通別圓。」但此「通」非是一有特定內容之通教（即當通教本身之通教）。此當是般若為通教（共法義的通教）之原初而恰當的意義。智者于此似未能諦認。因此，他遂就般若融通淘汰之精神，閃爍模稜地將其滑轉而為共般若與不共般若，就共般若而說成一有特定內容之通教。此是將那本是順小乘而表現般若融通淘汰之精神者滑轉而為共般若，將般若縛著于小乘，因此，遂成一有特定內容之通教。此是般若之限定化。然而般若本不能有如此之限定。龍樹空宗之般若學亦不能有如此之限定。

此限定是論師之迷執。因有此限定，遂只以「體法空」說通教，而通教之為大乘又成無根者。若此無根之兼濟而為大乘，則三藏教中菩薩依四弘誓以兼濟豈非亦大乘耶？何故仍說其為小乘乎？可見通教之為大乘，其「大」義並不穩定。因為此中有許多扭曲，故有如許之不順。

智者說《般若》部中有通、別、圓三教，通教既為共般若，則別、圓二教即為不共般若——不共于小乘之般若。其實般若只是一般若，並無不共于小乘專限于大乘別圓二教之般若。不共般若原只是般若之融通淘汰之妙用之在別教中行與圓教中行（般若之融通淘汰只是融通而歸于實相一相，所謂無相，並非各教特定內容之教義上的綜合統一，此須注意），而它本身卻並不能決定別教之為別教圓教之為圓教；今卻滑轉而為專屬之般若，好像般若自身即能決定別教之為別教圓教之為圓教者。其實般若部中重重複複只表示「不壞假名而說諸法實相」，卻並未展示一阿賴耶系統或如來藏系統之別教，亦無一法華式的圓教如天台宗所展示者。它原則上當然可提到這類的別教與圓教就之而表現其融通淘汰之妙用（儘管事實上它並未提到），此如後來之華嚴宗之就緣起性空一義之展轉引申而言法界緣起即是般若之在別教中行，天台宗之言一心三觀即是般若之在圓教中行，（此不是誤解空宗如矜持空宗者之所說），但其本身既非別教，亦非圓教。說般若中有通別圓三教（二粗一妙），亦是不能落實之語也。般若自身之圓只是作用的圓，非圓教之圓也。假定它提到別教與圓教，那只是就之而表現其融通淘汰之精神，一如其提到小乘是就小乘之執而融通淘汰之。焉得有所謂共般若為通教與不共般若為別、圓教之說耶？

視龍樹之般若學（空宗）爲通教亦不公允。龍樹論中所提到之
法數固大體都屬於小乘者（《般若經》亦然），然此只表示就小乘
之法數而融通淘汰之，並不表示中觀之精神只限於小乘，尤不表示
它成爲一有特定內容之通教。視《般若經》中乾慧等十地爲通教十
地，亦可以說此即是通教，此是有限定的。但此限定是乾慧等十地
之限定，非般若融通淘汰精神之限定，亦非龍樹《中觀論》之限
定。故視龍樹論爲通教亦不諦當。勿以其就藏教法數表現中觀之精
神即返而將此精神滯限於藏教，因而視之爲一有限定之通教也。

依以上之分疏，吾人顯出般若與中觀俱是共法，乃任何教乘所
不能違背者。然就龍樹學而言，龍樹學只是共法乎？在此《般若
經》與龍樹學似乎有一點距離。《般若經》可只是共法，而龍樹學
可不只是一共法。若就其體法空之中道觀而言，它是共法。但在其
表現此體法空之中道觀中，它似亦顯出一特殊之教相，即，它只限
於界內分段身，未能進至第七第八識；它對一切法無根源之說明，
未能進至如來藏恆沙佛法佛性；它說佛只遮自性定性佛，它所說的
佛性是自性執的佛性，根本不同於《涅槃經》的佛性（如來藏恆沙
佛法佛性），由遮自性定性佛而說眾生始可依因待緣而成佛，此種
「可」只是形式的可能，而對於現實上只是三乘究竟；它未進至如
來藏恆沙佛法佛性，所以它的體法空之中道空之「中」是不備諸法
的。凡此教相俱顯一限定的意義，因此，成爲一有限定的特殊教
相。吾人可即依此而說龍樹學是一種有限定意義的通教，不是共
法。若只就體法空之蕩相遣執而言，它與般若同，俱是共法。這一
模型可以到處適用。用於小乘，則融其拙度。用於別教，成爲空不
空（眞空妙有）「但中」之理。用於圓教，則成爲圓中。而其本身

則只是一模型，故爲共法。就《般若經》之乾慧等十地而說一有限定意義的通教，其爲限定亦由上《中論》中所表現的那些特殊教相而成。然而般若本身則無限定也。

依是，《般若》與《中論》俱有兩義，一是共法，一是限定相。就《般若經》言，它的「不壞假名而說諸法實相」是其爲共法義；然而般若之作用的圓具非存有論的圓具（不具備一切法之根源的說明），此是其限定相，正因此故，它只是共法。就《中論》言，它的體法空之中道觀是其爲共法義；它的特殊教相是其限定義，因此，它是一有限定意義的通教。吾如此講，一方可以滿足尊《般若》宗龍樹者之以《般若》與空宗爲究竟了義，一方亦可以滿足天台宗之視空宗爲通教與華嚴宗之視之爲始教。如果只就其爲共法義而說它們已經是究竟了的，其餘種種說皆是不知《般若》妙用之圓滿以及不透徹《中論》之緣起性空（一切法空）的，這是不公平的。如果只就其限定相而說《中論》是通教或始教，於般若則立共《般若》與不共《般若》之分（天台宗），或一併視之爲始教（華嚴宗），而不知其亦有共法義，這也是不公平的。

就有限定意義的通教言，我有時亦想把阿賴耶系統列入這種通教中。《中論》之爲通教是以其有限定的教相與體法空通共於小乘而爲通教；阿賴耶系統之爲通教是以其八識系統可通引小乘而爲通教。如是，則與華嚴宗之視它們俱爲始教（一是空始教，一是有始教）可相當。但仔細一想，這不是妥當的。因爲唯識宗已進至如來藏恆沙佛法佛性，它已能窮法之源，而至無量四諦。就此而言，它已超過小乘及《中論》。因此，它應當屬於別教。雖然它窮法之源只窮至阿賴耶而止，又對於佛性只就如來藏分解爲理佛性與事佛

性，而事理不融（性相不融），然這只是它的不圓熟，其爲別教還是無疑的。因此，天台宗仍視之爲別教，只不過是「界外一途法門，非通方法門，恐猶是方便，從如來藏中開出耳。」若依天台宗此種判法，則於別教當該分爲始別教與終別教（始終二字是借自華嚴）。天台於此籠統不分，此蓋由於智者前攝論師所傳之唯識學對於阿賴耶系統與如來藏眞心系統攪混不淸故也。若以唯識宗爲始別教，則華嚴宗所說之始教與天台宗所說之通教不相當。通教只限於《中論》耳。一以其教相之限定相與體法空通共小乘而爲通教，此爲有限定意義的通教之當身；一以其爲共法而爲通教，此是無限定的通教。（天台無此後一義，只說其可以通後別、圓，通教菩薩中之利根者可進至別、圓，見但中者別教來接，見不但中者，圓教來接，此非就共法義而說者。）以《中論》有此兩義，故單以之爲通教較爲允妥。此是單就其本身之共法義而說其通後別、圓，（當然亦通前藏教），不是在其本身以外加上見「但中」或見「不但中」以通後別、圓。

　　若就此共法義而想，因爲它雖是一共法，其自身不能決定一大小乘之教義，它本身非是一系統，而只是一融通淘汰之精神，或只是提供一體法空中道觀之模型，（此與《法華》之開權顯實又不同，須注意），然而因爲它亦教導吾人如何去融通淘汰或如何去作體法空之中道觀，則它又可是一教，即《般若》無諍教或觀法無諍教。依此而言，則判教當爲藏、通、別、圓、共之五教，而非只四教。如是，吾人有觀法之教，亦有系統之教。藏、通、別、圓皆系統也，觀法非系統也。徒觀法之圓不足以盡圓教之實。觀法是虛，系統是實。系統而至圓教，虛實皆無諍。

4.茲再進而言別教。

Ⅲ　對於別教之規定

別教者，既不同於前之藏通二教，亦不同於後之圓教，獨明界外菩薩位，故名別教。諦觀《天台四教儀》云：

> 此教明界外獨菩薩位。教理智斷、行位因果、別前二教，別後圓教，故名別也。《涅槃》云：「四諦因緣有無量相，非聲聞緣覺所知。」諸大乘經廣明菩薩歷劫修行，行位次第互不相攝，此並別教之相也。

諦觀於此文下即就行位次第而列舉其法數，如十信、十住、十行、十迴向、十地、等覺、妙覺，共五十二位，以明別教。明別教固須知這些法數，然若只列舉這些法數，亦不能使吾人明別教之所以為別教者。現在只就別教之主要性格而言，至於此等法數則見後〈位居五品〉章。

別教有經有論。經則諸大乘經是也。論則如瑜伽系之論以及《大乘起信論》等皆是也。就經教之「教理智斷、行位因果」而詳細展示之，則曰論。吾人必須知別教經論之所以特別多即因其對於一切法有一根源的說明故也。《般若》部無此問題，故嚴格言之，《般若經》與龍樹之《中觀論》實非一系統，亦非是一宗派，因為它們是共法故，是無諍法故。正因對於一切法作根源的說明故，始系統多端，始諸宗分立。小乘但依六識，亦並非無說明；但因「智不窮源」，只限於界內有量四諦，故為小乘。通教如以乾慧等十地

定之，雖可至無生四諦，然亦是有量。獨大乘別教能窮法之源，故可至無量四諦。能窮法之源，故正面理性是一無限之大海，負面無明亦是無限之大海（此曰無始無明）。是則不只限於三界內之有限有量境，而且亦徹至界外之無限無量境。以此故，佛性亦升進，而必曰「如來藏恆沙佛法佛性」也。此一觀念是別教之頭腦，主要的標識。而所依之問題則是「窮法之源」之問題。

在窮法之源之問題上，原則地說，雖可說系統多端，然而落實言之，第一序上亦不過兩系統，即阿賴耶系統與如來藏系統，如前部所述，此即是別教，而第二序上則只有一系，此即《法華》之開權顯實、發迹顯本，因而成為天台圓教者。是以系統多端只能在第一序上說，因是分解說故，又是可諍法故（凡分解地說者皆可諍議）；而第二序上則只有一而無二，因是非分解地說故，由詭譎的「即」而示故。故此第二序上的一虛一實。虛為《般若》，實為《法華》皆是無諍法，因皆是由詭譎的「即」而示故。

今言別教之主要性格只就阿賴耶系統與如來藏系統而說。但若如此，則別教必須分為始別教與終別教兩種。智者當時無此分別。蓋真諦傳《攝論》即攪合不清故。順《攝論》本身而言，本自是阿賴耶系統，即智者所謂「黎耶依持」。但順真諦之增益解釋，如解性賴耶，如如來藏自性清淨心，如第九菴摩羅識，則又當是如來藏系統（真心系統），即智者所謂「真如依持」。智者將真諦之增益解釋與《攝論》自身義混合而為一，故一方稱《攝論》為「黎耶依持」，「發頭據阿黎耶出一切法」，斥之為「界外一途法門」，「從如來藏中開出耳，」（《法華玄義・卷第五下》論「三法妙」中論別教三法處）；一方又常依真諦之增益解看《攝論》，以真諦

所傳者爲別教，是即無異于以後起之《起信論》爲別教之典型。（智者除于《童蒙止觀》中偶引及《起信論》，餘作皆未提及《起信論》。）今將別教分爲兩態，視彼爲「界外一途法門」者爲始別教，視如來藏系統爲終別教。後來知禮與山外爭論別理隨緣不隨緣，即由于山外不知有此分別故也。山外說別理不隨緣，隨緣者爲圓教，此則只知始別教爲別教也。知禮說別理隨緣，即使隨緣亦不必是圓教，此就終別教而言也。說隨緣者爲圓教，自非。但若知別教有兩態，則說別教眞如理隨緣與不隨緣俱可。隨緣之眞如理即眞常心，心與空如理爲一者也；不隨緣之眞如理即賢首所謂「凝然眞如」，空如理與心不合一者也。

始別教之性格如下：

㈠約觀法言，依唯識說三性，亦是體法空，依此而言無生四諦。此即般若精神之在始別教中行。

㈡約解脫言，由正聞熏習而至出世清淨，依此說漸教，而且成佛有種性。雖可通至界外，斷及無明，然旣是漸教，則究竟斷無必然的保證。旣可通至界外，自可開無量四諦。然就染妄面說，通過熏習，種子始可成爲現行，而種子亦由後天輾轉熏習而成，是則無量純是經驗地說，是不定者，只是敞開一無限制之門而已；就清淨面說，正聞熏習是經驗的（後天的），則無量亦是不定者，亦只是敞開一無限制之門而已。是則無量四諦未能究極證成也。此即示窮法之源，雖窮而未至其極也。只可說是由如來藏開出之「界外一途法門」，未是通方法門。故謂之爲「始別教」。

㈢約佛果言，凝然眞如只是空如理，是無爲法，一切憑依之而起的加行皆是有爲，即佛智亦是生滅有爲，屬清淨依他攝，是則眞

常即不能達到，「如來藏恆沙佛法佛性」一觀念即不能充分證成，而空不空如來藏亦不能充分證成。但「空不空」是別教之基本義，故智者說別教總是以「空不空」說也。此即示阿賴耶緣起未能成爲別教之典型，故只視之爲「界外一途法門」也。

終別教之性格如下：

㈠約觀法言，亦是體法空，故亦是無生四諦。此是般若精神之在「終別教」中行。

㈡約解脫言，由始覺而究竟覺，還歸于本覺，斷及無明而至究竟斷有必然之保證。由一眞心開二門，流轉與還滅俱函無量法，故至無量四諦是決定的，不只敞開一無限制之門而已也。此即示窮法之源而已窮至其極矣。

㈢約佛果言，通過還滅後，眞常心之全部朗現即是佛。「如來藏恆沙佛法佛性」一觀念至此始充分證成，而法身常住亦充分證成，「空不空」亦充分證成。但此一系統是由眞心之「不變隨緣隨緣不變」而展示，空不空是由隨緣中緣修還滅而充實。故當說如來藏自性清淨心空而不空時，此「空而不空」之中道只是「但中」之理，須緣修以實之。在此緣修方便上說一切法趣不空。故此仍權說之別教，非圓教也。即進而依此別教而言法界緣起，如華嚴宗之所示，那也只是分析的圓教，不開權，不發迹，猶有一隔之權，仍只是別教而已。

說至「空不空」但中之理，此乃成別教之核心觀念。智者判別圓大抵是環繞此核心而言。《法華玄義‧卷第九上》言及圓門入實觀（此屬「辯體」中文），此中以十義判別圓，如下：

㈠明融不融者，別教四門，所據決定妙有善色，不關于空；據畢竟空，不關于有。乃至非空非有門亦如是。四門歷別，當分各通。不得意者，作定相取。……圓門虛融微妙，不可定執。說有不隔無，約有而論無；說無不隔有，約無而論有。有無不二，無決定相。假寄于有以爲言端。而此有門亦即三門。一門無量門，無量門一門。非一非四，四一一四，此即圓門相也。

復次，更約破會明融不融相。若破外道邪見，不破二乘邪曲，亦不破大乘方便。又會不圓者，如《淨名》中會凡夫反復，聲聞無也；會塵勞之儔爲如來種，無爲入正位不能反復；生死惡人、煩惱惡法、而皆被會，二乘善法、四果聖人、而不被會。又《般若》中，明二乘所行念處道品皆摩訶衍，貪欲無明見愛等皆摩訶衍，善惡之法悉皆被會，亦不會惡人及二乘人等，不辨其作佛。此即別門攝也。

若圓破者，從別教已去皆是方便。故迦葉自破云：「自此之前，我等皆名邪見人也。」既言邪見之人，即無圓正道法，則人法俱被破也。別教人法尚爾，何況草菴人法？二乘尚爾，何況凡夫人法？是則圓破，無所固留。

圓會者，會諸凡夫著法之衆，汝等皆當作佛，我不敢輕于汝等。五逆調達亦與受記，龍畜等亦與受記，況二乘菩薩等？世間治生產業皆與實相不相違背，即會一切惡法也。汝等所行是菩薩道。析法二乘尚被會，況通況別？汝是我子，我則是父，無有人法而不被會，俱皆融妙，此即圓門攝也。

……

㈡即法不即法者，若說「有」爲門，此有非生死有，出生死外別論眞善妙有。空門者，出二乘眞外別論畢竟空。乃至非有非無門亦如是。是爲別四門相。

若「有」爲門，即生死之有是實相之有；一切法趣有，有即法界；出法界外，更無法可論。生死即涅槃，涅槃即生死，無二無別，舉「有」爲門端耳。實具一切法，圓通無礙，是名有門。三門亦如是。此即生死之法是圓四門相也。

……

㈢約佛智非佛智者，若「有」爲門，分別一切智了達空法，分別道種智照恆沙佛法，差別不同者是菩薩智，即別四門相也。若「有」爲門，分別一切種智，五眼具足，圓照法界，正遍知者，即諸佛之智，是圓四門相也。

……

㈣約次第不次第者，若以「有」爲門，依門修行，漸次階差，從微至著，不能一行中即無量行，乃至非有門亦如是，是別四門相。若以「有」爲門，一切法趣有門，依門修行，亦一切行趣有行，一行無量行，名爲遍行，乃至非空非有門，亦如是，是圓四門相。

……

㈤約斷斷不斷斷者，夫至理虛無，無明體性本自不有，何須智慧？解惑既無，安用圓別？《涅槃》云：「誰有智慧？誰有煩惱？」《淨名》曰：「婬怒癡性即是解脫」，又

「不斷癡愛，起于明脫。」此則不論斷不斷。《大經》
云：「闇時無明，明時無闇；有智慧時，則無煩惱。」此
用智慧斷煩惱也。

若別有門，多就定分割截，漸次斷除五住，即是思議智斷
也。乃至三門亦如是。是爲別四門相。

若圓有門，解惑不二，多明「不斷斷」；五住皆不思議，
即是不思議斷。乃至三門亦如是。是爲圓四門相。

……

(六)約實位非實位者，若有門明斷界內見思，判三十心位；斷
界外見思無明，判十地位；等覺後心斷無明盡；妙覺常
樂，累外無事：此乃他家之因將爲己家之果，皆方便，非
實位也。後三門大同小異，皆是別四門相。

若有門從初發意，三觀一心斷界內惑，圓伏界外無明，判
十信位；進發眞智，圓斷界外見思無明，判四十心位；等
覺後心無明永盡；妙覺累外，此是究竟眞實之位。乃至三
門亦如是。是名圓四門相。

……

(七)約果縱果不縱者，若「有」爲門，從門證果，三德縱橫，
言法身本有，般若修成，解脫始滿，不但果德縱成，因亦
局限。如地人云：「初地具足檀波羅蜜，於餘非爲不修，
隨力隨分。」檀滿初地，不通上地。餘法分有而不具足
者，是義有餘。三門亦如是。是爲別四門相。

若「有」爲門，從門證果，三德具足，不縱不橫，亦因如
是一法門具足一切法門，通至佛地。《華嚴》云：「從初

一地具足諸地功德。」《大品》云：「初阿字具足四十一字功德。」三門亦如是。是爲圓四門相。

……

㈧約圓詮不圓詮者，若「有」爲門，門不圓融，或融一，或融二。門前章，偏弄引；門中章，詮述不融、不即、菩薩智，乃至偏譬喻等；門後還結不融、不即、等。三門亦如是。是爲別四門相。

若「有」爲門，一門即三門；門前圓弄引，門中講述融、即、佛智，乃至圓譬喻等，門後結成融、即等，三門亦如是。是爲圓四門相。……

㈨約問答者，若有門明義未辨圓別，須尋問答覈徵，自見圓別旨趣。三門亦如是云云。

㈩約譬喻者，諸門前後或舉金銀寶物爲譬，或舉如意、日月爲譬，或用別合，或用圓合，圓別之相自顯云云。

今以十意玄覽衆經，圓別兩門朗然明矣。

……

今經十義者，觀一切法空如實相，決了聲聞法、是諸經之王，開方便門，此是「融凡、小、大之人法」也。

一切世間治生產業皆與實相不相違背，即客作者是長者子，此是「即法」之義也。

開示悟入佛之知見，今所應作唯佛智慧，即「佛慧」。

著如來衣、座、室等，即「不次第行」也。

不斷五欲而淨諸根，又過五百由旬，即「不斷斷」義也。

五品六根淨，乘寶乘遊四方，即「實位」也。

佛自大乘，定慧力莊嚴，以此度眾生，即「果不縱」也。
合掌以敬心，欲聞具足道，即今佛文前「圓詮」也。諸法
實相義，已爲汝等說，即古佛文後「圓詮」也。

智積、龍女，「問答」顯圓也。

輪王頂珠，其車高廣，皆「圓喻」也。

案：以上十義判圓、別，實則只是前八義，而前八義中又以㈠融不
融，㈡即不即，㈣次第不次第，㈤斷斷不斷斷，㈦果縱果不縱，五
義爲最基本。即此五義中復以㈡即不即，㈤斷斷不斷斷，二義爲最
基本，吾已提出論之于前第二節，名之曰原初的洞見。別教是分解
地說。凡分解地說者皆不融，不即，有次第，斷斷，有縱橫，非圓
詮。圓教是詭譎地說。凡詭譎地說者皆融，皆即，皆不次第，皆不
斷斷，皆不縱不橫，故皆爲圓詮。後來荊溪、知禮判別、圓，精簡
圓義，皆以此五義爲綱領，亦即不出此十義之範圍，無有進于智者
而不同于智者者，所謂嚴守家法，無敢踰越或歧出而背離者。

別、圓既判，則圓教義已顯矣。

5.最後可簡單地言圓教。

IV　對于圓教之規定

圓教者，圓妙、圓滿、圓足、圓頓、圓實之謂也，所謂圓伏、
圓信、圓斷、圓行、圓位、圓自在莊嚴、圓建立眾生。然此是相應
《法華》開權顯實發迹顯本而成之圓教。凡圓教，籠統言之，自就
佛說。然佛有三藏佛，通教佛，別教佛，不必是圓實佛。惟相應
《法華》圓實佛而說者方爲眞圓實教，此以上列《法華》圓十義定

之也。今規定其性格如下：

㈠約觀法言，爲一心三觀，由此開出三眼、三智、三諦。三觀者，觀空、觀假、觀中也。觀空爲慧眼，一切智；觀假爲法眼；道種智；觀中爲佛眼，一切種智。而所觀之空假中即三諦也。即三而一，即一而三，是故「即空即假即中」。分析言之，說空假爲方便，說中爲圓實。而中不離空假以爲中，故以急辭連三即而說爲「即空即假即中」也。復次，若說空，則無假中而不空，一切法趣空，是趣不過，此爲總空觀；若說假，則無空中而不假，一切法趣假，是趣不過，此爲總假觀；若說中，則無空假而不中，一切法趣中，是趣不過，此爲總中觀。此是龍樹「中觀」之吸納于圓教中說，不背緣起性空之基本義；亦是般若融通淘汰之精神之在圓教中行，故由體法空而當體即是無生四諦，即是無量四諦，亦即是無作四諦。此是般若之作用的圓當下套一存有論的圓。

㈡約解脫說，爲圓伏、圓信、圓斷、圓行、圓位、圓自在莊嚴、圓建立衆生。此中即是一「不斷斷」。而此「不斷斷」即預設「從無住本立一切法」，即「一念無明法性心即具三千世間法」，此是存有論的圓。性德三軌不縱不橫，修德三軌亦不縱不橫。性修不二，皆具三千，故爲無作無量四諦。此是性具系統，非「隨緣不變不變隨緣」之性起系統也。性起系統只是無量，而非無作；是斷斷，而非不斷斷。「斷斷」有能覆與所覆，故必斷除能覆之無明，始顯所覆之眞心；必斷除九界之差別，始顯佛界之法身。此即荊溪所謂「緣理斷九」也。不斷斷者，法身必十界互融而爲法身，般若、解脫亦然。此即是說，必即三千世間法而爲法身、般若與解脫。而三千世間法皆是本具，皆是性德，無一可改，無一可廢，無

一是由作意造作而成，故皆爲無作。法性必即無明而爲法性。無明
須斷，此即所謂「解心無染」；而無明中之差別法則不斷，此即所
謂「除病不除法」，即「不斷斷」也。低頭舉手皆成佛道，通達惡
際即是實際，何況二乘行？何況菩薩行？依此而言「性德惡」。
「性德惡」者即性德三千中除佛界外餘九界中一切本具之穢惡法
也。此明是在「不斷淫怒痴」下之詞語，無足驚怪也。此與儒家言
性善性惡者異矣。「性德惡」有時亦言「性惡」，此略詞也。惡是
形容法者，非形容性者。「性德惡」即是一念無明法性心所本具之
不可改變之穢惡法。無明無住，無明即法性，如是則法性心即本具
有這些穢惡法而一不可改。故佛界亦有惑業苦三道性相，而三道即
三德，解心無染也，通達惡際即是實際也。法性即無住，法性即無
明，如是，則無明心亦本具有這些穢惡法而一不可改。是故衆生皆
在惑業苦之三道中，此是迷執之三道。佛之解脫是在「不斷斷」
中，三道即三德下，解心無染也，而三千法仍自若也。是故荊溪
云：「三千在理，同名無明。三千果成，咸稱常樂。」（《十不二
門・因果不二門》語）。此即「圓斷」，亦曰「不思議斷」。故
「性德惡」是性具系統無作四諦之重要標識，實只是「不斷斷」之
變換語耳。

　　㈢約佛果言，即爲法身常住，無有變易，「如來藏恆沙佛法佛
性」之圓滿的體現。如來藏即「一念無明法性心」也，不指眞心而
言。圓滿體現者必即三千法而體現之也，因恆沙佛法佛性本具此三
千法也；數言三千，實即無量無作法也，即是恆沙佛法矣。本具三
千即是「三千在理，同名無明。」圓滿體現即是「三千果成，咸稱
常樂。」三千在理即是性德三軌；不縱不橫。不縱者，法身、般

若、解脫皆本具故；般若與解脫雖修德亦性德故，而性德是在修德中顯，故雖性而又是修，雖不縱而亦不橫。不橫者，般若與解脫性德，亦修德故，而修德又是在「不斷斷」下成故，故雖修而又是性，雖不橫而亦不縱。在因地如此，在果地亦然。此爲圓伊，亦曰三德秘密藏。而別教三德，因爲是性起系統，又是「斷斷」，故有縱有橫，不爲圓伊。

　　復次，總上三點言之，此圓教之特色又在「一切法趣某，是趣不過」之一語，此即「不但中」，故曰圓中。此語本是《般若經》中表示「般若之作用的圓」之語。今將表示「般若之作用的圓」之「一切法趣」套於「存有論的圓」中說。一念三千不只是散列的三千，而且是一切法趣空，趣假，趣中之三千。又不止此，而且是一切法趣色、趣聲、趣香、趣味、趣觸，固不只趣一念也。是故得言唯色、唯聲、唯香、唯味、唯觸、唯識、唯智。若在識中，一切都是迷執。若在智中，一切都是常樂。在識中，是識色不二。在智中，是智色不二。依前者說執的存有論。依後者，說無執的存有論。此即是圓教下的兩層存有論，而在一念三千與不斷斷中完成之。別教不能至此也。故佛教必發展至《法華》圓教始至其極。極者徹底透出兩層存有論之謂也。至此，始極成無諍──《般若》之無諍與《法華》之無諍合而爲一。

第四節
七種二諦之差異以及其層層升進

　　1.上定四教訖，今再就七種二諦以明四教之縱貫關係。縱貫者

接引貫通之謂也。相接引而趣於一實，則就二諦而言，四正二諦外，居間復有過渡之三種二諦以明相接引，故總有七種二諦也。教分爲四，是就經敎而判成。今言七種二諦亦是就經敎之內容歸約而成，固無一經有此現成之七種二諦也。

《法華玄義・卷第二下》論「境妙」中說到二諦境時，列有七種二諦如下：

㈠實有爲俗，實有滅爲眞。（藏二諦）。

㈡幻有爲俗，即幻有空爲眞。（通二諦）。

㈢幻有爲俗（單俗），即幻有空不空共（複眞即單中）爲眞（別接通二諦）。

㈣幻有爲俗（單俗）；幻有即空不空，一切法趣空不空（複中），爲眞（圓接通二諦）。

㈤幻有，幻有即空，皆名爲俗（複俗）；不有不空（單中即但中）爲眞（別二諦）。

㈥幻有，幻有即空，皆名爲俗（複俗）；不有不空，一切法趣不有不空（複中），爲眞（圓接別二諦）。

㈦幻有，幻有即空，皆爲俗；一切法趣有、趣空、趣不有不空，爲眞（圓二諦）。

括弧中單複之語須加解釋。前言無一經有此現成之七種二諦，乃智者就經敎內容相應四敎以及其間之接引而約成者。此須明確了解四敎之性格而且須就四敎而了解之。但《大涅槃經・卷十三聖行品第七之三》（南本整治後之分品稍細，與北本不同），佛爲迦葉菩薩廣明四聖諦已，復爲文殊菩薩以八番文字說二諦，即世諦與第一義諦。章安疏即以智者七種二諦說此八番文字。其中即用到單複

二字，但有時不甚諦當。今先藉《涅槃經》文及章安之疏以熟練此七種二諦，然後再看《法華玄義》之正釋。

《經》文（茲依北本錄，章安疏依南本，文字稍有不同）云：

> 善男子！有善方便，隨順眾生，說有二諦。善男子！若隨言說，則有二種。一者世法，二者出世法。善男子！如出世人之所知者名第一義諦，世人知者名爲世諦。

章安《疏》云：

> 初、約世出世兩人判二諦者，通冠下七，一一二諦各有此意。世情多想，束爲世諦。聖者多智，束爲眞諦。此即隨情智判二諦。（《大涅槃經疏·卷第十五》，下同）

案：此是綜綱，綜說二諦，不在七種二諦之內。下七番分別說七種二諦。

《經》：

> 善男子！五陰和合，稱言某甲。凡夫眾生隨其所稱，是名世諦。解陰無有某甲名字，離陰亦無某甲名字，出世之人如其性相而能知之，名第一義諦。

《疏》：

二、五陰和合者，約名無名判。攬陰名生，即世諦。即陰離
陰，如性知之，性即眞諦。此約有作四諦立之。

案：章安名此曰「名無名」二諦。此二諦約「有作四諦」而立。有
作四諦亦曰生滅四諦。約生滅四諦說二諦，此即藏教二諦，析法入
空也。

《經》：

復次，善男子！或復有法有名有實，或復有法有名無實。善
男子！有名無實者，即是世諦。有名有實者，是第一義諦。

《疏》：

三、或復有法有名無實者，他曰：世諦有名，名名于體，物
應于名；眞諦但有名無實。今文反此。世但虛名而無眞實；
不生不滅，與法相稱，即是眞諦。不能即色是空，故有名無
實。能即色是空，故有實有名。此約無生四諦立之。

案：章安名此曰「實不實」二諦，即通教二諦，體法入空也。故約
無生四諦立。生滅、無生，皆是有量四諦。

《經》：

善男子！如我眾生，壽命知見，養育丈夫，作者受者，熱時
之燄，乾闥婆城，龜毛兔角，旋火之輪，諸陰界入，是名世

諦。苦集滅道名第一義諦。

《疏》：

四、眾生壽命如旋火輪。此單俗複眞以論二諦。假名幻化，熱燄火輪，但有其名，而無其實。稱世流布，即是世諦。眞與中合，共爲眞諦。若單以眞爲第一義者，不得言「苦集滅道是第一義」。具指四諦，即眞中合。此明無量四諦中若眞若中同爲第一義諦。前文曰「第一義無量無邊，不可稱說。」

案：章安名此曰「定不定」二諦。單俗複眞，俗是不定，中道是定。「單俗」者，即只就假名一層說俗諦也。「複眞」者，就眞與中之雙重說眞諦（第一義諦）也。下文智者正解七二諦中之第三種二諦亦以「複眞」說眞諦，章安本智者而言也。「眞」是空義，「中」是空而不空義。此不空之中非如龍樹《中論》所說之中道，蓋彼之中道仍是體法空之中道空。此不空之中當就空如來藏與不空如來藏說。空如來藏是眞，不空如來藏是中。此是將通教之空眞提攝于「如來藏恆沙佛法佛性」上而說之，亦示通教只知體法空爲眞諦，尙不知不空如來藏之中爲眞諦也。就如來藏言，空如來藏是眞，不空如來藏是中，故「眞與中合，共爲眞諦」。故經以苦集滅道爲第一義諦（眞諦），不只是實相般若體法空之空眞爲第一義諦也。此是約無量四諦說二諦。知無量四諦者是別教。蓋如來藏自性清淨心統攝一切法也。故此「單俗複眞」之二諦可視爲「別接通」

二諦。

　　但別教說無量四諦只是眞心隨緣起現之無量，此是性起系統之無量，尚不是性具系統之無作無量。故此不空之中只是不空但中之理，即如來藏自性淸淨心不有不無但中之理，而無量者乃是但中之理之隨緣起現，或藉緣修之方便令一切法趣此不空之理以實之，而非即是性具，故只說無量四諦，不說無作四諦也。說無量四諦是別教，說無作四諦是圓教。若此第四番二諦文眞是「別接通」二諦，則所謂「單俗複眞」只是單俗單中，「複眞」即單中也。單中對下第七番中之「複中」而言。「複中」者，依章安之規定，「非單指理，即事而理，法界圓備名爲複中」。此即性具系統中之無作無量也。是則此處所謂「複眞」非「複中」，乃「單中」也。而「單中」即「但中」。此第四番文字既就無量四諦中之「眞與中合」（但中）說眞諦，故知此「單俗複眞（單中）」二諦爲「別接通」二諦也。

　　章安云：「前文曰第一義無量無邊，不可稱說。」「前文」者，經于八番二諦文前有此語也。經前文以中智與上智分別聲聞緣覺與諸佛菩薩之不同。中智只能分別地知陰界入相以及五陰相，而不能知其有無量相；只知四諦，而不能知無量四諦，乃至只知世諦，而不能知世諦無量無邊；只知諸行無常、諸法無我、涅槃寂滅是第一義，而不能知「第一義無量無邊，不可稱計」。依天台判教，只說無量四諦者爲別教，進說無作四諦者爲圓教。經說無量無邊無此分別。但此第四番二諦文既說「苦集滅道名第一義諦」，不是以空眞爲第一義諦，故章安依據經文無量四諦而以別教之複眞（單中）說第一義諦也。

《經》：

善男子！世法有五種。一者名世，二者句世，三者縛世，四者法世，五者執著世。善男子！云何名世？男女瓶衣，車乘屋舍，如是等物，是爲名世。云何句世？四句一偈，如是等偈，名爲句世。云何縛世？捲合繫結，束縛合掌，是名縛世。云何法世？如鳴椎集僧，嚴鼓誡兵，吹貝知時，是名法世。云何執著世？如望遠人有染衣者，生想執著，言是沙門，非婆羅門；見有結繩橫佩身上，便生念言是婆羅門，非沙門也。是名執著世。善男子！如是名爲五種世法。善男子有衆生於如是等五種世法，心無顛倒，如實而知，是名第一義諦。

《疏》：

五、世法五種去，此約「單俗單中」以明二諦。上以熱燄火輪五譬以譬人我而爲世諦，今以五法而爲世諦。五法如燄輪，燄輪譬法。法譬互舉，同是「單俗」。心無顛倒，如實知之，即單指中道以爲如實。此明有作無生等苦集爲俗，指下一實諦爲眞。

案：章安名此曰「法不法」二諦。法謂實相，不法爲俗。于世無倒，謂見實相。俗只是五種世法，幻化假名，故爲「單俗」。眞則單指中道實相以爲眞（第一義諦），故爲「單中」。但此「單中」

恐有問題，易生誤會。如果此第五番二諦文是「圓接通」二諦，則不能是「單中」。如果此實相之中同于《中論》所說，則只是即色是空，此亦是即事而理，但卻只是通教，即，只是觀法上之體法空。如果此實相之中繫于般若，般若亦圓具一切，但般若之圓具一切只是般若智之作用地成就一切法，尚不是存有論地性具一切法，故其為圓只是作用的圓，尚不是存有論的圓。因此，這尚不能真成為「圓接通」二諦，蓋只是通教二諦也。如果此實相之中是就「如來藏恆沙佛法佛性」說，而又為「但中」之理，則只成「別接通」，而非「圓接通」。「單指中道以為如實」，故為「單中」。「單中」有時同于「但中」，有時亦不必同于「但中」。章安說「單中」義同于「但中」。如果同于「但中」，則此第五番文不是「圓接通」，而是「別接通」，此則同于第四番而為重複。如果此處之「單指中道以為如實」只是說單直指中道以為如實，則所指之中道不必是「但中」之理，亦可是「即事而理，法界圓備」之「圓中」。而如此之「圓中」，依章安下第七番之疏文，即是「複中」。如是，此處之「單俗單中」實即是「單俗複中（圓中）」，是則方可成就「圓接通」二諦。（智者下文正解七二諦中之第四種二諦不說真為「單中」，而說為「不思議真」。「不思議真」即圓中或複中也。）但章安之說「單中」又卻只是「但中」，是則不能成就「圓接通」義。為明確起見，此「單俗單中」當改為「單俗複中」，而上第四番文之「單俗複真」實即是「單俗單中（但中）」。如是，則單複義可一致，而單俗單中（別接通），單俗複中（圓接通），與下六七兩番「複俗單中」（別二諦），複俗複中（圓接別），亦相對稱也。如果此處說為「單中」，則與下第六番

「別二諦」中之「單中」又何別乎？

又，章安云：「此明有作無生等苦集爲俗（單俗），指下一實諦爲眞。」「指下一實諦」者，經于此八番二諦文後，復爲文殊說「一實諦」。佛言：實諦者名曰眞法，實諦者無有顚倒，實諦者無有虛妄，實諦者名曰大乘，實諦者一道淸淨，無有二也。進而復言：「有苦有諦有實，有集有諦有實，有滅有諦有實，有道有諦有實。如來非苦非諦是實，虛空非苦非諦是實，佛性非苦非諦是實。」此一實諦之實是單中（但中），抑是圓中，經文未有規定。就此第五番文而言，章安是把它限定爲「單中」。但如果「單中」同于「但中」，則不能成就「圓接通」。爲成就「圓接通」，須把經下文之「一實諦」視爲圓中（複中）。章安于此五及下六七兩番，俱云「指下一實諦爲眞」。何以「一實諦」而有單中複中之別？不加簡別，徒增混亂。

《經》：

> 復次，善男子！若燒若割，若死若壞，是名世諦。無燒無割，無死無壞，是名第一義諦。
>
> 六、若燒若割去，此約「複俗單中」以明二諦。若燒若死，此明體法始終。若割若壞，此明析法始終。即以兩始爲有，兩終爲無。此之有無，合之爲俗，即是「複俗」。單指中道非有非無，故無燒割，即第一義。此明上有作無生之眞俗同名爲俗，指下一實諦而以爲眞。

案：章安名此曰「燒不燒」二諦。此複俗單中即是別敎二諦。「複

俗」者，藏通二教中之空眞（析法空與體法空）與俗有（實有與幻有）俱名爲俗，此即雙重之俗，故爲「複俗」。分解說的空眞與俗有即是權說，亦即是可思議的空眞與俗有，因而皆可名爲俗。「單中」者，即以如來藏自性清淨心空而不空，不有不無之但中之理，不性具一切法者，以爲第一義諦（眞諦）。話雖是這樣說，但經文之「無燒無割，無死無壞」，很難看出是限于就別教之但中之理說。彷彿可以引至此，而辭不備。又若此「單中」是就別教之眞說，則上第五番「圓接通」之眞何以亦說爲「單中」耶？故知彼處說單中，其不妥甚明。又，「指下一實諦而以爲眞」，經下之一實諦，如吾上第五番中所引述，亦不必是別教但中之理。只當吾人視此第六番文爲「複俗單中」之「別二諦」時，始須把那一實諦限爲但中之理。

《經》：

> 復次，善男子！有八苦相，名爲世諦。無生、無老、無病、無死、無愛別離、無怨憎會、無求不得、無五盛陰，是名第一義諦。

《疏》：

> 七、八苦有無去，此約「複俗複中」以明二諦。「複俗」如向言。「複中」者，非單指理，即事而理，法界圓備，名爲複中。此合上來有作無生眞之與俗皆名爲俗，指下一實不可思議而爲眞諦。文雖不顯，義推自成。然此一番猶是「複俗

「複中」二諦。

案：章安名此曰「苦不苦」二諦，即是「圓接別」二諦。「複中」者，非單指但中之理（真如心空不空）以為真，而乃是「即事而理，法界圓備」以為真。「空不空」是別教理，空不空而又一切法趣空不空是圓教理。此即「一念無明法性心」即具三千世間一切法也，非偏指真心隨緣起現而又「緣理斷九」之謂也。分解地說，但中之理（空不空）與一切法趣空不空（即事而理法界圓備）合而為中，故為複中，即以此「複中」之圓義接引別教。如此言「複中」尚是順別教之空不空（指真心而言）而方便言之，方便地以此複中之圓義接引別教令其向圓教轉進也。此尚不是真正圓教本身之說法。就圓教本身而言真諦，那偏指真心而言的空不空亦當化掉，那即是性具系統下無作四諦之圓中（不思議中）也。此「圓接別」中之中既是「複中」（順別教空不空說，雖有圓意，尚不真是圓中，不思議中，若直就圓教性具說，則複中即圓中），則前第五番文中「圓接通」中之「中」不得為「單中」明矣。

又，「指下一實不可思議而為真諦」，經下文一實諦既是「一道清淨，無有二也」（見前第五番中引述），即不可思議之一實諦，即圓實諦。《涅槃經》為捃拾教，四教俱說。就前三教言，追說追泯，意歸于圓。故一實即圓實。但于五、六、七番中章安俱說「指下一實為真」，然而卻有單中複中之別。章安不加限制，則令人疑惑也。

《經》：

復次，善男子！譬如一人多有所能。若其走時，則名走者；
或收刈時，復名刈者；或作飲食，名作食者；若治材木，則
名工匠，鍛金銀時，言金銀師。如是一人有多名字。法亦如
是，其實是一，而有多名。依因父母和合生，名為世諦。十
二因緣和合生者，名第一義諦。

《疏》：

八、復次下，先譬次合，明圓二諦。真俗相即，皆不可思
議。譬如父母和合生子，一人多能，以譬圓俗。十二因緣和
合，三道即是三德，即第一義以顯圓真。是名不可思議二
諦。一切二諦悉入此中。方便隨順，說諸二諦，無量無邊。
止論七種，何足驚怪？能如是知，名慧聖行。古來皆迷此二
諦文。今用天台大師七種二諦義來釋八番，義則相應，真順
聖慧。

案：章安名此曰「和合」二諦，又名「不可思議」二諦，「真俗相
即，皆不可思議」，即約性具無作四諦而說的「圓二諦」也。此既
不是阿賴耶妄心系統，亦不是如來藏真心系統，而乃是將那樣的妄
心與真心予以決了後，在「不斷斷」下，「三道即三德」下，而說
的一念心即具十法界中之「圓二諦」也。故俗為圓俗，俗即真；真
為圓真，真即俗：「真俗相即，皆不可思議」也。

以上章安以七種二諦解《涅槃經》八番二諦文，當然不免牽
合。徒看經文，很難看出有如智者所說之七二諦之義。但我們現在

可不管此點。我們必須知七二諦是嚴格地相應四教以及其間之升轉而說者。如是，不是以經文建立七二諦，乃是以七二諦解經文也。經文雖疏，而四教則明確也。以下試看智者正解七二諦。

2.《法華玄義·卷第二下》釋此七二諦云：

> 一、實有爲俗，實有滅爲眞。〔藏二諦〕。
> 實有二諦者，陰入界等皆是實法，實法所成森羅萬品，故名爲俗；方便修道，滅此俗已，乃得會眞。《大品》〔《般若經》〕云：「空色、色空」。以滅俗故，謂爲「空色」。不滅色故，謂爲「色空」。病中無藥，文字中無菩提，皆是此意。是爲實有二諦相也。

案：荊溪《釋籤》解云：「俗只是色，析滅色故，名爲空色。謂色實有，名爲不滅。雖不可滅，以無常故，名爲色空。」即此生滅四諦、析法入空之藏教二諦也。「病中無藥」者，病爲所治，隱指俗言；藥爲能治，隱指眞言。所治之病既是實有，則病只是病，而不能當體即空以自治其病，是故「病中無藥」。能治之藥（眞）既是實有（偏空），則藥只是藥，不能即于病俗而爲藥，是故亦得言「藥中無病」。是故釋籤解云：「以能治所治俱實有故，是故互無」。以「互無」故，只能是生滅四諦，析法入空也。此其所以爲拙。

> 二、幻有爲俗，即幻有空爲眞。〔通二諦〕。
> 幻有空二諦者，斥前意也。何者？實有時無眞，滅有時無

俗，二諦義不成。若明幻有者，幻有是俗，幻有不可得，即俗而真。《大品》云：「即色是空，即空是色。」空色相即，二諦義成。是名幻有空二諦也。

案：此即無生四諦，體法入空之通教二諦也。病中有藥，能自治其病，非實有，乃幻有，故「即俗而真」也。藥中有病，空非偏空，故即真而俗也。空俗皆假名，中觀義成。《中論》若就其觀法言，雖不即是通教（以為共法故），然就其特殊教相而言，則亦是通教，而此通教即以中觀為其特色，蓋唯此為不同于藏教故，餘與藏教俱無異故。

三、幻有為俗〔單俗〕，即幻有空不空共〔複真即單中〕為真〔別接通〕。

四、幻有為俗〔單俗〕；幻有即空不空，一切法趣空不空〔複中〕，為真。〔圓接通〕

幻有空不空二諦者，俗不異前，真則三種不同。一俗隨三真，即成三種二諦。其相云何？如《大品》明「非漏非無漏」。初人謂「非漏」是非俗，「非無漏」是遣著。何者？行人緣無漏生著，如緣滅生使，破其著心，還入無漏。此是一番二諦也。〔案：此即上二通教二諦。漏無漏本是通教法。為成接義，故立雙非。初人聞此雙非，還入無漏，故只是上二「幻有空」二諦也。此是通教中之鈍根人。〕

次人聞「非漏非無漏」，謂非二邊，別顯中理，中理為真。又是一番二諦。〔案：此即此三、「幻有為俗，即幻有空不

空共為真」之二諦，亦即「別接通」二諦也。此即通教中之利根人。〕

又人聞「非有漏非無漏」，即知雙非正顯中道。中道法界力用廣大，與虛空等，一切法趣「非有漏非無漏」。又是一番二諦也。〔案：此即此四、「幻有為俗，幻有即空不空，一切法趣空不空、為真」之二諦，亦即「圓接通」二諦。此是通教中之利利人。〕

《大經》云：「聲聞之人但見于空，不見不空。智者見空及與不空。」即是此意。二乘謂著此空，破著空故，故言不空。空著若破，但是見空，不見不空也。利人謂不空是妙有，故言不空。利利人聞不空，謂是如來，一切法趣如來藏。還約空不空即有三種二諦也。〔案：此就空不空說三種人。初人謂「破著空」為不空，還是只見空，不見不空。此即「通二諦」。二乘為著空者。破此空著而言不空，只是通教之體法空。故如此之不空即為「通二諦」。利人謂不空是妙有，此就別教之無量四諦說，故此即「別接通」二諦。「空不空」本是別教法。利利人謂「不空是如來藏，一切法趣如來藏」，此就「一念無明法性心即具十法界」之無作四諦說。如來藏是就事就迷而說，「一念心即如來藏理」之如來藏，非偏指真心而言之如來藏。此即「圓接通」二諦。「一切法趣」本是圓法。〕

復次，約一切法趣「非漏非無漏」，顯三種異者，初人聞一切法趣非漏非無漏者，謂諸法不離空，周行十方界，還是鎍處如。〔案：此即通二諦，亦《般若經》中言一切法趣之本

義，般若之作用的圓也。〕又人聞趣，知此中理須一切行來
趣發之。〔案：此即「別接通」二諦，亦以眞心隨緣說一切
法趣之系統。〕又人聞一切趣，即「非漏非無漏」具一切法
也。〔案：此即「圓接通」二諦。此「一切法趣某某」之趣
不只是般若之作用的圓義，且亦是《法華》之存有論的
圓。〕

是故說此一俗，隨三眞轉。或對單眞，或對複眞，或對不思
議眞。〔案：對單眞，即成通二諦。對複眞（空不空共之眞
爲複眞即單中），即成「別接通」二諦。對不思議眞（即複
中），即成「圓接通」二諦。〕

若隨智證，俗隨智轉。智證偏眞，即成通二諦。智證不空眞
〔單中即但中〕，即成「別入通」二諦。智證一切法趣不空
眞〔複中〕，即成「圓入通」二諦。

案：以上智者以「非漏非無漏」，空不空，一切法趣「非漏非無
漏」，三例來說明一俗隨三眞轉，成三種二諦：一、通二諦，二、
別接通（或別入通）二諦，三、圓接通（或圓入通）二諦。在此例
明中，我們必須知在「別接通」中，說及不空（妙有）是就如來藏
自性清淨心說，即所謂但中之理，決不是只就「緣起性空」一義所
說之中道空（體法空）；在「圓接通」中，說及「不空是如來藏，
一切法趣如來藏」，是就「一念心即十法界」說，既不是但中之理
之不空，亦不是眞心隨緣之趣不空，復亦不是只就「緣起性空」一
義所說之中道空，以及《般若經》之只就般若智之作用的圓所說的
「一切法趣某某，是趣不過」之趣。在此種接引升進中，因對一切

法有一根源解釋故，時有新觀念之加入，決不是「體法空」一義之展轉引申也。是故若看到空不空，後後者是從前前者而來，以爲只是那析法空與體法空範圍內之只就緣生法說，那種種空不空只是「緣起性空」一義之展轉引申，則悖。如此，則決不能了解七種二諦間之升進。如吉藏之說四重二諦：一、有爲世諦，無爲眞諦；二、有無二爲世諦，非有非無不二爲眞諦；三、有無二、非有非無不二、爲世諦，非二非不二爲眞諦；四、前三重皆爲俗，言忘慮絕爲眞諦：此只是緣起性空一義之展轉引申，就分別說、圓融說、圓融之不同層次說，以及說與不說，而爲展轉引申，結果只是一通二諦，亦只是通二諦之善解。若以智者之七二諦來比配此四重二諦，以爲某某同於某某或相當於某某，那自是失旨，未能把握七二諦之關節，亦未能相應四教而了解七二諦，而四教不是只就緣起性空一義之展轉引申而成，而吉藏之展轉引申顯然亦無四教義也。焉能相比配而謂某某相當于某某耶？

五、幻有，幻有即空，皆名爲俗〔複俗〕；不有不空〔單中〕爲眞。〔別二諦〕。

幻有無爲俗，不有不無爲眞者，有無二，故爲俗；中道不有不無，不二爲眞。二乘聞此眞俗，俱皆不解，故如瘂如聾。《大經》云：「我與彌勒共論世諦，五百聲聞謂說眞諦。」即此意也。

案：此即別教二諦，就無量四諦顯如來藏清淨心不有不無但中之理也。此「不有不無」雖承前「幻有、幻有即空」而來，然決不只是

體法空中之「不有不無」也。隨教之昇進，而其意指亦不同矣。若不明教之性格，焉能解此？此不是「體法空」之展轉引申也。

　　六、幻有，幻有即空，皆名爲俗〔複俗〕；不有不空，一切法趣不有不空〔複中〕，爲眞。〔圓接別〕。
　　圓入別二諦者，俗與別同，眞諦則異。別人謂不空，但理而已。欲顯此理，須緣修方便，故言一切法趣不空。圓人聞不空理，即知具一切佛法，無有缺減，故言一切法趣不空也。

案：一切法趣不空有兩形態。一是眞心隨緣起現地趣不空，此猶是別教也。另一則是一念無明法性心即具十法界，故言一切法趣不空，此方是圓教。圓接別者即以此圓教義之趣（複中）來接引別教之趣使之悟入圓教也。

　　七、幻有，幻有即空，皆爲俗；一切法趣有、趣空、趣不有不空，爲眞。〔圓二諦〕。
　　圓教二諦者，直說不思議二諦也。眞即是俗，俗即是眞。如如意珠，珠以譬眞，用以譬俗。即珠是用，即用是珠。不二而二，分眞俗耳。

案：此是在「不斷斷」中，在「三道即三德」，就一念三千（無作四諦），說圓二諦也。不是眞心爲眞，隨緣起現爲俗。乃是說眞，統統是眞；說俗統統是俗。「一切法趣有、趣空、趣不有不空，爲眞」，故得言一切法唯色、唯聲、唯香、唯味、唯觸。若唯識（一

念無明心），則一切皆俗。若唯智（一念法性心），則一切皆眞。三道即三德，故眞俗相即，皆不思議也。「不二而二，分眞俗耳。」三道即俗，三德即眞也。分別說，「幻有，幻有即空，皆爲俗。」而此俗中之「幻」有實一切法趣有之「幻有」，此俗中之「幻有即空」實一切法皆趣空之「幻有即空」，而趣有趣空實亦即趣「不有不空」。是故「俗即是眞，眞即是俗」，故云「不思議二諦」也。此非吉藏就「體法空」之展轉引申中所說之第四重二諦（前三重言教爲俗，離言爲眞）也。此是《法華》「開權顯實，發迹顯本」下般若之作用的圓與一念三千之存有論的圓合一中之圓二諦也。

　　3.若對此七種二境明智，則有七種權實二智。《法華玄義·卷第三下》明「智妙」中，對二諦境明智，則列有七種權實二智，如下：

　　一、析法權實二智。〔藏二智〕。

　　二、體法權實二智。〔通二智〕。

　　三、體法含中二智。〔通含別二智〕。

　　四、體法顯中二智。〔通含圓二智〕。

　　五、別二智。

　　六、別含圓二智。

　　七、圓二智。

　　上七番〔二諦〕各開隨情，隨情智、隨智，合二十一種二諦。今七番二智亦各開三種，謂化他權實，自行化他權實，自行權實，合二十一權實也。

(一)若析法權實二智者，照森羅分別為權智，盡森羅分別為實智。

說此二智，逗種種緣，作種種說。隨種種欲，種種宜，種種治，種種悟，各隨堪任，當緣分別。雖復種種，悉為析法權實所攝，故有化他二智。化他二智，隨緣之說，皆束為權智。若內自證得，若權若實，俱是實證，束為實智。內不相望，共為二智，故有自行化他權實二智也。就自證權實，唯獨明了，餘人不見，更判權實，故有自二智也。今更約三藏重分別之。此佛化二乘人，多用化他實智。二乘稟此化他之實，修成自行之實，故佛印迦葉云：「我之與汝俱坐解脫床」，即此義也。若化菩薩，多用化他權智。其稟化他之權，修學得成自行之權，佛亦印言：「我亦如汝」。云云。

此三種二智，若望體法二智，悉皆是權。故龍樹破云：「豈有不淨心中修菩提道？猶如毒器，不任貯食，食則殺人。」此正破析法意也。故皆是權。

(二)體法權實二智者，體森羅之色即是于空，「即色」是權智，「即空」是實智。

《大品》云：「即色是空，非色滅空。」正是此義。為緣說二。緣別不同，說亦種種。雖復異說，悉為化他權實所攝，故有化他二智。化他二智既是隨情，皆束為權。內證權實既是自證，悉名為實。以自之實對他之權，故有自行化他二智也。就自證得，又分權實，故有自行二智也。

此三二智望含中二智，復皆名權。何者？無中道故。云

云。〔案：此所無之「中道」自非《中論》之「中道」。
否則體法二智中本已有體法空之中道，何得言「無中
道」？〕

㈢體法含中權實二智者，體色即空不空，照色是權智，空不
空是實智。〔案：此「體法含中二智」即「通含別」或
「別接通」二智。「含中」者，于體色中見眞空妙有但中
之理。此是將「體色即空」移于如來藏自性清淨心上說，
而空而不空之中道則是不空如來藏但中之理也，固非《中
論》之中道也。〕

說此二智，赴無量緣，隨情異說。雖復無量，悉是含中二
智所攝，故有化他二智。化他二智本是逗機，皆名爲權。
自證二智皆名爲實。于自證二智更分權實。故有自行二
智。〔自行化他共，故有自行化他二智。〕〔此句是補，
原缺。〕

此三二智望顯中二智，皆皆是權。何者？帶于空眞及敎導
方便故。〔案：「帶于空眞」者，謂兼帶偏空之眞也。帶
「敎道方便」者，謂帶有敎道方面歷別緣修以顯空不空但
中之理也。凡分別說皆敎道，凡敎道皆方便。〕

㈣又體法顯中權實二智者，體色即空不空，一切法趣空不
空。了色是權智；空不空，一切法趣空不空，是實智。
〔案：此「體法顯中」即是「通含圓」或「圓接通」。
「體法顯中」者，謂于體法中正顯「即空不空、一切法趣
空不空」圓中之理也。此是將空不空移于「一念心即十法
界」上說。又體法，體法含中，體法顯中，此三者俱以體

法說，可知體法空是共法，是一觀法之模型。然曰體法而
至體法含中乃至體法顯中，決不是只就體法空上加上空不
空，乃至一切法趣空不空，這種泛為增加或泛為輾轉引
申。故知含中顯中之「中」決非體法空所能決定者，必有
新觀念之加入，因而有但中圓中之別。〕

為緣說二。緣既無量，說亦無量。無量之說悉為顯中二智
所攝，故有化他二智。他二智既是隨緣，悉名為權。自證
二智既是證得，悉名為實。以自行望他，故有自行化他二
智。就自證二智更分權實。〔故有自行二智。〕

此三二智望別權實二智，悉皆是權。何者？帶即空及教道
方便故。〔案：「顯中」雖是通含圓，然尚帶有「即空」
之分別說，此亦即是教道之方便。接引之說亦是教道之方
便也。〕

(五)別權實二智者，體色即空不空。色、空、俱是權智，不空
是實智。

以此二智隨百千緣，種種分別。分別雖多，悉為次第二智
所攝，故有化他二智。化他二智悉是為緣，皆名為權。自
證二智既是證得，悉名為實。以自對他，故有自他二智。
就自證權實，自分二智，故有自行二智。

此三二智望「別含圓」，悉皆是權。何者？以次第故，帶
教道故。〔案：「次第」者，「色、空俱是權智，不空是
實智」，權實次第說故。「帶教道」者，謂歷別緣修以顯
不空但中之理，未能直下知「一切法趣不空」也。〕

(六)別含圓權實二智者，色空不空，一切法趣不空。色空名權

智。一切法趣不空爲實智。

以此二智，隨百千緣，種種分別。分別雖多，悉爲「別含圓」二智所攝，故有化他二智。化他二智既是爲緣，悉皆是權。自證二智既是證得，悉名爲實。自他相望，共爲二智。就自證得，更分權實，故有自行二智。

此三二智望圓二智，悉皆是權。何者？帶次第及教道故。〔案：「別含圓」雖以「一切法趣不空」爲實智，然權實二智分別說，此即是「帶次第」，同時亦即帶「教道之方便」。只以「一切法趣不空」之圓義來接引也。蓋別教中本亦有「隨緣起現地趣不空但中之理」之義也。以此圓趣接其次第趣也。〕

(七)圓權實二智者，即色是空不空，一切法趣色、趣空、趣不空。一切法趣色、趣空，是權智，一切法趣不空是實智。如此實智即是權智，權智即是實智，無二無別。爲化眾生，種種隨緣、隨欲、隨宜、隨治、隨悟。雖種種說，悉爲圓二智所攝，故有化他二智。化他二智既是隨情，悉復是權。自證二智悉名爲實。就自證中更分二智，〔智有自行二智。自他相望，故有自行化他二智。〕故有三種不同也。

此之二智不帶析法等十八種二智方便，唯有眞權、眞實，名佛權實。

案：以上七種二諦，七種權實二智，層層上融，直融至圓實而後止。是則圓實以前皆是過渡之方便。此中層層上融本有可融之機。

就觀智說，藏教析法之拙與粗本不是必然者，只是對鈍根之一時不
徹底的方便曲示。若真秉承緣生無常之教，則「拙之與粗」之不能
自足而須上通于「巧之與妙」乃理之必然者。只是從主觀之情方面
說，人乃常滯而不能通。然若觀熟生巧，則自能順理之必然而通至
于巧。是以若客觀地言之，則自析法通于體法乃是可直接地通至之
者。析法相狀只是表說不盡耳。若藏教亦是佛說必應如此。否則佛
說有錯。佛不能一時說盡，又常是對機而說，故不盡可，錯則不
可。佛說藏教與藏教論師不同。論師可有錯，而佛說不能有錯。是
以析法入空乃一時不徹底之權說耳。

　　由通教而上融至別教，則不能只由觀智說。若只由通教之體法
入空，不必然能引至別教之不空。蓋此不空是就「如來藏恆沙佛法
佛性」而說，此非只是般若觀智所能直接通至之者。般若之「不壞
假名而說諸法實相」並非此不空義。是以由通教而上融至別教之不
空須就「佛性」一觀念說。藏通二教之佛是灰身滅智，是則不能見
佛性之常。又只功齊界內，不能通至無量四諦。然若喚醒「慈悲」
一觀念，則成佛必須以一切眾生得度為條件，是即必即九法界而成
佛。如是，則佛性不能封于界內，必通至無限而後可。既通至無
限，則佛性必常住不變，不能以生滅論。是則灰斷之佛乃是一時之
權說或示現。是以由佛性一觀念，稍加反省，即可直接通至「如來
藏恆沙佛法佛性」之佛性，此乃理之必然者。故藏通之有限是一
時之權說。若不知是權說而封于此限，則是主觀之情執，非實理之
必然。

　　由別教之不空上融至圓教之一切法趣不空，則須知別教是分解
的展示，故一方有次第，一方佛性之理又為但中。真空妙有之佛性

理爲惑所覆，藉緣修方便，破惑而後顯，此即「緣理斷九」，故佛
性理爲「但中」也。此亦是權說。旣知是權說，故捨分解的展示而
爲詭譎的展示，則即歸于「性具」之圓敎。此圓敎亦不能由通敎之
體法入空可直接通至者，光只一心三觀並不能決定圓敎之所以爲圓
敎。此必須經過「如來藏恆沙佛法佛性但中之理」之開決，始可通
至此圓敎。由別敎融至圓敎，不須另有客觀之觀念，只須在《法
華》之「開權顯實發迹顯本」下，另換一表達方式即可，即在「不
斷斷」下，在「三道即三德」下，由分解的展示轉爲詭譎的展示，
即可。此詭譎的展示不只是般若智之無執無著，不捨不壞，乃是般
若智之作用的圓與不但中佛性理之存有論的圓之合一，因此，而成
爲性具系統也。此必須由表達方式之殊特來了解，非是由另一新概
念而撐起也。詞語詞意之不同皆由性具而來。是以圓之所以爲圓雖
有種種說示，最後總歸于表達方式之殊特。分解說者永不能至。是
故凡分解說者皆權說也。開權即顯實矣。故圓實敎爲第二序者。不
離前三而有圓，不離四味（乳、酪、生酥、熟酥）而有醍醐，故須
由表達方式之殊特而認取之也。

　　本章凡四節，是天台學之綜述。凡天台之精義皆概括于此。後
來荊溪、知禮之種種引申辯說皆不能外此。欲了解天台學之梗概，
本可止于此已足夠。然爲熟練故（亦是自悟悟他之熟練），猶有餘
章也。

　　又有不能已于言者，即何以必須有判敎？一爲釐淸種種敎說之
分際故，二爲徹底明了最後宗趣（佛）爲如何故？若順分解說的第
一序之任一敎義追逐下去，窮劫不能盡，任何一點皆可使人成一專
家。爲防迷失故，須隨時點醒。判敎之功即在點醒學者，不令迷失

也。判教是消化之事。隨時學習，隨時消化，相互爲用也。

第二章
從無住本立一切法

第一節
《維摩經玄義》、《玄疏》論「無住本」

1.《維摩詰經・觀衆生品第七》：

〔文殊師利〕又問：善不善孰爲本？

答曰：身爲本。

又問：身孰爲本？

答曰：欲貪爲本。

又問：欲貪孰爲本？

答曰：虛妄分別爲本。

又問：虛妄分別孰爲本？

答曰：顛倒想爲本。

又問：顛倒想孰爲本？

答曰：無住爲本。

又問：無住孰爲本？

答曰：無住則無本。文殊師利！從無住本立一切法。

案：「無住本」一詞出此。鳩摩羅什解曰：

法無自性，緣感而起。當其未起，莫知所寄。莫知所寄，故
無所住。無所住故，則非有無。非有無而爲有無之本。「無
住」，則窮其根源更無所出，故曰「無本」。無本而爲物之
本，故言「立一切法」也。（李翊灼校輯：《維摩詰經集
註》。）

經文從「善不善」起向後追溯，至「無住爲本」止，共五步。「善
不善」以身爲本，即依住于身。進而身依住于「欲貪」，欲貪依住
于「虛妄分別」，虛妄分別依住于「顛倒想」，顛倒想依住于「無
住」。此五步各有所依住，名曰五住，即所謂「五住煩惱」也。
「住」者依住義，或依止義。有住即函有所依止處。而最後一步
「顛倒想」所依住的卻是「無住」。「無住」者，無所依止之謂。
是則「無住」爲顛倒想之本，而「無住」本身則無本。然則前五步
之有本實皆是相對地暫時地說者，非究竟說者；實皆是以「無本」
的「無住」爲本。以「無本」爲本，實皆是無本，皆是無住。然則
此無本的「無住」意指什麼說呢？無本無住即無物，其本身不能有
所指。如是還而就暫時有本有住的五住煩惱說。這究竟無本無住的
五住煩惱其意義是什麼呢？這不能是別的，只不過是「緣起性空」
而已。一切法無自性，即是無住。故鳩摩羅什云「法無自性，緣感

而起」云云。一切法究竟說無所住，無所本，即是空無自性也。空無自性而諸法宛然，此即「從無住本立一切法」矣。亦如《中論》所云「以有空義故，一切法得成」也。此是此語之形式的解釋，即剋就緣起性空而為通義的解釋。是故僧叡云：

> 無住即實相異名，實相即性空異名。故從無住有一切法。（同上）

而道生亦云：

> 所謂顚倒，正反實也，為不實矣。苟以不實為體，是自無住也。既不自住，豈他住哉？若有所住，不得為顚倒也。無住即是無本之理也。一切諸法莫不皆然。但為理現于顚倒，故就顚倒取之為所明矣。以此為觀，復得有煩惱乎？（同上）

此中「無本之理」即空如實相之理。顚倒反實即不實。以顚倒概括一切煩惱法，則一切法皆空無自性，既不自住，亦不他住，此即無所住，反而即以無所住立一切法矣。此無所住即表示一切法無本，無本即空也。以一切法無住無本所表示的空如之理為實，此非如通常肯認一最後的實有之體，此實有之體既是最後的，故不能再有所本，因此，此實有之體即是自住自本。「無住」是遮詮字。所遮詮而顯示的即是一切法之無自性，此即是無本矣。故無本等同無住，亦遮詮字。此並非以「無住」為表詮字，再問其有本無本也。文殊師利問「無住孰為本」，此只是順名言問下去，並無實義，故維摩

詰答之以「無住則無本」。不但「無住則無本」，實則無住即是無本。無住不是一實體字，乃是遮狀字，其主詞是諸法。無住無本，此即是本，故曰「無住本」。「從無住本立一切法」，此與普通從實有之體立一切法（例如從仁體、道體立一切法）不同。諸法無住無本，是空。若從仁體起用，則一切法正是有住有本。是故「從空立一切法」與「從實有之體立一切法」正是兩絕異之系統。不特此也。從佛教內部說，「從無住本立一切法」亦與從阿賴耶立一切法，從如來藏眞心立一切法，不同。不特此也，就天台宗之吸納「無住本」而言，則「從無住本立一切法」且甚至亦與《中論》所說「以有空義故，一切法得成」（從空立一切法）不同。順鳩摩羅什、僧叡、道生之解語而說，可有《中論》之義，但這只是字面解釋所謂形式的解釋之通義。順天台宗而說「從無住本立一切法」，則不只此義，當然亦不背此義。《維摩詰經》說此語亦只是如此點示而已。

再看僧肇之解語：

> 心猶水也。靜則有照，動則無鑑。癡愛所濁，邪風所扇，涌溢波蕩，未始暫住。以此觀法，何住不倒？譬如面臨涌泉而責以本狀者，未之有也。倒想之興本乎「不住」，義存于此乎？一切法從眾緣會而成。體緣未會，則法無寄。無寄，則無住。無住則無法。以無法爲本，故能立一切法也。〔案此與道家不同，須注意。〕若以心動爲本，則因有有相生，理極初動更無本也。若以無法爲本，則有因無生，無不因無，故更無本也。無住故想倒，想倒故分別，分別故貪欲，貪欲

故有身。既有身也，則善惡並陳。善惡既陳，則萬法斯起。
自茲以往，言數不能盡也。若善得其本，則眾末可除矣。
（同上）

僧肇此解乃申衍鳩摩羅什之解，亦與僧叡、道生之解無以異。此四
人解語大體是早期空宗之通義，即剋就「緣起性空」而說，故是形
式的解釋。但到智者，則將「無住本」一詞分從兩面說，即法性與
無明。「無住」即是「無明住地」。「無住本」即是無始無明更無
別惑為所依住。而無明無住即法性，此即是空義。早期四家解語，
大抵說此義。但天台宗則不止于此。更進而說法性無住即無明。是
故從無明立一切法，亦可從法性立一切法，總說則為「從一念無明
法性心立一切法」，將「無住本」具體地解為「一念無明法性
心」，此則更實際而周至，故由此展開天台宗之圓教，不只是緣起
性空之籠統說也。此是將「無住本」吸納于《法華》開權顯實發迹
顯本後之「不斷斷」中，在三道即三德下，而說之，故不只是《中
論》所說之「以有空義故，一切法得成」之義也。如此說之「無住
本」以及「從無住本立一切法」，便于實相般若之作用地圓具一切
法外，復含有一對于一切法有一根源的解釋之存有論地圓具一切
法。以下試由智者、荊溪，以及知禮等之文獻詳為展示之。

　　2.智者《維摩經玄義（卍字《大藏經》為疏，今改）‧卷第
二》云：

　　三、明中道第一義觀者，即為三意，一明所觀境，二明修觀
　　心，三明證成。

　　一明所觀境者，前二觀〔案：即空假二觀〕是方便，雖有照
　　二諦之智，未破無明，不見中道。〔案：此「中道」不是
　　《中論》之中道。〕眞俗別照，即是智障。故《攝大乘論》
　　云：「智障甚盲闇，謂眞俗分別。」智障者，依阿黎耶識。
　　識即是無明住地。無明住地即是生死根本。故此經云：「從
　　無住本立一切法」。無住本者，即是無始無明更無別惑
　　〔爲〕所依住也。

案：此「中道第一義觀」中之中道不是《中論》體法空中之中道，
蓋此須待破無明而後見。而此破無明是圓教之破無明。不破及無
明，「眞俗別照，即是智障」。智者雖引《攝大乘論》語以明智
障，然《攝大乘論》是別教（其實只是始別教）。故其破智障見中
道，只是別教之破無明見中道，尙非是圓教之破無明見中道。今原
則地言之，圓教破無明見中道是在一念心即十法界之存有論的圓具
下，在「不斷斷」中，在「三道即三德」中，破無明見一切法趣有
趣空趣不有不空之中道也。此在「不斷斷」中所破之無明即是無始
無明，即無住本。故此處所言之「無住本」以及「從無住本立一切
法」必須嚴格地相應圓教而言之。「一切法趣不空」之中道亦如
此。如見其引及《攝論》，便籠統無簡別地視中道，則非是。如以
爲即是《攝論》之破智障見中道，何故下文又斥《攝論》師耶？

　　二、明修觀心者，若修此觀，還用前二觀雙忘雙照之方便
　　也。雙忘方便者，初觀知俗非俗，即是俗空；次觀知眞非
　　眞，即是眞空。忘俗非俗，忘眞非眞。非眞非俗即是中道。

因是二空，觀入中道第一義諦。雖觀中道而不見者，皆是無明之所障也。當觀實相，修三三昧。《大智度論》云：「聲聞經中說三三昧，緣四諦十六行。摩訶衍明三三昧，但緣諸法實相。」

今初，修空三昧，觀此無明不自生，不從法性生也；不他生，非離法性外別有依他之無明生；不共生，亦非法性共無明生；非無因緣生，非離法性離無明而有生也。若四句檢，無明本自不生。生源不可得，即是無始空，是名空三昧，空「無住之本一切法」也。若爾，豈全同《地論》師計真如法性生一切法？豈全同《攝大乘》師計黎耶識生一切法也？問曰：各計何失？答曰：理無二。是二大乘論師俱稟天親，何得諍同水火？

次觀無相三昧者，即觀無生實相有相，不如闇室瓶盆之有相也；非無相，非如乳內無酪性也；非亦有亦無相，不如智者見空及不空；非非有非非無相，取著即是愚癡論。若不取四邊之定相，即是無相三昧入實也。若爾，豈全同《地論》師用本有佛性如闇室瓶盆？亦不全同三論師破乳中酪性畢竟盡淨無所有性也。問曰：各計何失？答曰：若無失者，二大乘論師何得諍同水火耶？

次明修無作三昧者，觀真如實相，不見緣修作佛，亦不見真修作佛，亦不見真緣二修合故作佛，亦不離真緣二修而作佛也。四句明修，即是四種作義。若無四修，即無四依，是無作三昧也。若爾，豈同相州北道明義，緣修作佛？〔南土大小乘師亦多用緣修作佛也。〕亦不同相州南道明義，用真修

作佛。問曰：偏用何過？答曰：正道無諍，何得諍同水火？
今明用三三昧修一實諦，開無明，顯法性；忘真緣，離諍
論；言語法滅，無量罪除，清淨心一。水若澄清，佛性寶珠
自然現也。見佛性故，即得住大涅槃。……
三明證成者，若觀無明因緣，入不二法門，住不思議解脫
也。故此經明入不二法門，即是中道雙照二諦，自然流入薩
婆若海。此是觀因緣即一實諦，「不生不生」證無作四實
諦，亦名一切種智，亦名佛眼，即是入初地、見佛性、住大
涅槃也。

案：以上以三意明中道第一義觀。于「一明所觀境」中，吾已明此
所謂「中道」是圓教中之中道，既非《中論》體法空之中道，亦非
別教「但中」之中道。于「二明修觀心」中，智者以修三種三昧明
修中道觀之心。三種三昧者，一空三昧，二無相三昧，三無作三
昧。于修「空三昧」中，觀無明心不自生，不他生，不自他共生，
亦不無因生，即以《中論》四句明無明空。無明空不可得，即無明
無住，無明即法性。此即空無住本以及其所生之一切法也。「從無
住本立一切法」，而以空三昧空之，即以般若之精神融通淘汰之。
融通淘汰之，則無住本及一切法皆當體即實相也。此即示此「從無
住本立一切法」乃即是圓教「一念無明法性心即具三千世間法」之
立一切法也，既不同于《地論》師之真如依持，亦不同于《攝論》
師之黎耶依持，乃是開決了此等別教之權說後而在「不斷斷」中說
者。如是，則空三昧即是圓教中道觀下之空三昧。
　　于修「無相三昧」中，則明無住本及一切法之「無生」實相，

實相一相，所謂無相，即無有任何定相也。既非有相，亦非無相，亦非「亦有亦無相」，亦非「非有非無相」。故既非如《地論》師「用本有佛性如闇室瓶盆」之定有相，亦非如三論師之「破乳中酪性畢竟盡淨無所有性」之定無相。《地論》師言佛性之定有相，是分解地說者，是別教義。三論師之畢竟空是般若之為共法，如限于有特定內容之通教，則亦是通教義。而此無相三昧則是圓教中道觀下之無相三昧。無相即實相，實相義仍保留，而是圓教之相義。

　　于修「無作三昧」中，無作三昧即是相應無作四諦而說者。在「不斷斷」中，觀無住本及一切法之真如實相，「不見緣修作佛，不見真修作佛，亦不見真緣二修合故作佛，亦不見離真緣二修而作佛也。」若四句明修，則任一句之修皆有造作，即非「無作三昧」也。無作三昧在性具系統下始得極成。故是圓教中道觀下之無作三昧也。緣修、真修皆別教義也。「緣修」從後天入手，猶若「即工夫便是本體」。「真修」從先天入手，猶若「即本體便是工夫」。此皆是分解地說示，故皆為別教義。而在「不斷斷」中，不見有緣修、真修之別，故是圓修。

　　智者于此三三昧中皆簡及《地論》師與《攝論》師，此明示此處言無住本，言中道第一義，言三三昧，皆與別教為不同層次。此乃是《法華》開權顯實後，自第二序上而說者。如視「從無住本立一切法」與「阿黎耶依持」及「真如心依持」為同層次上之另一可能，則是可諍法，非圓教也。是故「從無住本立一切法」乃詭譎語，非分解語。即以是故，得為無諍之圓實教也。

　　以上藉《維摩經玄義》明中道第一義觀以明「無住本」之實義。「無住本」本就五住煩惱而言，故本即是無始無明。「無始無

明本自不生，生源不可得，即是無始空」，此即是法性。故無明與法性可由「無住本」一詞分析而得。《維摩經玄義‧卷第四》論本迹處有云：

> 明不思議本迹義者，略爲五意。一約理事明本迹，二約理教明本迹，三約理行明本迹，四約體用明本迹，五約權實明本迹。
> 一、約理事明本迹者，此經云：「從無住本立一切法」。今明不思議理事爲本迹者，理即不思議眞諦之理爲本，事即不思議俗諦之事爲迹。由不思議眞諦之理本，故有不思議俗諦之事迹。尋不思議俗諦之事迹，得不眞諦之理本。是則本迹雖殊，不思議一也。
> 〔下略〕。

案：此五重本迹義同于《法華玄義》之所說，不過此處皆以「不思議」冠之，蓋《維摩經》以不思議不二法門爲主題也。此「不思議理事爲本迹」，「理即不思議眞諦之理」，不思議眞諦理即圓二諦中之眞諦理也。「事即不思議俗諦之事」，不思議俗諦事亦圓二諦中之俗諦事。眞諦理與俗諦事皆由「從無住本立一切法」明之。不思議眞諦理爲本，即無明無住，無明即法性，以法性爲本立一切法也。此法性不只是「體法空」中之空如法性，而是一切法趣空之法性，即「不但中」之中道法性也。因此，得名曰不思議眞諦理。不思議俗諦事爲迹，即法性無住，法性即無明，以無明爲本立一切法也。此無明不是「斷斷」中之無明，而是「不斷斷」中之無明，故

俗即是眞，眞即是俗，因此得名曰不思議俗諦事。故綜爲圓二諦也。

　　《法華玄義》中言本迹，除前五重外，尙有第六重「約今已論本迹」，此爲《法華經》之獨特性格，蓋《法華》開權顯實發迹顯本爲其他諸經所無故也。《維摩經》亦無此第六重之本迹義，故只有五重而以不思議冠之。圓理無殊于《法華》，然有開權不開權、發迹不發迹之異，故《維摩經》只具備一不思議之圓理也。

　　《法華玄義·卷第七上》亦以「從無住本立一切法」明理事本迹。此在前章第一節已錄之，今再錄于下：

　　　　一、約理事明本迹者，「從無住本立一切法」。無住之理即
　　　　是本時實相眞諦也。一切法即是本時森羅俗諦也。由實相眞
　　　　本垂于俗迹，尋于俗迹即顯眞本。本迹雖殊，不思議一也。
　　　　故文云：「觀一切法空如實相，但以因緣有，從顚倒生。」

案：眞俗本迹旣皆不思議，故亦是圓二諦也。而荊溪《釋籤》解之云：

　　　　初理事中云：「從無住本立一切法」者，無明爲一切法作
　　　　本。無明即法性，無明復以法性爲本，當知諸法亦以法性爲
　　　　本。法性即無明，法性復以無明爲本。法性即無明，法性無
　　　　住處。無明即法性，無明無住流。無明法性雖皆無住，而與
　　　　一切諸法爲本，故云「從無住本立一切法」。無住之本旣
　　　　通，是故眞諦指理也，一切諸法事也，即指三千爲其森羅。

言從本垂迹者，此理性之本迹。由此方有外用本迹。是故始
從「理事」，終乎「己今」。

荊溪把「無住本」正式解為「法性即無明，法性無住處；無明即法
性，無明無住處。」無明法性兩無住處實為「無住本」一詞之所
函，此可分析而得者。智者此處雖未明言，然他處（如《金光明經
玄義》）已明言之，見下節，非荊溪杜撰也。此蓋為《維摩經》言
「無住本」之理之必然者。

3.荊溪《維摩經疏・卷第八》釋〈觀衆生品〉，詳解「五住」
以及「無住本」一段經文云：

「又問」下，六番問答，一一正窮衆生源，即成上觀衆生入
空至中道之源。衆生有此不生之惡，不滅之善，為四正勤之
所遮持者，以何為本？即是窮研五住之本。煩惱雖多，不出
五住。五住之惑，無明為本。推求窮覈，不見初惑所依之
處，達其本源故。
初，文殊問：「善不善孰為本」？次，淨名答以「身為本」
者，身即身見，具起六十二見等煩惱，起諸善惡。善惡即生
六道。三界皆附我見。是以三界衆生皆為我故，起善惡行，
乃至三乘初心亦皆為我修道。當知身見之我為一切本，即是
「見一處住地」。雖善惡無量，計我是一，故云「一處」。
「又問」至「為本」，第二問答。初文殊問：身見為善不善
本者，身見復以何為本？若身見無本而有，善惡亦應無本而
有。淨名答：身見以欲貪為本。若無欲貪，則無有身。故知

欲貪為身作本。故《大經》云：「煩惱與身，前後不可。雖
然，要因煩惱，方乃有身。」是故欲貪即是身本。欲貪即是
「欲愛住地」。所以然者，若斷身見，猶有欲惑。

「又問」至「為本」，第三問答。初，文殊問：若為欲貪為
身本故，斷身見已，猶有欲在者，欲貪以誰為本？次，淨名
答：「虛妄分別為本」。所以然者，虛妄之心種種推盡，或
言離心出色，或言離色出心。實無色心，但以虛妄，謂色異
心，故起欲貪。斷欲貪盡，猶有色心。虛妄分別即是「色愛
住地」。

「又問」至「為本」，第四問答。初，文殊問：虛妄分別是
欲貪本者，斷欲貪盡，有色愛住地，虛妄分別復誰為本？
次，淨名答：「顛倒想為本」。顛倒想者，實無有心，顛倒
計有，能生虛妄分別色心異故，有色愛。若斷色愛，則不分
別有色異心，但有顛倒之想計有此心。若但有心，即是「無
色愛住地」。

「又問」至「為本」，第五問答。初，文殊問：若虛妄分別
以「顛倒想有愛」為本，斷「虛妄分別色愛」盡，猶有「顛
倒想有愛」在者，復誰為顛倒想本？次淨名答：以無住為
本。無住即是無始無明，為「顛倒有愛無色界」之本。所以
然者，若斷「顛倒想有愛無色界」盡，猶有「無明住地」，
二乘、教道菩薩、所不能斷。《攝大乘》說：阿黎耶識是一
切世界生死之本。故彼論云：是識無始時，一切之所依。
〔案此即「無始時來界，一切法等依」之偈語。「界」指阿
黎耶識說。〕此無明更無所依，故言「無住無本」，即是無

始無明其力最大，佛菩提智之所能斷。

「又問」至「立一切法」，第六問答。初，文殊問：若顛倒想以無住為本者，斷「顛倒想有愛無色界惑」盡，餘有無始無明在，此無始無明復以何為本？豈無本而有？次，淨名答：「無住則無本」者，正言無明依法性，法性即無明，無二無別，豈得性還依性？當知無明為本，故十住〔十住位的菩薩〕見終，不見其始，諸佛如來見終見始。若觀眾生入空至「無住本」，此則徹底窮源，至中道理。既言無住無本，即是眾生虛空佛性。上來三諦皆空，又云「從無住本立一切法」，即是世間出世間、有為無為、一切諸法皆從無住本立。何者？若迷「無住」，則三界六道紛然而有，則立世間一切諸法。若解「無住」即是無始無明，反本還源，發真成聖，故有四種出世聖法。故因「無住」立一切法。

今用此六番問答窮覈本源，微至無住，成上觀眾生三諦。何者？初問答明善不善，即是觀世諦，眾生如幻，皆從身見而生，未見真也。次三番問答斷三界眾生生死，即是觀眾生見真，「如第五大」等。〔案：《維摩經·觀眾生品第七》云：「如智者見水中月，如鏡中見其面相，如熱時燄，如呼聲響，如空中雲，如水聚沫，如水上泡，如芭蕉堅，如電久住，如第五大，如第六陰，如第七情，如十三入，如十九界。菩薩觀眾生為若此。」凡此所列舉皆空無所有。「如第五大」，地水風火四大外，空為第五大。見空無所有即見真也。〕次兩番問答觀眾生無明覆于中道，名無住本。若見中道，即「如無色界色」等也。〔案：經同品又云：「如無色

界色，如焦穀芽，如須陀洹身見，如阿那含入胎，如阿羅漢三毒，如得忍菩薩貪恚毀禁，如佛煩惱習，如盲者見色，如入滅盡定（而）出入息，如空中鳥迹，如石女兒，如化人煩惱，如夢所見已寤，如滅度者受身，如無煙之火。菩薩觀眾生為若此。」無明覆中道，若破無明，即見中道。見中道，則一切法趣色、趣空、趣非色非空。而《維摩詰經》此處則重在說無所有，不可得，故言「如無色界色」等等也。荊溪于此說中道，以對破無明而言故。經所列舉不甚能表示此中道義。〕中道無明是眾生源，解惑之本，故言「從無住本立一切法」。

問：無住即是無始無明者，何故名「無始」？

答：身見等惑皆有所依而起，起則有始。此無所依，起亦無始，故言無始無明，即是「無住」。此有二解：亦言無住，亦言有住；亦言無本，亦言有本。何故爾？若檢五住之本，前身見等皆約煩惱為本，故有始有住。今無明之外無復煩惱為無明本，故言無本。無本故無始無住，故言「無住則無本」。

問：無明依法性，即是法性為始，何得言「無始」？

答：若無明依法性是有始者，法性非煩惱，不可指法性為煩惱本，故言「無住則無本」。若依法性立一切法者，無明不出法性，法性即為無明之本，此則以法性為本。今經檢覈煩惱之本，法性非煩惱，故言「無住無本」。既無有本，不得自住，依他而住。若說自住，望法性為他，亦得說是依他住也。說自住，是別教意；依他住即圓教意。〔案：此兩語甚

重要，詳解見下。〕

問：若「別接通」明五住義，云何？

答：若言四住是界內見思，無明得是界外，由界外流入界內。今反出，先斷身見，次除欲貪等，後斷無明，歸無住本。此是「別接通」意。〔案：五住煩惱，前四住是三界內者，第五住無明無住是三界外者。藏通二教只斷界內見惑思惑，不及界外無明。此界內界外之分甚重要，詳見下位居五品章。〕

問：別意云何？

答：別教意者，界內見思不名「見一處」。何以故？此之四住非根本惑，如枝葉依樹，而不依地。故界內身見有種種不同，不名處，亦非住地。斷枝葉盡，計有涅槃，此是迷法身而起。若見眞諦涅槃是一法，名「見一處」。此見因無明起，故名「住地」，亦名「身見」，此從法身而起見也。若于變易依正五塵生于欲貪，即「欲愛住地」。〔案：「變易」即變易身，非分段身。「依正」，依爲依報，即國土；正爲正報，即報身。界外未至佛位，雖無分段身，猶有變易身。于變易身之依報正報以及色聲香味觸之五塵生起欲貪即名界外「欲愛住地」，即別教菩薩之「欲愛住地」。下倣此〕變易色心是虛妄分別，即「色愛住地」。亡色觀心，猶見有心，即顛倒想是「有愛住地」。此四，依無住起，即「無明住地」。無明之外更無可依，故言「無住無本」。

問：無住有住有開合不？

答：若合無明，祇是法性。法性無住，無明無住，故言「無

住」。「有住」者，住法性。住法性，非煩惱，即是「無住」。而約無明、明修無量四聖諦、論斷伏者，此是別教就界外明五住義也。

問：圓教云何分別五住？

答：圓五住者，祗界內身見等四住有為緣集是迷「無住」而起。斷見、入涅槃、所生四住亦迷無住，起無為緣集。今圓觀界內外四住皆至無住之本，故窮三諦眾生之源，成上觀眾生如幻化，第五大，無色界色，皆不可得，入三諦也。〔案：入圓三諦，即皆不思議之三諦〕如烟塵雲霧，起雖重輕，不離虛空。重如界內，輕如界外，譬依法性有界內外世間諸法。如火星月日光照，除雲霧，暗滅，虛空像現，譬依法性有界內外出世間諸法。故言「從無住本立一切法」。

問：此虛空譬豈有但空、不可得空之殊？

答：空尚不一，何得有二？若約緣盡相顯〔相謂實相〕，非不有殊。如大乘經論有破虛空之義，即可以譬「但空」，顯「不可得空」。〔案：此「但空」是就別教「但中」說，「不可得空」是就「圓中」說。空自身自無一無二。然就教路而言，則有「但中」空與「不但中」空（圓空、不思議空）之別。不特此也。且有析法空與體法空之別。〕

案：以上是荊溪《維摩經略疏》文，全錄而隨文注釋之，以助讀者之切解。于中兼及四教尤為重要。智者原有《維摩經玄疏》，共二十八卷（一云合《玄義》六卷共三十四卷）。後人患其文廣，故荊溪略為十卷，此即曰《略疏》。智者原疏，則稱曰《廣疏》。自此

以後，《略疏》盛行，《廣疏》罕傳。北宋初年，其本尙存，但不入《大藏》。今《大藏經》亦無此《廣疏》，但有荊溪之《略疏》。《廣疏》今存于《續藏經》，題曰《維摩經文疏》。上引《維摩經玄義》，今《大藏經》題爲《維摩經玄疏》，非也。蓋該書開首即標釋名、出體、明宗、辨利用、判教相，五重玄義，共六卷，正是《玄義》文，非《疏》文也。或只有《玄義》而無《疏》也。云何猶題名曰《玄疏》？《玄疏》者蓋《玄義》與《疏》合而言之之謂也。單有一，皆不曰《玄疏》。此《玄義》共六卷，（北宋遵式列目題爲五卷），而疏文則二十八卷，當時即不入《大藏》，蓋爲荊溪略疏所代替。（參看遵式《天竺別集·卷上天台教隨函目錄》。影印《續藏經》第一〇一冊。）荊溪之略也，「言繁則剪，帶義則存」（遵式語）。是則雖略，恐大體亦智者《廣疏》原文也。

荊溪除《略疏》十卷外，猶有《維摩經玄疏記》六卷，此在北宋時亦曰《廣疏記》，此亦是簡釋智者《玄疏》原文者。恐先有《略疏》，後有此記。《略疏》行而《記》亦廢。今只存上中下三卷，收于《續藏經》。《略疏》是略智者原文，而《記》依荊溪作記之體例是注釋智者原文者。故內容亦有不同也。遵式云：「《疏記》六卷猶對《廣疏》。未暇治定，然師云亡。」然師即荊溪湛然也。是則《玄疏記》乃未完之作品。

4.上言無住有「自住」與「依他住」之別。此須詳釋。四明尊者知禮《十不二門指要鈔》解「因果不二門」中有云：

問：《淨名疏》釋無明無住云：「說自住是別教意，依他住

是圓敎意。」且隨緣義，眞妄和合方造諸法，正是依他，那判屬別？

答：《疏》中語簡意高，須憑《記》釋，方彰的旨。故釋「自住」，法性煩惱更互相望，俱立自住。結云：「故二自他並非圓義。以其惑性定能爲障，破障方乃定能顯理。」釋依他云：「更互相依，更互相即。以體同故，依而復即。」結云：「故別圓敎俱云自他。由體同異，而判二敎。」

今釋曰：性體俱九，起修九用。用還依本，名同體依，此依方即。若不爾者，非今依義。故《妙樂》云：「別敎無性德九，故自他俱須斷九。」〔案：此語見《法華文句記‧卷第一下》。稱《妙樂》者，荊溪住常州妙樂寺，講智者《法華玄義》及《法華文句》，人稱妙樂大師。《法華文句記》亦可能在此時作，故後來知禮等即以《妙樂》稱此《記》。〕是知「但理」隨緣作九，全無明功。既非無作，定能爲障。故破此九，方能顯理。若全性起修，乃事卽理。豈定爲障，而定可破？若執「但理隨緣作九」爲圓義者，何故《妙樂》中「眞如在迷能生九界」判爲別耶？〔案：此亦《法華文句記‧卷第一下》之語。〕故眞妄合，「即」義未成，猶名「自住」。彼《疏》次文料簡開合，別敎亦云「依法性住」。〔見上錄荊溪《略疏》文說別敎處。〕故須究理，不可迷名。此宗若非荊溪精簡，圓義永沈也。

案：知禮此釋，足見無明無住，法性無住，此一觀念之重要。「說自住是別敎意，依他住是圓敎意」。此固「語簡意高」。但所引記

釋，亦是略引。此所謂《記》即荊溪《維摩經玄疏記》。此《記》不載《大藏經》，今只殘存三卷，收于《續藏經》中。查該《記》云：

> 是煩惱與法性體別，則是煩惱法性自住，俱名為自。亦可云：離煩惱外，別有法性，法性為他。亦可：法性為自，離法性外，別有煩惱，煩惱為他。故二自他並非圓義。以其惑性定能為障，破障方乃定能顯理。依他即圓者，更互相依，以體同故，依而復即。故別圓教俱云自他，由體同異，而判二教。今從各說，別自圓他。

案：此《記》文即上知禮所略引者。（此《記》文亦存于孤山智圓《維摩經略疏垂裕記·卷第九》，此書載《大藏經》。）依此《記》釋，則無明無住，法性無住，以及「說自住是別教意，依他住是圓教意」，意義可較清楚。

身見，欲貪，虛妄分別，顛倒想，此四住最後實皆依一「無始無明」，即「根本惑」。「無始」即無根無本之意。無根無本即無住處。「無始無明」它不能自己停下而自住，即自持其自己；它亦不能有所依止，依他而住，即依他而成其自己。此即表示它無自己，它根本是一種無體的迷惑。若一旦清醒，轉迷成悟，則它當體即空、如、無性。空、如、無性，即是法性。法性者，諸法之性也。諸法無性，以空如為性。從無始無明（無住本）立一切法，一切法當體即空，無始無明亦當體即空。當體即空，即所謂「不出法性」，言不能離乎空性也。故無始無明，無明無住無本，即函「法

性」觀念之出現。故鳩摩羅什、僧叡、道生、僧肇等俱以性空、實相、說「無住本」也。

但「不出法性」，由此似乎亦可以說「無明依法性，即是法性為始」，如是，則言無明有住有本。但此「依」字實是虛說，是不能著實的。若法性只是空如之理，則說「無明不出法性」可，說「無明依法性」，「以法性為本」，似乎不可。縱說之，亦無實義。此猶如「以有空義故，一切法得成」，依空說緣起，依緣起說空，此只是詮表上的「依」。「空」為抒意字，故曰「空義」，非實體字，並非有一物曰空，可為緣起之所依也。無明依法性，亦復如此，並非有一實體物曰法性可為無明之所依也。

法性義既如此，如何能進而說無明法性兩皆無住呢？又如何能于兩皆無住而分判別教與圓教呢？法性與無明兩者俱可說自說他。就其自己說為自，就其相對而言，互以對方為他：無明以法性為他，法性以無明為他。既皆有自他，進而亦可有「自住」與「依他住」之別。這個分別是依於「體同」與「體異」之分別。如果「無明（煩惱）與法性體別」，則自他是體別的自他。「體別」者，即兩者是一獨立體，各有獨立的意義。體別的自他，雖亦可說各有「依他性」義，但實皆是自住，自住而有獨立的意義者亦可有依待關係也。此如華嚴宗之真如心「不變隨緣隨緣不變」，不變是真心之「自住」，隨緣是其「依他性」。其隨緣是因有無明阿賴耶識而隨緣。隨緣者是不守其清淨自性而滾下去也。無明識覆之，令不彰顯，是無明能覆真如心理，無明有獨立的意義，是無明之自在。但無明識之生滅起現以成為「真如心」之隨緣者，亦須憑依「真如心」而起現，故成為真如心之隨緣。是即無明識之「依他性」。故

此二自他皆可依他住，此即「體別」的依他性。體別的「依他性」
實只是真妄合。兩者合，不能算是「即」。此是依而不即的依他
性。此種體別的依而不即的依他住是分解地說者。如此說者，天台
宗即判之爲別教。「故二自他並非圓意。以其惑性定爲能爲障，破
障方乃定能顯理。」「顯理」者，顯真如心但中之理也。荆溪於
《法華文句記・卷第一下》解別教觀無生智中，亦云：

> 真如在迷，能生九界。即指果佛爲佛法界，故總云十。是故
> 別人覆理無明爲九界因，故下文自行化他皆須斷九。九盡方
> 名緣了具足，足故正因方乃究顯。

又云：

> 但理爲九界覆，而爲所依。法界祇是法性，復是迷悟所依。
> 于中亦應云：從無住本立一切法。無明覆理，能覆能所覆俱
> 名無住。但即不即異，而分教殊。今背迷成悟，專緣理性，
> 而破九界。

因爲無明與法性體別，法性在別教即成「但理」。「但理」者，意
即但只理自己。此但理即真如心不空但中之理也。即以此理爲法
性。此法性即以「真如心、心真如」來界定，蓋諸法以此爲體，故
曰法性，即《起信論》所謂「一法界大總相法門體」也。故荆溪此
處亦云「法界祇是法性，復是迷悟所依。」此作爲法性的「但理」
爲九界所覆（真如在迷），亦爲九界之所依（能生九界），故破除

九界，始能顯出眞心法性理而成果佛；而此時之理即不是「但理」，乃是有佛法界之功德事以充實之者，因而成爲現實的不空中道理，非只當初只爲但中之理之不空也。「背迷成悟，專緣理性，而破九界」，此即所謂「緣理斷九」也。別教之所以爲「緣理斷九」，即在眞妄（法性無明）體別而依他。此依他是眞妄合，而不是「即」。故欲顯眞，必須破妄。此即所謂「即不即異，而分教殊。」「即」是圓教，「不即」是別教。故依他有「即」的依他，有「不即」的依他。「即」的依他是無「自住」的依他，「不即」的依他是有「自在」的依他。有「自住」的依他是「體別」的依他，無「自住」的依他是「體同」的依他。

然則何謂「體同」？荆溪云：「依他即圓者，更互相依，以體同故，依而復始。」此所謂「體同」意即無明與法性同一事體也，只是一個當體，並不是分別的兩個當體。無明無住，無明當體即是法性，非離法性別有無明。無明當體即是法性，即依法性，此即是「即」的依他。此示無明雖無住無本，而卻是「即」地依法性住，以法性爲本，言無明無性，以空爲性也。法性無住，法性當體即是無明，非離無明別有法性。法性當體即是無明，即依無明，此亦是「即」的依他。此示法性雖無住處，而卻是「即」地依無明而住，以無明爲據（不好說「以無明爲本」），即依無明之無住而見也。是故無明即法性，法性即無明，此兩者不是分解地有自住地拉開說，乃是緊扣在一起而詭譎地無自住地圓融地說。這詭譎地圓融地說的「體同」即是圓教之所以爲圓教處。此一表達模式乃爲天台宗所把握，依此而有種種「不二」之妙談。

在體同上，法性當然亦可說「自」，但此「自」不是體別的

自，因而其爲自當體即是無明，此即自而非自，自即是他，並不是離開無明別有一個抽象的但中之理的法性，亦不是離開法性別有一個抽象的孤調的無明。反之，無明亦當然可以說自，但此自亦不是體別的自，因而其爲自當體即是法性，此亦自而非自，自即是他，並不是離開法性別有一個有自體而不空的無明，亦不是離開空無自體的無明別求一個有自體的法性。自即是他，此即表示兩自俱依他住，而皆無自住，此是體同的依他住。故荊溪云：「故別圓教俱云自他，由體同異而判二教。今從各說，別自圓他。」「別自圓他」者，把別圓教所俱云的自他，分開來說，別教說「自」，故云「別自」，因體別而有自故；因體別的自故，故雖亦依他住，而實自住，故云「說自住是別教意」。圓教說「他」，故云「圓他」，因體同而無自，自即他故；因體同的無自即他故，故無自住，而只是依他住，故云：「依他住是圓教意」。

圓教的法性與無明旣是體同的「依而復即」，然則無明終不可破乎？曰：當然可破。否則焉能成佛？曰：如何破？曰：三道即三德，在「不斷斷」中破。一念無明法性心即具十法界（三千世間）。若佛果爲佛法界，則其餘九法界亦是一念無明法性心所本具，不是眞如心但中之理隨緣作九，因此，無能覆被覆之別，因此，正不須斷九而成佛，乃即于本具之九法界在「不斷斷」中而成佛。低頭擧手皆是佛道，何況二乘行？何況菩薩行？六道衆生、聲聞、緣覺、以及菩薩，此九界雖皆有無明在，因無明而有此九界之差別，然亦正不須斷除此九界始顯佛界。「不滅癡怒，起于明脫。以五逆相而得解脫，亦不解不縛。」此即「不斷斷」。「不滅癡怒」是「不斷」，「起于明脫」是「斷」。此即謂「不斷斷」。即

于九法界而成佛，「即九」是不斷；解心無染，明脫而成佛，則是斷。此亦是「不斷斷」。無明即法性，法性即無明，何須斷除無明法始顯法性耶？此言無明是具體地就無明法而言無明，不是抽象地說一個無明體。在「不斷斷中，對于無明似有一岔開說，即，解心無染即無「無明」，此即是斷，而「不滅淫怒癡」即是不斷「無明法」。此即是「除病不除法」。染著是病，淫怒癡是法。「不滅淫怒癡」是不除法，「亦不與俱」是除病。九法界之差別是法，滯于九法界之差別是病。即于九法界而無染著，通過開權顯實發迹顯本而決了之而不停滯，則是除病不除法，九法界之法一一法皆實，皆即是佛法界之法，此即即于九界而成佛也。九界之眾生，任一眾生皆如此成佛，此即在「不斷斷」中成佛。就十法界言，一一法界皆具十法界。此即函：若迷，則雖佛法界亦迷，迷而為眾生；若悟，則雖地獄亦悟，悟而為佛。此亦函：十法界互融而為佛，不是情執十界，隔斷九界而為佛。如是，則十法界皆為必然的存在。若但理隨緣作九，斷九顯理始為佛，則餘九界之存在無必然性。若想使十法界之存在皆為必然的存在，則必須一念心即具十法界，在不斷斷中，十界互融而為佛。如是，則「無明即法性，法性即無明」，此兩語皆是必然的命題。若是「斷斷」則「無明即法性」是必然的，而「法性即無明」不是必然的。蓋因斷無明後，法性無「無明」可即故也。別教是「斷斷」，法性與無明體別，依而不即，而法性亦指真常心說。如是，則該兩語皆不能說，不但不是必然的。吾人不能說識念心即真常心，雖憑依真心而起。亦不能說真常心即識念心，雖「不染而染」而有識念心。是以若法性只是法性（法之空如性、法之實相），則依實相般若之精神，必是「不斷斷」。只有在

「不斷斷」下，那兩語才是必然的。而「不斷斷」又必須依「一念心即具十法界」這一存有論的圓具始可能。

一念心即具十法界，意即十法界皆是本具之性德，此曰「性德十」。就不斷九而言，則曰「性德九」。荊溪云：「別教無性德九，故自他〔自行化他〕俱須斷九。」「性德」即法性所本具之德，德是指十界法說。十界法皆爲法性所本具而不可改，故曰性之德。「一念無明法性心」本即具不可改之十法界。法不出如，從主從勝說，即曰「性具」。性具之以爲德，即曰「性德」。「性具」之具是以即而具。法性是即于十法界而且具備著十法界而爲法性；反過來，亦即「一切法趣法性，是趣不過」之意。一念心即具十法界，此具是緣起造作地具。故就心而說法。若圓說，一念心就是一切法。而法性就是法之性。法之性是即于心之一切法而爲性。故一念心之即具十法界實皆爲法性所即而具。「德」是以本有不改而定，是指法說，不是如平常之指本質或屬性而說。而法性本就是空如性，不是一實體性的性體。

依是，上錄知禮語：「性體具九，起修九用」，語中之「性體」很可令人向實體字想，其實不是。知禮如此說，亦只是爲辭語對稱故。性之爲體是就性德說。法性本即具十法界以爲其德，故即以此性德以爲體。此體字是底據義，對下句修德上的「用」而言。就「性德九」說，有性德上的九法界以爲體，始有修德上的九法界之用。轉語即爲「性體具九，起修九用。」修與性對言。「起修九用」不是起修九種用，乃是起現修德上的九界以爲用。有本具之九界性德法體以爲體，故有修德上之九法界以爲用。是故體用不二，修性不二，「用還依本，名同體依，此依方即。」（上錄知禮

語）。此是知禮把荊溪就無明與法性而說的同體依移于性德九與修德九上說，如此說之以明不斷九，此本是另一論點（即體用不二性修不二義見下章），與荊溪之就法性與無明言即不即（體同體別）不同。但性德九與修德九之「依而復即」亦是「同體依」，藉此以明「別教無性德九，〔只是但理隨緣作九〕，故自他俱須斷九」，因而亦非同體依，故如此移說亦無過，蓋亦只是「法性無明同體異體」一原則之引申表示耳。

5.以上由「從無住本立一切法」分析出「無明即法性，法性即無明」，以及荊溪之以體同體異判別圓，兼及知禮之解語，以爲凡此必須經由《法華》之開權顯實發迹顯本，在「不斷斷」中了解之，方能極成而爲必然，而此等復亦返而證成《法華》之開權顯實發迹顯本之所以爲圓實而純一無雜也。如是，則此一連串之辭語固皆是必然的，非只一時穎悟之玄妙語也。茲再以智者語結束本節。

《摩訶止觀・第七章觀心是不可思議境》中有云：

> 若隨便宜者，應言無明法法性生一切法。如眠法法心，則有一切夢事。心與緣合，則三種世間，三千性相，皆從心起。一性雖少而不無，無明雖多而不有。何者，指一爲多，多非多。指多爲一，一非少。故名此心爲不思議境也。

荊溪《止觀輔行傳弘決》（亦簡稱《輔行記》）解「無明法法性」句云：

> 無明是闇法，來法于法性。如丹是藥法，來法于銅等，因緣

> 和合，有成金用。是則無明爲緣，法性爲因，明暗和合，能
> 生諸法。

此是順迷而說也。迷時，無明作主，「來法于法性」，遂成一切染法。此是從無明無住本立一切法也。

智者《摩訶止觀》又云：

> 無明法法性，一心一切心，如彼昏眠。達無明即法性，一切
> 心一心，如彼醒悟。（同上）

前聯是迷中三千，心是迷心，或無明心。後聯是悟中三千，心是智心，或法性心。迷悟有殊，而三千不改。

智者《摩訶止觀・第二章釋名》中有云：

> 無明即法性，法性即無明。無明亦非止非不止，而喚無明爲
> 不止。法性亦非止非不止，而喚法性爲止。此待無明之不
> 止，喚法性爲止。如經：法性非生非滅，而言法性寂滅。法
> 性非垢非淨，而言法性清淨。是爲對不止而明止也。
> ⋯⋯
> 無明即法性，法性即無明。無明非觀非不觀，而喚無明爲不
> 觀。法性亦非觀非不觀，而喚法性爲觀。如經云：法性非明
> 非闇，而喚法性爲明。第一義空非智非愚，而喚第一義空爲
> 智。是爲對不觀而明觀也。

無明不止，即是「法性即無明」，「無明法法性」。不觀亦然。法性爲止，即是「無明即法性」，法性性無明（類比「法法性」而說，智者無此語）。法性爲觀亦然。

同體而無住的法性與無明其「依而復即」的抑揚升沉旣如此，則由此基本義即可再展開以明「從無住本立一切法」。此則見之于《金光明經玄義》。

第二節
《金光明經玄義》論「無住本」

　·　1.智者《金光明經玄義·卷上》以譬喻釋「金光明」之名中有云：

經言「法性無量甚深」，理無不統。文稱經王，何所不攝？豈止于三三九法耶？〔案：不止于三身、三德、三位，這三種三法，如眞諦之所說。此承前破而來，故如此云。三位即緣因位，了因位，正因位。〕當知三字〔案：指「金光明」三字〕遍譬一切豎法門，乃稱「法性無量」之說；遍譬一切豎法門，乃稱「法性甚深」之旨：方合經王一切遍收，若長若廣，教無不統。此義淵博，不可以言想。且寄十種三法以爲初門。復有三意：一標十數，二釋十相，三簡十法。
言標十數者，謂三德、三寶、三涅槃、三身、三大乘、三菩提、三般若、三佛性、三識、三道也。諸三法無量，止取此十法，其意云何？此之十法概括始終。今作逆順兩番生起。

初，「從無住本立一切法」。夫三德者名秘密藏。秘密藏顯，由于三寶。三寶由三涅槃。三涅槃由三身。三身由三大乘。三大乘由三菩提。三菩提由三般若。三般若由三佛性。三佛性由三識。三識由三道。此從法性立一切法也。

若從無明爲本立一切法者，一切眾生不具于十二因緣。三道迷惑〔由十二因緣分說苦道、業道、煩惱道，名爲三道〕；翻惑生解，即成三識。〔智者承眞諦所傳唯識學，以菴摩羅識、阿黎耶識、阿陀耶識、爲三識。〕從識立因，即成三佛性〔正因、了因、緣因、爲三佛性〕。從因起智，即成三般若〔實相、觀照、方便、爲三般若〕。從智起行，即成三菩提〔眞性菩提、實智菩提、方便菩提、爲三菩提〕。從行進趣，即成三大乘〔理乘、隨乘、得乘、爲三大乘〕。乘辨智德，即成三身〔法身、報身、化身〕。身辨斷德，即成三涅槃〔性淨涅槃、圓淨涅槃、方便淨涅槃〕。涅槃辨恩德利物，即成三寶。究竟寂滅，入于三德，即成秘密藏也〔法身、般若、解脫爲三德，三德不縱不橫爲秘密藏〕。

案：此十種三法，原文「釋十相」中有詳釋，今略。《法華玄義・卷第五下》釋「三法妙」中，更有詳釋，且更有系統，讀之可知天台宗所立之名相。上錄文表示十種三法有「逆順兩番生起」。「從法性立一切法」是逆推；「從無明爲本立一切法」是順推。前者由三德說起，是從正面說，故曰「從法性立一切法」。然法性無住，法性即無明，故雖從三德說起，而逆推至三識，三道，即屬無明。後者由三道說起，是從反面說，故曰「從無明爲本立一切法」。然

無明無住，無明即法性，故雖從三道說起，而順推至三識以上直至三德，皆屬法性。此兩番生起皆示「法性即無明，無明即法性」之同體依即義，故亦是在「三道即三德」下，在「不斷斷」中成就也。主要關鍵是在三識與三道。此須引原文之釋明之。

2.智者在「釋十相」中釋三識云：

> 云何三識？識名爲覺了，是智慧之異名爾。菴摩羅識是第九不動識，若分別之，即是佛識。阿黎耶識即是第八無沒識，猶有隨眠煩惱與無明合；別而分之，即是菩薩識。《大論》云：「在菩薩，心名爲般若」，即其義也。阿陀那識是第七分別識，訶惡生死，欣羨涅槃；別而分之，是二乘識，于佛，即是方便智。波浪是凡夫第六識，無俟復言。當知三識一一皆常樂我淨，與三德無二無別。既以金光明譬三德，還以金光明譬三識也。

案：若依分解的說法，這當然不行。人可斥爲此是一種攪亂，喪失原義。宗玄奘所傳之唯識者，欲復印度佛學之舊，故斥中國佛學如天台此類說法爲迷失佛法。殊不知天台大師之所以如此說，乃是依判教底立場，順「無明即法性，法性即無明」之同體依即，在「三道即三德」下，在「不斷斷」中而說圓教。故云：「當知三識一一皆常樂我淨，與三德無二無別。」又云：「三識是智慧之異名」。若分解地言之，自可如別教之所說。但若依「一念無明法性心即具十法界」而說圓教，則如此詭譎地說之，不爲迷失佛法。此是開決阿賴耶系統與如來藏系統後而說者。若以同層次的分解表象之態度

視之，則決不能得意，而且必以爲大悖。

知禮《金光明經玄義拾遺記・卷第二》解釋智者此段文云：

九、三識，二：

初、約圓釋義：

釋通名云：識是覺了，智慧異名。

問：三識之名在本有位，又阿梨耶體是無明，阿陀那性是染惡，何得云識是智異名？

答：大聖悉檀示諸眾生，顯理名教，或存或廢，義有多途。如《大經》令「依智不依識」，及諸教中勸修觀智，斷諸煩惱，此以廢惡之名，詮斷煩惱，而成理觀也。若《楞伽經》殺無明父，害貪愛母，此以惡逆之名，詮斷煩惱，而彰理觀也。若《無行經》：「貪欲即是道，恚癡亦復然，如是三法中，具一切佛法。」今家釋云：是大貪大嗔大癡三毒法門即與三觀無二無別，此以惡毒之名，詮不斷惑，而明理觀也。今以三識及下三道爲金光明所喻法者，同《無行經》，用于惡名，詮不斷惑，而顯妙理。良由圓教指惡當體即是法界，諸法趣惡。十二因緣非由造作，即是佛性。故陀那惑性，賴耶無明，相相圓融，與秘密藏無二無別。是故得云識是覺了，智慧異名。然若不以「不斷煩惱」，即惑成智，消此文者，圓意永沈。〔案：此解可謂透關之極。了此，可無惑于三識即智。此明依「不斷斷」而言。知禮得意，無背于智者。〕

釋別名中，存三梵語。逐一釋義，即是翻名。言「第九」等

者，出梁《攝論》，眞諦所譯。故《輔行》云：「眞諦云：『阿陀那七識，此云執我識。此即惑性，體是緣因。阿賴耶八識，此名藏識，以能盛持智種不失，體是無沒無明。無明之性，性是了因。菴摩羅九識，名清淨識，即是正因。』唐三藏不許此識，云第九乃是第八異名。故新譯《攝論》，不存第九。《地論》文中亦無第九，但以第八對於正因，第七對於了因，第六對於緣因。今眞諦仍合六七爲緣因，以第六中有事善惡，亦是惑性。」

「若分別」者，爲易解故，以一念中所具之法，教道權說，分對諸位，且立遠近。以第九識無染不動，故當於佛。第八屬菩薩者，以十地位，六七二識已轉成智，正以賴耶三分爲境。雖是境界，而即用此便爲觀智。如初心人，亦用現前第六王數而爲境觀。故引《大論》「在菩薩，心名爲般若」也。第七名阿陀那者，據眞諦譯。若新經論，皆云第七名爲末那。今依古譯。言「訶惡生死」等者，以二乘人，人執既忘，見思所熏第六識轉成無漏；既塵沙末破，正住第七法執之中，不了生死法空，故有「訶惡」，不了涅槃法空，故有「欣美」。此識若於果佛位中，卻復用之而爲權智，以二乘法接引小根；著蔽垢衣，執除糞器。故知諸識破後，自在爲機載用也。「波浪」等者，第六識也。《楞嚴》云：「陀那微細識，習氣成瀑流。」而爲波浪，乃當凡夫心心數法也。此約四人，各對一識。若就漸斷，分別四相，粗必含細。凡夫具四。二乘具三，已破第六故。菩薩具二，六七已轉故。唯佛有一，第八至果已轉故也。然其第六是意家之識，乃阿

陀那之枝末。若說第七，自已收之，故今不論。

上明三識分三位者，乃屬教道。若稱實論，此三種識即是三德。何人不具？何物暫虧？若識若色，唯是一識。若識若色，唯是一色。豈可有無增減而說？且約有情，一念心具一切染淨。佛究竟具，寧容獨一？若不然者，豈爲三字所譬之法？〔案：分三識，並以識配屬佛、菩薩、二乘之三位，統屬別教之教道權說，非圓教之稱實而說。若圓實說，則「三識即三德，何人不具？何物暫虧？」云云。故知智者說三識是智之異名，又說「當知三識一一皆常樂我淨，與三德無二無別」，是就無住本立一切法，在「三道即三德」下，在「不斷斷」中說圓教也。此非攪混，亦非顢頇，乃是決了阿賴耶與眞常心後之圓說。是故「從無住本立一切法」不可視爲與阿賴耶系統以及如來藏系統爲同一層次之另一交替之可能者。吾人必須時時以此超曠之提綱謹紀于心，對於天台之圓教以及其諸辭語方可有相應之諦解。〕

二、例餘對喻：

例三德者，

問：三德與三識無二無別者，三德修性有離有合，今明三識有離有合耶？

答：有。

又問：《不二門》云：「順修對性，有離有合。」三識之中，七八二識迷九而起，是逆修義，豈得對性辨乎離合？

答：離此逆修立順修者，則有惑可破，有智能觀。能所既存，此修名逆，何順之有？若即七八爲順修者，既無所破，

亦無能觀；惑智既忘，修性亦泯。而其三識一異同時，無逆順中強名爲順，是故得云：識是覺了，智慧異名。今文三識明此順修，此修對性辨離合者，九具八七名爲性三，八具七九、及七具八九、名爲修三。各三之義是爲離也。今合性三，但明第九；各合修三，但明七八：是爲合也。離合既爾，故與三德及諸三法無二無別，乃以三字喻今三識。

案：以上知禮解文可謂得意。說識是智慧之異名，故云：「良由圓教指惡當體即是法界，諸法趣惡。」此乃「不斷煩惱，即惑成智」。是故得云「識是覺了，智慧異名」。此是釋通名（通名爲識）中之要義，極爲精釆。由此可見智者說此語不是分解地說，乃是詭譎地說。識是了別識，此是語文上字訓的說法。佛家大小乘說識皆有執著染汙性，此是就衆生通常所表現的了別識，望高一層的「智」，而作心理學的分解，兼亦作認識論的分解，分解其種種功能，種種形態，如心意識是，故其所說者皆爲**分解的指謂語**。惟獨智者則不如此說識，當然亦不是反對這些分解的指謂語而另提出一些**分解的陳述**。他不在此層次上作修改補充的工作。他對于那些分解的陳述勿寧都是承認的，惟就佛教的標的而言，他以爲那些都是教道權說，不是圓實說。他是從圓教的立場把那些**分解的陳述**作一開決融化而作一**詭譎的表象**。因爲圓教之所以爲圓教不在增加或另換一套分解的陳述，依智者，這是永遠不能圓的，而單在另換一表象模式，此即**詭譎的模式**。同體即，不斷斷，三道即三德，從無住本立一切法，一念心即具十法界，乃至「識是覺了智慧異名」，以及荊溪之種種不二（見下章），凡此等等皆是**詭譎模式下**的**詭譎**

語，非**分解的指謂語**。吾人若不知此義，自覺或不自覺地陷于分解層而以另一套**分解辭語**視之，則永不能知天台圓教之所以立。

　　釋別名中，三識分別解說，三識分屬三人，即是教道權說的分解陳述，此則承已有的分解工作而重述之，或對或不對，皆無關也，因本非無諍法故。天台宗的工作是在判教，不在對于已有的分解教說有所增益或減損。因此，其精采是在開出圓教之所以為圓教。圓教理境，經論中雖已有之，然而超曠融鑄，系統地凸出之，義理地明確之，則是智者之創闢，未可輕忽也。

　　「例餘對喻」中言及順修逆修。「例餘」者，例通三德及其他一切三法也。「對喻」者，合「金光明」三字之喻也。「順修」者，順法性而修也。「逆修」者迷法性而行也。然順修有是分解的權說，有是圓說。權說順修非眞順也。非眞順故亦為迷逆。逆修有衆生冥行之迷逆，有教道權說之迷逆。例如就三識，若取分解的說法，以第九淨識為標準，破七八方顯，此正是逆修義，亦同「緣理斷九」，何順之有？若順圓教稱實而論，則三識只是一識；迷則為識，悟則為智；當體即識，當體即智。此為「即七八而為順修，旣無所破，亦無能觀；惑智旣忘，修性亦泯；而其三識一異同時，無逆順中強名為順，是故得云：識是覺了，智慧異名。」圓順修者，順即七八而當體即智，當體即法性，不必破七八單顯第九也。若謂七八迷九而起，是逆修義（即衆生不覺之冥行），離開此逆修而別立順修，「則有惑可破，有智能觀，能所旣存，此修名逆，何順之有？」此則正是分解說的權順修，逆七八之流而上，何順之有？此蓋未眞透徹乎法性，雖順第九為標準，然仍是逆而迷也。離乎七八，逆之而上，即曰逆。離而逆即不透徹乎法之性，不順乎法之

性，乃順離法之性，故曰迷。若即七八而爲順，是即「不斷斷」，「無逆順中強名爲順」。「不斷」，則七八之迷逆不必離也；不斷而斷，則七八雖迷逆而當體即智，當體即法性，此即是順也。

　　3.智者于「簡十法」中，對此三識復作料簡云：

　　　　料簡三識：若分別説者，則屬三人〔佛、菩薩、二乘〕。此
　　　　乃別教意，非今所用。若依《攝論》「如土染金」之文，即
　　　　是圓意。土即阿陀那，染即阿梨耶，金即菴摩羅，此即圓
　　　　説。
　　　　問：如經云：「依智不依識」，既云三識，此那可依？
　　　　答：經言「不依識」者，是生死識。今則不爾。今言依識
　　　　者，是智之異名，名清淨識。又，道前通名爲識，道後轉依
　　　　即是智慧，未詳。

知禮《金光明經玄義拾遺記・卷第三》解此料簡文云：

　　　　九、簡三識。若分三識，陀那屬聲聞，梨耶屬菩薩，菴摩屬
　　　　佛，此乃教道分張，次第斷相。若菴摩是本性，無明迷故，
　　　　生業轉現，名阿梨耶，復執見分起我見、我愛、我慢、我
　　　　痴，名阿陀那，此乃三識次第起相，皆是教道，非今所譬。
　　　　若欲圓論，須依《攝論》「金土及染」三不相離，則于聲
　　　　聞、菩薩、及佛、三人心中皆具三識。
　　　　大師猶恐尋此喻者，作眞妄二法相合而解，謂除土存金，至
　　　　佛唯有菴摩羅識，故據《大經》「依智不依識」而爲問端。

為欲答出三識乃是智之異名，則土喻陀那，是方便般若；染喻梨耶，是觀照般若，金喻菴摩，是實相般若。至佛究竟三種淨識，豈但一耶？然若不知性具染惡，安令七八——土之與染，至果不滅？

「又道前」等者，地前名「道前」，皆依煩惱及以生死，故八心王通名爲識。佛果爲「道後」，轉依四智菩提種子，是故八識轉名四智。轉第八識爲大圓鏡智，轉第七識爲平等性智，轉第六識爲妙觀察智，轉前五識爲成所作智，故云「轉依即是智慧」。注「未詳」者，潛斥之意耳。以彼所明道後轉依，熏成種子，轉成智慧，不言八識性是妙智，斯是唯識一途敎道，非今所譬。然是菩薩所造之論，不欲顯言，故但注「未詳」。如諸文中破古，多云「此語難解」。故知「未詳」不異「難解」。

案：「料簡」、料者量也，簡者簡別。料簡者衡量簡別即抉擇之謂。于正釋後，略作簡別。此中，吾人須知言七、八、九三識是眞諦所傳之唯識，即當時所謂攝論宗或攝論師。然而無著《攝大乘論》本身卻並無第九識。眞諦言第九菴摩羅識爲淨識，亦名無垢識，亦名自性清淨心。彼順《攝論》言及阿賴耶，亦說「解性賴耶」——阿賴耶「以解爲性」，此亦與《攝論》不同。是故眞諦之思想近乎《起信論》。智者說三識是據眞諦所傳說。「三識分屬三人是別敎意」，此別敎當該是《起信論》式之別敎，即吾所謂「終別敎」。智者依圓敎之層次，不取此「別敎意」之分屬。彼言「若依《攝論》如土染金之文，即是圓意」。此亦只是取喩意，而所喩

不同。《攝論》「金土藏」之喻是喻三性之關係，非喻三識不相離也。

又，智者說別教不甚能分別眞諦學與無著世親學之不同，統名曰別教，此蓋因眞諦傳時即攪混也。實則眞諦學是「終別教」，無著世親學是「始別教」。此吾前已論及（覆看前章第三節）。智者雖不甚能分別眞諦所傳與《攝論》本身之不同，然總亦知《攝論》是以阿賴耶識爲中心說明一切法，所謂「賴耶依持」。彼視此說爲「界外一途法門」，非是通方法門。「恐此猶是方便，從如來藏中開出耳。」彼于《法華玄義·卷第五下》論「三法妙」中，論及「歷四教各論三法」。此中說別教三法云：

明別教三法者，以緣修觀照爲乘體，諸行是資成，以此二法爲緣修智慧。慧能破惑顯理，理不能破惑。理若破惑，一切衆生悉具理性，何故不破？若得此慧，則能破惑。故用智爲乘體。故《大經》云：「無爲無漏名菩薩僧」，即是一地二地乃至十地智慧名智慧莊嚴。以此智慧運通十地，故爲乘體。然《攝大乘》明三種乘：理乘、隨乘、得乘。理者，即道前眞如。隨者，即是觀眞如慧隨順于境。得者，一切行願熏習熏無分別智，契無分別境，與眞如相應。此三意一往乃同於三軌，而前後未融。何者？九識是道後眞如，眞如無事。智行根本種子皆在黎耶識中。熏習成就，得無分別智光，成眞實性。是則理乘本有，隨得今有。道後眞如方能化物。此豈非縱義？若三乘悉爲黎耶所攝，又是橫義，又濫冥初生覺。〔濫於外道數論由冥初生覺識，「冥初」即數論之

冥諦，亦曰自性。〕既縱既橫，與眞伊相乖。

原夫如來初出便欲說實。爲不堪者，先以無常遣倒，次用空淨蕩著，次用歷別起心，然後方明常樂我淨。龍樹作論申佛此意。以不可得空洗蕩封著，習應一切法空，是名與般若相應。此空豈不空于無明？無明若空，種子安在？淨諸法已，點空說法，結四句相。〔案：即《中論》不自生、不他生、不自他共生、不無因生之四句〕。此語虛玄，亦無住著。如病除已，乃可進食，食亦消化。那得發頭據阿黎耶出一切法？本之見慢全自未降，封此新文若長冰添水。故知彼論非逗末代重著眾生，乃是界外一途法門耳。

又阿黎耶若具一切法者，那得不具道後眞如？若言具者，那言眞如非第八識？恐此猶是方便，從如來藏中開出耳。

案：此中言及九識，非《攝論》所有。若九識只解爲轉八識後所成之淨識，則仍是「賴耶依持」。若解爲如來藏自性清淨心，則屬「眞如依持」之眞心系統。智者未能嚴格分別，只混而視之，一方說其三軌未融，與圓伊相乖，一方又說其「發頭據阿黎耶出一切法」，是「界外一途法門」。若就「眞如依持」言，則是終別教。三軌（眞性軌、觀照軌、資成軌）雖仍未融，然卻不是「發頭據阿黎耶出一切法」，乃是據如來藏自性清淨心出一切法。「據阿黎耶出一切法」乃是始別教，其三軌亦當不同于終別教。

智者對於「賴耶中心」特別不喜，既斥之爲「濫冥初生覺」（此斥稍重，可有此濫相，而實不同于數論之冥諦），又斥之爲「界外一途法門」，又斥之爲攝法不盡（阿黎耶不具道後眞如，眞

如非第八識）。如上文簡三識中，又以「未詳」、「難解」示之，而知禮則說「未詳」是「潛斥之意耳」，因「是菩薩所造之論，不欲顯言。」實則只是「始別教」耳，亦不必以「未詳」、「難解」潛斥之也。藏教猶無「未詳、難解」處，何獨于此示「潛斥」意耶？此亦只是分解表象之「一途」耳。智者此種抑揚可令人誤會天台宗特別與唯識不能相容。實則既開權顯實，此亦只是權教之一途，何獨不在開決之內耶？藏通別（終別、始別）俱是權教，何獨對此「始別教」顯異色耶？

　　智者上錄文「淨諸法已，點空說法，結四句相」一段即示：欲想說明一切法之根源只有「從無住本立一切法」始是圓實地「出一切法」。至于阿賴耶系統與如來藏系統那只是分解的權說。既知其是分解的權說，則「發頭據阿黎耶出一切法」亦得，只是攝法不盡而已（不但非圓，而且攝法不盡）。是則此種分解猶未徹底也。若對如來藏系統之徹底者而言，則說「不得據阿黎耶出一切法」亦可。是則「從無住本立一切法」與彼分解地說者爲不同層次，焉有「特與唯識不相容」之說耶？依是，亦可知天台圓教既非唯識，亦非唯心，乃是實相學之究極耳。因爲只有詭譎模式下之圓教方能充實相學之極，只實相般若尚未充其極也。以前天台宗分爲山家與山外，何以終于裁定知禮爲正宗？傳統的說法亦是以「唯心」與「實相」來分判：實相者爲正宗（山家），唯心者爲山外。此不誤也。唯傳統說法簡略，不甚能究盡其源委耳。關此，只在此處先作點示，下第四節中詳之。

　　4.以上釋三識兼及簡三識，以示圓教之殊特。圓教之精神必在「三道即三德」下始能徹底透出。故須進而看智者釋「三道」也。

《金光明經玄義·卷上》釋三道云：

> 云何三道？過去無明，現在愛、取，三支是煩惱。過去行，
> 現在有，二支是業道。現在識、名色、六入、觸、受，未來
> 生、老死，七支是苦道。此三更互相通，從煩惱通業，從業
> 通苦，從苦復通煩惱，故名三道。苦道者，謂識、名色、六
> 入、觸、受。《大經》云：「無明與愛，是二中間名爲佛
> 性。」「中間」即是苦道。「名爲佛性」者，名生死身爲法
> 身，如指冰爲水爾。煩惱道者，謂無明、愛、取。名此爲般
> 若者，如指薪爲火爾。業道者，謂行、有，乃至五無間。皆
> 解脱相者，如指縛爲脱爾。當知三道，體之即眞，常樂我
> 淨，與三德無二無別。既以金光明譬三德，還以金光明譬三
> 道也。

知禮《拾遺記·卷第二》解釋此段文云：

> 十、三道，三：
> 初、束十二支爲三道，二：（初）、正束。此十二支教門不
> 定。有通三世，有通二世，有在一世，有唯一念。時雖延
> 促，皆論十二。今就三世束爲三道，教門多故，其相顯故。
> (二)、釋名。上束十二是釋「三」名，今明「道」義是釋
> 「通」名。通名「道」者，謂業、惑、苦互相通故，故今世
> 世相續無窮。然今文意，即以事通，彰理不壅。
> 二、約圓釋，即事而理。經旨痴愛中間五果爲佛性者，蓋于

報法易顯正因，故以此五果雖有觸受，未生愛取，就此色心顯正因體，易成妙觀。如《摩訶止觀》初觀陰境，其意亦然。凡明觀法，初多就易。易處觀成，無難不曉。大師得意，故例惑、業，皆是佛性，即是緣了二因性也。舉三喻者，世間物象比于妙理，皆是分譬。須將法定，方顯偏圓。如《如來藏經》九喻，《止觀》喻別，餘文喻圓。今冰水等亦兼圓別。何者？若謂結佛界水爲九界冰，融九界冰歸佛界水，此猶屬別。若知十界互具如水，情執十界局限如冰，融情執冰，成互具水，斯爲圓理。薪火，縛脫，其例可知。故知十二緣輪迴之法，謂實、則三障確爾；情虛、則三德圓融。于十二緣不損毫微，全爲妙境。即惑業苦一一通徹法界邊底，是名三道。欲顯此三圓融義故，名從勝立，故云法身、般若、解脫。但轉其名，不改法體。其實祇是當體通徹耳。

三、約體達，例德對喻。

問：前明三識，第九一性對八七二修，以明離合，故類三德。今明道，三俱逆修，如何說于修二性一？此義不成，則與諸三有二有別，豈是三字所譬之法？

答：即事而理，事理無差。且如事中惑起于業，業感于苦，苦還起惑。此三修惡即是性惡，乃名性三；亦即因法，轉名三識、三佛性、三般若、三菩提、三大乘；亦即果法，轉名三身、三涅槃；亦即果用，轉名三寶；亦即秘藏，轉名三德。故知節節但轉其名，不改其法。故《不二門》云：「性指三障，是故具三。修從性成，成三法爾。」其義既爾，安

云三道不具離合？以金光明譬于三道，其意略爾。

案：以上智者原文與知禮解文明「三道即三德」甚為顯豁而透闢，此是明圓教之典型文字。就苦道言，識、名色、六入、觸、受，生死身即法身，「如指冰為水爾」。就煩惱道言，無明、愛、取即般若，「如指薪為火爾」。就業道言，行、有、乃至五無間即解脫，「如指縛為脫爾」。凡此皆詭辭也，非分解的陳述語；亦明「不斷斷」爾，是故三道即三德也。知禮解文「約圓釋，即事而理」中語尤精闢，不背智者意，只使之更顯豁而詳盡耳。「若謂結佛界水為九界冰，融九界冰歸佛界水，此猶屬別。」此即佛界水隨染淨緣結成九界冰（隨緣作九），破九界冰顯佛界水（緣理斷九），故只為別教也。「若知十界互具如水，情執十界局限如冰，融情執冰，成互具水，斯為圓理。」此即一念即具十法界，一一界又互具十法界，互具融通為佛界水（即九界而成佛）；情執十界，局現不通，不但九界為冰，即佛界亦冰也，佛而非佛矣。由三道說至十界者，三道由十二因緣束成，一一界皆有三道性相也。即佛界亦有三道性相，惟解心無染，只有惑業苦之相，而無惑業苦之實。何者？自行化他俱在「不斷斷」中行，除病不除法，入地獄化眾生，焉得不現惑業苦相？而一念心即具十法界，一一界又互具十法界，是則三道皆本具，非神通作意起現，此即所謂無作四諦之「性德惡」也。

「例德對喻」中說及性修，此性修義詳見下章。

5.以上由三識三道之圓釋明十種三法皆是在「法性無住，法性即無明；無明無住，無明即法性」之同體依即下完成。然智者于此十種三法即有逆順兩番生起，故由三德逆推至三道，亦可說為「從

法性無住本立一切法」，知禮解為「立一切教法」也。從三道至三德，此為順修，此是「從無明無住本立一切法」，知禮解為「立一切行法」也。前者以「無明即法性」為綱領，後者以「法性即無明」為綱領。「無明即法性」，則法性之顯不待離無明而顯，此即知禮所謂「理顯由事」。「法性即無明」，則由無明順修，亦不待斷九界冰始歸佛界水，此即知禮所謂「即妄歸真」。故知禮《拾遺記·卷第二》解此逆順兩番生起云：

> 初、約施教逆推，理顯由事。二、約立行順修，即妄歸真。此二生起，初、從法性無住本立一切教法；二、從無明無住本立一切行法。
>
> 問：法性無住立于教法，依何文說？
>
> 答：此文當體章〔案：即智者原文「當體得名」章，此是對于金光明作當體釋非譬喻釋〕明諸聖人依真立名，乃引《淨名》「從無住本立一切法」。既引此證依真立名，豈非法性無住立一切教耶？然若具論，「從無住本立一切法」不出四重。如妙樂云：「理則性德緣了，事則修德三因，迷則三道流轉，悟則果中勝用。如是四重並由迷中實相而立。」〔《法華文句記·卷第七下》〕。今之初番是彼第四「果中勝用」，今之後番是彼第二「修德三因」。
>
> 問：初番生起，始從秘藏，終至三道，合當「迷故三道流轉」，何以卻對「果中勝用」立教法耶？
>
> 答：今云秘密藏顯由三寶等，豈可迷理而由三寶及諸三法等耶？故知須作依理起教釋之方允。況今逆順二種生起與《法

華文句》釋開示悟入，約位、智、門、觀、四義生起，逆順相同。故彼《文句》云：「見理由位，位立由智，智發由門，門通由觀。觀故則門通，門通故智成，智成故位立，位立故見理。」《記》釋云：「此逆順生起者，初明所由于能，次明能顯于所。」今文初番豈非「所由于能」，次番豈非「能顯于所」耶？得此意已，方可消文。

初文者，三德之理是佛極證，絕乎名相，曰秘密藏。此藏得顯，功由覺智與不覺理合，是故如來示現三寶。而其三寶立由斷德，故說三涅槃。涅槃得成復由智德，故說三身。身由乘至，故說三大乘。乘由行通，故說三菩提。菩提由智照，故說三般若。般若由性發，故說三佛性。性種元由解了名義，故說三識。識解本由三障即理，故說三道。都由三德秘密法性無堅住性，是故大聖以此法性無住爲本，立九名相及一切教法。此番生起爲後解釋十法〔十種三法〕立也。

釋次文者，上辨大覺證三德藏，以無住故，立諸教法，極至三道。今辨眾生處于三道，由無住故，成諸行法，極趣三德。三道復以無明爲始，無明明故，業苦皆轉。轉迷成解，了別聖言，故成三識。解爲乘種，即名佛因，故成三佛性。種熏本覺，故發智慧，名三般若。智能導行，行大直道，成三菩提。智行契性，無不運荷，成三大乘。乘辦報智，上冥下應，即成三身。身永離惑，不生不滅，名三涅槃。斷德自在，施恩利物，故現三寶。利物功成，自他休息，同歸三德。此番生起爲後十重觀心立也。

案：初番生起是「約施教逆推，理顯由事」。「由事」者，由三識三道之事也。三識三道以上俱是正面分析地直線推演地屬理，而三識即智，三道即三德，是詭譎地屬理。故理顯由事，即事而顯，必逆推至三識三道始見；而法性無住，法性即無明，由此立一切教法，亦必逆推至三識三道始顯。「立一切教法」者，約法性無住，客觀地立一切教義法門也。自此而言，從三德起，至三道止，皆客觀的教法也。故云「約施教逆推，理顯由事。」

次番生起是「約立行順修，即妄歸真。」「即妄」者，即三識三道之妄也。即此妄而當體歸真，是詭譎地歸真。三識以上皆是分析地直線推演地歸真，所即之妄仍是三道三識也。即三道三識之妄而歸真即順修也。故無明無住，無明即法性，由此立一切行法，即順修之行也。「立一切行法」者，約無明無住，主觀地立一切修行法門也。自此而言，從三道起，至三德止，皆主觀的行法也。故云「約立行順修，即妄歸真。」

此兩番生起不出荊溪《法華文句記‧卷第七下》所說之四重：「理則性德緣了，事則修德三因，迷則三道流轉，悟則果中勝用。」從法體上說，一念心即具十法界，一一法界皆有三道性相，而三道即三德，此即本具之三德，亦曰性德三德。由性德三德說三因佛性，即是性德三因。「理則性德緣了」，說緣了二因性是性德即函性德正因也。「理」者，法體之理如此，尙未修顯之謂也。「事則修德三因」，即從順修之事說，則是修德上之三因也。「性德三因」修顯而爲「修德三因」也。性德三因，一切衆生皆有之，但未修顯，故只有其理，而無其事。是即「迷則三道流轉」也。由修德三因而至三因究竟滿，則是「悟則果中勝用」。是故荊溪《金

剛鎞》云：「眾生但理，諸佛得事。眾生唯有迷中之事理，諸佛具
有悟中之事理。」而知禮上解文則說初番生起合當「悟則果中勝
用」，蓋由佛之悟，故得由法性無住立一切教法也。次番生起合當
「事則修德三因」，蓋由順修之事，故得從無明無住立一切行法
也。

　　以上依《金光明經玄義》及知禮《拾遺記》明「從無住本立一
切法」。此下再看《法華經文句》言「無住本」。

第三節
《法華經文句》論「無住本」

　　1.《法華經・藥草喻品第五》

　　　　其所說法皆悉到于一切智地。如來觀知一切諸法之所歸趣，
　　　　亦知一切眾生深心所行，通達無礙；又于諸法究盡明了，示
　　　　諸眾生一切智慧。

智者《法華經文句・卷第七上》解此文云：

　　　　從「其所說法」下，約教述其顯實也。「地」者實相也。究
　　　　竟非二，故名「一」；其性廣博，故名為「切」；寂而常
　　　　照，故名為「智」；無住之本立一切法，故名為「地」。此
　　　　圓教實說也。凡有所說，皆令眾生到此「智地」。顯實之文
　　　　灼然如日，如何闇竄作餘解耶？例《大品》廣歷諸法皆摩訶

衍。衍即大乘，乘即實相。實相即一切智地。上文云：「唯
此一事實」，指此「地」也。「餘二則非眞」，指七方便
也。〔案：人、天、二乘、三教菩薩、七種權說爲七方便。
此依〈藥草喩品〉三草二木而立，非小乘之七賢位，亦非
《大經》七衆渡河。〕此約漸頓二教述其開權顯實也。

荊溪《法華文句記・卷第七下》釋智者此文云：

> 「究竟」等者，此明諸權皆歸實相。是故三教，教、智未
> 會，不名爲「一」；又非明示此法從于「無住本」立，故不
> 得云「究竟不二」。今言「不二」者，始終一也。
>
> 「其性」等者，廣博之一，故名爲「切」。切字並通訓
> 「衆」也。共顯不二，是「一」家之切，名「一切智」。
>
> 「寂而常照」者，智所依地能生諸智，故名「智地」。此從
> 境說。若智即地，能所不二，故智亦得名「無住本」，是故
> 亦得名智爲地。正顯能立，立亦生也。故此「智地」能生諸
> 法，故雙名智地爲「無住本」。
>
> ……
>
> 實相是體，智即是用。若智家之地即指實相，一切皆大。由
> 智顯地，由乘至極。亦是從始至終，依地至極。

案：「一切智地」，依經文，即一切智所行之地，所照之處，地即
處也。言如來所說之法皆歸趣於此「處」也。此地此處即是實相。
實相一相，所謂無相，即是如相。然就圓教說，此所謂空、如，不

只是空、如，乃是一切法趣空如之空如，亦一切法趣假即趣色聲香味觸之空如，此即是「從無住本立一切法」之實相地也。實相即地。地旣如此，則一切智即一切種智，非只觀空之「一切智」也。此乃觀「圓中」（不但中、不思議中）之「一切種智」也。分別說，地爲實相，智爲般若，一爲所，一爲能。然圓智圓實即是智地不二：智即是地，地即是智。照而常寂，智入于實，是故智即是地。寂而常照，實入于智，是故地即是智。（普通就智本身說寂照，此只是智自身之分析地說，即寂即照乃是智自身之圓融地說。但此處說寂照，則是就智地不二而爲圓實地說。）故雙名「智地」爲無住本，由之立一切法。此是法性無住立一切法也。法性即智地不二之法性也。《摩訶止觀》開頭明緣起中云：「法性寂然名止，寂而常照名觀。」又釋名章「對無明不止而謂法性爲止，對無明不觀而謂法性爲觀。」凡此皆就實相般若名智地不二（智如不二）爲法性也。

此法性無住立一切法是開權顯實後，在「三道即三德」下，在「不斷斷」中，立一切法也。故法性無住，必函法性即無明而立一切法也。雖是從智從實相說法性，卻是即于無明而說智說實相並由之說法性也。此即是《法華經》所說之「一切智地」，「惟此一事實」之「一切智地」也。「餘二則非眞」，則是說「三敎〔藏、通、別〕菩薩敎智未會，不名爲一，又非明示此法從于無住本立，故不得云究竟不二」（荊溪記語）。此即示其皆未能至此「一切智地」也。顯然，此「一切智地」是開權顯實後的「一切智地」。此不只是《般若經》實相般若之作用地圓具一切法之「一切智地」，抑且是「從無住本立一切法」之存有論地圓具一切法之「一切智

地」。若只是前者，則宗《般若》即可，何須宗《法華》？

　　2.〈藥草喻品〉又云：

　　　　如來說法，一相一味，所謂解脫相，離相，滅相，究竟至于
　　　　一切種智。其有眾生聞如來法，若持讀誦，如說修行，所得
　　　　功德不自覺知。所以者何？唯有如來知此眾生種、相、體、
　　　　性。念何事，思何事，修何事；云何念，云何思，云何修；
　　　　以何法思，以何法修，以何法得何法：眾生住于種種之地，
　　　　唯有如來如實見之，明了無礙。如彼卉木叢林諸藥草等，而
　　　　不自知上中下性，如來知是一相一味之法，所謂解脫相，離
　　　　相，滅相究竟涅槃常寂滅相，終歸于空。佛知是已，觀眾生
　　　　心欲而將護之，是故不即爲說一切種智。

《法華文句・卷第七上》解云：

　　　　「如來說法一相」下，第二合無差別譬。〔案：前文已言合
　　　　差別譬〕。上開三，今合亦三，但不次第。
　　　　「一相一味」下，雙合「一地一雨」。〔案：經文前言「一
　　　　地所生，一雨所潤。」〕
　　　　「所謂」下，雙釋一地一雨。
　　　　「其有眾生」下，合上「而諸草木各有差別」。〔案：此前
　　　　經文〕。
　　　　「所以者何」下，釋于差別，如來能知差別無差別相⊙
　　　　「一相」者，眾生之心同一眞如相，是「一地」也。「一

味」者，一乘之法同詮之理，是「一雨」也。昔于一實相方便開爲七相，于一乘法分別說有七教。佛知究竟終歸一相一味也。

「所謂」下，雙釋一相一味。眾生心性即是性德解脫、遠離、寂滅三種之相。如來一音說此三法，即是三味。此三相則以爲境界，緣生中道之行，終則得爲一切智果。故言「究竟至于一切種智」也。

合草木差別譬，如前解，不重記。有時作三意合。一、無差別意，合上「一地一雨」。二、差別意，合上「草木差別」。三、如來能知，釋成兩意。

無差別者，謂一相一味。「一相」合上「一地」也。「解脫相」者，無生死相。「離相」者，無涅槃相。「滅相」者，無相亦無相，唯有實相，故名「一相」。一相即無住本立一切法。無住無相，即無差別也。立一切法，即有差別。差別如卉木，無差別如一地。地雖無差別，而能生桃李卉木差別等異。桃李卉木雖差，而同是一堅相。若知地具桃李，即識實中有權，解無差別即是差別。若知桃李堅相，即識權中有實，解差別即是無差別。以是義故，以「一相」合上「一地」譬也。「一味」即是實教，純一無雜。例「一相」可解。

「解脫」者，無分段、變易二邊業縛，故名「解脫相」。「離相」者，得中道智慧，此慧能遠離二邊，無所著故，名「離相」。「滅相」者，二邊因滅，得有餘涅槃，二邊果滅，得無餘涅槃，故名「滅相」。句句例作差無差別義，準

「一相」可解。

「究竟至于一切種智」者，若得二邊滅相，即是通別二惑盡，入佛知見。以一切種智心中行般若，初發、竟畢二不別，故言「究竟」。此即佛之智慧，故言「一切種智」也。

從「其有眾生聞如來法……不自覺知」者，即是明差別意。從此下明差別者，眾生是山川假實之差別，亦是種子之差別。如來即是雲，聞法即是雨，讀誦修行即是潤，功德即增長。如此等差別皆不能知也。就文為五：一、眾生不知。二、如來能知。三、舉譬帖合眾生不知。四、牒前結釋如來能知。五、釋疑。

「其有眾生」者，舉不知之人。「法」謂聞一音之法。持、說者，是正明不知。持、說不同，修行各異。人天作戒善之解，三乘作諦、緣、度解。解既不同，即是差別。「所得功德不自覺知」者，明五人雖各稟教，不知佛是一味無差別教，亦不知七種方便。各各作解，而各執己解為實。此則不知于權，亦不識實，即是差別不自覺知也。

第二，如來能知。略減數，舉十境合為四意：㊀約四法知，㊁約三法知，㊂約二法知，㊃約一法知。

約四法者，謂「種、相、體、性」。種者，三道是三德種。《淨名》云：「一切煩惱之儔為如來種」。此明由煩惱道即有般若也。又云：「五無間皆生解脫相」。此由不善即有善法解脫也。「一切眾生即涅槃相，不可復滅。」此即生死為法身也。此就相對論種。若就類論種，一切低頭舉手悉是解脫種；一切世智，三乘解心，即般若種；「夫有心者皆當作

佛」，即法身種。種種差別，如來能知。一切種只是一種，即是無差別，如來亦能知。差別即無差別，無差別即差別，如來亦能知。相、體、性，約十法界十如中釋。若論差別，即十法界相。若論無差別，即一佛界相。差別無差別，如來能知。差即無差，無差即差，如來亦能知。體、性例然，可解。

從「念何事」下，約三法明如來能知。三法者即是三慧〔案：聞思修爲三慧〕，仍有三種：一、三慧境，二、三慧體，三、三慧因緣。「念何事」是明三慧用。念取于所念之事，即是三慧境。從「云何念」者，念是記錄所聞之法，正是念慧之體也。從「以何法念」下，即是三慧取境，聞法是其因緣。又三慧境，境智因緣和故，得有三慧法，復名因緣也。如是三乘三慧，昔謂境、體、因緣有異，即是差別。若入圓妙三慧，即無差別。此有差別無差別，如來能知。又差即無差，無差即差，如來亦能知。

從「以何法」下，約二法明如來能知。「以何法」即是因，「得何法」即是果。五乘之因各得其果，即是差別。「眾生如，佛如，一如無二如」，唯是一因一果，即無差別。差別無差別，如來能知。差即無差，無差即差，如來亦能知。

從「眾生住于種種之地」，是約一法明如來能知。七方便住于七位，故言「種種之地」，此即是差別。如來用如實佛眼見之，如眾流入海，失于本味，則無差別。隨他意語，以智方便而演說之，則如來能知差別。「其所說法皆悉到于一切智地」，則如來能知無差別。云云。

從「如彼卉木」下，第三，舉譬帖合眾生不知也。

從「如來知是」下，第四，牒前總結能知也。一相一味等，如前釋。一相、一味、解脫、離、滅等，為緣分別，即是一中無量。「究竟涅槃，終歸于空」，即是無量中一。此是牒前總釋無差別也。何者？一相、一味、解脫、離、滅，若是二乘法體，猶是差別言宣。今作大乘，「究竟涅槃，終歸于空」，即通無差別。「究竟涅槃」結前諸句皆非二乘有餘無餘，乃是究竟涅槃也。「常寂滅相」者，結諸句非是小乘寂滅，乃是常住寂滅。上文云：「諸法從本來，常自寂滅相」，即此義也。「終歸于空」者，非是灰斷之空，乃是中道第一義空。鄭重抵掌，簡實異權。〔下斥舊師解，略。〕

「佛知是已，觀眾生」下，第五，斷物疑。佛昔皆知始末皆一，何不鹿苑即為說實？釋云：「觀眾生心欲而將護之」，恐其誹謗，故不即說也。

案：以上解文就經文一字一句皆予科判詳釋，當然不免煩瑣。經文本自明白。支解太甚，離人心思。然若如此經歷一番，則可令人有真切周到之了解，亦非無好處。此則在人能堪忍耳。今當總通其意如下。

《法華經》開權顯實，會三歸一，此于〈方便品〉及〈譬喻品〉中已屢言之。如「諸佛如來言無虛妄，無有餘乘，唯一佛乘。」「諸佛以方便力，于一佛乘，分別說三。」「如來但以一佛乘故，為眾生說法，無有餘乘，若二若三。」「十方佛土中，唯有一乘法，無二亦無三。除佛方便說，但以假名字，引導于眾生。說

佛智慧故，諸佛出于世。唯此一事實，餘二則非眞。」「今我喜無畏，于諸菩薩中，正直捨方便，但說無上道。」「世尊法久後，要當說眞實。告諸聲聞衆，及求緣覺乘，我令脫苦海。逮得涅槃者，佛以方便力，示以三乘敎。衆生處處著，引之令得出。」「佛所成就第一希有難解之法，唯佛與佛乃能究盡諸法實相，所謂諸法如是相，如是性，如是體，如是力，如是作，如是因，如是緣，如是果，如是報，如是本末究竟等。」以上皆見〈方便品〉。凡此皆是《法華經》的名句。實相就是眞實，就是諸法之這樣的相、性、體、力、作、因、緣、果、報，這樣的從本至末畢竟平等。「等」即無差別之實相。從敎方面說，說此實相者，謂之一乘，謂之佛乘。從智方面說，了此實相者是佛智，實智。從行方面說，達至實相者是「無上道」。三乘乃是方便說，是權敎，並非實智，亦非實相。「決了聲聞法，是諸經之王」。此即所謂「開權顯實，會三歸一」。反之，亦可說由一垂三，由實施權。一實是本，三權是迹。此「本」不是《華嚴》會上，譬如日出，先照高山，以毘盧遮那佛法身在海印定中說佛自證，這種隔絕的本，乃是經過了幽谷平地，如日輪當午，罄無側影，無幽不照，即迹即本，即本即迹，不捨一一，一一皆實的本，此是圓滿、具體、而眞實的本。這個本，從實相方面說既是如此，則從智方面說，亦是圓滿、具體、而眞實的佛智，實智；從敎方面說，亦是圓滿、具體、而眞實的圓敎——這也是「稱法本敎」，但不是《華嚴經》的稱法本敎，因此後者乃是別敎的一乘圓敎，別敎的「稱法本敎」。前〈方便品〉已表示此意，今〈藥草喩品〉所說「一相一味」亦仍是鄭重宣說此義。一相即實相，一味即一乘。而智者解此，「節節皆云五乘七善」以簡權實，

「句句皆例作差無差別義」以明佛智之知，而「差即無差，無差即差」，即一一法皆實相也。實相一相，即是「從無住本立一切法」。此「無住本」即法性無住為本也，亦即一切智之「智地」為無住本也。法性無住，法性即無明，法性即一切法。一切法是差別，法性是無差別。而法性無住，即一切法，則差而無差，無差即差。三乘是方便，五乘七善亦是方便，所謂七方便；而「唯一佛乘」，則是實教。方便是差別，佛乘是無差別；而佛乘不隔，則差而無差，無差即差。廣之，九界是差別，佛界是無差別；而佛界不是隔斷九界以為佛界，則差即無差，無差即差。是則法法皆實，法法不斷，一體平鋪，但去病不去法也。故一相一味必須在「三道即三德」下，在「不斷斷」中了解也。

3.〈方便品〉偈云：「是法住法位，世間相常住。」「常住」者不斷之謂。諸法即空即假即中，假名法不斷也。既即空假中，則諸法不出「如」，以如為位，是謂「住法位」。此仍是《中論》緣起性空之本色。智者《法華文句‧卷第四下》釋此兩偈語云：

> 「是法住法位」一行頌理一也。眾生，正覺，一如無二，悉不出如，皆如法為位也。「世間相常住」者，出世正覺以如為位，亦以如為相，位相常住。世間眾生亦以如為位，亦以如為相，豈不常住？世間相既常住，豈非理一？

而荊溪《文句記‧卷第五中》解智者此文云：

> 「眾生」下，釋「住法位」。眾生、正覺，重出「是法」。

法不出如，皆如爲位。眾生理是，佛已證是，故名爲
「住」。如位一故，故名爲「位」。染淨之法皆名「是
法」。染謂眾生，淨即正覺。眾生、正覺是能住法，染淨一
如是所住位。分局定限，故名爲位。位無二稱，同立一如。
不出眞如，故唯局此。此局即通，遍一切故。局之極也，通
之盛也。……「世間相常住」者，相可表幟，位可久居。眾
生、正覺，相位無二。顯迷即理，理即常住。佛已契常，眾
生理是。故正覺、眾生，相位常住。染淨相位既同一如，是
故相位其理須等。佛依世間修成極理，驗知世間本有斯理，
故云「常住」。

問：位可一如，相云何等？

答：位據理性，決不可改。相約隨緣，緣有染淨。緣雖染
淨，同名緣起。如清濁波，濕性不異。同以濕性爲波，故皆
以如爲相。同以波爲濕性，故皆以如爲位。所以相與常住，
其名雖同，染淨既分，如位須辨。況世間之稱亦通染淨因果
故也。今且從悟顯迷，以淨顯染，則淨悟得於常事，迷染但
名常理。

案：智者謂「是法住法位，世間相常住，于道場知已，導師方便
說」，這一行偈語是頌「理一」。諸佛于道場證知此如理後，即爲
眾生方便說之。無量數諸佛「出現于世間，安隱眾生故，亦說如是
法」，即亦說「是法住法位，世間相常住」之法也。「是法」即指
上行偈語「諸佛兩足尊，知法常無性，佛種從緣起，是故說一乘」
中「無性」之法而言。「知法常無性」，即知「諸法寂滅相，不可

以言宣，以方便力故，為五比丘說。」（亦〈方便品〉偈語）。法
雖無性，然「佛種從緣起，是故說一乘」，即以方便言說、說一乘
法、令生起佛種、證知此無性之法、而得成佛。故諸佛「知第一寂
滅，以方便力故，雖示種種道，其實為佛乘。」法常無性、法寂滅
相，即「第一寂滅」。無性、寂滅相、第一寂滅之法即「住法位」
之法，故云「是法住法位，世間相常住」。「住法位」者即是住
「如」位。法不出如，以如為位。如位即相應無性、寂滅相而言
也。以住如位，故「世間相常住。」何以故？以「如」是常，是
一，是遍，是無為，不變易故。以「如」常故，故世間相（諸法）
亦常住如是，不可更變，即「亦以如為相」，即實相也。佛于道場
證知此理，乃為眾生方便說之。故此一行偈語是頌「理一」也。
「理一」即「住如位具如相而常住」之理一也。「如」無住，如即
是法，如即于法而見。法無住，法即是如，法即于如而為法。是故
諸法「以如為位，亦以如為相」也。

　　以上是就第一層緣生法說「住法位」。現在復可就第二層眾生
與正覺說「住法位」。故荊溪說此為「重出是法」，即就眾生與正
覺（佛）重新說此「住法位」之法也。「眾生正覺是能住法，染淨
一如是所住位。」眾生在迷，故眾生之法是染法。正覺已悟，故正
覺之法是淨法。「染淨之法皆名是法」，即皆名此「住法位」之法
也。「眾生正覺一如無二，悉不出如，皆如法為位也。」但眾生之
住如位只是從法理上說是如此，故荊溪云「眾生理是」，即，眾生
但有其理，而無實證之事也。佛則已證此理，故佛之「住如位」不
但是理上是如此，而且事上亦實證地是如此，故荊溪云「佛已證
是」。如位雖一，但因染淨迷悟有殊，故如位亦須辨別也。是即荊

溪解語最後所說「今且從悟顯迷，以淨顯染，則淨悟得于常事，迷染但名常理。」住如位具如相爲常。「佛已證是」，故「得于常事」。「衆生理是」，故「但名常理」。

凡位皆有「分局定限」之意。但以如爲位，「此局即通，遍一切故，局之極也，通之盛也。」以如理爲位是無局限之位，非如以情事爲位者之有定限也。

以如爲位，全法界即如，是即差而無差。以緣法爲相，全如即法界，是即無差而差。無論在衆生，或在正覺，「相位無二」，皆是常住。不但位常，相亦常也。但在衆生，「但名常理」，常只是理上之常。而在正覺，則「得于常事」，常是實證地實際之常。然相位常住之理則一也。是故荊溪云：「染淨相位既同一如，是故相位其理須等。」「相位無二」故也。既言同以如爲位，何以又言同以如爲相？以如爲相即諸法之實相也。全如即法界，則法界法之實相即如相也。「同以濕性爲波，故皆以如爲相。」（波喻染淨法，濕性喻如。）以如爲相，則波之相雖相而無相，全波相泯於濕性。同時，全法界即如，則法界法皆住于如也。「同以波爲濕性，故皆以如爲位。」以如爲位，則濕之性無相而相（濕不離波而爲濕），全濕性盡在於波相。是故相位無二，同是一如，其常住理自亦等同也。等同之理名爲「理一」，此乃「是法住法位，世間相常住」兩偈語之所示也。

此相位常住之「理一」直接函著天台宗所謂「性惡」。性惡者，一切穢惡淨善法門皆不可改，一起皆本有之謂。本有不改名爲性德。穢惡之法亦是性之德而爲本有。本有于何處？曰：「一念無明法性心」是。然則性德如何解說？曰：以性具而爲性之德。性者

法性也。「法性無住，法性即無明」，即是一切法。「法性即無明」就是心，心就是一切法。直接地說是一念心具；從勝從主說是「性具」，法不出如，皆以空為性故。法性具一切法意即即于一切法而為法性，「同以波為濕性故」。「具」字以「即」字來規定。法性即於一切法即是具備著一切法，此即「一切法趣法性，是趣不過」之義。凡言「一切法趣某某」即表示「圓具」義。性具之具是圓具。心具是變現造作地具。一切法趣一念心，亦是圓具，不必俟其隨緣造作出來始言具。而性具則只是即具，以性不會造作故。法性即具一切法即由一念無明法性心即具一切法而透顯出來。一念心即具一切法，一切皆本有不改，即是法性所即具的一切法一起皆本有不改。一切法為法性所即具即成為法性之德。德者得也。為法性所即具而本有之即為德。此德是就法而言。一切法皆是法性之德也。此與平常就一主體之本質或屬性而說德不同。就本質或屬性說德，此德不是法，而是義。（當然吾人亦可于義說法，但此法字是第二序上的展轉借用。）就性具而言性德，則一切淨善穢惡法皆是性所即具而本有不改之德。例如六道眾生中，人、天、阿修羅是三善途，地獄、餓鬼、畜生是三惡途。不但三善途之法不出如，為法性所即具，不可改，不可毀，即三惡途之法亦不出如，為法性所即具，不可改，不可毀。六道通名為穢惡，二乘、菩薩、佛四聖界之法通名為淨善。不但淨善者不出如，為法性所即具，即穢惡者亦不出如，為法性所即具。六道之穢，三乘之淨，對佛界言，又悉皆是穢，唯佛界是淨。而那九界穢惡法既皆不出如，為法性所即具，故亦不可斷，不可毀。佛果亦不斷九。何以故？開權顯實，即九界而為佛故。此並非說佛之正覺實智本身是惡也。依上節所說三識是智

之異名，迷則爲識，法性即無明，無明法法性。若就識說，識具十法界一切法（無明爲本立一切法），即《摩訶止觀》消化後所說之「一念三千」。此一念心即陰識心，亦稱刹那心，或煩惱心。此不是分解說的第六識或第八識等，乃是開決後詭譎說的識心。此一念心即是三千，此即是識具。可是無明無住，識當體即是智，當體即是法性。如是，則說性具或理具，乃至性德善，性德惡。此並非分解地肯認一實體性的眞心即性以爲理體而說性具或理具也。如若那樣肯認，則是性起系統，而非性具系統。必須性具始可說「不斷斷」。若是性起，則終必歸於「斷斷」，而「三道即三德」亦不能說矣。故必須在「三道即三德」下，在「不斷斷」中，了解此性具乃至性德善與性德惡，以及性德三軌，性德三因等。所具法門有善有惡，而解心無染則非惡。此即所謂「不斷斷」，去病不去法也。因而必「三道即三德」，因而亦是「是法住法位，世間相常住」也。

通常易走分解的思路，故難於了解天台宗所謂性具，性惡。知禮時山外諸家之所以爲山外正因其纏夾華嚴宗之思路，而于性具性惡之說把握不住故也。實則如上所說，性具性惡並無難解處，亦無不順處。此正是圓教之所以爲圓教，不可忽也。此蓋爲三道即三德，不斷斷，一念無明法性心即具十法界，一一法界皆有惑業苦三道性相，十界互融如水，情執十界局限如冰，等辭語所必函。

4.荊溪《法華文句記・卷第七下》解智者釋「一相一味」文云：

「一相」即無住本立一切法。理則性德緣了，事則修德三

　　因，迷則三道流轉，悟則果中勝用。如是四重並由迷中實相
　　而立。此無住本具如《釋籤‧第七》已釋。故無明、實相俱
　　名無住。今以無相對於差別，專指實相名無住本。無住即
　　本，名無住本。隨緣不變，理在于斯。

　案：智者前說實相只從正面直說。若關聯著理事、迷悟、性修、因
果而說，則有如荊溪所說之四重。既有四重，則實相須是「迷中實
相」。故云：「如是四重並由迷中實相而立」。「理則性德緣了」
意即：從理上說，實相無住就是性德的緣因了因，緣因佛性（斷
德）與了因佛性（智德）俱是性德之本具。緣了二因俱可從正面與
反面說，而且帶著一切法說，故一切法皆可作緣了，即是性德本
具。「理」者只是理上如此，尚未修顯故。故只是理如此，而無實
事，荊溪《金剛錍》云：「眾生但理，諸佛得事。」「理則性德緣
了」，即「眾生但理」一語也。

　　「事則修德三因」意即：從事上說，實相無住就是修德上的三
因佛性。三因者，正因、了因、緣因也。此相應于「諸佛得事」之
一語。實則修德三因，性德亦三因。修德是證顯，性德是本有。本
有故說理，證顯故說事。

　　「迷則三道流轉」意即：從迷上說，實相無住就是惑業苦三道
流轉，此即眾生在迷也。《金剛錍》云：「眾生唯有迷中之事
理」。三因本有不顯，即是迷中之理。三道流轉即是迷中之事。

　　「悟則果中勝用」意即：從悟上說，實相無住即是佛果中之勝
用。三身朗現，三德滿顯，俱是實相之流露。《金剛錍》云：「諸
佛具有悟中之事理」。性德三因已顯，即是悟中之理。因有證顯

故，即是悟中之事。

一切法不出此四重，皆由「迷中實相」而立，亦即從實相無住本立一切法。

「隨緣不變，理在于斯」。此說「隨緣不變」與華嚴宗所說者不同。華嚴宗說「隨緣不變，不變隨緣」是偏指清淨真心而說，是性起系統，而荊溪說此語，則是性具系統。「理具事造」，理具即不變，事造即隨緣。不但是法性實相不變，即三千世間皆不變也（相位常住）。當體即如，即是不變。當體即諸法，即是隨緣。《金剛錍》云：「萬法是真如，由不變故。真如是萬法，由隨緣故。」不變是性，即無明無住，無明即法性也。隨緣是心（煩惱心），即法性無住，法性即無明也。「隨緣不變」即是「法住法位，世間相常住」也。此是實相之性具系統，非唯真心之性起系統。而真心實智則是在「不斷斷」中詭譎地呈現也。

荊溪承上解「一相」，復解「一味」云：

「一味」下，約教釋者，上「相」〔意即智者原上文釋「解脫相」〕但云「無生死」耳，約教乃云「無二死」者，教在分別故也〔分別為分段生死及變易生死〕。前相〔意即智者原前文論「離相」〕，但云「離相者無涅槃相」，此教〔意即今約教說〕，乃云「得中道智慧」，乃至「離于二邊著」也。前相〔意即智者原前文論滅相〕，但云「無相亦無相」，今教中云「二邊因果滅」者，應云「通別二惑、內外二死」滅也。〔通別二惑者即通教惑與別教惑也。內外二死者界內分段身死，界外變易身死也。〕今對中道，中道從

理，故此因果名「離二邊」〔二邊指分段變易二死說。智者原文以「無分段變易二邊業縛」為解脫相，又以「離二邊」為離相，以「二邊因滅，得有餘涅槃，二邊果滅，得無餘涅槃」為滅相。此比前釋者為進一步復約教分別也，故荊溪如此云。〕此二涅槃〔二邊因果滅所得之有餘無餘涅槃〕永殊小典。小典二滅必不同時，此中二滅更無前後。

「句句例作差無差」者，既句句約教，教亦須顯「差無差」等。故應具如前「一相」中，「即無住本」至「即是無差別」之文是也。故今對教明差無差。若不爾者，徒開浪會，虛說漫行，空列一乘之名，終無一乘之旨。〔案：此潛斥華嚴宗〕。稟權教者，尚須識權，對此終窮，安得昧實？忽都未聞「性惡」之名，安能信有性德之行？〔案：此亦潛斥華嚴宗之別教一乘。此二語為知禮所常引，故吾上文先對性惡略作總釋。否則讀者見此二語必感無端而來。〕

案：約理（或約法）釋「一相」，一相即實相；約教釋「一味」，一味即一乘。開權顯實，會三歸一，差即無差，無差即差。是故實相無住，不離諸法；實教無隔，不斷九界。此必然含有「性惡」之義。既穢惡法門亦是性之德，如是，則一切淨穢善惡皆是性德之本具。既是性德本具，則「全性起修」即是「性德之行」。「性德之行」即是「諸行無作」，只是本有者之任運而現，只爭染著不染著耳。非彼「緣理斷九」者，真心本不具九界，只隨染淨緣起現九界，而欲行權化，又須神通作意而示現九界。若隨緣起現，或作意示現，則與真心是兩截，可有可無，不是必然的，以不本具故，無

性德九故。此是別教，非圓教意。若「全性起修，全修在性」（知禮解《十不二門‧修性不二門》語，見下章。）則一切修行只是通過止觀，在「不斷斷」中，轉迷成悟，轉染爲淨，轉識爲智（此語與唯識宗說法不同）。迷悟同體，依而復即。染淨、識智，亦復如此。迷悟繫于染淨，不繫于善惡淨穢法門。是以迷執之染情可轉可斷，而善惡淨穢法門則常住不斷，即依斯義而說「性惡」。性德所具法門有善有惡，有淨有穢，是以「性惡」是偏稱之言，非全稱之言。知禮《十不二門指要鈔》釋序文「一念」處有云：

> 約「即」論斷，故無可滅；約「即」論悟，故無可翻。煩惱生死乃九界法。既十界互具方名圓，佛豈壞九轉九耶？如是方名達于非道，魔界即佛。故圓家斷、證、迷、悟，但約染淨論之，不約善惡淨穢說也。諸宗既不明性具十界，則無圓斷圓悟之義。故但得「即」名，而無「即」義也。此乃一家教觀大途。能知此已，或取或捨，自在用之。

案：此言甚善。「斷、證、迷、悟，但約染淨論之」，此染淨是主觀工夫上的事。染即染著，由染著故迷；淨即「解心無染」，無染即悟。「不約善惡淨穢說」，善惡淨穢法門是客觀存有上的事，此即「除病不除法」，「除無明有差別」。（而若知以如爲位，以如爲相，則差而無差，無差即差。）由此而極成「不斷斷」。若約善惡淨穢說斷證迷悟，則必是「斷斷」，既除病亦除法矣，除無明便不能有差別。故欲了解此「不斷斷」，必須了解「從無住本立一切法」這一詭譎式的存有論，詭譎模式下一切法之根源的解釋。

　　以上由《維摩詰經玄義》，《金光明經玄義》《法華經文句》，詳明「從無住本立一切法」，迤邐說來，函蘊天台教義之全部。以下再由《摩訶止觀》之消化而言「一念三千」。須知「一念三千」即由「從無住本立一切法」而來也。若不知此義理背景，則法性無明之同體依即便透不出，而由「一念三千」說「性具」，性具不得確解，「一念」亦不得確解，人可望文生義而誤解也。故以上費如許篇幅，廣引智者與荊溪之文，詳爲展示。以上明，則以下引文皆順通易明，即不煩詳解矣。

第四節
《摩訶止觀》論「一念三千」

　　智者《摩訶止觀》（即《大止觀》亦曰《圓頓止觀》）第七章論正修止觀。于中以十法門觀心：一、觀不可思議境。二、起慈悲心。三、巧安止觀。四、破法遍。五、識通塞。六、修道品。七、對治助開。八、知次位。九、能安忍。十、無法愛。此即所謂「十法成乘」，由五品弟子觀行位起，歷十信、十住、十行、十迴向、十地、等覺，直至妙覺，皆乘此十法以達之。十法如車乘，運通以至佛，故曰「十法成乘」。詳見後第四章。

　　「觀不可思議境」中，以一念心法爲所觀境。「心佛與眾生，是三無差別。」觀心、觀佛、觀眾生，皆可通一切，何獨單以心爲所觀境耶？然就實際作工夫言，佛法太高，眾生法太廣，難以著手，唯觀心則易。何以故？心是惑本故也。煩惱心遍，是故生死色遍。故「去丈就尺，去尺就寸，置色等四陰，但觀識陰。識陰者，

心是也。」（《摩訶止觀·卷第五》以下所引同。）

此一念識心如何是不可思議境？

1.先明思議境以顯不思議境。

> 觀心是不可思議境者，此境難說。先明思議境，令不思議境
> 易顯。思議法者，小乘亦說心生一切法，謂六道因果，三界
> 輪環。若去凡欣聖，則棄下上出，灰身滅智，乃是有作四
> 諦，蓋思議法也。〔案：亦是有量四諦。心生一切法只限于
> 界內也。〕
>
> 大乘亦明心生一切法，謂十法界也。若觀心是有，有善有
> 惡。惡則三品，三途因果也。善則三品，修羅、人、天因
> 果。觀此六品無常生滅，能觀之心亦念念不住；又能觀所觀
> 悉是緣生，緣生即空：並是二乘因果法也。若觀此空有，墮
> 落二邊，沈空滯有，而起大慈悲，入假化物，實無身，假作
> 身，實無空，假說空，而化導之，即菩薩因果法也。觀此法
> 能度所度皆是中道實相之法，畢竟清淨，誰善誰惡，誰有誰
> 無，誰度誰不度，一切法悉如是，是佛因果法也。此之十法
> 〔十法界之十種因果法〕迤邐淺深，皆從心出。雖是大乘無
> 量四諦所攝，猶是思議之境，非今止觀所觀也。〔案：此是
> 籠統地說大乘教所觀之境，雖十法界皆備，無量四諦所攝，
> 然歷別陳之，猶是思議之境。又大乘中亦有通別之異，而別
> 教中又有始別教與終別教之異，系統多端，所依心識亦異，
> 可依前第一章所陳簡之，此不及詳，故略說也。〕
>
> 不可思議境者：

如《華嚴》云：「心如工畫師，造種種五陰。一切世間中，莫不從心造。」種種五陰者，如前十法界五陰也。……

十法界通稱陰、界、入，其實不同。三途是有漏惡陰界入，三善是有漏善陰界入，二乘是無漏陰界入，菩薩是亦有漏亦無漏陰界入，佛是非有漏非無漏陰界入。《釋論》〔《大智度論》〕云：「法無上者涅槃是」，即非有漏非無漏法也。《無量義經》云：「佛無諸大陰界入」者，無前九陰界入也。今言有者，有涅槃常住陰界入也。《大經》〔《大涅槃經》〕云：「因滅無常色，獲得常色。受想行識亦復如是。」常樂重沓，即積聚義。慈悲覆蓋即陰義。以十種陰界入不同故，故名五陰世間也。攬五陰通稱眾生，眾生不同。攬三途陰，罪苦眾生，攬人天陰，受樂眾生。攬無漏陰，眞聖眾生。攬慈悲陰，大士眾生。攬常住陰，尊極眾生。《大論》〔《大智度論》〕云：「眾生無上者佛是」。豈與凡下同？《大經》云：「歌羅邏時名字異，乃至老死名字異；芽時名字異，乃至果時名字亦異。」直約一期，十時差別。況十界眾生寧得不異？故名眾生世間也。

十種所居通稱國土世間者，地獄依赤鐵住。畜生依地水空住。修羅依海畔海底住。人依地住。天依宮殿住。六度菩薩同人依地住。通教菩薩惑未盡者同人天依住，斷惑盡者依方便土住。別圓菩薩惑未盡者，同人、天、方便等住，斷惑盡者，依實報土住。如來依常寂光土住。《仁王經》云：「三賢十聖住果報，唯佛一人居淨土。」土土不同，故名國土世間也。〔案：此中漏掉餓鬼住處。〕

此三十種世間悉從心造。

又十種五陰，一一各具十法，謂如是相、性、體、力、作、因、緣、果、報、本末究竟等。〔下依十法界分類釋十如，略。《法華文句》亦有詳釋，可參考。又十種五陰，十種眾生，十種國土，各有其十如。十界三十種世間乘十如，即三百如。若十界一一界各具十界，即百界。百界乘十如，即為千如。是即所謂「百界千如」。〕

夫一心具十法界，一法界又具十法界，百法界。一界具三十種世間，百法界即具三千種世間。此三千在一念心。若無心而已，介爾有心，即具三千。亦不言一心在前，一切法在後。亦不言一切法在前，一心在後。例如八相遷物，物在相前，物不被遷；相在物前，亦不被遷。前亦不可，後亦不可。祇物論相遷，祇相遷論物。今心亦如是。若從一心生一切法者，此則是縱。若心一時含一切法者，此即是橫。縱亦不可，橫亦不可。祇心是一切法，一切法是心故。非縱非橫，非一非異，玄妙深絕，非識所識，非言所言。所以稱為不可思議境，意在于此。云云。

案：此是正說一念三千為不可思議境。即此正說亦是隨便宜，方便說。若以《中論》四句衡之，「當知四句求心不可得，求三千法亦不可得。」（見下）。然「慈悲憐憫」，亦可「于無名相中假名相說」。是即「以不可得空洗蕩封著，習應一切法空，是名與般若相應。」「淨諸法已，點空說法，結四句相。」「如病除已，乃可進食，食亦消化。」（《法華玄義‧卷第五下》論別教三法中語，前

第二節3中已錄。）如是，此一念三千之不思議境既非阿賴耶系統，亦非如來藏心系統，乃是開權顯實後，開決了八識以及如來藏眞心，相應《法華》圓教而說者，亦是「淨諸法已，點空說法，結四句相」，相應般若之精神而說者。故此「一念三千」之一念心既非八識之任一識，亦非如來藏自性清淨心之眞心，乃是在般若之精神下與《法華》圓教下，依詭譎之方式所說之一念心。此是「如病除已，乃可進食」者。智者下文即解說此意。

　　2.「淨諸法已，點空說法，結四句相。」

　　問：心起必託緣，爲心具三千法？爲緣具，爲共具？爲離具？若心具者，心起不用緣。若緣具者，緣具不關心。若共具者，未共各無，共時安有？若離具者，既離心離緣，那忽心具？四句尚不可得，云何具三千法耶？

　　答：《地》人云：一切解惑眞妄依持法性，法性持眞妄，眞妄依法性也。《攝大乘》云：法性不爲惑所染，不爲眞所淨，故法性非依持，言依持者，阿黎耶是也。無沒無明盛持一切種子。若從《地》師，則心具一切法。若從《攝》師，則緣具一切法。此兩師各據一邊。若法性生一切法者，法性非心非緣，非心故而心生一切法者，非緣故亦應緣生一切法，何得獨言法性是眞妄依持耶？若言法性非依持，黎耶是依持，離法性外，別有黎耶依持，具不關法性。若法性不離黎耶，黎耶依持即是法性依持，何得獨言黎耶是依持？又違經。經〔《大涅槃經》〕言：「非内非外，亦非中間，亦不常自有。」又違龍樹。龍樹云：「諸法不自生，亦不從他

生，不共不無因。」更就譬檢，爲當依心故有夢？依眠故有夢？眠法合心故有夢？離心離眠故有夢？若依心有夢者，不眠應有夢。若依眠有夢者，死人如眠應有夢。若眠心兩合而有夢者，眠人那有不夢時？又眠心各有夢，合可有夢。各既無夢，合不應有。若離心離眠而有夢者，虛空離二，應常有夢。四句求夢，尚不可得，云何于眠夢見一切事？心喻法性，夢喻黎耶，云何偏據法性黎耶生一切法？

案：此即《法華玄義・卷第五下》言別教三法時，斥別教云：「那得發頭據阿黎耶出一切法」？亦例云：那得發頭據如來藏心出一切法？《地論》師相州南道派慧光系主「眞如依持」，即此處所謂「法性依持」。此言眞如或法性即指眞心而言也。此則最後總歸於《起信論》之眞常心。智者言「法性非心非緣」，此是嚴格地就《般若經》與《中論》所說之一切法空而言「法性」，與眞心系統所說之法性──眞實性，而與自性清淨心合一說者，即，指眞常心而言法性，不同。眞心系統是依超越分解之方式說，是「終別教」，故亦是權教。開權顯實後，依「淨諸法已，點空說法」，可斥其「那得發頭據如來藏心出一切法」。然若知其是權教，則如此出一切法亦未始不可。可者方便可耳。又《攝論》與《攝論》師（眞諦）不同，《攝論》是「黎耶依持」，當屬「始別教」。依「淨諸法已，點空說法」，可斥其「那得發頭據阿黎耶出一切法」。然若知其是權教，只是「界外一途法門」，則彼如此出一切法亦未始不可。可者亦方便可耳。《攝論》師眞諦之思想是想向眞心系統走，與《地論》師相州北道派道寵系相近。蓋言眞心者亦須

有待于阿黎耶妄心也。南道派所待之妄心乃在第七識。北道派把妄心定在阿黎耶，上立一眞心。是則皆唯眞心，只其所待之妄心（待此始有生死流轉）上下推移耳。故南道北道無以異，最後歸結于《起信論》。《起信論》是典型之眞心系統，然說生滅門，亦須有待於阿黎耶也。只無著世親之唯識學始是典型之「黎耶依持」（妄心系統），不上立一眞心。智者于此分疏不足，故顯籠統顢頇耳。然而依持之分總可成立，一屬始別教，一屬終別教，皆權敎也。故智者得以四句破之。

當知四句求心不可得，求三千法亦不可得。既橫縱四句生三千法不可得者，應從一念心滅生三千法耶？心滅尚不能生一法，云何能生三千法耶？若從心亦滅亦不滅生三千法者，亦滅亦不滅其性相違，猶如水火，二俱不立，云何能生三千法耶？若謂心非滅非不滅生三千法者，非滅非不滅非能非所，云何能所生三千法耶？亦縱亦橫求三千法不可得，非縱非橫求三千法亦不可得。言語道斷，心行處滅，故名不可思議境。《大經》云：「生生不可說，生不生不可說，不生生不可說，不生不生不可說。」即此義也。當知第一義中，一法不可得，況三千法？世諦中一心尚具無量法，況三千耶？如佛告德女：「無明內有不？不也。外有不？不也。內外有不？不也。非內非外有不？不也。佛言：如是有。」龍樹云：「不自，不他，不共，不無因生。」《大經》云：「生生不可說，乃至不生不生不可說。」有因緣故，亦可得說，謂四悉檀因緣也。雖四句冥寂，慈悲憐憫，于無名相中假名

相說。〔下引經文明四悉檀，略。〕

當知終日說，終日不說；終日不說，終日說；終日雙遮，終日雙照；即破即立，即立即破：經論皆爾。天親龍樹內鑒泠然，外適時宜，各權所據，而人師偏解，學者苟執，遂興矢石，各保一邊，大乖聖道也。〔案：若如此，則「發頭據阿黎耶出一切法」亦無過，其據此亦是權其所據也。〕

若得此意，俱不可說，俱可說。若隨便宜者，應言「無明法法性」生一切法，如眠法法心，則有一切夢事。心與緣合，則三種世間三千性相皆從心起。一性雖少而不無，無明雖多而不有。何者？指一為多，多非多。指多為一，一非少。故名此心為不思議境也。

案：此即「淨諸法已」，復隨便宜，「點空說法」也。如此點空說法，遂言一念心即具十法界三千世間。此一念三千即「從無住本立一切法」也。無明無住，無明即法性，此是「無明雖多而不有」，「指一為多多非多」，「即破」也。法性無住，法性即無明，此是「一性雖少而不無」，「指多為一一非少」，「即立」也。「無明法法性」即依「法性無住，法性即無明」而言也。亦例云「法性性無明」，此依「無明無住，無明即法性」而言也。是故一念心為不思議境，此心既非八識系統之識，亦非真心系統之心，乃根本是開決了妄識與真心，在「不斷斷」中，相應《法華》圓教而說的不思議之煩惱心。此若隨便宜詳細展之，說為「從無住本立一切法」，則此一系統與彼分解說的「黎耶依持」與「真心依持」皆為不同層序也。

3.由此進而言不思議三諦，不思議三觀，不思議三智。

　　若解一心一切心，一切心一心，非一非一切；

　　一陰一切陰，一切陰一陰，非一非一切；

　　一入一切入，一切入一入，非一非一切；

　　一界一切界，一切界一界，非一非一切；

　　一眾生一切眾生，一切眾生一眾生，非一非一切；

　　一國土一切國土，一切國土一國土，非一非一切；

　　一相一切相，一切相一相，非一非一切；

　　乃至一究竟一切究竟，一切究竟一究竟，非一非一切，

　　〔則〕遍歷一切，皆是不可思議境。

　　若法性無明合，有一切法，陰界入等，即是俗諦；一切界入是一法界，即是真諦；非一非一切，即是中道第一義諦。如是遍歷一切法，無非不思議三諦。云云。

　　若一法一切法，即是「因緣所生法」，是為假名，假觀也。若一切法即一法，「我說即是空」，空觀也。若非一非一切者，即是中道觀。一空一切空，無假中而不空，總空觀也。一假一切假，無空中而不假，總假觀也。一中一切中，無空假而不中，總中觀也。即《中論》所說不可思議一心三觀。歷一切法亦如是。

　　若因緣所生一切法者，即方便隨情道種權智。若一切法一法，「我說即是空」，即隨智一切智。若非一非一切，「亦名中道義」者，即非權非實一切種智。例上，一權一切權，一實一切實，一切非權非實。遍歷一切，是不思議三智也。

若隨情，即隨他意語。若隨智，即隨自意語。若非權非實，即非自非他意語。遍歷一切法，無非漸、頓、不定、不思議教門也。

若解頓，即解心。心尚不可得，云何當有趣非趣？若解漸，即解一切法趣心。若解不定，即解「是趣不過」。此等名異義同。軌則行人，呼爲三法〔眞性軌、觀照軌、資成軌爲三法〕。所照爲三諦。所發爲三觀。觀成爲三智。教他呼爲三語〔隨自意語、隨他意語、隨非自非他意語〕。歸宗呼爲三趣〔趣空趣假趣中〕。得斯意，類一切，皆成法門。種種味，勿嫌煩。云云。

案：此文是由不思議境說不思議三諦，不思議三觀，不思議三智。且就不思議三諦說，此即圓三諦。三諦亦可說爲二諦，如七種二諦中有三諦者皆可以二諦說之。《中論》「因緣所生法我說即是空」一偈本是二諦，亦可說爲三諦。《中論》空假中三諦可以兩態度視之。一、視爲共法，即言三諦之通式，是爲中觀觀法上之三諦，此中之中諦無特殊之規定，只是不偏空、不偏假、空假相即之中道而已；至于特殊之規定則視教而定，觀法不能負此責。二、視爲有特殊限定之通教之三諦，此中之中諦只限於界內體法空無生四諦中之中諦，不能進至于就「如來藏恆沙佛法佛性」之無量四諦而言中諦。此種中諦，智者謂其「但異空而已，中無功用，不備諸法。」（《法華玄義・卷第二下》論三諦處）。此雖與通式中之中諦相似，然在此，其所以如此，則是因限于界內而定，此即有一特殊之意義，與通式中無特殊意義者不同。此有特殊限定之通教中之三諦

亦可只是二諦。「中無功用，不備諸法」，即不能算是真常中道。
因此，《法華玄義・卷第二下》明三諦云：

〔明三諦者〕，卻前兩種二諦〔即去卻藏二諦與通二諦〕，
以不明中道故。就五種二諦，得論中道，即有五種三諦。
約「別入通」，點非有漏非無漏，三諦義成。有漏是俗，無
漏是真，非有漏非無漏是中。當教〔即通教自身〕論中，但
異空而已。中無功用，不備諸法。〔案：「非有漏非無漏是
中」，此中若有功用，必指真常心而言。但雖有功用，因是
「別入通」故，故其備諸法之功用只是性起地備，非具地
備。是則此中亦只是「但中」之理而已。〕
「圓入通」三諦者，三諦不異前。點非漏非無漏具一切法，
與前中異也。〔案：此中即性具地備諸法之中。〕
「別三諦」者，開彼俗為兩諦，對真為中，中理而已。云
云。〔案：依二諦言，別二諦是：「幻有，幻有即空，皆名
為俗；不有不空為真。」將此中之俗諦再開為空假二諦，即
是「開彼俗為兩諦」。「幻有」是假（俗），「幻有即空」
是空（真）。「不有不空」為中，即是對二諦中「不有不空
為真」之真說中也。此中諦在別教中只是「中理」而已。此
即所謂「但中」之理也。又「非漏非無漏」，通、別、圓三
教皆可說此語，此即《中論》觀法上之三諦之為共法義。然
雖皆可說，而在通教則「中無功用，不備諸法」；在別教，
中是但中，雖有功用，而是性起地備諸法；在圓教，中是不
但中、圓中、不思議中，故是性具地備諸法。此種對於

「中」之特殊規定是依教而定。〕

「圓入別」三諦者，二諦不異前，點眞中道具足佛法也。
〔案：依二諦說，「圓入別」二諦是：「幻有，幻有即空，
皆名爲俗；不有不空，一切法趣不有不空爲眞」。此中之俗
諦開爲空假二諦，眞諦則爲中諦，此即成三諦。此中之中諦
即是性具地備諸法之中也。〕

「圓三諦」者，非但中道具足佛法，眞俗亦然。三諦圓融，
一三三一，如《止觀》中說。云云。

案：此即就別入通二諦，圓入通二諦，別二諦，圓入別二諦，圓二
諦，五種二諦說五種三諦也。藏通二種二諦除外。其實通教二諦亦
可說三諦，不過其中之中諦不備諸法而已。定除外，則不得就《中
論》偈空假中說三諦也。

　圓三諦即是不思議三諦。此須剋就「一念心即具十法界」之不
思議境來了解。說三諦可，說二諦亦可，甚至說一實諦亦可，乃至
無諦可說亦可。《法華玄義・卷第二下》明一諦云：

明一諦者，《大經》云：「所言二諦，其實是一，方便說
二。如醉未吐，見日月轉，謂有轉日及不轉日。醒人但見不
轉，不見于轉。」轉二爲粗，不轉爲妙。三藏全是轉二，同
彼醉人。諸大乘經帶轉二說不轉一。今經「正直捨方便，但
說無上道」。不轉一實，是故爲妙。

案：此即最後終歸于一實諦也。又說「無諦」云：

諸諦不可說者，「諸法從本來，常自寂滅相」，那得諸諦紛
紜相礙？一諦尚無，諸諦安有？一一皆不可說。可說為粗，
不可說為妙。「不可說」亦不可說，是妙。是妙亦妙，言語
道斷故。若通作不可說者，「生生不可說，乃至不生不生不
可說」。前不可說為粗，「不生不生不可說」為妙，若粗異
妙，相待不融。粗妙不二，即絕待妙也。云云。

案：此即最後總歸于無諦可說也。圓實諦，「實得者有，戲論者
無。」「執中生惑，故須無諦。」

以上就「不思議三諦」說，既是如此，就不思議三觀，不思議
三智，說，亦是如此。

4.《摩訶止觀》共十章：一大意，二釋名，三體相，四攝法，
五偏圓，六方便，七正觀，八果報，九起教，十旨歸。此中第七章
正觀，即正修止觀，是全書之主文，佔分量亦最多。

在正修止觀中，以十境為所觀：一陰界入，二煩惱，三病患，
四業相，五魔事，六禪定，七諸見，八增上慢，九二乘，十菩薩。
一一境皆以十法門成觀觀之。十法門者，一觀不可思議境，二起慈
悲心，三巧安止觀，四破法遍，五識通塞，六修道品，七對治助
開，八知次位，九能安忍，十無法愛。此即所謂「十法成乘」。

于十境中，觀陰界入境，「去丈就尺，去尺就寸，置色等四
陰，但觀識陰」，即觀心也。但觀心具十法門，首為「觀不思議
境」，是則此所觀之心即「一念心即具十法界」之心也。此如前文
所述。「十法成乘」中，第四「破法遍」又是十法成觀觀心之正文
主文，極為精彩，般若之精神全寄于此。

　　破法遍大分爲三：㈠無生門從始至終，盡其源底，豎破法遍。此中復含三：一從假入空破法遍，二從空入假破法遍，三兩觀爲方便，得入中道第一義諦破法遍。此門又最繁富。㈡歷諸法門，當門從始至終，盡其源底，橫破法遍。㈢橫豎不二，從始至終，盡其源底，非橫非豎破法遍。「豎則論高，橫則論廣。豎來入橫，無橫而不高。橫來入豎，無豎而不廣。」就其科判觀之，雖重疊繁富，然大體精神只是一心三觀也。「法性清淨，不合不散。言語道斷，心行處滅。非破非不破，何故言破？但衆生多顛倒，少不顛倒。破顛倒令不顛倒，故言破法遍耳。」是則就「一念心即具十法界」以圓頓止觀通達之，除病不除法，即爲破法遍。

　　以十法成觀觀陰界入境既如此，餘一一境亦皆如此。但智者只說至「諸見」境止，餘增上慢、二乘、菩薩三境未說。故第七章後，餘果報、起教、旨歸三章亦未說。是即《摩訶止觀》開頭〈緣起〉中章安灌頂記云：「雖樂說不窮，纔至見境，法輪停轉，後分弗宣。」然則《摩訶止觀》乃智者未完之書，然大意已盡。

　　〈緣起〉中說圓頓止觀云：

　　　圓頓者，初緣實相，造境即中，無不眞實。繫緣法界，一念法界，一色一香無非中道。己界及佛界衆生界亦然。陰入皆如，無苦可捨。無明塵勞即是菩提，無集可斷。邊邪皆中正，無道可修。生死即涅槃，無滅可證。無苦無集，故無世間。無道無滅，故無出世間。純一實相，實相外更無別法。法性寂然名止，寂而常照名觀。雖言初後，無二無別。是名圓頓止觀。

止觀是行者主觀修行之工夫，實相是止觀工夫所證顯之境，而實相
境是就「一念無明法性心即具十法界」而證顯著。無苦可捨，無集
可斷，無道可修，無滅可證，即是在「三道即三德」下，在「不斷
斷」中證顯實相也。「一色一香無非中道」，中道即「空假中」之
中道，中道即實相。「法性寂然名止」，心即于如，因「法性寂
然」而爲定也。「寂而常照名觀」，如即于心，因「寂而常照」而
爲慧也。止觀本從主觀之心說，然從「法性寂然」說起，則自始即
是色心不二，智如不二也。分解說之，止觀是能止能觀之心，中道
實相是止所止顯、觀所觀顯之境。圓即說之，則是色心不二，智如
不二。分別說之，智只是智，本非如境；然不二說之，因智融于
如，則雖主觀而亦客觀。雖主觀亦客觀，則主觀非主觀而乃爲客
觀，智非智而乃爲境，是即非智之智而言爲智也。同理，分別說
之，如只是如境，本非是智；然不二說之，因如融于智，則雖客觀
而亦主觀。雖客觀而亦主觀，則客觀非客觀而乃爲主觀，如境非如
境而乃爲智，是則非境之境而言爲境也。因在圓頓止觀中，如境非
衆生在迷中之只爲理境之如境，而乃是在止觀中呈現之如境，故境
是「非境之境而言爲境」也。而能觀之智亦非衆生在迷中之只爲理
上潛伏之觀智，而乃是在止觀中朗現之觀智，故智即是「非智之智
而言爲智」也。理上潛伏之觀智，只是有此智之觀念，智只停于其
自身而爲一隱智；理上潛伏之如境亦只是有此如境之觀念，如境只
停于其自身而爲一隱境：皆未能實際地融即于他而爲具體而眞實的
觀智與如境也。但通過止觀而在朗現中，則觀智與如境皆實際地融
即于他而爲具體而眞實的觀智與如境，故于觀智得言「非智之智而
言爲智」，智即是如境也；于如境亦得言「非境之境而言爲境」，

境即是智也。境即是智，則失其對象義，因如境（中道眞相）本不可以對象視也。說對象（說所）只有名言的意義，無眞實意義，只方便說耳。智即是境，智亦失其主體義，因圓頓觀智本非認知心也。說其爲主體（爲能）亦只有名言的意義，無眞實意義，只方便說耳。色心不二，智如不二，能所不二，此即示色、如、所爲存有論的色、如、所，而心、智、能亦爲存有論的心、智、能。凡此皆不可以認識論的對偶二之觀點視之也。存有論的色（非色之色）、如（非如之如）、所（非所之所）是由「一念心即具十法界」之存有論的圓具而來。存有論的心、智、能（非心之心、非智之智、非能之能）是由圓頓止觀而來。說心、智、能，統統是心、智、能；說色、如、所，統統是色、如、所。故得言一切唯色、唯聲、唯香、唯味、唯觸，乃至唯識、唯智、唯心、唯如也。此即是一切法趣色、趣空、趣非色非空也。

是故「無明即法性，法性即無明。無明非止非不止，而喚無明爲不止。法性亦非止非不止，而喚法性爲止。此待無明之不止，喚法性而爲止。」「無明即法性，法性即無明。無明非觀非不觀，而喚無明爲不觀。法性亦非觀非不觀，而喚法性爲觀。是爲對不觀而明觀。」（〈第二章釋名〉中相待明止觀）。雖相待明止觀，亦足明非境之境而言爲境，非智之智而言爲智也。

〈第二章釋名〉中復言「絕待明止觀」云：

今言絕待止觀者，絕橫豎諸待，絕諸思議，絕諸煩惱、諸業、諸果，絕諸教、觀、證等，悉皆不生，故名爲止，止亦不可得。觀冥如境，境既寂滅清淨，尚無清淨，何得有觀？

止觀尚無，何得待不止觀說于止觀，待于止觀說不止觀，待
止不止說非止非不止？故知止不止皆不可得，非止非不止亦
不可得。對待既絕，即非有爲。不可以四句思，故非言說
道，非心識境。既無名相，結惑不生，則無生死，則不可破
壞。滅絕、絕滅，故名絕待止。顛倒想斷，故名絕待觀。亦
是「絕有爲」止觀，乃至「絕生死」止觀。

此圓頓絕待大止觀即法性即無明，無明即法性，三道即三德，不斷
斷中「法性寂然名止，寂而常照名觀」，淵渟自在之大止觀也。

　　《摩訶止觀》是從止觀工夫說中道實相境，是攝「一念心即具
十法界」之存有論的圓具于圓頓止觀中，以止觀爲主也。實則止觀
不過是一心三觀（函三諦三智），而一心三觀初只是觀法之通式。
其本身不能決定什麼。「中」是「無功用不備諸法」之中乎？抑是
性起地備諸法之「但中」乎？抑是性具地備諸法之「圓中」乎？此
不能由空假中一心三觀本身來決定。此須由敎來決定。故圓頓止觀
中之中道觀是性具地備諸法之「圓中」中之中道觀，故雖以主觀爲
主，攝存有論的圓具于圓中觀中，然實是以「存有論的圓具」爲
綱，以「圓中觀」爲緯也。若不知此綱，而只從一心三觀說，則此
三觀一方爲觀法之通式，一方就其中之「中」言，亦可上下移動，
久而至于模糊也。是故一心三觀雖至重要，然天台圓敎之特色以及
圓頓止觀之所以爲圓頓，則不能只由一心三觀來決定。世之言天台
者，每只以「一心三觀」說之，好像此是一特點。實則此不但是簡
單，抑且是模糊也。若就觀法通式言，此何能是特色？而圓頓之所
以爲圓頓若非此觀法通式所能明，則只言一心三觀豈非使此圓頓止

觀爲模糊乎？故若欲定住圓頓止觀之實義，必須以存有論的圓具爲綱，以此止觀爲緯。通式三觀中之中觀，其各種殊特義隨教而定；若爲圓中，則隨《法華》圓教而定。天台宗宗《法華》非宗《般若》也（不管般若如何重要）。若明《法華》圓教，先須了解存有論的圓具，而此則必須從「無住本」說起。故本書開頭從般若學起，即明般若圓具一切法是作用的圓具，而非存有論的圓具。以此爲眉目，諸宗性格歷然可判也。今論天台圓教，亦必先明「從無住本立一切法」之存有論的圓具，然後始可語于圓頓止觀。以此爲眉目，則天台圓教之性格亦朗然在目前矣。隱忽無住本而不言，終未能明天台圓教之殊特也。然無住本之思想歷貫天台章疏而爲綱柱，奈何只觸及表面不深入而抉發之耶？是故言者每浮泛而不切，支解而零碎，恍忽搖蕩，不成條貫也。（人或以爲「從無住本立一切法」只是《維摩詰經》中之一語，又見「無住」乃佛家所雅言，如無住涅槃是。若以之說明一切法，乃是一句空話，這能表示什麼呢？固不若言八識者以及言如來藏心者之真具一系統而足令人注意也。因此，遂輕忽之，不予理會。殊不知天台圓教之說此語乃相應《法華》開權顯實，開決了一切分解的權教系統而後凸顯的另一層次另一模式的系統，此固不能再分解地把它展成一第一序上分解式的系統，然卻是一表示圓教之系統，是另一層次另一模式的存有論系統。因此，它不是一句空話，它是以一切權教爲內容，不離四味而爲醍醐。醍醐只是醍醐，好像很單純，然卻有豐富精熟之內容。如此，便不能說它不表示什麼。又如煩惱即菩提，生死即涅槃，亦是佛家大乘各宗派所雅言，人所常習聞者。然若只單看此兩語，則它們只表示一相即不離之理境。天台宗多說此類話，這又有什麼特

別處呢？它們的特別處必須套于那個另一層次另一模式的存有論系統，在「三道即三德」下，在「不斷斷」中看出。若單看它們本身，不能決定什麼也。一心三觀亦復如此。故必須彰顯「從無住本立一切法」即一念三千之存有論的圓具始能定住這些話頭之實義。）

荊溪《止觀義例》「第五心境釋疑例」中設二十問，其十九問云：

> 有人問云：此土真詮，稟承有緒。雖教科開廣，而本味仍存。尋求宗源，自可會本。何須復立一心三觀，四運推檢，涸我清流？答：濬流本清，撓之未濁。真源體淨，混也詎妨？設使印度一聖來儀〔指達摩言〕，未若兜率二生垂降〔指下句東陽大士即傅大士言〕。故東陽大士位居等覺〔案此神話耳〕，尚以三觀四運而爲心要。故《獨自詩》云：「獨自精，其實離聲名。三觀一心融萬品，荊棘叢林何處生？獨自作，問我心中何所著？推檢四運並無生，千端萬累何能縛？」況復三觀本宗《瓔珞》，補處大士金口親承。故知一家教門遠稟佛經，復與大士〔東陽大士〕宛如符契。況所用義旨，以《法華》爲宗骨，以《智論》爲指南，以《大經》爲扶疏，以《大品》爲觀法，引諸經以增信，引諸論以助成，觀心爲經，諸法爲緯，織成部帙，不與他同。

案：此中關于傅大士者且置之。三觀之名出自《瓔珞經》。有兩種《瓔珞經》：一、《菩薩瓔珞經》共十四卷，姚秦沙門竺佛念譯；

二、《菩薩瓔珞本業經》，上下二卷，亦竺佛念譯。三觀名出自後者，前者無此名。《菩薩瓔珞本業經‧卷上賢聖學觀品第三》就十迴向言「十觀心所觀法」中，最後一觀云：

> 佛子！十、以自在慧化一切眾生，所謂中道第一義諦。般若處中而觀達一切法而無二。其觀慧轉轉入聖地，故名相似第一義諦觀，而非真中道第一義諦觀。其正觀者，初地以上有三觀心入一切地。三觀者，從假名入空，二諦觀；從空入假名，平等觀；是二觀方便道，因是二空觀，得入中道第一義諦觀：雙照二諦，心心寂滅，進入初地法流水中，名摩訶薩聖種性，無相法中行于中道而無二故。

三觀名出此。其義旨實亦本于般若經之三智（一切智、道種智、一切種智），以及《中論》「空假中」之一偈。若只就此《瓔珞本業經》之三觀而言，亦不能決定此三觀究是何層次之三觀，此三觀中之中道究是何種意義之中道。若就十地菩薩言，當然是別教者，但卻不能必其是圓教。因此，此亦與大乘觀法之通式無以異。又案此經卷上〈集眾品第一〉，首言「爾時大會菩薩盡一生補處」。〈賢聖名字品第二〉云：「爾時釋迦牟尼佛以金剛口告敬首菩薩言」云云，此下所說皆告敬首菩薩也。荊溪言「況復三觀本宗《瓔珞》，補處大士金口親承」，此所謂「補處大士」直接地是敬首菩薩，同時亦即是大會上一切「一生補處」之菩薩也。這些「補處大士」親承佛以金剛口說此三觀名。是則三觀本由佛親傳下來。然此亦只是普通大乘之共法，不必能表示天台圓教之圓頓止觀。是則圓頓止觀

之所以為圓頓必須以一念三千（從無住本立一切法）之存有論的圓具為綱柱（為宗骨）始能定得住。光說三觀出自《瓔珞》是佛金口所說，此並不能決定什麼。至于說「復與〔東陽〕大士宛如符契」，這更無甚作用，因傅大士之為人本甚無謂也。（見《傳燈錄・卷二十七》）。三觀自有所本，並非憑空杜撰。何須借重傅大士？荊溪于言三觀教門「遠稟佛經」外，復進而言「況所用義旨」云云，即示天台圓教言圓頓止觀不只是一觀法通式之三觀也。「以《法華》為宗骨」，此語最好，足示天台之特色。此即示須以開權顯實後存有論的圓具為綱柱也。「以《智論》為指南」，言一般義理大抵依《大智度論》說也，此語便含混。「以《大經》為扶疏」，言《大涅槃經》扶律談常，為捃拾教，同醍醐味，足扶疏充實《法華》之宗骨也。「以《大品》為觀法」，言以《大般若經》之「不壞假名而說諸法實相」為觀法也，此當是觀法通式之恰當義，然圓頓止觀之所以為圓頓則不定于此。「引諸經以增信，引諸論以助成」，則無所謂。因此，「觀心為經，諸法為緯」，此兩語便有可商量處。「觀心」即十法成乘中首須「觀心是不思議境」之觀心。此兩語，若就《摩訶止觀》說，亦可是如此。蓋《摩訶止觀》是以主觀修行的圓頓止觀為主來攝存有論的圓具也。但若籠綜「以《法華》為宗骨，以《大品》為觀法」（中兩語可不管）而言之，則實當相應《法華》之宗骨言「以性具（存有論的圓具）為經」，相應《大品》之觀法言「以圓頓止觀為緯」。經者，縱線定常不移之謂。緯者，橫線重重密織之謂。就定常不移之經線連續不斷地密織之以緯線，乃成布匹。動作運用全在緯線。故以圓頓止觀觀心之觀法為緯，而以所觀之一念心即具十法界之存有論的圓具

（性具）為經，則恰當也。當然若以主觀實踐為主，則說「觀心為經」亦可。「觀心為經」者，觀一念心不思議境為經，「總在一念」也。「諸法為緯」者，蓋一念心即具十法界，「別分色心」也。（「總在一念，別分色心」，是荊溪《十不二門》色心不二門中語。見下章。）是則「諸法為緯」只不過散說而已，散說諸法織之于「一念心」以為緯也。此種經緯無多大實義。故改之如上。

依此，吾人可說：天台圓教是「以性具為經，以止觀為緯，織成部帙，不與他同。」此則較簡化而明確。以性具為經是客觀性，以止觀為緯是主觀性。納性具于止觀，雖客觀而亦主觀，無孤立之存有論，即是實踐之存有論。融止觀于性具，雖主觀而亦客觀，非只觀法通式之三觀，乃與性具為一之圓頓大止觀也。以是實踐之存有論，故境即是智，是非境之境而言為境。以是與性具為一之圓頓大止觀，故智即是境，是非智之智而言為智。以智為準，境即是智（性具來融于止觀），則智及智處皆名為般若。以境為準，智即是境（止觀往融于性具），則處及處智皆名為所諦。說智及智處皆名為般若，則般若為一念三千之般若。說處及處智皆名為所諦，則所諦為般若化了的一念三千。兩聯合之，即實相般若，亦即上文所謂「絕待止觀」。故天台圓教是相應《法華》開權顯實，開決了唯識與唯心後在三道即三德下，在不斷斷中，所顯之一體平鋪之實相學。實能證顯此一體平鋪之實相境，即如如地圓明通透地將一切法如其為實相而平鋪之，亦即是其「一切法趣法身是趣不過」之大法身之淵渟自在而亦無所謂鋪不鋪者，即為妙覺圓佛。顯然此非任何權教所能達到，故須宗《法華》以達之，而由「以性具為經，以止觀為緯」以實之。本章至此止。下章述荊溪之《十不二門》以及知

禮之《指要鈔》，不過是本章以及前章所述之天台學綱脈之展轉引申，以示天台宗前後相繼，其後昆無背于其前修也。

第三章
《十不二門指要鈔》之精簡

第一節
知禮之精簡「一念」

　　《十不二門》乃荊溪《法華玄義釋籤》中之釋籤文。知禮覺此段文甚爲重要，故特錄出之，以爲單行，並科判以詳釋之，名曰《十不二門指要鈔》。荊溪原文言簡意賅，十分精練，雖大體皆不出智者原有之義，然讀解爲難，亦須疏釋。唯知禮之科判亦太煩瑣耳。此方式不適于今日，亦不須如此之煩瑣。

　　智者《法華玄義》釋名中以五門釋「妙」字：一列名，二生起，三引證，四廣釋，五結成權實。妙有十妙：境妙，智妙，行妙，位妙，三法妙，感應妙，神通妙，說法妙，眷屬妙，利益妙。廣釋十妙後，結之以權實。此《十不二門》即結成權實中之《釋籤》文，乃以「一念三千」綜括十妙者。又應知此所釋之十妙乃迹門十妙。《玄義》下文復有本門十妙。（迹本義見首章）。故荊溪《釋籤》云：

若解迹妙，本妙非遙。應知但是離合異耳。因果義一，自他
何殊？故下文云：「本迹雖殊，不思議一」。……
若曉斯旨，則教有歸。一期縱橫，不出一念。三千世間即空
假中。理境〔境妙〕乃至利益咸爾。則《止觀》〔案：即
《摩訶止觀》〕十乘〔案：即以十法門觀心名爲十乘妙觀〕
成今自行因果，起教一章〔案：即《摩訶止觀》第九章爲
〈起教〉〕成今化他能所，則彼此昭著，《法華》行成，使
功不唐捐，所詮可職。故更以十門收攝十妙。

此下即列十不二門：色心不二，內外不二，修性不二，因果不二，
染淨不二，依正不二，自他不二，三業不二，權實不二，受潤不
二。一一不二予以精練簡潔之說明。說明既簡，讀者難了，故知禮
特錄出之，復逐句科判解之，名曰《十不二門指要鈔》。其中多所
詳說而示精簡者大體對山外諸家之混於華嚴宗而發，而最令致混者
尤在「一念」之一語。故知禮即於荊溪「一期縱橫不出一念」之語
先作簡別。

1.知禮解「一期縱橫不出一念」云：

三千妙體爲教所歸。故一期之內，五味傳傳相生，故縱。四
教各各趣理，故橫。而所詮法雖有顯覆，準今經意，未嘗暫
離三千妙法。又，雖諸法皆具三千，今爲易成妙解妙行故，
的指「一念」，即三法妙中特取心法也。〔案：此「三法
妙」即心法、佛法、眾生法之三法，非十妙中「三法妙」之
三法。十妙中三法妙是指三軌言，此中含三德、三寶、三涅

槃、三身、三大乘、三菩提、三般若、三佛性、三識、三道，十種三法。〕應知心法就迷就事而辨。故《釋籤》云：「眾生法一往通因果，二往唯局因。佛法定在果。心法定在因。」〔《法華玄義釋籤·卷第二下》〕。若約迷悟分之，佛唯屬悟，二皆在迷。復就迷中，眾生屬他，通一切故；心法屬己，別指自心故。《四念處》〔智者《四念處》四卷〕節節皆云「觀一念無明心」。《止觀》初觀陰入心，〔餘〕九境亦約事中明心，故云煩惱心，病心，乃至禪、見心等，及隨自意中四運心等。豈非就迷就事辨所觀心？

案：《摩訶止觀·第七章正修止觀》，分別觀境爲十：一陰界入，二煩惱，三病患，四業相，五魔事，六禪定，七諸見，八增上慢，九二乘，十菩薩。初觀陰界入境，去丈就尺，去尺就寸，只觀識陰，即陰入心也。餘九境亦皆就迷就事論心。雖復二乘與菩薩亦有病也。此十種境通能覆障。參看《摩訶止觀·卷第五上》于此正觀章初說十境次第處。又于此處說云：「此十種境，始自凡夫正報，終至聖人方便，陰入一境常自現前，若發若不發，恆得爲觀；餘九境，發、可爲觀，不發、何所觀？又〔前〕八境去正道遠，深加防護，得歸正轍。〔後〕二境去正道近，至此位時，不慮無觀，薄修即正。」可見此十境皆就迷就事說心也。又《摩訶止觀·第一章大意》論「隨自意」處以四運明心之生滅，故四運心即刹那生滅心。四運者，心念生起之四相，即未念、欲念、念、念已四相也。廣之，一切法未生、欲生、生、生已，亦是四運相也。故四運心亦是就迷就事而論。《四念處》言「一念無明法性心」，節節皆云「觀

一念無明心」，此亦就迷就事論心也。此本是智者言「無住本」之通義，本自明白，不知何緣得有異解？然知禮時，有山外諸家因不熟于天台教義，時混之以華嚴宗之觀點，故遂生異解。

2.知禮承上錄文進而斥他師之異解爲違教云：

> 有人解今「一念」云是眞性，恐未稱之旨。何者？若論眞性，諸法皆是，何獨一念？又，諸文多云：「觀於己心」，豈可眞理有于己他？
> 更有人全不許立陰界入等爲所觀境，唯云「不思議境」。
> 此之二師灼然違教。且《摩訶止觀》先于六章廣示妙解，豈不論諸法本眞，皆不思議？然于立行造修，須揀入理之門，起觀之處。故於三科揀去界入，復于五陰又除前四，的取識陰。《輔行》又揀「能招報心」及以「發得」，屬于下境〔案：屬下煩惱境，見《輔行·卷第五之二》〕。此是去丈就尺，去尺就寸，如炙得穴也。乃依此心觀不思議，顯三千法；乃至貪瞋等心及諸根塵，皆云觀陰入界及下九境。文中揀判，毫末不差。豈是直云「眞性」及「不思議」？

案：知禮所斥之二師即指山外諸家而言，如慶昭、智圓之類。天台宗山家山外之爭見後〈故事部〉。智者處處說一念無明法性心即具十法界，此即一念三千爲不思議。「不思議」者，「非縱非橫，非一非異，玄妙深絕，非識所識，非言所言」之謂也；又對思議境而言不思議也，藏教之生滅四諦，通教之無生四諦，以及別教之無量四諦，皆思議境也，唯圓教之一念三千爲不思議境。此一念心即

陰識心。就修觀言，觀心爲切，因一切法皆心造故。依圓理言之，不但一念心即具十法界爲不思議境，貪瞋等心及諸根塵皆然，一切法趣色，趣空，趣不有不空故也。唯須知說此一念心爲陰識心與于五陰中說識陰爲識心不同，亦與唯識中分說八識之識不同。蓋彼等俱是可思議的。此「一念心」乃是開決了那些分別權說，在「三道即三德」下，在「不斷斷」中而說者，故是圓說。又，此「一念心」既是圓說的陰識心，當然不是如來藏自性清淨心之眞常心；其即具十法界亦不是眞心隨染淨緣起染淨法之性起地備十法界。故此「一念心」亦是開決了那眞心系統，在「三道即三德」下，在「不斷斷」中，而說者，故是圓說，非別教之分解的權說。山外諸師指「一念心」爲眞性，此所云「眞性」即眞常心也；而所云「不思議境」，「既不許立陰界入等爲所觀境」，則此「不思議境」非指「一念三千爲不思議」說，乃指那眞常心（眞性）爲不思議境也。此明是以華嚴宗之思路解天台，尤其以圭峰宗密之言「一念靈知爲眾生眞性」之思路解天台，故知禮斥之爲「違教」。

　　3.知禮繼上又有問答云：

　　問：常坐中〔案：常坐當爲四弘。《止觀》首章約四弘顯發菩提心處〕云：「以法界對法界，起法界」。〔案：原文爲「佛法界、對法界、起法界」，並非「以法界對法界，起法界」。「以」字誤。〕安心中〔《止觀·第七章十法觀心第三》「善巧安心」〕云：「但信法性，不信其諸。」及節節云：「不思議境」。今何不許？

　　答：此等諸文皆是能觀觀法，復是所顯法門。豈不讀《輔

行》中分科之文？先重明境，即去尺就寸文也。次明修觀，即「觀不思議境」等十乘文也。〔案：十法觀心，十乘即十法，每一法門是一乘，乘者車也。乘此十法門車至大涅槃，故云十乘。案依《維摩經玄義》只云「十法成乘」。以別相三智三觀開三乘，十法成三乘。以一心三智三觀開一佛乘，十法成一佛乘。並無十乘之云。《摩訶止觀》亦無十乘之云。荊溪知禮皆云十乘，即指十法說也。〕況《輔行》委示二境之相，非不分明。豈得直以「一念」名「真理」及「不思議」耶？應知不思議境對觀智邊，不分而分，名所觀境。若對所破陰等諸境故，不思議境之與觀智皆名能觀。故《止觀》云：「譬如賊有三重。一人器械鈍，身力羸，智謀少，先破二重，更整人物，方破第三，所以遲迴日月。有人身壯，兵利，權多，一日之中即破三重。」《輔行》釋云：「約用兵以譬能所。今以身壯譬圓三諦，兵利譬圓三止，權多譬圓三觀。械等並依身力故也。」豈非諦、觀俱為能觀耶？今更自立一譬，雙明兩重能所。如器諸淳樸，豈但用槌而無砧耶？故知槌砧自分能所。若望淳樸，皆屬能也。智者以喻得解，幸可詳之。皆為不辨兩重所觀，故迷斯旨。

案：雖可如此分疏，而實亦不須如此分疏。一念三千即不思議境，妙境，寧有淳樸之陰界入以為此不思議諦境與觀智之所破耶？陰界入一境，「始自凡夫正報，終至聖人方便，常自現前，若發不發，恆得為觀。」此是一般言之的陰界入境。就藏通別三教言之，是思議境，就圓教言之，是不思議境，皆陰界入境也。在圓教中，陰界

入境即不思議境。知禮似是視一般言之的陰界入爲所破之淳樸的陰界入，而以圓教不思議的陰界入（諦境與觀智合一）爲能觀能破之陰界入，故言雙重能所。實則不須如此言。一般言之的陰界入境只表示無論何教何位皆須立陰界入境爲所觀境也。而在圓教，此陰界入境即不思議之妙境。何以故？以由一念三千說之故。是則只有一重能所（觀智與所觀之不思議境），並無雙重能所。說雙重者徒增糾纏，亦不顯圓教就陰界入說不思議境之勝義。故不須如此分疏，只如下文所說便可。

又，若不立陰等爲境，妙觀就何處用？妙境於何處顯？故知若離三道，即無三德。如煩惱即菩提，生死即涅槃。《玄》文〔《法華玄義》文〕略列十乘，皆約此立。又，《止觀大意》〔荊溪著，一卷〕以此二句爲發心立行之體格。豈有圓頓更過于此？若如二師所立，合云菩提即菩提，涅槃即涅槃也。

案：如此說便甚好。依三道即三德，煩惱即菩提，生死即涅槃，則知山外諸師以「一念」爲眞性，是偏指眞常心而言也；而「不許立陰界入等爲所觀境，唯云不思議境」，此所云「不思議境」非《摩訶止觀》節節所云之「不思議境」，而是以一念眞性（靈知眞性）爲不思議境，此是剝奪了陰界入而顯的寡頭的「但中」之理境也。故《知禮》云：「若如二師所立，合云菩提即菩提，涅槃即涅槃」，而不是「煩惱即菩提，生死即涅槃。」是故一念三千之不思議境本是在「三道即三德」下，在「不斷斷」中，就陰界入所圓說

之妙境。境既妙，如其妙而觀之，便成妙觀。不是觀達淳樸之陰界入以成妙觀顯妙境也。故雙重能所雖可說，然不是《摩訶止觀》節節說不思議境之文意。「一念三千」之妙境不是只就淳樸的陰界入施以妙觀所能顯也。若明其來歷，只合說它是由相應《法華》開權顯實，開決了八識以及眞心，在「三道即三德」下，在「不斷斷」中，而始可能者。妙觀妙境不離陰界入，因一念三千即妙境也，觀此不思議妙境即妙觀也。然這卻並非妙觀于淳樸的陰界入令成妙境也。故雙重能所之說不必立。

　　4.知禮繼上總答釋復進而就問中引語作別答云：

　　又引「常坐」中起對俱法界者，今問：法界因何有起對耶？須知約根塵識故，方云起對法界。故《義例》〔荊溪《止觀義例卷上》〕釋此文云：「體達（原注：修觀），若起若對（原注：陰入）不出法界（原注：成不思議）。」彼有約理、約觀、約果三義。此文正約觀行辨也。

案：《摩訶止觀・卷第二上》論「常坐三昧」處無「對法界起法界」之語，此語乃見于卷第一下「約弘誓顯發菩提心」處。知禮記錯耳。案《摩訶止觀・第一章大意》中言發大心，修大行，感大果，裂大網，歸大處。「常坐三昧」是「修大行」中之首行。約弘誓發心是「發大心」中文。此弘誓發心中首明通教無生弘誓，次明別教無量弘誓，終明圓教無作弘誓。在此圓教無作弘誓中有「佛法界，對法界，起法界，無非佛法」之語。此全段文如下：

次、根塵相對，一念心起即空即假即中者，若根若塵並是法界，並是畢竟空，並是如來藏，並是中道。云何即空？並從緣生，緣生即無主，無主即空，云何即假？無主而生即是假。云何即中？不出法性，並皆即中。當知一念即空即假即中，並畢竟空，並如來藏，並實相；非三而三，三而不三；非合非散，而合而散，非非合非非散；不可一異而一異。譬如明鏡，明喻即空，像喻即假，鏡喻即中。不合不散，合散宛然。不一二三，二三何妨？此一念心不縱不橫，不可思議。非但己爾，佛及眾生亦復如是。《華嚴》云：「心佛及眾生，是三無差別」。當知己心具一切佛法矣。《思益》云：「愚于陰界入，而欲求菩提。陰界入即是，離是無菩提。」《淨名》曰：「如來解脫當于眾生心行中求。眾生即菩提，不可復得。眾生即涅槃，不可復滅。」一心既然，諸心亦爾，一切法亦爾。《普賢觀》云：「毘盧遮那遍一切處」。即其義也。當知一切法即佛法，如來法界故。

若爾，云何復言「遊心法界如虛空」，又言「無明明者即畢竟空」？此舉空為言端，空即不空，亦即非空非不空。又言「一微塵中有大千經卷，心中具一切佛法，如地種，如香丸」者，此舉有為言端，有即不有，亦即非有非不有。又言「一色一香無非中道」，此舉中道為言端，即中而邊，即非邊非不邊，具足無減。勿守語害圓，誣罔聖意！

若得此解，根、塵、一念心起，根即八萬四千法藏，塵亦爾，一念心起亦八萬四千法藏。**佛法界，對法界，起法界，無非佛法。生死即涅槃，是名苦諦。一塵有三塵，一心有三**

心。一一塵有八萬四千塵勞門，一一心亦如是。貪瞋癡亦即是菩提，煩惱亦即是菩提。是名集諦。翻一一塵勞門，即是八萬四千諸三昧門，亦是八萬四千諸陀羅尼門，亦是八萬四千諸對治門，亦成八萬四千諸波羅蜜。無明轉，即變爲明。如融冰成水，更非遠物，不餘處來。但一念心普皆具足。如如意珠，非有實，非無實。若謂無者，即妄語。若謂有者，即邪見。不可以心知，不可以言辯。眾生于不思議不縛法中，而思想作縛，于無脫法中而求于脫，是故起大慈悲，興四弘誓，拔兩苦，與兩樂，故名非縛非脫發眞正菩提心。

案：《摩訶止觀》此全段文是就圓教無作四諦而說四弘誓。「無作四諦」者，一念心即具十法界之謂也。此中有苦、集，有滅、道，皆是性具本有，非造作成。何以故？以三道即三德，不斷斷故。就此無作四諦而言「一念心起即空假中，若根若塵並是法界，並是畢竟空，並是如來藏（就迷就事而言之如來藏），並是中道（實相）。」「此一念心不縱不橫，不可思議。」此即觀一念心無作四諦爲不思議境也。眾生迷執，不解此不縛無脫之法，故起慈悲，興弘誓，拔其縛脫之兩苦，而與非縛非脫之兩樂，此即名曰「圓教非縛非脫發眞正菩提心」。

若知根、塵、一念心起，並是法界（即具十法界之法界），並是「即空即假即中」之不思議境，則換一個說法，亦可說「根即八萬四千法藏，塵亦爾，一念心起亦八萬四千法藏。」（八萬四千、有大小乘各種說，參看《輔行・卷第一之五・釋》）。合而言之，不出四諦。法藏即苦，塵勞即集，對治即道，波羅蜜即滅。根、

塵、一念心，皆即具十法界。于中不但佛法界是佛法，餘九法界亦無不是佛法。佛法界之佛法是即九法界而爲佛法，亦十界互融而爲佛法。故十法界一一法界皆有惑業苦三道性相，而三道即三德，是爲性德三軌也。十法界既皆是佛法，于中復言「佛法界，對法界，起法界，無非佛法」。「佛法界」即賅括餘九法界。「對法界」者，即「根塵相對，若根若塵並是法界」云云之法界也。「起法界」者，即「一念心起即空即假即中」之法界，亦即「一念心即具十法界，就一念心起處說法界」之法界也。「一念心起」是總說，根塵相對是分說。一切法趣一念，一切法趣根趣塵，乃至趣空趣假趣中，趣苦、集、滅、道也。故一切法皆是佛法，此即不思議境之法也。此從未離根、塵、一念心而言。焉得將「一念」只限於靈知眞性，以之爲不思議耶？但亦不必如知禮所說，立兩重能所也。就根、塵、一念皆具十法界而言不思議境即妙境也；如其爲妙境而于修觀中觀達之，即妙觀也。荊溪《輔行・卷第一之五》云：「佛法界等者，佛法界根也，對法界塵也，起法界識也。仍本迷說，故曰根等同名法界，更無差別。故知八萬無非生死，咸即涅槃，集道亦然，故皆法界。」此中以根、塵、識三者比配佛法界、對法界、起法界，無甚意義。當如吾上釋了解。而上錄知禮文中「法界因何有起、對耶？須知約根塵識故，方云起、對法界。」此語太簡，亦當如吾上釋來了解，並當就智者原整文了解之。知禮又引及荊溪《止觀義例》之釋語，亦太簡。案《止觀義例・卷上》「第五心境釋疑例」中設爲二十問，其第一問即釋此「起對法界」語，如下：

　　一問：第一卷「弘誓」中云：「對法界，起法界」。如何法

界有起有對？答：如前分別，其義已顯。若欲更論，各有所
以。一者，約理，心佛無殊。雖對雖起，奚嘗非理？二者，
夫念起依理體達，若起若對，不出法界。三者，稱理。理既
法界，起對稱理，無非法界。今此文中，義通三種，意在前
二。故云起對，復云法界。此三即是「六即」意也。初是理
即，次是名字、觀行、相似、三即，三是分真、究竟、二
即。

案：「佛法界，對法界，起法界」既是約根、塵、念說，即約「根
塵相對」說「對法界」，約「一念心起」說「起法界」，而起法界
具十法界，即含「佛法界」（不必說「佛法界根也」），則無論佛
法界，或起、對法界，皆是佛法，即皆是圓說的迷中之佛法。迷中
的佛法即是約理而說的佛法，名曰性德佛法。眾生在迷，不覺故
也。然圓理自如此不因覺不覺而有殊也。圓理自如此，故云不思議
之妙境。若依理如此，而體達之，則無論起法界或對法界皆是觀行
中之法界，亦即修德中之法界，而性修不二，修德法界非外增也，
只是就本有者修觀而通達之，此即是妙觀。妙觀觀不思議之妙境，
尚未能斷無明，故屬名字、觀行、相似之三即也。修德之極即是果
佛，此即通過「分真即」而至「究竟即」也。相應圓理斷無明而證
顯之。則無論起法界對法界皆「稱理」而「無非法界」矣，此是悟
中之法界。此亦只是就本有之性德法界去無明迷執之病耳（修至
「分真即」始斷無明，至「究竟即」斷盡即是佛），「無明轉即變
為明」故也。知禮文中所云「彼有約理、約觀、約果三義，」即指
荊溪此三義說也。《摩訶止觀》原文因為是只就圓教無作四諦說四

弘誓，其說圓教無作四諦，只是就一念心即具十法界之不思議境
說，故遂說及「佛法界，對法界，起法界，無非佛法」。荊溪雖說
此文「義通三種，意在前二」，然其實只「意在前一」，即只「約
理」說也。荊溪《輔行》中釋此語亦是明其只「約理」說，故云
「仍本迷說」。此中並未說及觀行。知禮引荊溪《止觀義例》文，
說智者原文「正約觀行辨」，此則有偏差。蓋旨在成其兩重能所之
說也。即使涉及觀行，亦不必設兩重能所。知禮對此「佛法界，對
法界，起法界，無非佛法」之語，未能了解恰當，故于設問中，既
錯記出處，又誤寫爲「以法界對法界，起法界」，而解語簡略，不
甚中肯，又立爲兩重能所之說，皆遠于智者原文之文旨也。實則智
者原文此語，只是隨「根塵一念心起」，隨文而說至此，此並非一
特殊之論點，亦非一特殊之概念。「起、對」亦無特殊之意義。讀
者不詳看原文，遂對此「起、對」二字起遐想。荊溪猶大體不離，
而于《止觀義例》中特設一問以釋心境之疑，亦已鑿矣。因荊溪對
此特設一問，故知禮于此又設爲問端。其實此與山外之誤解「一
念」不相干也。何須就此而辯之？豈因「佛法界，對法界，起法
界，無非佛法」一語，便可將「一念」解爲「靈知眞性」乎？或許
當時山外諸師有據此作聯想者，故知禮特就此設爲問端以闢之。若
如此，則山外諸師根本未懂其祖師所說之法界。須知天台智者大師
所說之法界即「一念無明法性心即具十法界」之法界，既非《攝
論》所說之「最淸淨法界」，亦非華嚴宗所說之「法界緣起」之法
界；縱使就悟中之法界說，亦是十界互融之法界，非單指佛界說
也。故不能因此一語便可將「一念」解爲眞性。否則法界、法性，
天台文獻中處處皆是，何獨單舉此以作據乎？

5.知禮繼上解「對法界、起法界」後，又解「但信法性，不信其諸」云：

> 又，「安心」文云：「唯信法性」者，未審信何法爲法性耶？而不知此文正是于陰修乎止觀！故《起信論》云：「一切眾生從本已來未曾離念」。又下文云：「濁成本有」〔下染淨不二門語〕。若不觀三道即妙，便同偏觀清淨眞如，荊溪還許不？故《輔行》解「安住世諦」云：「以止觀安故，世諦方成不思議。」又云：「安即觀也」。故談圓妙，不違現文，方爲正說。

案：《摩訶止觀·卷第五上》論〈正修止觀〉章（即第七章），以十法成乘觀心，十法門中第三法門即是「善巧安心」。智者言此「善巧安心」云：

> 三、善巧安心者，善以止觀安于法性也。上深達不思議境淵奧微密〔案：即第一觀心是不思議境〕，博運慈悲亘蓋若此〔案：即第二發眞正菩提心〕。須行填願，行即止觀也。〔案：此即此第三以止觀安心〕。
> 無明痴惑本是法性。以痴迷故，法性變作無明，起諸顚倒，善不善等。如寒來結水，變作堅冰；又如眠來變心，有種種夢。今當體諸顚倒即是法性，不一不異。雖顚倒起滅，如旋火輪，不信顚倒起滅，唯信此心但是法性。起是法性起，滅是法性滅。體其實不起滅，妄謂起滅。祇指妄想悉是法性。

以法性繫法性，以法性念法性。常是法性，無不法性時。體達既成，不得妄想，亦不得法性。還源反本，法界俱寂，是名爲止。如此止時，上來一切流轉皆止。

觀者，觀察無明之心上等于法性，本來皆空，下等一切妄想善惡皆如虛空，無二無別。譬如劫盡，從地上至初禪，炎炎無非是火；又如虛空藏菩薩所現之相一切皆空，如海慧初來所現一切皆水。介爾念起，所念念者無不即空，空亦不可得。如前火木能使薪燃，亦復自燃。法界洞朗，咸皆大明，名之爲觀。

止祇是智，智祇是止。不動止祇是不動智，不動智祇是不動止。不動智照于法性，即是觀智得安，亦是止安。不動于法性相應，即是止安，亦是觀安，無二無別。

案：《摩訶止觀》此段文即是正說「善巧安心」也。安心者以止觀安于法性也。法性者即無明之法性也，故云：「以癡迷故，法性變作無明，起諸顛倒善不善等」。但爲安心故，亦須知「無明即法性」，故云「無明癡惑本是法性」。依此故云：「不信顛倒起滅，唯信此心但是法性。」此即知禮設問中「但信法性，不信其諸」一語之所本也。知禮問云：「唯信法性者，未審信何法爲法性耶？」今代答曰：信顛倒起滅善不善等諸法即是法性也。說「此文正是於陰修乎止觀」亦不錯，蓋以止觀安心即是修止觀行也。但須知「於陰修乎止觀」，此中之「陰」即「一念無明法性心即具十法界」之陰也，亦「無明即法性，法性即無明」之陰也，亦「從無住本立一切法」語中之陰也，總之，即是「心不思議境」之陰也。此是約理

圓說之陰，此即是妙境。何以故？以不思議故，以圓說故。「根、塵、一念心起，皆即四萬八千法藏」。即指此境說，「佛法界，對法界，起法界，無非佛法」，亦指此境說。十法成乘，首觀「心是不思議境」，即如此妙境理而起妙觀也。次發菩提心，即以慈悲起弘誓發真正菩提心之法門成此妙觀之修也。次「善巧安心」，即「善以止觀安于法性」之安心法門成此妙觀之修也。下破法遍，識通塞，修道品，對治助開，知次位，能安忍，無法愛，七門皆然，故云「十法成乘」也。無論修至何位，皆用此十法成乘層層轉進以達之。達至極位，則約理圓說之妙境即成為悟中之妙境，而妙境之為妙境（一念三千）則始終不變也。故一念三千不思議妙境，無論在迷（衆生但理）在悟（諸佛得事），俱是在「三道即三德」下，在「不斷斷」中而說者。三道即三德，不斷斷，在衆生，只是圓說一理，而在佛則成實事。故三千妙境始終不變，焉得因「不信顛倒起滅，唯信此心但是法性」，即可將「一念」解為「靈知真性」，不立陰界入三千妙境，唯以此真性為不思議境耶？若如此，即成「偏觀清淨真如」，焉得為妙？（不圓即不妙）。是故不得因《摩訶止觀》「節節云不思議境」，安心中言「但信法性，不信其諸」，弘誓中言「佛法界，對法界，起法界，無非佛法」，便可以此等為據將「一念」解為「靈知真性」。蓋如此作解只是華嚴宗之思路，尤其是圭峰宗密之思路。故知禮斥之是也。

6.知禮繼上駁斥，進而作正解云：

> 今釋「一念」乃是趣舉根塵和合一刹那心。若陰若惑，若善若惡，皆具三千，皆即三諦，乃十妙之大體，故云「咸爾」

〔從境妙到利益妙咸爾〕。斯之「一念」，爲成觀故，今文專約明乎不二。不可不曉，故茲委辨。

問：相傳云：達摩門下，三人得法，而有淺深。尼總持云：「斷煩惱，證菩提」。師云：「得吾皮」。道育云：「迷即煩惱，悟即菩提。」師云：「得吾肉」。慧可云：「本無煩惱，元是菩提」。師云：「得吾髓」。今「煩惱即菩提」等，稍同皮肉之見，那云圓頓無過？〔案：此承知禮上文總答釋中「豈有圓頓更過于此」一語而問。〕

答：當宗學者，因此語故，迷名失旨；用彼格此，陷墜本宗。良由不窮「即」字之義故也。應知今家明「即」，永異諸師。以非二物相合，及非背面翻轉，直須當體全是，方名爲即。何者？煩惱生死既是修惡，全體即是性惡法門，故不須斷除及翻轉也。諸家不明性惡〔不明性德上本有的惡法門〕，遂須翻惡爲善，斷惡證善。故極頓者，仍云「本無惡，元是善」。既不能全惡是惡〔全修惡即性惡〕，故皆「即」義不成。故第七記〔《法華文句記·卷第七下》〕云：「忽都未聞性惡之名，安能信有性德之行？」

若爾，何不云煩惱即煩惱等，而云菩提涅槃耶？

答：實非別指。只由性惡、融通寂滅，自受菩提涅槃之名，蓋從勝立也。此則豈同皮肉之見乎？又，既煩惱等全是性惡，豈可一向云「本無」耶？然汝所引達摩印于可師「本無煩惱，元是菩提」等，斯乃圭峰異說，致令後人以此爲極，便棄三道，唯觀眞心。若據祖堂自云：「二祖禮三拜，依位立」，豈言煩惱菩提一無一有耶？故不可以圭峰異說，而格

今家妙談爾。（原注「元本云：此乃又超『得髓』之說也。
可師之見，意縱階此，語且未圓。問：今明圓教，豈不論斷
惑證理及翻迷就悟耶？若論者，何異持、育之解？答：只如
可師，豈不斷惑翻迷？豈亦同前二耶？故知凡分漸頓，蓋論
能斷能翻之所以爾。」）〔案：元本是知禮《指要鈔》元
本。元本原有此段文，今刪之。「此乃又超得髓之說」，語
中之「此」是指「今家妙談」說。〕

今既約「即」論斷，故無可滅；約「即」論悟，故無可翻。
煩惱生死乃九界法。既十界互具方名圓，佛豈壞九轉九耶？
如是方名達于非道，魔界即佛。故圓家斷、證、迷、悟，但
約染淨論之，不約善惡淨穢說也。諸宗既不明性具十界，則
無圓斷圓悟之義。故但得「即」名，而無「即」義也。此乃
一家教觀大途。能知此已，或取或捨，自在用之。故《止
觀》亦云：「唯信法性，不信其諸」。語似棄妄觀眞（原
注：「元云：『豈異可師之說』？」），而《義例》判云：
「破昔計故，約對治說。」故知的示圓觀，須指三道即是三
德，故于陰等觀不思議也。若不精簡，何稱圓修？此義難得
的當，至因果不二門，更爲甄之。

案：以上五段文皆極精當，末段尤精當。煩惱即菩提，生死即涅
槃，是依「三道即三德」與「不斷斷」而說；而此後者又依「從無
住本立一切法」而說；而此後者復又依《法華》開權顯實，開決了
八識及眞心後而說者。由這一整系列方能極成「圓即」。是故
「即」字「非二物相合，亦非背面翻轉，直須當體全是，方名爲

即。」是皆智者與荊溪原有之義。山外諸家大體是未能把握這一整系列，故多取華嚴宗之思路，尤其是圭峰宗密之思路，以彼等作分解說易解故。故于「一念」解爲「靈知眞性」也。禪宗二祖慧可「本無煩惱，元是菩提」之說，亦非「圓即」義也。縱使此語是圭峰異說，非慧可原有，然禪宗六祖惠能以前《楞伽》傳心，大體是走唯悟眞心之路，蓋亦未能至乎「圓即」義也。焉得以「得髓」爲極談？三道即三德，不斷斷，「此乃又超得髓之說也」，故爲圓極。「約即論斷，故無可滅；約即論悟，故無可翻。」此即「不斷斷」也。「圓家斷、證、迷、悟，但約染淨論之，不約善惡淨穢說也。」此簡別語尤爲精當。染淨是主觀工夫上的事，染即迷執，淨即「解心無染」。迷執之染則無斷證。「解心無染」則爲「不斷斷」，「達于非道，魔界即佛」。「善惡淨穢」則是指客觀的法門說，是客觀存在的事。「煩惱生死乃九界法。既十界互具方名圓，佛豈壞九轉九耶？」「不斷」者即指九界法說也。斷者解心無染之謂也。此仍是「除病不除法」。性具十界，佛亦有惑業苦三道性相。地獄化物，即九法界而爲佛，豈無三道性相？然只有性相，而無其實。只有性相者，法始終不變也。而無其實者，解心無染也。佛畢竟是佛，非實六道衆生也，亦非實二乘實菩薩也。此種圓佛亦大類孔子之自謂「天之戮民」（莊子《大宗師》篇）。「故知的示圓觀，須指三道即是三德，故于陰等觀不思議也。」陰等皆即具八萬四千法藏，即是不思議。故觀爲妙觀，境爲妙境也。至于《止觀》善巧安心中所云「不信顛倒起滅，唯信此心但是法性」，表面觀之，「似是棄妄觀眞」（與慧可所說無大異），然此只爲安心故，偏就「無明即法性」說，非割截「法性即無明」也。此只是一

時之抑揚，豈眞同于慧可之說耶？故並未「棄妄觀眞」，仍是「即妄觀眞」也。荊溪《止觀義例》判云：「破昔計故，約對治說。」此是略引，意不顯豁。《止觀義例・卷上》「第五心境釋疑例」中第九問云：

> 九、問：安心初云：「但信法性，不信其諸」。爲唯法性，無復其諸？若都無者，現見諸法。復云：法性具一切法。
>
> 答：以衆生久劫但著諸法，不信法性。破昔計故，約對治說，令于諸法純見法性。若見法性，即見法性純是諸法。是諸法性本無名字。約破立說，名性名法。

案：據此答文，則知「但信法性，不信其諸」（此是將智者原語作一轉換表示）不是棄妄觀眞（唯有法性，無復其諸），乃是爲破衆生久劫以來但著諸法，不信法性，約對治說，遂說此語，以便使其就諸法純見法性。「若見法性，即見法性純是諸法」。此語即示「法性無住，法性即無明」也。此仍歸于「三道即三德」與「不斷斷」。爲說善巧安心，故就「無明無住，無明即法性」，而說「但信法性，不信其諸」。然此即已函着「法性無住，法性即無明」。若眞是棄妄觀眞，則不得云「善巧安心」。故于此語不得作偏滯解。先了「一家敎觀大途」，然後「或取或捨，自在用之」。此亦是「自在用之」也。「一家敎觀大途」即是「三道即三德」與「不斷斷」之「即」義。知禮已說「此義難得的當」，故吾節節以相應《法華》開權顯實，開決了八識與眞心，從無住本立一切法，來提撕讀者，令的解此義。

　　以上是知禮《指要鈔》就《十不二門》序文「一期縱橫不出一念」語，對于「一念」作精簡。此下即正解十不二門，首解色心不二門。

第二節
色心不二門

　　荊溪《十不二門》首說色心不二門云：

> 一、色心不二門者，且十如境，乃至無諦，一一皆可〔一作「有」〕總別二意。總在一念，別分色心。何者？初十如中，相唯在色，性惟在心；體、力、作、緣、義兼色心；因、果唯心，報唯約色。十二因緣，苦、業兩兼，惑唯在心。四諦，則三兼色心，滅唯在心。二諦、三諦，皆俗具色心，真、中唯心。一實及無，準此可見。既知別已，攝別入總。一切諸法無非心性。一性無性，三千宛然。
> 當知心之色心，即心名變。變名為造，造謂體用。是則非色非心，而色而心，唯色唯心，良由于此。故知但識一念，遍見己他生佛。他生他佛尚與心同，況己心生佛寧乖一念？故彼彼境法差差而無差。

　　案：此是色心不二門之全文。前半段就《法華玄義》境妙中所論之十如境，十二因緣境、四諦境、二諦境、三諦境、一實諦境、無諦境，而說其皆可以總別兩意概括之。「總在一念，別分色心。」此

諸境，總說不出一念；若分別說，不外色心。是則「總」是指「一念無明法性心」說，而此一念心非「靈知眞性」，故總亦不指「靈知眞性」說。「別分色心」是將「一念」散開說。雖散開而分別爲色爲心，然一念心既是煩惱心，亦就是生死色。故心是色的心，色是心的色。一念心，心即色心；一念色，色即心色。故唯心亦可唯色，亦可唯聲，惟香，惟味，惟觸。是故總在一念，亦可總在色、聲、香、味、觸也。總在一念，即一切法趣一念，是趣不過。總在色、聲、香、味、觸等，亦然。故由此進而言「非色非心，而色而心，唯色唯心」，以明色心不二也。此即後半段之所說。

　　1.知禮《指要鈔》先略解「總在一念，別分色心」云：

　　　　雙標「總在一念，別分色心」者，若論諸法互攝，隨舉一法，皆得爲總，即「三無差別」也。今爲易成觀故，故指一念心法爲總。然此總別不可分對理事。〔不可以理爲總，以事爲別〕。應知理具三千，事用三千，各有總別。此兩相即，方稱妙境。

又就「既知別已，攝別入總」，而詳簡「一念」云：

　　　　前約諸法不失自體爲別，今明諸法同趣刹那爲總。終日不失，終日同趣。性具諸法，總別相收。緣起諸法，總別亦爾。非謂約事論別，以理爲總。又復應知，若事若理，皆以事中「一念」爲總。以眾生在事，未悟理故；以依陰心顯妙理故。

問：他云：「一念即一性也。一念靈知，性體常寂。」又
云：「性即一念，謂心性靈寂。性即法身，靈即般若，寂即
解脫。」又云：「一念眞知妙體」。又云：「並我一念清淨
靈知。」據此等文，乃直指文中「一念」名清淨靈知，是約
理解。今云屬事，是陰入法。與他所指，賒切如何？

答：此師祇因將此「一念」約理釋之，致與一家文、義相
違。且違文者：

一、違《玄》文〔《法華玄義文》〕。彼判「心法定在因，
佛法定在果，眾生法一往通因果，二往局在因。」他執心法
是眞性，故乃自立云：「心非因果」。又礙「定在因」句，
復自立云：「約能造諸法，故判爲因。佛定在果者，乃由緣
修覺了，究盡爲果。」今問：既將因果分判法相，何得因果
卻不相對。果若從覺，因須指迷。何得自立理能造事而爲因
耶？既不相對，何名爲判？

案：此處所謂他亦指山外諸師說。他執「一念」爲眞性，即眞常
心，或眞知妙體，或清淨靈知，其本身非因果，而隨染淨緣起染淨
法，所謂「不變隨緣」，則又是因。此自是華嚴宗之思路。若加上
「靈知」，則是來自圭峰宗密者，而圭峰之說「靈知眞性」則又是
承自神會。知禮說此是將「一念約理釋之」。此所謂「理」即眞常
心，靈知眞性，此是將眞如理與眞常心合一說者。此「理心」非因
非果。但若如此，則礙「定在因」句。故又自立云「約能造諸法，
故判爲因」。故彼等「以理爲總，約事論別」。此顯非智者及荊溪
說「一念心即具十法界」之思路。

　　天台家說「一念心即具十法界」，一念心既是陰識心，煩惱心，剎那心，則由此語說「性具」或「理具」，好像性字理字無着，蓋一念心並非是性或理也。此明是心具，而非性具或理具。若只如此，則說性具，性字只是虛說，是副詞義，即原則上、本質上或法理上之義。說理具，理字亦然。但心不離性。天台家說「一念心」，一方是圓一念，因此故不同于唯識宗之言八識；一方又是從「法性無住，法性即無明」而來，因此，故又云「一念無明法性心」（此一整詞見智者《四念處》，見下。）表面上是一念心，而底子卻是「法性無住，法性即無明。」「從無住本立一切法」等于說由「法性無住，法性即無明」而成為「一念無明法性心」，以此為本而立一切法也。蓋法性即無明，即成為心也。是故心是無明心，同時亦是法性心。從「無明心」可以說一切法；從「法性心」則示具一切法之無明心當體即是空如之法性也。此並非說法性即是心，心即是法性，因而為真常心，為靈知真性。心自身仍是那個無明心，陰識心，剎那心，煩惱心。從無明心說一切法，此是心具，因心始有緣起故，有造作故；若圓說，則只心即一切法，只一切法即心，非縱非橫，故為不思議境。法性不能緣起，亦無造作。法性無住，法性即無明，始有一切法。若以此「即無明」之法性為主而言性具或理具，則法性之具一切法本只是法性之即于一切法而為法性。「即于一切法」即是不離一切法。即由此「即而不離」而說性具。此法性是就圓一念而見，故此法性亦即是中道實相理，因此而曰「理具」。此理之具一切法亦是由「即而不離」而說具。真正具體地緣起造作地具是在心處（圓說，心就是一切法，亦無所謂具或起）。而心是無明法性心，故「法性無住，法性即無明」即是心

也。故此心不能理解爲眞常心或靈知眞性。而此中之法性亦必是迷中之法性，以無住而即無明故；中道實相理亦然。故凡天台家說性具或理具皆是就迷中法性或實相理而爲一念無明法性心而說，因此而有「六即」中之「理即」。「理即」者，即無明之法性，迷中之實相理，帶著三千法即空即假即中，此即是佛也。但這個佛只是客觀地從迷中之理（法性實相）而說，實並未通過觀行而證顯也。理即佛是依據性具或理具而說；而性具或理具是就一念無明法性心而說。從心說具是緣起造作地具，是事具，念具。從性或理說具是性具理具，此是以即而具。無論念具事具或性具理具，皆是圓具。但此並非平行的兩層，因此，得由即無明之法性而說性具，由迷中之實相理而說理具。故凡天台家就性具而說性德，如說性德三因，性德三軌，性德惡，性德善等等，皆是就迷中性具三千法而說，亦即皆就因地而說。同時，凡就理具而說理字，亦皆是迷中之理或因地之理，是則凡說理字皆示迷也。如「理即佛」之理即，「理則性德緣了」（荊溪語，見下），「衆生但理，諸佛得事，衆生但事，諸佛證理」（荊溪語，見下），等等，皆是迷中之理也（諸佛證理是悟顯了這個理）。理通凡聖，迷悟有異，而迷悟是事也。理具是對後來之事用而言，性德是對後來之修德而言，因地是對後來之果地而言，迷染是對後來之悟淨而言。「並由理具，方有事用」（亦荊溪語，見下）。理具之理既是迷中之法性理或中道實相理，故必即三千法而爲理，此是圓說的理，所謂圓談法性。「理具三千，事用三千，各有總別。」總別是就三千法說，而三千法起于一念，故一念爲總，三千色心爲別。至若法性或實相則無所謂總不總也。是故天台既非唯妄識（八識之妄識），亦非唯眞心，而是開決了妄識與

眞心，就圓說的一念無明法性心而說迷中的法性具或中道實相理具之實相學也。唯妄識並非不對，唯眞心亦非不對，不過不是圓教，乃只是權說之始別教與終別教耳。此則須待開決。就一念無明法性心而說的性具或理具乃是開決別教法後的圓教語。故一念性具與眞心性起，不只是一起一具之相對，乃根本是層次不同，而心與性亦俱隨之而不同也。

　　1.1 山外諸師對一念解爲靈知眞性，此乃是將圓教降爲別教，此自非天台宗義，故知禮斥之爲違文違義，且墜陷本宗也。上說其違《法華玄義》文，知禮復進而說其違《華嚴》「心造」之義，如下：

> 又違《華嚴》心造之義。彼經如來林菩薩說偈云：「心如工畫師，造種種五陰。一切世間中，無法而不造。如心，佛亦爾；如佛，眾生然。心佛及眾生，是三無差別。」《輔行》〔〈卷第五之三〉〕釋云：「心造有二種。一者約理，造即時具。二者約事，即三世變造等」。心法既有二造，經以心例于佛，復以佛例于生〔眾生〕，故云：「如心，佛亦爾；如佛，眾生然。」是則三法各具二造，方無差別。故荊溪云：「不解今文，如何銷偈心造一切，三無差別？」〔《輔行‧卷第五之三》〕。何忽獨云：「心造諸法得名因」耶？據他所解，心法是理，唯論能具能造。生佛是事，唯有所具所造。則「心造」之義尚虧，「無差」之文永失矣。又，若約「能造」釋因，則三法皆定在因，以皆有二造故。此文應今家立義綱格。若迷此者，一家教旨皆翻倒矣。爲將此解定

教文之欠剩耶？

案：知禮引《輔行》文簡略，其全文如下：

> 言心造者，不出二意：一者約理，造即是具；二者約事，不
> 出三世。三世又三。一者，過造于現，過現造當。如無始
> 來，及以現在，乃至造于盡未來際。一切諸業不出十界，百
> 界千如，三千世間。二者，現造于現，即是現在同業所感，
> 逐境心變，名之爲造。以心有故，一切皆有。以心空故，一
> 切皆空。如世一官，所見不同，是畏是愛，是親是冤。三
> 者，聖人變化所造，亦令眾生變心所見。並**由理具**，方有**事
> 用**。今欲修觀，但觀理具。俱破俱立，俱是法界。任運攝得
> 權實所現。如向引經，雖復種種，不出十界三世間等。

荆溪此文是釋《摩訶止觀‧明不思議境》中所引《華嚴經》偈。依
荆溪，「心造」有二意。約理說，「造即是具」，此即一念心即具
十法界，名曰「理具」。理是迷中法性理或中道實相理，如上解。
就圓說的一念無明法性心這個迷中的法性無住而爲心之心法即具十
法界，而心由法性無住而來，因此即名曰「理具」或「性具」。因
天台說一念心是不思議境，非分解說的八識，亦非分解說的眞心，
乃是開決了八識與眞心而爲圓說。而一念心是由即無明之法性或迷
中之中道實相理而轉成，故表面是心具事具（一念心即是事），而
底子實即是性具理具。心從「無明法法性」而說，事從迷中實相而
立。「心造」若約事說，即是過去現在未來三世的變造。不管是眾

生的迷執造業，抑或是聖人的變現，皆屬于事，亦皆是「並由理具，方有事用。」此即知禮上文所說的理具三千與事用三千。理具三千，一切凡聖皆同也。而事用三千則有迷悟之異。就心法說，有理具，有事造。就佛說亦然，就眾生說亦然。故「心佛與眾生，是三無差別」。皆有二造（理具之造與事用之造）故也。故不能以「一念」爲靈知眞性，其本身非因非果，但約其隨緣能造諸法，故說爲因，單以此靈知眞性之理爲能具能造，而以生佛爲事，唯是所具所造。但依天台，不是以心法爲靈知眞性之理，亦不是就此理心能造諸法說其爲因。若約「能造」義說因，則心法、佛法、眾生法之「三法皆定在因，以皆有二造故也。」但《法華玄義》判「心法定在因，佛法定在果，眾生法一往通因果，二往則局因。」是則天台宗師並不以理具事造之二造，心佛與眾生所皆具者，說「因」也。說「心法定在因」，此「因」義很不同。他們說「因」是就「理具」說因；而理具三千之一念心旣非靈知眞性之理心，故是迷中之煩惱心，陰識心，刹那心，因而三千亦是迷中之三千。彼等即以此迷中之「一念三千」爲底據，通過修顯後爲佛果，望此佛果，說彼底據爲因。是則「因」者，在理在迷之謂也，不是就其能造事用而說也。「心法定在因」，即心法決定只在理地、迷地，因此，即說定在因地也。「佛法定在果」，即理具三千通過修顯而爲佛果，始得稱爲佛法也。即荊溪所謂「悟則果中勝用」也。「眾生法一往通因果，二往局在因」，此是說眾生法，初步看，通因通果，通因是迷中理具三千，通果是悟中事用三千，以佛亦是眾生故（「眾生無上者佛是」）；但進一步終局地看，則眾生畢竟只是眾生，佛畢竟是佛，故現實地看眾生，則眾生只是迷，故唯局限于因

地也。此即荊溪所謂「迷則三道流轉」，即眾生也。眾生法是理具事造（「眾生唯有迷中之事理」），佛法亦是理具事造（「諸佛具有悟中之事理」），心法亦是理具事造（亦是迷中之事理）。故「三無差別」，「並由理具，方有事用。」理具三千為因，事用三千為果。眾生事用是苦果，佛事用是樂果。無論在因在果，在果或苦或樂，而三千皆不改也。並非以真心隨緣能造為因，以佛與眾生為所造之果也。若如山外諸師所解，則「一家教旨皆翻倒矣。」《法華玄義》以因果分判心佛與眾生之三法是天台「一家立義綱格」，不可以華嚴宗之思路去理解也。至于《華嚴經》偈是否必如荊溪所解，則亦不敢必。蓋該偈語不必有「理具」義也。但如荊溪所解，自能證成「三無差別」義，則無問題。而山外諸師解「一念」為靈知真性，其為違文違義（只說違《玄義》文即可，不必說其定違《華嚴經》偈），亦無問題。

　　1.2 以上是說違《法華玄義》，此下再說其違荊溪之《止觀大意》及《金剛錍》。

　　　二、違《大意》及《金剛錍》。他自引〔《大意》〕云：
　　　「隨緣不變名性，不變隨緣名心」。引畢乃云：「今言心即
　　　真如不變性也」。今恐他不許荊溪立義。〔案：此句不順，
　　　似當為「今恐他立義，荊溪不許。」〕何者？既云：「不變
　　　隨緣名心」，顯是即理之事，那得直作理釋？若云雖隨緣邊
　　　屬事，事即理故，故指心為不變性者，佛法、生法豈不即
　　　耶？若皆即理，何獨指心名不變性？故《金錍》云：「真如
　　　是萬法，由隨緣故。萬法是真如，由不變故。」故知若約萬

法即理，則生、佛、依、正俱理，皆不變故，何獨心是理耶？他云：「生、佛是因果，心法非果。」驗他直指心法名理，非指事即理。生佛二事會歸心故，方云即理。亦非當處即具三千。是知他師雖引「唯色」之言，亦祇曲成唯眞心爾！

案：荊溪言「隨緣不變名性，不變隨緣名心」，此中「隨緣不變」，「不變隨緣」，意不與華嚴宗同。此兩語本賢首所說，「隨緣」與「不變」兩義俱指眞常心說。眞常心雖隨染淨緣起染淨法，而其自性不變；雖不變而亦隨緣起一切法。故此兩義俱指眞常心說，無所謂「隨緣不變名性，不變隨緣名心」之分別地有所指。荊溪如此說，是性具（理具）系統下的說法。「隨緣不變名性」即《金剛錍》「萬法是眞如，由不變故」，其意是無明無住，隨緣而起之萬法當體即法性（眞如），故變而無變，差即無差，故「不變名性」也；亦正由此「不變」故，隨緣之萬法即是眞如也；此亦同于「法不出如，以如爲位，以如爲相。」「不變隨緣名心」即《金剛錍》「眞如是萬法，由隨緣故」，其意是法性無住，當體即是萬法，而萬法趣心，皆由心造，故「隨緣名心」也；亦正由此隨緣故，故眞如是萬法，此亦即不變而變，無差而差也；此亦同于「無明法法性，生一切法」也。「不變隨緣名心」，心即一念無明法性心也。凡天台家言心皆就陰入境說心。是則一說心，籠統言之，明是指差別事而言，非眞常心也。山外諸師依華嚴宗之思路，視此「不變隨緣名心」之心爲「眞如不變性」（眞常心），顯然非是。故知禮駁之曰：「既云不變隨緣名心，顯是即理之事，那得直作理

釋？」「即理之事」，若順天台宗之立場說，即是「即于法性實理之無明事」，理指法性說。「那得直作理釋」，此中理字，但卻是指真常心（靈知真性之理）說，因此語是駁斥故。「即于法性實理之無明事」名心，則心顯為煩惱心；而同時，亦可說「即于無明事（顛倒起滅）之法性實理」名性，則性即是空如實相也，亦即「但信法性不信其諸」之法性也。故荊溪說此兩語顯是法性無住，無明無住之義。「不變隨緣名心」即法性無住，法性即無明。「隨緣不變名性」即無明無住，無明即法性。兩者同體，依而復即，故是圓教。而賢首的說法，隨緣不變俱指真常心說，而隨緣是真妄和合，既非同體，又是自住，故屬別教。

荊溪《止觀大意》講「觀不思議境」處有云：

境為所觀，觀為能觀。所觀者何？謂陰界入，不出色心，色從心造，全體是心。故經云：「三界無別法，唯是一心作。」此之能造具足諸法，若漏無漏，非漏非無漏等，若因若果，非因非果等。故經云：「心佛及眾生，是三無差別。」眾生理具，諸佛已成。成之與理莫不性等。謂一一心中一切心，一一塵中一切塵；一一心中一切塵，一一塵中一切心；一一塵中一切剎，一切剎塵亦復然。諸法諸塵諸剎身，其體宛然無自性。無性本來隨物變，所以相入事恆分。故我身心剎塵遍，諸佛眾生亦復然。一一身土體恆同，何妨心佛眾生異？異故分于染淨緣，緣體本空空不空。三諦三觀三非三，三一一三無所寄。諦觀名別體復同，是故能所二非二。如是觀時，名觀心性。隨緣不變故為性，不變隨緣故為

心。故《涅槃經》云：「能觀心性，名為上定。上定者名第
一義，第一義者名為佛性，佛性者名毘盧遮那。」此遮那性
具三佛性。遮那遍故，三佛亦遍。故知三佛唯一剎那。三佛
遍故，剎那則遍。如是觀者，名觀煩惱，名觀法身。此觀法
身是觀三身，是觀剎那，是觀海藏，是觀真如，是觀實相，
是觀眾生，是觀己身，是觀虛空，是觀中道。故此妙境為諸
法本，故此妙觀是諸行源。如是方離偏小邪外，所以居在十
法之首。上根一觀，橫豎該攝，便識無相，眾相宛然；即破
無明，登于初住，若內外凡。故喻云：其事高廣，乃至道
場。中根未曉，更修下法。〔即更修以下「起慈悲心」以及
「善巧安心」等等法門。〕

案：此段文可說是《摩訶止觀》「觀不思議境」之撮要簡述，而亦
發揮盡致。不思議境是就「陰界入不出色心」而言，而「色從心
造，全體是心，」亦即就一念剎那心而言。一念三千即空假中，即
不思議妙境。不是離開一念陰識言而以真常心為不思議境也。「如
是觀時，名觀心性」。「觀心性」者觀剎那心法之性也。心是識
心，性是法性（空如之理性），兩者雖是同體依即，然卻是兩個名
詞。故「不變隨緣故為心，隨緣不變故為性」。心即一念三千之萬
法，性即無差不變之真如。心與性即只由「不變隨緣，隨緣不變」
兩語中任一語之一轉而說，故兩者同體依即，因而得于萬法言即空
即假即中也。此仍不失《中論》「緣起性空」之本色，所不同于
《中論》而得名為圓教者只在「一念心即具十法界」之一語。相應
此不思議妙境而修觀，則曰妙觀。觀之與境不分而分，分為能所；

分而不分，則「能所爲二二非二」。蓋「法性非止非不止，而喚爲止；法性非觀非不觀，而喚爲觀。」（《摩訶止觀》釋名章）。因是，諦境與觀智「名別體復同」也。

如是觀心性名爲上定，而上定名第一義，即毘盧遮那佛性。如此佛性具三佛性（正因緣因了因）。而三佛性「唯一刹那」。「三佛遍故，刹那則遍」。刹那遍者，心遍色遍也。故「煩惱心遍即生死色遍」（《金剛錍》語）。是知三佛性不離刹那色心而言（三道即三德，不斷斷）。故下繼之復云：「如是觀者，名觀煩惱，名觀法身。」煩惱即心，法身即性。是則煩惱即法身，此同于「煩惱即菩提，生死即涅槃」。而「此觀法身是觀三身」，不是單觀一隔離之法身。而觀三身即是「觀刹那」。刹那是心，是煩惱；而三身則是性，是常樂我淨。法身、海藏、眞如、實相、虛空、中道，是正面說，俱屬法性。而煩惱、刹那、衆生、己身，是負面說，俱屬一念識心，無明法性心。觀不思議境，如是兩面兼搭，這不是混亂法相，而是表示圓頓止觀的獨特模式，即詭譎的模式：三道即三德，不斷斷。故「一念心即具十法界」是開權顯實後圓教語也。觀法承《中論》而宗骨在《法華》。宗骨者圓教之所以爲圓教，圓頓止觀之所以爲圓頓止觀也。故宗骨爲經，觀法爲緯。宗骨爲經是存有論的圓具，觀法爲緯是般若智之妙用。「織成部帙，不與他同」，蓋有以也。

荊溪上文從「一一心中一切心」到「是故能所二非二」，一連串的七字句，其中有許多分際，許多名相，而迴互兼搭，不是攪混，乃是「不斷斷」的理具融圓。「理具」，則不同于華嚴宗之「性起」。圓融，則華嚴宗之法界緣起十玄門盡收于此，而卻不是

在「惟一眞心迴轉」之性起系統下說，而卻是在「一念心即具十法界」之性具系統下說。（天台宗對于圓滿無盡圓融無礙只幾句話就夠了。當然華嚴宗之詳爲展示亦有價值，但此種詳展並不能決定什麼，因爲那只是分析的。圓教之決定不在此詳展本身，而在其「所因」處。參看〈華嚴宗章〉末節。）

天台圓教就「一念心即具十法界」而說其圓滿無盡圓融無礙（互融互具），如荊溪「一一心中一切心，一一塵中一切塵」數語所示，是依《般若經》「一切法趣某某，是趣不過」之方式說，此則更爲靈活而警策；而華嚴宗之分析地詳展法界緣起，是依緣起性空一總原則，通過空有，有力無力，待緣不待緣，三對之配合，而說緣起六義，由此六義而說一攝一切，一切攝一，一入一切，一切入一，即依此「攝、入」之方式而詳展法界緣起爲十玄門。當然此種差別無所謂；又進一步，華嚴宗詳展自有價值，而天台宗不詳展亦無虧損，此亦不關緊要。要者是在華嚴宗之法界緣起之「所因」處是「唯一眞心迴轉」，而其成此法界緣起所依之十義，如敎義、理事、解行、因果、人法、等等，原是由眞心之不變隨緣而起現，通過緣修還滅後，倒映于佛法身上，故得在海印三昧中映現而爲法界緣起。（詳見〈華嚴宗章〉當重看。）此則根本是性起系統，故專就佛法身法界而展示的法界緣起說圓教，雖依華嚴宗自說此是「別敎一乘圓教」，此中別教是專就佛法身說，然依天台，此亦實只是天台宗所說的別教（前別于藏通，後別于圓），仍非圓教。蓋那個分析地展示的法界緣起之圓並不能決定什麼；把這個圓加在別教上，並不能就使別教成爲圓教。因爲《華嚴》不開權，不發迹，猶有一隔之權故。而天台圓教就「一念無明法性心即具十法界」，

依「一切法趣某某，是趣不過」之方式，在「不斷斷」中說互融互
具，則根本是性具系統下，開權發迹後，純一無雜之圓實敎，縱使
再予以詳展，如華嚴宗之所爲者，其相貌可與華嚴宗之法界緣起無
二無別，然而所因處旣不同，故其圓實義亦不同也，即，至少不是
那眞心隨緣起現者，通過還滅（斷斷）後，倒映于佛法身，因而遂
在海印三昧中映現而爲法界緣起，而是在性具系統下，三道即三
德，不斷斷中之本來如此，並無那些紆曲迴環也，因此，十法界一
體平鋪，低頭舉手無非佛道；平看一切，一一皆具十法界，三千性
相；不但一切法趣一念心，唯煩惱心，亦可趣色、聲、香、味、
觸，而得唯色、唯聲、唯香、唯味、唯觸。若依「惟一眞心迴轉」
而說，則無如此之平實，只能說一切法趣眞心（性起地趣非性具地
趣）而唯眞心，而不能說趣色而唯色也。故知禮斥山外諸師「雖引
唯色之言，亦祇曲成唯眞心爾。」「唯眞心」並非是錯，只是權敎
而已。若知其是權，則只待開，而無須斥。若自居爲華嚴宗，則亦
只是弘揚此權敎義而已，此亦待開，而無須斥，因爲亦爲佛所說
故。然而若自居爲天台，而卻以眞心系統說之，則是錯誤（墜陷本
宗之錯誤），此則須駁斥。勿謂知禮之爭辯無謂也，亦勿謂天台圓
敎亦可向山外發展也。

1.3 知禮繼上進而復云：

> 況復觀心自具二種，即唯識觀，及實相觀。因何纔見言心，
> 便云是理？又實相觀，雖觀理具，非清淨理，乃即事之理
> 也，以依陰等顯故。
> 問：若爾，二觀皆依事，如何分耶？

答：實相觀者，即于識心體其本寂，三千宛然即空假中。唯識觀者，照于起心變造十界，即空假中。故《義例》〔荊溪《上觀義例》〕云：「夫觀心法有理有事。從理，則唯達法性，更無餘途。從事，則專照起心，四性叵得。亦名本末相映，事理不二。」又應知觀于內心，二觀既爾，觀于外境，二觀亦然。此皆《止觀》及《輔行》文意，非從臆說。他云真心具三千法，乃指真如名不思議境，非指陰入也。《金錍》云：「旁遮偏指清淨真如」。那得特偏指耶？又云：「夫唯心之言豈唯真心耶？須知煩惱心遍。」第一記〔《法華文句記・卷第一下》〕云：「專緣理性，而破九界，是別教義。」那得句句唯于真心？又，此標「一念」，乃作一性真如釋之，後文多就剎那明具三千，亦作真如釋耶？

問：《永嘉集》既用今家觀法，彼奢摩他云：「一念即靈知自性」。他立正合于彼〔言以上所斥之他師──山外師所解正合于彼《永嘉集》所說〕，何謂不然？〔案：唐玄覺初習天台，後至曹溪參六祖惠能。玄覺亦名真覺，諡號無相大師，著有《永嘉集》及《證道歌》。〕

答：彼文先于根塵體其空寂。作功不已，「知」滅「對」遺，靈知一念方得現前。故知彼之一念全由妙止所顯。不爾，何故五念息已，一念現前？祇如五念何由得息？那得將彼相應一念類今剎那念耶？況奢摩他別用妙止安心，毘鉢舍那別用妙觀安心，優畢叉方總用止觀。故出觀體中一念正是今之陰識一念也。何者，彼文序中先會定慧，同宗法爾中乃云：「故即心為道，可謂尋流得源矣。」故出觀體云：「祇

知一念，即空不空，非空非不空。」言「祗知」者，乃即體
（原注：止也）了（原注：觀也）理。今剎那是三諦理，不
須專亡根境顯其靈知，亦不須深推緣生求其空寂，故云「祗
知」。此乃「即心爲道」也。若奢摩他觀成，顯出自性一
念，何用更修三觀？

問：彼云：若于相應一念起五陰者，仍以二空破之。那云不
更修觀？

答：于眞知起陰，以觀破之。不起陰者，何用觀之？彼二空
觀乃是觀陰，非觀眞知。故知解一千從，迷一萬惑。若欲廣
引教文，驗其相違，不可令盡。書倦且止。

案：以上是說他師之解違文。此下復進而說其違義。

　　2.知禮說山外諸師總違《十不二門》及《摩訶止觀》圓教義理
云：

違義者：
問：據上所引諸教，雖見相違，且如立此十門〔十不二
門〕，欲通妙理，亡于名相。若「一念」屬事，豈但通事？
將不違作者意乎？

答：立門近要，則妙理可通。若夐指眞如，初心如何造趣？
依何起觀耶？今立根塵一剎那心本具三千，即空假中。稱此
觀之，即能成就十種妙法〔境妙、智妙、乃至利益妙之十
妙〕，豈但解知而已？如此方稱作者之意。若也偏指清淨眞
如，偏唯眞心，則杜初心入路，但滋名相之境。故第一記

〔《法華文句記・卷第一中》〕云：「本雖久遠，圓頓雖實，第一義雖理，望觀屬事。」他謂圓談法性便是觀心〔觀真心〕，爲害非少。今問：一念真知爲已顯悟？爲現在迷？若已顯悟，不須修觀。十乘觀法將何用耶？若現在迷，全體是陰。故《金錍》云：「諸佛悟理，眾生在事。」既其在事，何名真淨？然誰不知全體是清？其奈「濁成本有」。〔見下染淨不二門〕。應知觀心，大似澄水。若水已清，何須更澄？若水未清，須澄濁水。故《輔行》釋「以識心爲妙境」云：「今文妙觀觀之，令成妙境，境方稱理。」又解「安于世諦」云：「以止觀安故，世諦方成不思議境。」故知心雖本妙，觀未成時，且名陰入。爲成妙故，用觀體之。若撥棄陰心，自觀真性，正當「偏指清淨真如」之責，復招「緣理斷九」之譏。

且如今欲觀心，爲今剎那便具三千，爲須真如體顯方具三千？若即剎那，何不便名陰心爲于妙境，而須立真心耶？又大師親令觀于陰等諸境，及觀一念無明之心，何違教耶？應是宗師立名詮法未的，故自別立耶？

又，若謂此中〔意謂此十不二門中〕「一念」不同《止觀》所觀陰等諸心者，此之十門〔十不二門〕因何重述？「觀法大體」，「觀行可識」，斯言謾設耶？

又，中諦一實別判屬心，與總真心如何揀耶？心性二字不異而異。既言「不變隨緣名心」，即理之事也。「隨緣不變名性」，即事之理也。今欲于事顯理，故雙舉之。例此合云：不變隨緣名佛，隨緣不變名性。生、性亦然。〔意謂亦合

云：不變隨緣名眾生，隨緣不變名性〕。應知三法〔心佛眾生〕俱事俱理，不同他解。心則約理爲通，生佛約事爲別，此乃他家解「心佛眾生」之義。不深本敎，濫用他宗，妨害既多，旨趣安在？

案：此總述山外諸師違義，意旨俱已見前述其違文。末段「中諦一實別判屬心，與總眞心如何揀耶」之問，依荊溪，眞、中、一實及無唯屬心，此乃「別分色心」下比對偏重言耳，與「總眞心」自不同。以眞心爲總，則生佛屬事爲別。此乃別敎眞心系統之說法。若依天臺圓敎，則「總在一念，別分色心」。于心，于佛，于眾生，皆然。就法說是心，就人說是佛與眾生。此皆屬「不變隨緣」邊事，亦即「無明法法性」或「法性無住法性即無明」事，皆緣起法也，知禮所謂「即理之事也」。此中並無「眞心但中之理」爲總。依圓敎，中諦一實是圓中或「不但中」。此「不但中」不是那個分解說的眞心但中之理待性起地隨緣起現一切法而趣赴之始爲不但中，而乃是就一念無明法性心即具十法界、三千宛然，即空假中，而且是一切法趣有趣空趣不有不空，而爲不但中即圓中。此圓中是屬于「隨緣不變」者，亦即法性性無明，或「無明無住、無明即法性」者，亦即知禮所謂「即事之理也」。「隨緣不變名性」，則性即是「即事之理」。「性」即是法性。法性即是法之性，法以空、如爲性。分解地說，法性初只是空如之理。此不異于《中論》之所說。但此空如之理不是偏理（偏空），乃是即事之理。偏取是順分解說而來的滯執。徒說「即事之理」亦不異于通敎體法空之所說。體法空亦是中道。但此中道只是異于空，「不備諸法，中無功

用」。備諸法，一切法性具地趣此「即事之理」之中道方爲圓中，此則「中有功用」。所謂「有功用」者即是性具地備諸法之謂也。此則不同于通教，進而爲圓教矣。是故圓教的圓中唯在就一念心即具十法界這一存有論的圓具而見。就此存有論的圓具而說三千宛然，即空假中，此中方是圓中。此是將《中論》空假中之通式織之于存有論的圓具而以此圓具豎立之，故中亦提升而爲圓中矣。但此亦總是一「法性」理。故此處所說的法性不只是分解說的空性而已也。而是在存有論的圓具下圓說的法性，此則總名曰「中道實相」。

此中道實相理（法性理）客觀地就心法說就是法之性；主觀地就佛說，就是在「三道即三德」下，在「不斷斷」中所證顯之理；主觀地就衆生說，就只是一個潛伏的理，因而亦是未證顯者：衆生只有迷執之心法，而法之性卻是未透顯者。雖未透顯，卻不可說他無「一念心即具十法界」這一圓具之理（當圓觀衆生時），因爲「並由理具，方有事用」故；亦不可說他的一念心所即具的十法界在法性理上不是三千宛然，即空假中，此即是說，客觀地圓說地法理自如此，衆生的一念心即具十法界，其法理亦如此也，只不過他未證顯之而已。是故荆溪云：「衆生但理，諸佛得事。衆生但事，諸佛證理。是則衆生唯有迷中之事理，諸佛具有悟中之事理。」（《金剛錍》）。

依圓教，眞心即在「諸佛得事，諸佛證理」處作詭譎地呈現，即在「不斷斷」中呈現，是故三道即三德也。在此，說心，就是眞常心；說智，就是一切種智（妙覺智、圓覺智）；說理，就是中道實相理（法性理之具體而圓實地呈現）；說法，就是佛法（如來藏

恆沙佛法之透明地呈現，亦是「是法住法位，世間相常住」之
法）；說位，就是佛位（妙覺位，如來藏恆沙佛法佛性之全體朗
現）。而復心、智、理、法皆一也。亦可以說：全部是心，而心而
無心，心全部是智、理、去也；全部是智，而智而無智，智全部是
心、理、法也；全部是理，而理而無理，理全部是心、智、法也；
全部是法，而法而無法，法全部是心、智、理也。此即為圓佛境。
此是由一念心即具十法界，在「不斷斷」中而呈現者。此並非先分
解地肯認一真心，由其隨緣起現一切法，在「斷斷」中而呈現者，
如華嚴宗之所說。此後者是別教，非圓教。

　　以上所說是順知禮之精簡暫作一總釋，使讀者可隨時有一眉
目。

　　3.此下再看知禮解「一性無性，三千宛然」。

　　「一性」等者，性雖是一，而無定一之性，故使三千色心相
　　相宛爾。此則「從無住本立一切法」。應知若理若事皆有此
　　義。故第七記〔《法華文句記・卷第七下》〕釋此文云：
　　「理則性德緣了，事則修德三因，迷則三道流轉，悟則果中
　　勝用。如此四重並由迷中實相而立。」今釋曰：「迷中實
　　相」即無住本，乃今文「一性無性」也。上之四重即「立一
　　切法」，乃今文「三千宛然」也。第一種既以「性德緣了」
　　為一切法，須以正因為無住本。餘之三重既將逆順二修為一
　　切法，必以性德三因為無住本。此即理事兩重總別也。

案：荊溪原文云：「一切諸法無非心性。一性無性，三千宛然。」

心、性如前解：不變隨緣名心，隨緣不變名姓。「一性無性」，此句說的是性。法性是一，故曰「一性」。「無性」即無住。「一性無性」即法性無住也。由法性無住故，故「三千宛然」也。此即「不變隨緣名心」也，心賅一切法故。一切法，說三千世間可，說「三千色心」亦可。心是無明心，煩惱心，故心之「三千色心」當體即是法性，此即無明無住，無明即法性，亦即「隨緣不變名性」也。此「一性」即是中道實相，亦曰「一相」。故「從無住本立一切法」亦得曰「從迷中實相立一切法」。以是「迷中實相」，故有《法華文句記・卷第七下》所說之「四重」也。第一重「理則性德緣了」，理即迷中「中道實相」這個法性理；「性德緣了」，說緣因了因即函着正因，蓋豈只緣了是性德，正因獨非性德乎？是故嚴格說，當該是性德三因，而性德三因即是性德三軌。正因佛性是中道第一義空，即真性軌；緣因佛性是解脫斷德，即資成軌；了因佛性是般若智德，即觀照軌。此之三軌皆是迷中中道實相法性理所固具本有之德也。（只說緣了者蓋行文之便耳。）但此「德」不只是一個空性、斷性、智性，而是在「不斷斷」中即一切法而為德：正因佛性中道第一義空是即一切法而為中道第一義空（法身德），緣因佛性解脫斷德是即一切法而為斷德，了因佛性般若智德是即一切法而為智德，是即「三道即三德」也。故說性德三因即賅括一切法而言，皆是性德也。此即由迷中中道實相法性理這個無住本立一切法也。既立一切法，故于此亦說一念為總，色心為別。蓋迷中中道實相法性理即由一念三千即空假中而見也。由此法性理無住立一切法而說理具三千或性德三千，理或性即是迷中之理或性，亦即是「即無明」之理或性也。此即是就迷中實相而言「理則性德緣了」

也。此是對下三句之事而說也。對彼之爲事而言此爲理，以只是法性理如此也；對彼之爲修德而言此爲性德，因法性理無住而本具如此之德也，即本具如此之即一切法而爲三因佛性之性德三因也。

第二重「事則修德三因」，此是就迷中實相而言順修之事也。順修之事證顯那迷中之性德三因，故性德三因即轉爲修德三因，即三因佛性成爲順修上之德也。順修上之德無異于迷中之性德，蓋即一切法而爲性德三因，亦即一切法而爲修德三因，三千色心不變也。以「由理具，方有事用」故。此即函「性修不二」，見下節。

第三重「迷則三道流轉」，此是就迷中實相而言逆修之事也。逆修者逆乎順修而不覺悟，專爲迷執之行事之謂也。逆修即逆行也。此本無「修」義，故修即是其迷行。此指衆生而言也。故荊溪云「衆生但事，諸佛證理」，又云「衆生但理，諸佛得事」也。「但事」者，但有逆行之事，而無「證理」也。「但理」者，只有迷中之性德三因（理具之三因），而未得證顯之事也。故「衆生唯有迷中之事理」。「證理」者，已能證顯那迷中之性德三因而爲悟中之修德三因也。「得事」者，得悟中證顯之事也。故「諸佛具有悟中之事理」。無論迷悟，三千色心仍不變也。以「由理具方有事用」故。迷則爲染，悟則爲淨。此亦函「染淨不二」，見下節。

第四重「悟則果中勝用」，此是就迷中實相，通過修顯後，而言極果中之事用也。此是修德滿，性德三因究竟滿現也。三因究竟滿現即爲三德秘密藏，此即是佛果也。佛果由悟而得。佛果亦是即一切法而爲佛果。悟則三千色心皆是果中勝用也。以「由理具方有事用」故。此函「因果不二」，見下節。

「如此四重並由迷中實相而立」，此即示依迷中中道實相法性

理無住，故有此四重之表說也。第一重屬理，于此重言總別，亦是一念爲總，三千色心爲別。餘三重屬事，亦皆是以一念爲總，三千色心爲別。故知禮云：「此即理事兩重總別也」。（理一重，事三重，說四重總別亦未嘗不可。）並非以理爲總，以事爲別，如山外諸師之所想也。但知禮云：「第一重既以性德緣了一切法，須以正因爲無住本。餘之三重既將逆順二修爲一切法，必以性德三因爲無住本。」此則說的不甚諦。實則同是以「迷中實相，一性無性」爲無住本也。焉能于第一重將三因拆開以正因爲無住本，以緣了爲一切法？性德三因即是理重上之一切法：一念爲總，三千爲別，三千惑業苦三道性相即性德三因也，三道即三德也。此並由一念無明法性心即具十法界而說。故仍是以「迷中實相，一性無性」爲無住本也。（一性無性即是「法性無住，法性即無明」，故得立一切法，此等于一念無明法性心即具十法界。）餘三重亦不是以「性德三因」爲無住本，乃是性德三因中之三千或爲修德三因之三千，或爲迷執之三道流轉之三千，或爲修德滿大覺果用之三千，「並由理具，方有事用」，故三重事用中之三千亦並由「迷中實相，一性無性」爲無住本而立也。不可于性德三因之或迷或顯而說「性德三因爲無住本」也。是故知禮此語乃未經愼審之辭。

　　問：既以「迷中實相」爲一性，對三千爲別，正當以理爲總，何苦破他？
　　答：以三千法同一性故，隨緣爲萬法時，趣舉一法總攝一切也。眾生無始全體在迷。若唯論真性爲總，何能事事具攝諸法？而專舉「一念」者，別從近要立觀慧之境也。若示「一

念」總攝諸法，則顯諸法同一眞性。故《釋籤》云：「俗即百界千如，眞則同居一念。」須知同一性故，方能同居「一念」，故以同居一念，用顯同一眞性。非謂便將「一念」名爲眞諦。豈同居一塵非眞諦耶？今文以「一性」爲總，前後文以「一念」爲總，蓋理事相顯也。此之二句〔「一性無性，三千宛然」二句〕正出攝別入總之所以也。由「一性無性」立理事三千故，故兩重三千同居「一念」也。豈同他釋直以「一念」名眞性耶？

案：此答解亦迂曲。以「迷中實相，一性無性」爲無住本立四重中一切法，並非即以「實相」或「一性」爲總也。中道實相法性理由「一念三千即空假中」（此是圓一念法性理）通過妙觀而顯，而總別是就一念三千之法說，非就法性理與法事相對而說也。「一性無性」，即法性無住，法性即無明。法性即無明而爲「一念無明法性心即具十法界」，總別恰恰是就此圓一念說，即就不思議之妙境說，不是分解地以法性理爲總，以三千法事爲別也。蓋山外諸師之所以以理爲總，以事爲別，正是以靈知眞性理爲總，以隨緣起現爲別，此則正落于性起系統，乃別教，非圓教也。知此，則知禮之答解迂曲而不穩定矣。焉可說「今文以一性爲總」耶？又，「由一性無性立理事三千」，由此語亦可知三重事中之三千非「以性德三因爲無住本」矣。

　　4.以上是解荊溪原文之前半段。此下解後半段，正明「色心不二」。知禮解「當知心之色心，即心名變，變名爲造，造謂體用」四句之首句云：

「心之色心」者，即事明「理具」也。初言「心」者，趣舉
剎那也。「之」者語助也。「色心」者性德三千也。圓家明
性，既非「但理」，乃具三千之性也。此性圓融遍入，同居
剎那心中。此「心之色心」乃祇心是三千色心，如物之八相
更無前後，即同《止觀》「心具」之義，亦向「心、性」之
義。三千色心一不可改，故名爲性。此一句約理明總別。本
具三千爲別，剎那一念爲總。以三千同一性故，故總在一念
也。

案：此「心之色心」一句是「約理明總別」，即上文第一重「理則
性德緣了」也。「心之色心乃祇心是三千色心」，心是一念剎那
心，故爲「總」，色心即三千色心，故爲別。心與色心之關係同于
八相遷物，「祇物論相遷，祇相遷論物」，已見于《摩訶止觀》論
〈不思議境〉處。故云「即同《止觀》心具之義」，一念心即具三
千，非縱非橫，故爲不思議境也。「亦向心、性之義」者即原文上
半段「一切諸法無非心、性」之心、性。「不變隨緣名心」，心與
色心皆由「不變隨緣」而說。此即知禮所謂「即事明理具也」。一
念心是事，三千色心亦是事。「不變隨緣」即「法性無住，法性即
無明」而爲「一念無明法性心」並即具十法界也，此即是心。由此
明「理具」，即即此事心明「迷中實相，一性無性」，一性即無明
而爲一念心即具十法界，三千宛然，即空假中也。凡言理皆指「迷
中中道實相，一性無性，法性即無明」之實相理或法性理而言。故
字面是一念心具，而實即是迷中之理或性具也。若不知天台家說一
念心之來歷，而只就一念心說理具或性具，則理字性字必落空，而

成爲虛說的理字或性字，或只成爲副詞者。由許多籠統辭語觀之，彷彿有此一相，而實不如此也。

　　不變隨緣既名心，則隨緣不變即是性，此即是無明無住，無明即法性也。故由隨緣事心之三千之不變而名性也。三千色心以如爲相，以如爲位，故並皆不變也。「是法住法位，世間相常住」。故云：「三千色心一不可改，故名爲性」。此語之恰當意義即「隨緣不變名性」也。其不可改者，正因其以如爲相，以如爲位，故即由此「不可改」處可直名爲性也。而「一性無性，三千宛然」，則又回來而爲一念心矣。故一念三千即是「心、性」之義。心而性，則無明無住，無明即法性，此顯「**性**」義，亦顯「**不變**」義。性而心，則法性無住，法性即無明，此顯「**一念心**」義，亦顯「**性具**」義。故凡言性具或理具皆就「迷中實相，一性無性」而言也。此即由無住本立一切法也。「圓家明性，既非但理，乃具三千之性也。」既非「但理」，則圓家所說之中道實相法性理即非別教之眞常心，乃就「圓一念」而說也。就「圓一念」而說，故亦就圓一念在「不斷斷」中顯。故一方「即事明理具」，此爲理一重之總別，一方亦即事顯實相、迷實相，此爲事三重之總別。（知禮云：「以三千同一性故，故總在一念」。此語不甚有意義。）

　　　「即心名變」等者，即上具三千之心，隨染淨緣，不變而變，非造而造，故成修中三千事相。變雖兼別，造雖通四〔通藏通別圓四教〕，今即具心名變，此變名造，則唯屬圓，不通三教。此二句〔「即心名變，變名爲造」二句〕則事中總別。變造三千爲別，刹那一念爲總。亦以三千同一性

故，故咸趣一念也。

「造謂體用」者，指上變造即全體起用。故因前心具色心，隨緣變造，修中色心乃以性中三千爲體，修起三千爲用，則全理體起于事用，方是圓教隨緣之義。故《輔行》〔〈卷第五之三〉〕云：「心造有二種。一者約理，造即是具。二者約事，乃明三世凡聖變造。」即結云：「皆由理具，方有事用。」〔案：此段文詳見前1.1引〕。此文還合彼不？〔案：意謂此處「造謂體用」之文還合彼《輔行》文義否？自然是合。所以有此問者，以有舊本爲「造謂體同」。「同」字誤，下文有辨。〕

問：變名本出《楞伽》。彼云：「不思議熏，不思議變故」。造名本出《華嚴》。彼云：「造種種五陰。」故《華嚴》唯有二教，《楞伽》合具四教。何故《金錍》云：「變義唯二，造通于四？」

答：部中具教多少雖爾，今約字義，通局不同。何者？大凡云變，多約當體改轉得名，故變名則局。若論造者，乃有轉變之造，亦有構集之造，故造名則通。別圓皆有中實之性，是故二教指變爲造。藏通既無中實之體，但明業感構造諸法，不云變也。大乘唯心，小乘由心。故云：「變則唯二，造則通四。」

〔此下問答辨舊本「造謂體同」之非，略。〕

問：他云：「之猶往也。即全眞心往趣色心，則全理作事。」此義如何？

答：非唯銷文不婉，抑亦立理全乖。何者？心不往時，遂不

具色心耶？又與心變義同〔與真心隨緣變現之義同〕，正招
「從心生法」之過〔「從心生法」意即從真心隨緣生法〕。
況直云心是真理者，朗乖《金錍》釋心。既云「不變隨緣名
心」〔此《止觀大意》中語，見上。《金錍》則說：「夫唯
心之言，豈唯真心？」〕何得直云真理？又，「造謂體
用」，方順文勢。如何以「同」釋造？〔案：舊本爲「造謂
體同」，同字自誤。山外諸師既以真常心釋心（「心之色
心」之心，即一念），又訓「之」爲往，又從舊本之「體
同」，皆非是。彼等于天台文獻自不如知禮之精熟。〕
問：若真心往作色心，有「從心生法」之過者，文云：「即
心名變」，亦有此過耶？
答：不明刹那具德，唯執真心變作，灼然須招斯過。今先明
心具色心，方論隨緣變造，乃是全性起修，作而無作，何過
之有？
問：「即心名變」，此心爲理〔耶〕？事耶？〔案：原脫一
「耶」字〕。若理者，上約隨緣名心。若事者，乃成事作于
事，那言全理起事？
答：《止觀》指陰入心能造一切，而云全理成事者，蓋由此
心本具三千，方能變造，乃是約具名變。既非「但理」變
造，自異別教也。

案：此最後一問答即示「《止觀》指陰入心能造一切」，此「陰入
心」即一念「無明法性心」，必須通過「迷中實相，一性無性」而
了解之，了解之爲理具或性具，始可言「全理成事」。「全理成

事」者，全理具成事用也，非全眞常心之理（靈知眞性之理）隨緣起現一切以成事用也。此後者是性起，非性具，而性字意義亦不同。「從心生法」是指別敎性起說。「從心生法之過」是指以別敎性起解「心之色心」說。別敎自身非過，只是權敎，非圓實敎耳。其餘順文易解。

　　5.知禮繼上復進而解「是則非色非心，而色而心，唯色唯心，良由于此」等句云：

　　「是則」下，結成三諦者，上之事理三千皆以剎那心法爲總。〔依知禮之科判，上四句明理事，「是則」下四句結成三諦。彼之科判標數甚爲煩瑣，今只直引解文。〕心空，故理事諸法皆空，即「非色非心」也。心假，故理事諸法皆假，即「而色而心」也。心中，故理事諸法皆中，即「唯色唯心」也。故《輔行》〔〈卷第五之三〉〕云：「並由理具，方有事用。今欲修觀，但觀理具。俱破俱立，俱是法界，任運攝得權實所現。」言「良由于此」者，即由「心之色心」故（原注：理也），「即心名變」故（原注：事也），「全體起用」故（原注：理事合也），方能一空一切空，一假一切假，一中一切中也。他解此文，分擘對當，大義全失。仍不許對三諦，而云「此中未論修觀故」。設未修觀，立諦何妨？況此色心本是諦境，更有人互對三諦，云得圓意，蓋不足言也。

　　案：知禮此解，以「非色非心，而色而心，唯色唯心」三句對空假

中三諦。此自可說，然于分際不甚切當。此三句似可直就色心不二
說。蓋此文本屬「色心不二門」。上半段只言總別：一念爲總，色
心爲別。光說總別，尚不能充分表示出「色心不二」之義。今言
「心之色心」，乃至色心之變造，以及因此而言「非色非心，而色
而心，唯色唯心」，方能充分表示出「色心不二」之義。先明乎
此，則三諦境雖亦可說，然分際不可漫。否則「色心不二」無著
處。空假中到處可說也。

　　「心之色心」，「之」字爲語助詞，不誤。此言一念無明法性
心，煩惱心，就是色心：色的心，心的色。煩惱心遍即是生死色
遍。此是「理具」上之色心不二。此色心之變造（即心名變，變名
爲造），以及就此變造說體用（造謂體用），便是「事造」上之三
千，亦仍是色心不二。「非色非心」等三句則是統就理具事造而言
色心不二。所以如此言者，色心不二固由「心之色心」等而然，然
亦必須通過相遮相表迴環終窮以明之。心之色心，說它是色，它不
是色而是心，此就是「而心」；說它是心，它不是心而是色，此就
是「而色」。故「非色非心，而色而心」也。如此，終窮言之，一
切法趣心而唯是心，是趣不過；一切法趣色而唯是色，是趣不過；
亦可一切法趣聲香味趣而唯聲唯香唯味唯觸，是趣亦不過也。（是
趣不過是終窮義）。是故得云「唯色唯心」。理具事造，以實相觀
與唯識觀觀之，俱是即空即假即中。此中雖不必論修觀，然理具事
造之三諦理亦自如此。此是客觀地就法理言之也。固是如此，但卻
不必直以此三句對空假中三諦也。此「非色非心」句不必即是空
義，雖亦可通過「非色非心」而說空。「而色而心」句不必即是假
義，雖亦可通過「而色而心」而說假。「唯色唯心」不必即是中

義，雖亦可通過一切法趣某而唯某之「唯」字而說中。（嚴格說，一切法趣有趣空趣不有不空爲中，光是「唯色唯心」尙不足。故以此句對中尙不甚恰。）是故此三句只是相遮相表迴環終窮以明色心不二。「唯色唯心」是終窮說。以之說中諦，不顯亦不切。此義見之于《四念處》。

智者《四念處‧卷第四》說「圓教四念處」處有云：

> 所言「四」者，不可思議數。一即無量，無量即一。一一皆是法界，三諦具足，攝一切法。出法界外，更無有法界。無法界具足法界；雖無法，具足諸法：是不可思議數也。……「念」者觀慧也。《大論》云：「念、想、智者，一法異名。初，錄心名念；次，習行名想；後，成辦名智。」「處」者，境也，從初不離薩婆若〔一切智〕。能觀之智照而常寂，名之爲念。所觀之境寂而常照，名之爲處。境寂，智亦寂。智照，境亦照。一相無相，無相一相，即是實相。實相即一實諦，亦名虛空佛性，亦名大般涅槃。如是境智無二無異。如如之境即如如之智，智即是境。說智及智處，皆名爲般若。亦例云：說處及處智，皆名爲所諦。是非境之境而言爲境，非智之智而言爲智。亦名心寂三昧，亦名色寂三昧。亦是明心三昧，亦是明色三昧。《請觀音》云：「身出大智光，如燒紫金山。」《大經》云：「光明者即是智慧」。《金光明》云：「不可思議智境，不可思議智照。」此諸經皆明念只是處，處只是念。色心不二，不二而二。爲化眾生，假名說二耳。

此之觀慧只觀眾生一念無明心。此心即是法性，爲因緣所生，即空即假即中：一心三心，三心一心。此觀亦名一切種智。此境亦名一圓諦。一諦三諦，三諦一諦。……雖言三智，其實一心。爲向人說，令易解故，而說爲三。

若教道爲言，所斷煩惱，如翻大地，河海俱覆，似崩大樹，根枝悉倒。用此智斷惑，亦復如是。通別塵沙無明〔通教別教的塵沙惑與無明惑〕一時清淨；無量功德，諸波羅蜜，萬行法門，具足無減；佛法秘藏悉現在前。《大品》云：「諸法雖空，一心具萬行。」《大經》云：「發心、畢竟二不別。」《法華》云：「本末究竟等。」故名妙覺平等道。當知此慧即法界心靈之源，三世諸佛無上法母。以法常故，諸佛亦常。樂、我、淨等亦復如是。亦名實所，亦名秘藏，佛及一切之所同歸。前三藏隘路，不得並行。通教共稟、共行、共入，入不能深。別教紆迴，歷別遙遠，即不能達。今此念處，曠若虛空，際于無際。猶如直繩，直入四海。故名圓教四念處也。〔下贊嘆圓念處之高廣，略〕。

欲重說此義，更引天親唯識論。唯是一識，復有分別識，無分別識。分別識者，是識識。無分別者，似塵識。一切法界所有瓶衣車乘等，皆是無分別識，成三無性。三無性名非安立諦。如彼具說。龍樹云：「四念處即摩訶衍，摩訶衍即四念處。」一切法趣身念處，即是一「性色」得有分別色，無分別色。分別色，如言光明，即是智慧也。無分別色，即是法界，四大所成皆是無分別等，是色心不二。彼既得作兩識之名，此亦作兩色之名。若色心相對，離色無心，離心無

色。若不得作此分別色、無分別色，云何得作分別識、無分別識耶？若圓說者，亦得唯色，唯聲，唯香，唯味，唯觸，唯識。若合論，一一法皆具足法界。諸法等，故般若等。內照既等，外化亦等。即是四隨逐物，情有難易。〔四隨者，隨樂欲，隨機宜，隨對治，隨第一義。〕

《大論》曰：「一切法併空，何須更用十喻？答：空有二種，一難解空，二易解空。十喻是易解空。今以易解空喻難解空。」唯識意亦如是。但約唯識，具一切法門。而眾生有兩種：一、多著外色，少著內識；二、多著內識，少著外色。如上界多著內識，下二界著外色多，內識少，如學問人多向外解。若約識爲唯識論者，破外向內。今觀明白十法界皆是一識。識空，十法界空；識假，十法界假；識中，十法界亦中。專以內心破一切法。若外觀十法界，即見內心。當知若色若識皆是唯識，若色若識皆是唯色。今雖說色、心兩名，其實只一念無明法性十法界，即是不可思議一心具一切因緣所生法。一句，名爲「一念無明法性心」；若廣說四句，成一偈，即因緣所生心即空即假即中。

……

《華嚴》云：「心如工畫師，造種種五陰。一切世間中，無不由心造。」諸陰只心作耳。觀無明心畢竟無所有，而能出十界諸陰，此即不思議。如《法華》云：「一念夢行因得果」。在一念眠中，無明心與法性合，起無量煩惱。尋此煩惱，即得法性。

問：別圓俱作此譬，云何異？

答：別則隔歷，圓則一念具。如芥子含須彌山，故名不思
議。《華嚴・性起品》云：「一微塵中有大千經卷。智人開
塵出經。」是一念無明心有煩惱法，有智慧法。煩惱是惡
塵、善塵、無記塵，開出法身、般若、解脫。《法華》云：
「如是性、相、等」。一界十界，百千法界，究竟平等。今
觀此無明心從何而生？爲從無明？爲從法性？爲共？爲離？
若自若他，四皆叵得，名空解脫門。只觀心性爲有爲無？爲
共爲離？若常若斷，四倒不可得，名無相解脫門。只此心性
爲眞爲緣？爲共爲離？非四句所作，名無作解脫門。無生而
說生，生十法界相性也。無明性即是實性，亦言無明即是
明，明亦不可得，是爲入不二法門。但眾生迷倒，不見心之
無心，明成無明。云云。

案：此全文其抒義與思路全同于《摩訶止觀》之言不思議境。自
「欲重說此義」下四段文即荊溪「色心不二門」之所本，亦可說
「色心不二門」是此四段文之簡括敘述。知禮何不依此四段文作解
耶？中間以天親唯識來表示分別識與無分別識，分別色與無分別
色，乃至圓說之「唯色、唯聲、唯香、唯味、唯觸、唯識」，以及
合論之「一一法皆具足法界」，顯是表示「色心不二」之義，並不
是以「唯色唯心」對中諦也。「當知若色若識皆是唯識，若色若識
皆是唯色。」此明是一切法趣識，是趣不過；一切法趣色，是趣不
過；乃至趣香，只是一香；趣味，只是一味；趣聲趣觸，只是一聲
一觸。是即《金剛錍》所謂「煩惱心遍」，「生死色遍」。心遍，
只是一心。色遍，只是一色。此正是圓說終窮之「色心不二」。是

故智者云：「今雖說色心兩名，其實只一念無明法性十法界，即是不可思議一心具一切因緣所生法。」此與荊溪所說「心之色心，即心名變，變名爲造，造謂體用」同也。上錄《四念處》文是從分別識與無分別識，乃至唯色唯識，說至色心不二，不可思議一心具一切因緣所生法，而荊溪則由「當知心之色心，即心名變」云云，說至「非色非心，而色而心，唯色唯心」。其抒義與思路豈非全同？知禮何不依此作解？而云「結成三諦」，以「非色非心」等三句對三諦，此既嫌著，又于解「心色不二門」不切當也。

《金剛錍》云：「以由煩惱心性體遍，云佛性遍。故知不識佛性遍者，良由不知煩惱性遍故，唯心之言，豈唯眞心？子尚不知煩惱心遍，安能了知生死色遍？色何以遍？色即心故。」此是《金剛錍》有名的句子。《金剛錍》說此數語旨在明佛性遍一切處，無情亦有佛性。「無情有性」是另一問題，見下第七節。今看此數語是重在「煩惱心遍」，「生死色遍」，「色何以遍，色即心故。」此色心不二之煩惱心即無明心。「唯心之言，豈唯眞心？」雖非「唯眞心」，但此「一念無明心有煩惱法，有智慧法。」「在一念眠中，無明心與法性合，起無量煩惱。尋此煩惱，即得法性。」「無明心與法性合」即所謂「一念無明法性心」。此後一詞語最好。《摩訶止觀》說不思議境處尚無如此之完整語。初只說一念三千。但後說「應言無明法法性，生一切法，如眠法法心，則有一切夢事。」此則同于「一念無明法性心」也。表面是一念心具，而底子則是「法性無住，法性即無明」，迷中之法性具。蓋由「法性無住，法性即無明」而成爲「一念無明法性心」，由此立一切法也。故云性具或理具。性者，即無明之法性也。理者，迷中之實相理

也。

　　此「一念無明法性心」是色心不二之心，同時亦是「有煩惱
法，有智慧法」者。故此「色心不二門」繼「唯色唯心」，即說：
「故知但識一念，便見己他生佛。他生他佛尚與心同，況己心生佛
寧乖一念？」其他之眾生與佛以及己心之眾生與佛盡在此「一念無
明法性心」中。心佛眾生，三無差別。心具一切（三千世間），佛
具一切，眾生亦具一切。但亦有差別：「心定在因，佛定在果，眾
生一往通因果，二往唯局因。」（《法華玄義》）。因此，「眾生
但理，諸佛得事。眾生但事，諸佛證理。是則眾生唯有迷中之事
理，諸佛具有悟中之事理。」（《金剛錍》）。而《法華文句記·
卷第七下》亦云：「理則性德緣了，事則修德三因，迷則三道流
轉，悟則果中勝用。如是四重並由迷中實相而立。」亦可以說並由
「一念無明法性心」而立。如是，方有理事，性修，迷悟，因果，
乃至體用，染淨等之可言，不是毫無界脈也。惟此等界脈乃是在
「三道即三德」下，在「不斷斷」中顯，故說之為難耳。

第三節
修性不二門

　　色心不二門下，只提出修性不二，因果不二，染淨不二，三門
言之。以基本觀念皆在此故。餘內外、依正、自他、三業、權實、
受潤，六不二門，則從略。修性、因果、染淨三不二門之意旨實已
含于前色心不二門中。茲特為提出以明確之，使讀者對于此等基本
概念有恰當之了解。

荆溪明修性不二門云：

> 三、修性不二門者，性德只是界如一念，此内界如三法具
> 足。性雖本爾，藉智起修。由修照性，由性發修。存性，則
> 全修成性。起修，則全性成修。性無所移，修常宛爾。
>
> 修又二種，順修逆修。順謂了性爲行，逆謂背性成迷。迷了
> 二心，心雖不二，逆順二性，性事恆殊。可由事不移心，則
> 令迷修成了？故須一期迷了，照性成修。見性修心，二心俱
> 泯。
>
> 又了順修對性，有離有合。離謂修性各三，合謂修二性一。
> 修二各三，共發性三。是則修雖具九，九只是三。爲對性明
> 修，故合修爲二。二與一性，如水爲波。二亦無二，亦如波
> 水。應知性指三障，是故具三。修從性成，成三法爾。達無
> 修性，唯一妙乘。無所分別，法界洞朗。

案：此爲修性不二門之全文。此種四字句大類謎語，如不加疏釋，
何由得解？

　　1.知禮《指要鈔》先解「修性不二門」標題云：

> 修謂修治造作，即變造三千。性謂本有不改，即理具三千。
> 今示全性起修，則諸行無作。全修在性，則一念圓成。是則
> 修外無性，性外無修。互泯互融，故稱不二，而就心法妙爲
> 門。

案：此是就標題作總解也。何以言修性不二？「修」是指變造三千
說，「性」是指理具三千說。如前引《法華文句記・卷第七下》所
云「事則修德三因，迷則三道流轉，悟則果中勝用」三重皆屬修事
也；所云「理則性德緣了」一重，則屬性也。無論變造三千，或理
具三千，皆可該括之以三軌，故荊溪原文開頭即說「此內界如三法
具足」也。三法即三軌也。總說爲三軌，散說有各種三法。如前第
二章所引《金光明經玄義》中之十種三法便是。從理具三千說性德
三軌，從變造三千說修德三軌。無論在修在性，皆是同一三千，同
一三軌，故修性不二也。「性謂本有不改，即理具三千」。「性」
是總就性具（理具）而言，不只是空如法性理也。不但是如性不
改，即所即具之三千世間法亦同樣「本有不改」也。此之謂性德三
千，性德三軌。以性德三千故，故「全性起修，諸行無作」。修德
上之三千即本有三千之隨或迷或悟任運而現也，非另有增益也。既
非另有增益，故「全修在性，一念圓成」。「全修在性」者，即全
部之修行只在存乎性德之本有通過修顯而完成之也。是故「修外無
性，性外無修，互泯互融，故稱不二」也。此是籠統地先講修性不
二之義。至于何以能「全性起修」，則以下逐步明之。

　　2.知禮進而解「性德只是界如一念，此內界如三法具足」兩句
云：

　　　言「德」者，即本具三千皆常樂我淨故。「界如一念」即前
　　　內境具德刹那心也。〔當前內陰識境具德刹那心〕。界如
　　　〔百界千如〕既即空假中，任運成于三德三軌等。即空是般
　　　若，清淨義故；即假是解脫，自在義故；即中是法身，究竟

義故。諸三例之。……

案：知禮解「性德」是就「本具三千皆常樂我淨」說，此是推進一步說「德」，不免有跨越之嫌。實則此德字不必這樣偏指常樂我淨說。一念百界千如（界如一念）或三千世間皆是性德。故荊溪只云「性德只是界如一念」。「性德」者，三千法門皆是「法性無住，法性即無明」所具而本有之德也。德者得也。得而本具即為德，故曰「性德」。德是總就三千法或百界千如說，不偏指常樂我淨說也。下句云：「此內界如三法具足」，意言此內陰識境的一念百界千如或一念三千即具足十種三法也。一念無明法性心即是百界千如，百界千如即具十種三法。此即《金光明經玄義》所說之「從法性無住本立一切教法」也。（參看前第二章第二節）。百界千如，十種三法，皆是性德。既皆是性德，則乃是「三千在理，同名無明；三千果成，咸稱常樂。」（下因果不二門語）。此是說「三千在理同名無明」之性德，非是說「三千果成咸稱常樂」之果德也。故知禮以「本具三千皆常樂我淨」說「性德」，有跨越之嫌，為不諦也。

3.知禮進而解「性雖本爾，藉智起修，由修照性，由性發修」四句云：

> 性雖具足，全體在迷。必藉妙智解了，發起圓修。故云：「性雖本爾，藉智起修。」由此智行方能照徹性德，而此智行復由性德全體而發。若非性發，不能照性。若非徹照，性無由顯。故云：「由修照性，由性發修。」此二句正辨相成

之相。

案：此解諦當，無問題。然吾人必須知「藉智起修」，所藉之「妙智解了」根本是源于了因佛性，非是藉一無根無而外來之智也。此即示眾生心中本有解脫種與般若種，亦即緣了二種因性。此是分解地說者。依《大涅槃經》三因佛性俱是分解地說者。正因佛性是中道第一義空，此是客觀地說的法佛性。緣了二佛性，以緣因從了因，此可總名曰主觀說的佛性，即覺佛性。此可曰主觀的主體性，法佛性是客觀的主體性。正由主觀的主體性始可證顯那客觀的主體性而成佛。凡此俱是分解地說明三因佛性之詞意，亦是分解地展示成佛所以可能之超越的根據。此為所已分解地預設者。今圓說「藉智起修」，則是偏重在界如一念之理具三千，將那已知的三因佛性，尤其緣了二佛性之主體之能，渾融于理具三千中而明之。蓋正因佛性中道第一義空是就三千法而為中道第一義空，不只是說一個中道空理也。緣因佛性解脫斷德是就三千法而為斷德，不只是說一個只為主體之能之斷德也。了因佛性般若智德是就三千法而為智德，不只是說一個只為主體之能之智德也。就三千法而為三因佛性，此即所謂性德三因。此「性德」是籠綜地就界如一念，一念三千，而說，亦可以說是偏重在法上說，不是分解地就主體之能而說。那主體之能就渾融在這三千法上。那分解地說者是所已知者，今不須再說了。若一往順這分解地說的主體之能而言其「不變隨緣，隨緣不變」，那是別教說，非圓教說。

性德三因既是就界如一念，一念三千，而說，則渾融于其中的主體之能（緣了二因性）即在「不斷斷」中躍動呈現。此中就了因

佛性說，此即是「藉智起修」中所藉之智，藉之以使「起修」爲可能者。藉智起修同時亦函藉斷起修。蓋藉智起修不只是妙智解了之觀智，亦要在此觀智中逐步斷見思惑，塵沙惑，以及根本惑（無明惑），而徹底內心清淨，外法明透，總之，是「解心無染」也。但須知此智德斷德是就界如一念，一念三千，而爲智德斷德。界如一念即是由「法性無住，法性即無明」而成，則一念三千即全體在迷。三道即三德，不斷斷，即就此在迷之三千法而說。「不斷」者，不斷此在迷之三千法，惑業苦之三道法也。「斷」者，智德斷德之主體之能即于迷中之三千法躍動呈現而解心無染也，通達惡際即是實際也。旣是解心無染，即是轉迷成悟；而十界互融之三千法則無一可斷可改也。此不可斷不可改之三千法（除病不除法），若就理具三千說，即是迷中之三千，亦曰「三千在理，同名無明。」就此迷中之三千，依三道即三德，即說爲性德三因，亦名性德三軌。當說此性德三因或性德三軌時，不只是就那主體之能（客觀的主體與主觀的主體）說也。故「性雖本爾，藉智起修」，「性」是指性德三千（界如一念）說，不是偏指那分解說的法性；而「修」是由性德三千而起修德三千，不是單由那分解說的法性起修行而單顯那法性也。同樣，「由修照性，由性發修」，亦不是由修單照顯那法性理，單由那法性理以發修，而乃是由修德之無染著智照以悟顯那性德上迷染之三千以去其迷染而使之轉爲修德上之三千也，亦是正由性德之三千始能于「不斷斷」中發起修德之三千，蓋「並由理具，方有事用」也。此即爲三千不改，修性不二。凡此，皆不是「偏指清淨眞如（靈知眞性）」說也。而「藉智起修」，所藉之智之主體之能亦正混融於「界如一念」中而於「不斷斷」中顯，而層

次分際不可亂也。若因界如一念既全體在迷，則此中並無智德可言，因此，遂疑「藉智起修」為無根，或不然，遂將性德或一念直解為靈知真性，偏指真心以說智，由此而言修性，此種疑問與轉解皆非是，即非圓教說，乃退而為別教說。別教說只是分解地顯一靈知真性以為性，由此言起修，此乃是一條鞭地一層說。而圓教說，則是將智德之主體之能混融於界如一念中，在「不斷斷」中顯，此為一層；而「性德」是就一念三千說，不就靈知真性說，而「一念」亦非指真心說，而是就無明法性心說，由此「圓一念」面說修性，此又為另一層。此兩層混融而為一，故為圓說；而亦顯得難把握，好像是泥裏鰍，無眉目，無分際，一團糊塗；而其實眉目朗然，分際不亂也，惟表達不易耳。故為詳說，以助理解。

4.知禮解「存性，則全修成性」至「修常宛爾」四句云：

> 相成之義雖顯，恐謂修從顯發方有，性德稍異修成，故今全指修成本來已具。如《止觀》廣辨三千之相，雖是逆順二修，全為顯於性具，則「全修成性」也。又，一一行業，因果自他，雖假修成，全是性德三千顯現，故云：「全性成修」也。又，雖「全性起修」，而未嘗少虧性德，以常不改故，故云「性無所移」。雖「全修成性」，而未始暫闕修德，以常變造故，故云「修常宛爾」。然若知修性各論三千，則諸義皆顯。故荊溪〔《法華文句記·卷第七下》釋「一相一味」處〕云：「諸家不明修性」，蓋不如此明也。

案：「存性，則全修成性」，意即：若自存諸性者而言之，則全部

修德三千即在完成性德三千，非於修德外別有性德也。此如全波爲水，亦即知禮解此門標題中所謂「修外無性」，「全修成性，則一念圓成」也。「起修，則全性成修」，意即：「若自起乎修行而言之，則全部性德三千即成修德三千，非於性德外另有造作也。此如全水爲波，亦即知禮解題中所謂「性外無修」，「全性起修，則諸行無作」也。修德三千即存性德已有之三千，性德三千即起而爲修德之三千。三千不改，故雖「全性起修」，而「性無所移」。無作而作，故雖「全修成性」，而「修常宛爾」。迷悟有異，故修性有別。三千不改，故修性不二。凡欲了天台家所言之修性者，皆當如此了解，不可以別教之方式了解之。故知禮最後引荊溪語「諸家不明修性」，並云：其所以不明者，「蓋不如此明也」。

　　茲查智者《法華文句・卷第七上》釋《法華經・藥草喻品》「如來說法一相一味，所謂解脫相，離相，滅相，究竟至於一切種智」云：「所謂下，雙釋一相一味。衆生心性即是性德解脫、遠離、寂滅三種之相。如來一音說此三法，即是三味。此三相則以爲境界，緣生中道之行，終則得爲一切智果，故言究竟至於一切種智也。」荊溪《文句記・卷第七下》釋此文云：「此性三德〔性德解脫、遠離、寂滅三種之相〕雖有三相，祇是一相。……由佛說故，此性可修。性本無名，具足諸名。故無說而說，說即成教〔一味教〕。依教修習，方名修三。比讀此教者不知修性，如何消釋此中疏文？敬請讀者行者思之照之。」知禮引爲「諸家不明修性」，蓋「比讀此教者不知修性」一語之變換說耳。若「不知修性，如何消釋此中疏文」，意者如何能消釋智者大師此《文句》文也。智者云：「衆生心性即是性德解脫、遠離、寂滅三種之相」，此是依

《法華經》「解脫相、離相、滅相」說。此三相即是性德三相，亦即性德三因、性德三軌之另一種說法。「解脫相者即於業道是解脫德，離相者即於煩惱是般若德，滅相者即於苦道是法身德。」（荊溪此處下文解語）。三相實即一相，一相無相，即是實相。實相一相約理說，一味約教說。眾生心性即是性德三相，即約理說也。「眾生心性」即「一念無明法性心即具十法界性德三軌」之心性也。此本是不思議境，故「性本無名」。此性即法性無住，法性即無明，性具之性也，不是分解說的「靈知眞性」之性。雖「本無名」，而「具足諸名」，「故無說而說，說即成教」。此教即「一味」教。「依教修習，方名修三」，即修德中之三相也。通過修習，方「究竟至于一切種智」。以性德三相爲境，緣修中道之行，是名修習。故智者即已以「全性起修，全修成性」之修性不二釋經文矣。若不如此明修性，如何能了解智者之疏文？又如何能了解荊溪所說之「修性不二」？智者、荊溪、知禮，一脈相承，無二致也。

　　5.知禮進而解順修逆修一段云：

　　　　上之全性起修，一往且論順修。修名既通，有順有逆。今欲雙忘，先須對辨。「了性爲行」者，即「藉智起修」也。「背性成迷」者，始從無間〔五無間罪業〕，至別教道，皆背性故。逆稱修者，即修惡之類也。「心雖不仁」等者，隨緣迷了之處，心性不變，故云「不二」。逆順二性是全體隨緣故，即理之事常分，故曰「事殊」。是則以前稱圓理修，對今背性，故成二也。

〔可由事不移心，則令迷修成了？〕「可」，不可也。「由」，因也。不可因逆順二事同一心性，便令迷逆之事作了順也。此乃責其不分迷悟也。故立正理云：「故須一期迷了，照性成修」。言「一期」者，即與「一往」之語同類，乃非終畢之義也。蓋言雖據寂理，二修終泯，且須一期改迷爲了。了心若發，必「照性成修」。若見性修心，自然「二心俱泯」。此義顯然，如指諸掌。人何惑焉？豈非逆修如病，順修如藥？雖知藥病終須兩忘，一往且須服藥治病。藥力若效，其身必康。身若安康，藥病俱泯。法喻如此，智者思之。

案：以上言「由修照性，由性發修」，「修」一往是順修。但「修名既通，有順有逆。」順修者，藉中道圓智以起圓修，照了圓性以成圓行也。此言順修，皆就圓教言。逆修者，「背性成迷」，「始從無間，至別教道，皆背性故。」從無間罪，乃至一般說的六道衆生，固是背性成迷，即聲聞緣覺，直至別教道，亦皆是背性成迷。背性而迷，即爲「逆」。故知此逆修所含甚廣也。無間罪全是罪行，固是迷逆之極。一般說的六道衆生雖亦有世間善，有漏善，然對佛法而言，仍是在迷逆之中。此名曰逆，可不必對圓教而說其爲逆。聲聞緣覺，至別教道，已與於佛法矣，一般言之，此正是順修，何得曰逆？此而亦曰逆者，正對圓教而言也。故知凡非稱圓教而修者，此在天台，亦名曰逆。不聞圓理，背圓性故。背即是迷，即是逆。

逆而稱修者，無間罪及一般衆生根本無修，何得曰修？此而曰

修，須有一轉折，即「浪子回頭金不換」之意。此在天台，名曰
「修惡」。「修惡」之語很籠統含混。其意當然不是教人修持惡
事，亦不是於修行中帶有惡（修中之惡），而乃是順逆惡之事亦得
成修也。故逆而曰修，須一轉折。修惡改為惡修，也許聽起來，順
適一點。惡修即逆修。順修是正面順圓聞圓信圓理圓性而修。逆修
則是負面完全背此圓聞圓信圓理圓性而冥行，即於此冥行亦可成修
也。蓋三道即三德，無明即法性，一旦醒悟，通達惡際即是實際，
此即是逆修惡修也。但必須有一轉折始可。並非惡行本身是修也。

藏、通、別三教，一般說當然是順修。但既不聞圓理，而背圓
性，雖順亦逆，雖善亦惡，此是推高一層說。即就其為逆為惡，一
經開決，亦可成圓修，故比亦賅括在逆修惡修中。知禮只簡單地說
「逆修」是「修惡之類」。須知此逆修、修惡之詞並不很容易了
解。《摩訶止觀》第一章講「隨自意三昧」處對此有詳細之說明，
茲錄之於下，以助了解：

> 以隨自意歷諸惡事者，夫善惡無定，如諸蔽為惡，事度為
> 善；人天報盡，還墮三塗，已復是惡。何以故？蔽、度俱非
> 動出，體皆是惡。二乘出苦，名之為善。二乘雖善，但能自
> 度，非善人相。《大論》云：「寧起惡癩野干心，不生聲聞
> 辟支佛意。」〔案：野干、狐類〕。當知生死涅槃俱復是
> 惡。六度菩薩慈悲兼濟，此乃稱善。雖能兼濟，如毒器貯
> 食，食則殺人，已復是惡。三乘同斷，此乃稱好，而不見別
> 理，還屬二邊，無明未吐，已復是惡。別教為善，雖見別
> 理，猶帶方便，不能稱理。《大經》云：「自此之前，我等

皆名邪見人也。」邪豈非惡？唯圓法名爲善。〔案：此即知禮所謂「始從無間，至別敎道，皆背性故」，故皆爲「背性成迷」。〕

善順實相，名爲道。背實相，名非道。若達諸惡非惡，皆是實相，即「行於非道，通達佛道。」若於佛道生著，不消甘露，道成非道。如此論善惡，其義則通。今就別明善惡，事度是善，諸蔽爲惡。善法用觀已如上說。就惡明觀今當說。前雖觀善，其蔽不息。煩惱浩然，無時不起。若觀於他，惡亦無量。故修一切世間不可樂想時，則不見好人，無好國土，純諸蔽惡而自纏裹。縱不全有蔽，而偏起不善。或多慳貪，或多犯戒，多瞋多恚，多嗜酒味。根性易奪，必有過患，其誰無失？出家離世，行猶不備。白衣受欲，非行道人，惡是其分。羅漢殘習，何況凡夫？凡夫若縱惡蔽，摧折俯墜，永無出期。當於惡中而修觀慧。如佛世時，在家之人帶妻挾子，官方俗務，皆能得道。央掘摩羅彌殺彌慈，祇陀末利唯酒唯戒，和須密多淫而梵行，提婆達多邪見即正。若諸惡中一向是惡，不得修道者，如此諸人永作凡夫。以惡中有道故，雖行衆蔽，而得成聖。故知惡不妨道。又道不妨惡，須陀洹人淫欲轉盛，畢陵尚慢，身子生瞋，於其無漏有何損益？「譬如虛空中，明暗不相除，顯出佛菩提。」即此意也。

若人性多貪欲，穢濁熾盛，雖對治折伏，彌更增劇。但恣趣向。何以故？蔽若不起，不得修觀。譬如綸釣，魚強繩弱，不可爭牽。但令鈎餌入口，隨其遠近，任縱浮沈，不久收

穫。于蔽修觀，亦復如是。蔽即惡魚，觀即鉤餌。若無魚者，鉤餌無用。但使有魚，多大唯佳。皆以鉤餌隨之不捨，此蔽不久堪任乘御。

〔此下即言以四運觀貪欲，四句叵得，貪欲畢竟空寂。略。〕

幻化與空，及以法性，不相妨礙。所以者何？若蔽礙法性，法性應破壞。

若法性礙蔽，蔽應不得起。當知蔽即法性，蔽起即法性起，蔽息即法性息。《無行經》云：「貪欲即是道，恚癡亦如是。如是三法中，具一切佛法。若人離貪欲，而更求菩提，譬如天與地。貪欲即菩提。」《淨名》云：「行於非道，通達佛道。」「一切眾生即菩提相，不可復得；即涅槃相，不可復滅。」「爲增上慢，説離淫怒癡名爲解脱。無增上慢者，説淫怒癡性即是解脱。」「一切塵勞是如來種」。山海色味無二無別。即觀諸惡不可思議理也。

案：智者此文既精采，又警策。最後智者又表示常坐，常行，半坐半行三種三昧行法，（此當屬於順修者），「勤策事難，宜須勤修。隨自意和光入惡，一往則易，宜須誠忌。」故無勸修。可見隨自意三昧中之修惡（惡修、逆修）乃大權法，不可輕易言之。然此中確有絕大之智慧，亦見人生爲一絕大之悲劇。「蔽若不起，不得修觀。」「但使有魚，多大唯佳。」只要以觀餌隨之，（觀如鉤餌），不久堪任乘御。浪子回頭金不換。是則蔽惡愈多愈好，愈大愈好。不墮落至極者亦不至大懺悔大徹悟也。此豈非絕大之悲劇？

故《維摩詰經》多鄭重宣說此義，亦是絕大之智慧。天台宗性惡、修惡之義即本此而立。總之，是「以惡毒之名詮不斷惑而明理觀」（知禮《金光明經玄義拾遺記》語，見前第二章第二節），亦即「指冰爲水，指薪爲火，指縛爲脫爾」（智者《金光明經玄義》釋三道中語，亦見前第二章第二節），此總名曰「不斷斷」。蓋諸惡非「一向是惡」。「惡中有道，故雖行衆蔽，而得成聖」。何以故？客觀地言之，諸惡如幻化，無明即法性，「譬如虛空中，明暗不相除，顯出佛菩提」，是即惡法中有菩提道也。主觀地言之，以觀餌隨之，諸惡不久堪任乘御，此即諸惡非一向是惡，諸惡即是道也。此仍是法性無住，法性即無明，故法性不礙蔽（「若法性礙蔽，蔽應不得起」），而無明無住，無明即法性，故諸蔽不礙法性（若蔽礙法性，法性應破壞」）。此互不相礙，即是「惡不妨道，道不妨惡」，「明暗不相除」。以兩不妨礙，不相除故，故得即惡而爲道，因此成爲不斷斷。「是法住法位，世間相常住」。「除病不除法」，三道即三德。是則生死即涅槃，不復更滅，煩惱即菩提，不復更得。此即爲「不斷斷」。不斷者，不斷無明中之生死法、煩惱法也。斷者斷無明之迷執也。夫人間豈不欲無貪恚痴之事乎？然有人間，即有生死；有生死，即有惑業苦。苦無生死，無惑業苦，焉得有人間？無人間，焉得有佛？故佛必即九界而爲佛，不斷九而爲佛，其極必爲不斷斷。是故十界互融如水，情執十界不通如冰。是故雖即佛界，亦有惑業苦性相，不過只有其相，而無其實而已。佛是衆生，然畢竟佛是佛，而不是實衆生。即衆生而爲佛，故只具衆生相，而無衆生實。此即解心無染，通達惡際即是實際，故爲不斷斷也。依此而言除病不除法，除無明有差別。此是佛家依

修圓觀而言也。若在儒家，則不如此說。然結果亦相同。莊子言孔子自謂是「天之戮民」，王弼言「聖人有情」，胡五峰言「天理人欲同體而異用，同行而異情」。此是依道德的性理而言也。聖人遊方之內，不廢禮，不廢學，不廢人間道，故必然受詭詭幻怪之名累，受此天刑而不辭，而自謂是天之戮民。聖人甚至亦不廢殺，然聖人無殺心。聖人不廢情欲，然聖人樂而不淫，哀而不傷，怒而不怨，好惡得其正，有情而不溺于情，有欲而不淫于欲，故亦無貪心，無恚心，無癡心。（佛家是把貪與欲或淫與欲同一化，恚與怒同一化，癡與愛同一化。）故程明道云：「天地之常以其心普萬物而無心，聖人之常以其情應萬事而無情。」吾人只可說佛家繞一大圈子發展至最高峰而至天台圓教，結果仍歸於儒聖天之戮民之境。一切聖人皆天之戮民也。寧有高蹈而不即九界之佛乎？圓佛亦天之戮民也。藏通別三教之佛想不為天之戮民，乃是權教佛，非圓實佛也。即此圓實佛亦只由修圓觀而達之，其教路亦不同於儒聖，雖然結果可歸同一。此在讀者詳審而簡別之，自可見出有偏圓與正圓之不同。吾在此，不便多言，以本書只在述佛教故。

　　6.以上言逆順二修。以下再言「順修對性有離有合」。離合者，性德三法與修德三法間之離合也，非言修與性之離合也。知禮解此段文云：

　　　復置逆修，但論順修法相離合。蓋此修性，在諸經論不易條流。若得此離合意，則不迷修性多少。如《金光明玄義》十種三法，乃是採取經論修性法相，故具離合兩說。如三德，三寶，雖是修德之極，義必該性。三身，三智，文雖約悟，

理必通迷。三識，三道，既指事即理，必全性起修。此六豈非「修性各三」？三因既以一性對智行二修〔以一正因佛性對緣了二修因佛性，正因屬性，緣了即智行二因則屬修〕，三菩提，三大乘，三涅槃，並以一性對證理起用二修。此四豈非「修二性一」。

若「各三」者〔「離謂修性各三」〕，唯屬於圓，以各相主對，全性起修故。「修二性一」〔「合謂修二性一」〕，則兼於別。直以修二顯於一性，則教道所詮〔教道權說〕。若知合九爲三〔修上之二各有三法，爲六法，加上性三，共九法〕，復是圓義。此文多用各三。如云：「性指三障，是故具三。修從性成，成三法爾。」又云：「一念心因既具三軌，此因成果，名三涅槃。」〔此見下因果不二門〕。若後結文「三法相符」〔此是十不二門最後結文中之語〕，雖似「修二性一」，乃合九爲三也。

「修二各三」等者，就合各開。如三般若等，是了因之三。如三菩提等，是緣因之三。共發三道等，正因之三。既發性三，俱云「修九」者，雖兼性三，成爲所發，故皆屬修。〔案：此解「修二各三，共發性三，是則修雖具九，九只是三。」〕

又，凡論修者必須兼性。「九只是三」者，如三般若只是了因，如三解脫只是緣因，如三道等只是正因。〔案：此即「合九爲三」〕。

「爲對」〔「爲對性明修故，合修爲二」〕等者，釋前合意〔「合謂修二性一」〕。性既唯立正因，爲對性以成三，故

修但緣了也。諸合三義，例皆如是。

問：十種三法俱通修性，各可對三德三因，何故三般若等唯對了因，三菩提等獨對緣因？

答：如此對之，方爲圓説。單云了因不少，以具三故。了三自具三因三德等，故緣正亦然。應知一德不少，三九不多。至於不可説法門，豈逾於一耶？

「二與」下〔「二與一性，如水爲波。二亦無二，亦如波水」〕，約喻明修性體同者，〔案：上文是約法明離合相異〕，雖明修性及智行等別，皆不二而二，故約波水橫豎喻之，仍約合中三法而説。開豈不然？初明修二如波，性一如水。二而不二，波水可知。修性既然，修中二法亦二而不二，同乎波水。〔修中緣了二法亦二而不二也。解脱斷德不離正因而爲斷德，般若智德亦不離正因而爲智德，是故斷與智皆融于性，故二而不二也。〕

「性指三障」等者，既全理成事，乃即障名理，是故立性爲三。〔三障謂報障，煩惱障，業障〕。性既非三立三，修從性成，亦非三立三。豈唯各定無三，抑亦修性體即。如是了達，即不動而運，游於四方，直至道場，名「一妙乘」也。

案：以上言修性離合實即性德三因與修德三因之離合。「離謂修性各三」，即性德三因與修德三因也。「合謂修二性一」，即緣了二因性爲修德，正因一因性爲性德。是則緣了二因性有雙重性格，一是能顯，就此而言，是修德，即吾所謂主觀的主體性也；二亦是所顯，就此而言，是性德，與正因佛性混融爲一，同是迷中本有之性

德也，此即客觀說的以正因爲主緣了爲副，混融不分，而爲一整一佛性也。而正因佛性唯是所顯：在性是待顯，在修是已顯，在佛果是究竟顯。是故三因，離之，可說性德三因，亦可說修德三因；合之，則說「修二性一」。因此離合，三因究竟滿現，即爲三德：正因滿現爲法身德，緣因滿現爲解脫德，了因滿現爲般若德。三道即三德，此三德無論在性在修，依《大涅槃經》本是不縱不橫，如伊字三點，如摩醯首羅面上三目，此爲不可思議三德秘密藏。伊字三點如∴，不如中文三點水「氵」之縱，亦不如烈火（烈字四點爲火）四點之橫。《法華玄義》說「三法妙」處最後悉檀料簡中有云：「備說三德爲大涅槃。雖三點上下而無縱，表裏而無橫，一不相混，三不相離，即世界悉檀。」荊溪《釋籤》解云：「上下是縱義。雖一點在上，不同點水之縱。三德亦爾，雖法身本有，不同別教爲惑所覆。表裏是橫義。雖二點在下，不同烈火之橫。三德亦爾，雖二德修成，不同別人理體具足，而不相收。」（《法華玄義・卷第五下》，《釋籤・卷第六下》。）

三德如此，三因亦然。不縱不橫是圓教，有縱有橫是別教。既就修性言三法離合，茲再就修性進而言三法不縱不橫以明別圓之不同，此則可使吾人徹底了解天台所謂修性之義。關此，知禮於《妙宗鈔》中盛發之。

智者有《佛說觀無量壽佛經疏》，此簡稱《觀經疏》。知禮有《觀經疏妙宗鈔》，此則簡稱曰《妙宗鈔》。《妙宗鈔》釋「六即」中，就初發心住說「分證即」（亦曰「分眞即」）中有云：

位名發心，發本覺心也。常寂常照，寂照雙融，是本圓覺。

即一而三，不發而發，故成三發。〔智者《觀經疏》就初發心住言「分證即」云：「發一切功德，發一切智慧，發一切境界，不前不後，亦不一時。」智禮《鈔》即釋此疏文。〕

皆言「一切」者，法界無外，攝法不遺。諸佛、眾生、色心、依正，同一覺體。〔同一中道實相理體〕。全體為緣，全體為了，全體為正。緣因發故，了、正亦發。了因發故，緣、正亦發。正因發故，緣、了亦發。蓋三法圓融，發則俱發。緣發名功德，能資成故。了發名智慧，能觀照故。正發名境界，是真性故，是所顯故。

問：三德既是一本覺性，由證顯發，今云一是所顯「境界」，二名能顯「功德、智慧」，若是能顯，二則是修，何得名證本覺三德？〔案就圓教發心住言，當云發證悟中道實相理之心，而此實相理是在一念無明法性心中具，不當云「發本覺心」。言「本覺性」，「同一覺體」，此可令人想到「靈知真性」，亦不甚妥。知禮如此言蓋順發心住為發菩提心而言。但發菩提心是通語。若就天台圓教言，此發菩提心（圓覺心）當剋就一念三千發證悟中道實相理之心。如此，便貼切，不至生誤解。若直就「本覺性」（覺體）說三德，則有唯真心之嫌，亦違離天台說性乃至性德之義。此是知禮之疏忽。〕

答：其理如是，方不思議。所以者何？三雖性具，緣了是修。二雖是修，非適今有。二若非修，三法則橫。二若非性，三法則縱。故《釋籤》明三點不縱不橫云：「雖一點在上，不同點水之縱。三德亦爾，雖法身本有，不同別教為惑

所覆。雖二點在下，不同烈火之橫。三德亦爾，雖二德修
成，不同別人理體具足而不相收。」〔見上引〕。輒出其
意。別教法身爲惑覆者，良由不知本覺之性具染惡德，是故
染惡非二德也。故別惑通惑，業識事識，煩惱結業，三乘六
道，變易分段，此等一切迷中二法非二佛性〔非緣了二佛
性〕。既非佛性，乃成定有能覆之惑。是故但有法身本覺隨
於染緣，作上一切迷中之法，以是名曰「爲惑所覆」。應知
覆義不同泥土覆彼頑石。既覆但中佛性之理，如淳善人，一
切惡事非本所能，爲惡人逼，令作衆惡，故說善人爲惡所
覆。應須還用隨緣覺性，別緣眞諦及以俗中，次第別修空假
緣了，或中邊緣了，種種二因，或初緣次了，或初了次緣，
次第翻破一切迷法，顯於法身本覺之性。是故覆理成於縱
義。圓人不爾。以知本覺具染惡性〔具染惡性德之法，義同
於「本覺之性具染惡德」。即如此，順「本覺」說，亦不甚
合。別教如此說，圓教不如此說。不以本覺眞性爲首出也。
否則，雖說「性具」，亦可生疑。〕體染惡修，即二佛性。
故通別惑、事業識等，一切迷法，當處即是緣了佛性。豈有
佛性更覆佛性？如君子不器，善惡俱能。或同惡人作諸惡
事，而彰己能，何覆之有？故即二迷以爲緣了，顯發於正。
緣了二德體迷而得，義當所發。元是修德，復當能顯。雖分
修性，皆本具故，義不成縱。〔案：三因佛性雖分修性，皆
爲本具，皆爲一念無明法性心所本具，在三道即三德下，在
不斷斷中顯，非爲「本覺性」所本具也。「本覺」是別教中
語。〕

言「別人理體具足而不相收」者，亦爲不知本覺之性具染惡德〔順本覺言，未覺之性不能具染惡德，非不知也。故若順本覺言，縱使知之，亦不見佳。故別圓之分不在於同一覺體知具不知具也。〕，不能全性起染惡修，乃成理體橫具三法。〔案：全性起染惡修是起即染惡法之修。依天台圓教，「全性起修」是全一念無明法性心性德三軌而成修德三軌。修德三軌當然亦是即於無明法性心所即具之性德三軌中之染惡法而成。不是全本覺之性具染惡德而起即染惡法之修也。〕

言「不相收」者，以其三法定俱在性，皆是所發，猶如三人各稱帝王，何能相攝？是故不知性中三法二是修者，二乃成橫。圓人不然。元知本覺具染惡性〔具染惡性德之法〕，故使迷中一切染惡當處即是緣了佛性。以此二修顯於一「性」〔此性當該是正因佛性，不是本覺性之性〕，如一主二臣，主攝於臣，臣歸於主。三德相收亦復如是。

今初住位所發三法皆性具故，發則俱發，故云「不前不後」。以此三法，二爲能顯，一是所顯，修性宛爾，故云「亦不一時」。〔案：此解智者《觀經疏》文。不前後，故非縱。不一時，故非橫。不縱不橫，不思議發，是故名爲「初發心住」。〕

案：此文從三德是否縱橫方面分別別圓，除不妥者已隨文指示外，餘甚爲透闢。依別教，如來藏恆沙佛法佛性，所謂但中本覺之理，亦可說爲般若、解脫、法身，此即理體具足三德。然別教是依分解

之路展示，乃屬唯真心者。法身（正因佛性）固是所顯，即般若之智德（了因佛性）與解脫之斷德（緣因佛性）亦是所顯。是則三者雖是理體（但中之理體）本有，然在眾生，俱爲無明染惑所覆，通過斷惑之修行始能顯現，因此，俱是所顯境也。就理體本有而言，說此三者爲性德。性德並列，俱爲所顯，故成橫義。是則三者在性地爲橫也。或者說，緣了二佛性之被覆「不同泥土覆彼頑石」，緣斷了智既屬本覺真心之德，彼自有能顯之作用，豈全被顯耶？此自可說，如《大乘起信論》所言之「真如熏習」即屬此義。（唯識宗不許真如能熏被熏，此即成「凝然真如」，恰如泥土覆彼頑石。）然依別教，緣了之自爲能顯只是其本身之清淨性與無執性之時常透露，時常起作用，而其本身總亦爲染惑所覆，能覆被覆爲異體自住。就此被覆而言，其本身本不具染惡德，即本不具迷執事，以及諸穢惡法門。是則欲顯現其本身，不能只就其自身之自爲能顯而說，亦必須就破此染惡德、迷執事、與穢惡法門，而說。如何能破此等穢惡法門？此則必須憑其自身之能力（其自身非頑石，非凝然真如），復藉緣修而破，此即別修緣了，緣了全成次第修成，不能即於穢惡而爲緣了，是即不圓而爲別教也。是故就理體具足而言，緣了二佛性與正因佛性三者並列，是即三者在性爲橫。若就修顯而言，則次第別修緣了以顯正因，三者皆是所顯，又成縱義。此所謂「性橫修縱」也。關鍵唯在不知「性惡」，故須「緣理斷九」以顯也。此即「應須還用隨緣覺性，別緣真諦及以俗中（俗諦中諦），次第別修空假緣了，或中邊緣了（空假爲邊），種種二因（空緣因空了因，假緣因假了因，中道緣因中道了因），或初緣次了，或初了次緣，次第翻破一切迷法，顯於法身本覺之性，是故覆理成於縱

義」，這一長句之實義。所謂「覆理成於縱義」，即被覆之正因佛性與緣了二佛性三者成縱也。何以故？以皆被覆而爲所顯故。先次第修顯緣了，然後復以此修顯之緣了來顯那正因佛性而爲法身。三者次第而顯，故成縱也。三者既在性爲橫，在修爲縱，故互不相收也。爲橫而不相收者，如三人並王，互不攝屬。爲縱而不相收者，正因是性，緣了是修，性修別異而不相即也。（正因是但中之理。緣了由破穢惡而顯，非即於本具之穢惡而爲緣了，故緣了之修與正因之性爲二。已顯之緣了恢復其理體本具之地位，亦可與正因佛性爲一，因而亦可說三者不縱不橫，非一非異。然分別說之，仍是橫列。有能覆所覆，又由緣理斷九而顯，遂將三德撐開而爲縱橫，關鍵唯在理體是但中之理，而不知性具。）

圓敎亦是理體具足三德，惟此理體非眞心但中之理，而乃是一念無明法性心，迷中法性理或中道實相理，在三道即三德下，具足三德，故此三德自始即爲即三千而爲三德，此即所謂性德三軌。天台家凡言性德皆是就迷中三千法而說，性德三軌亦是就迷中三千法即三道流轉而爲三軌。故三德皆屬本有，非適今也，非分解說的就眞心但中之理而說也。故三德本有是就著本具的三千法門而說，本不斷惡德。就不斷穢惡說，緣了是性亦是修，是修亦是性。是性亦是修，故與正因佛性在性德方面不成橫。是修亦是性，故在修德方面與正因佛性不成縱。

何以說是性亦是修？緣了二德本由不斷穢惡，「體迷而得」，當處即是緣了二佛性。此義乃當緣了爲所發（所顯），故是性也。然既是「體迷而得」，故「元是修德，復當能顯」也。結果是無能覆所覆，亦無能顯所顯，當處即是，故此緣了是性亦是修，便與正

因佛性不爲橫也。

何以說是修亦是性？「義當能顯」是修德。「能顯」者，能顯正因佛性也。然此修德本不由破惡而顯，乃由體惡而得，故復由修而縮歸於性。緣了之爲性既非寡頭之性，亦非但中之理之爲性（不性具一切法門爲但中），乃圓具一切淨穢法門而爲性。如是，緣了二佛性與正因佛性三者同體而皆圓具，是故其修德之身分與正因佛性不成縱義。

不縱不橫，不可思議，故爲秘密藏。此種不縱不橫與分解地單想那但中之理具足三德不縱不橫非一非異不同也。此後者由隨緣修顯，而且由「斷斷」而顯，因此，那但中之理本身之三德之不縱不橫正被撐開而爲縱爲橫，是則不思議者正成可思議也，因其分解的展示而爲可思議也。而前者則由詭譎而展示，故眞如其不縱不橫而爲不思議也。

復次，在別教，本只是「性橫修縱」一語。然因表達分際不同，詞語意義不同，故又可由此一語開爲以下數語。

如就「修縱」之修顯因果而言，則修行爲因，所顯爲果。依此而言「因縱果橫」。「因縱」者，修因有次第也。「果橫」者，緣了正因俱爲所顯，三果橫列也。

如復可就性德說因，則因有二義，一上說之修因，二即此性因。依此二因義，則曰因具縱橫兩義：修因爲縱，性因爲橫。

對修因性因而言果，則果亦有縱橫兩義。對修因而言果，則果縱。果縱者，法身由本有而顯，般若由修成而顯（別修了因），解脫由滿斷而顯（別修緣因）。對性因而言果，則果橫。果橫者，因地具足之橫果至此齊頭並顯也，即次第修顯之縱果總歸於齊頭並

列，由性橫之三因而顯也。由此，亦可引申而言「修縱修橫」。「修縱」者，修因有次第也。「修橫」者，修顯之果橫也。此與「因縱果橫」爲同義。

是則「性橫修縱」一語足以盡之。引申而爲

因縱果橫：修因爲縱，修顯之果爲橫。

因縱因橫：修因爲縱，性因爲橫。

果縱果橫：修因之果爲縱，性因之果爲橫。

修縱修橫：修因次第爲縱，修顯之果爲橫。

性惟有橫。

既有縱橫可言，不成圓伊，故爲別教。實則其不成圓伊，只因別教中理爲眞心但中之理也，非圓中也。

第四節
因果不二門

荊溪明「因果不二門」云：

四、因果不二門者，衆生心因既具三軌，此因成果，名三涅槃。因果無殊，始終理一。若爾，因德已具，何不住因？但由迷因，各自謂實。若了迷性，實唯住因，故久研此因，因顯名果。祇緣因果理一，用此一理爲因。理顯無復果名，豈可仍存因號？因果既泯，理性自亡。

祇由亡智親疏，致使迷成厚薄。迷厚薄故，強分三惑。義開
六即，名智淺深。故如夢勤加，空名惑絕。幻因既滿，鏡像
果圓。空像雖即義同，而空虛像實。像實，故稱理本有。空
虛，故迷轉成性。是則不二而二，立因果殊。二而不二，始
終體一。若謂因異果，因亦非因。曉果從因，因方克果。
所以三千在理，同名無明。三千果成，咸稱常樂。三千無
改，無明即明。三千並常，俱體俱用。

1.知禮解標題云：

因果名通。今就開顯，唯約圓論。因從博地至等覺還，果唯
妙覺。雖通傳立，約極義強。三千實相，未顯名因，顯則名
果。隱顯雖殊，始終常即，故名不二。

案：此言因果之名處處通用，今就開權顯實說因果，故因果唯約圓
教而論，此即圓因圓果也。就修行位次而言，始從博地凡夫，至等
覺以下，皆名為因。唯妙覺位始稱佛果。果之名雖可通傳而立，步
步修行，通傳前進，皆有其果，然唯至妙覺，始成極果，故果約此
極義說也。就法理而言，「三千實相，未顯名因，顯則名果。」三
千實相，不唯博地凡夫處在迷未顯，即至等覺位亦未盡顯也。唯至
妙覺始盡顯。未顯之實相（迷中實相）對已顯之實相名因，而已顯
之實相名果。「隱顯雖殊，始終常即，故名不二。」此言隱顯雖
殊，而三千實相常相即也。在因為始，在果為終。因中之實相即果
中之實相，三千不改，故名不二。

2.首段「眾生心因既具三軌」至「始終理一」等句，知禮解云：

「眾生」下明始終理一。眾生一往通於因果，佛名無上眾生故；二往則局因，對佛立生故。生雖在因，復通一切，唯取「心因」是今觀體。體是三軌，是果之性，故名爲因。此性若顯，名三涅槃。三法體常，始終理一。

案：上1.既言此中因果唯約圓教論圓因圓果，則「圓因」者即眾生之「心」也。此心即一念無明法性心即具十法界，故爲圓因。佛法太高，而且唯在果位；眾生法太廣，而且通因果；是故唯取心法以爲觀體。「觀體」者，修觀所憑藉之底據也，即「因」義。此「因體」既具十法界，即具三軌（眞性軌、資成軌、觀照軌）即性德三軌，蓋三道即三德故也。此三軌「是果之性，故名爲因。」「性」對修而言，「因」對果而言。「三軌是果之性」者，是修果所顯之迷中之性也。此性在迷中是性德三軌，修顯後，即由修德三軌轉而爲究竟三軌。此究竟三軌亦名三涅槃（性淨涅槃，圓淨涅槃，方便淨涅槃）。因爲圓因，果爲圓果。無論在因在果，或在性在修，三法體常，始終不改，故曰「理一」。「理一」者，三軌所示之中道實相理或法性理在因在果皆同一不變也。

「若爾，因德已具，何不住因？」知禮解此問答云：

「若爾」一下，問意者，求證果位，爲成功德。因德既具，何須求果？

「但由」下，答意者，因德雖具，但為在迷。諸法本融，執之為實。始從無間，終至金剛，皆有此念。若不謂實，鐵床非苦，變易非遷。此念若盡，即名妙覺。故云：「各自謂實」。若了所迷之性，有何佛果別生？還證因德，故云「住因」。而因德顯處自受果名。故約迷悟而分事殊。

案：此言雖然「理一」，而迷悟事殊。因德雖具，但卻是迷中之性德三軌。三軌既在迷中，故本融之諸法亦皆在迷執中而不融。始從無間，固是全迷，即至等覺金剛位，亦有此念。何以故？以雖斷無明，而未斷盡故。故云：「但由迷因，各自謂實」。執念若盡，即名妙覺。以前屬迷，此即是悟。悟中之究竟三軌不異本有之性德三軌。故「若了迷性，實唯住因。」意即「若了所迷之性，有何佛果別生？還證因德，故云住因。」然而迷悟之事有異矣。

「祇緣因果理一，用此一理為因」等句，知禮解云：

「祇緣」下，明事極理亡。「理顯」等者，對隱名因，稱顯為果。顯已、無對，果名豈存？果能稱實，名尚不存，因既屬權，故宜雙廢。又對因果事，立理融之。所對既泯，能融自亡。

案：「因果理一」，無論在因在果，「中道實相理」則一也。「祇緣因果理一，用此一理為因」。「一理為因」，即迷中實相也。既是迷中實相，故因中之事（一念三千）皆是迷事。客觀地自法理而言之，一念三千皆是即空即假即中。然而眾生在迷，一念心因亦在

迷，故主觀地言之，一念三千皆在迷執中，而不能如實地即空即假即中，是則其法理亦隱而不顯。隱理（迷中實相）為因，亦即迷中三千為因也。經過修顯後，實相理顯，三千亦淨。理隱名因，理顯名果。「顯已、無對，果名豈存？」此即「理顯無復果名」。「果能稱實，名尚不存，因既屬權，故宜雙廢。」此即「豈可仍存因號？」因果名號既泯，理性隨而自亡。此即實相一相，所謂無相，即是如相。理顯事淨，只是一如。因果既泯，理名亦亡。蓋「中道實相理」一名亦是就三千一如而立也。理名既亡，三千亦泯。此即「第一義中，一法不可得，況三千法？世諦中一心尚具無量法，況三千耶？」（《摩訶止觀》言不思議境中語）。

以上荊溪原文首段分三小段明之。第一小段明始終理一，第二小段明迷悟有殊，第三小段明事極理亡。「事極」者，修顯之事極也，即「眾生但理，諸佛得事」之事也。「理亡」者，事極理顯，無復果名，「因果既泯，理性自亡」也。因果泯，理性亡，一法不可得，此皆智德之妙用也，亦即絕待止觀之所顯也。此智德名曰「亡智」，即亡泯一切，遍破一切之智也。雖然，遍破即遍立，不廢假名而說諸法實相，不破破也。

3.第二段，荊溪即由此「亡智」說起，以明修顯之經過。知禮科判之曰「依圓解明修證無得」。惟知禮解此第二段文不甚嚴整，又多辯駁異解異文，致多支離。今直就原文順通如下：

修顯過程只在顯亡智以顯理。但在過程中所顯之亡智，其功力有微有著。至佛方為極著。因有微有著故，故有親疏：著則親，微則疏。因亡智有親疏，故迷有厚薄：智親者迷薄，智疏者迷厚。迷有厚薄，故強分三惑：見思惑，塵沙惑，無明惑。智有親疏，故以

六即（理即、名字即、觀行即、相似即、分眞即、究竟即）驗智之淺深，極深者爲究竟即。因此，故云：「祇由亡智親疏，致使迷成厚薄。迷厚薄故，強分三惑。義開六即，名智淺深。」

轉迷成智這一長串的勤策工夫亦只是一夢而已。《法華》云：「一念夢行因得果」。豁然而悟。覺其只是一夢事。雖是一夢事，然勤加不已，則空名無實之惑亦當體可絕。故云：「如夢勤加，空名惑絕。」如夢的工夫勤加不已，即「行因」爲幻也。如空名的惑既絕，則得果圓，而果圓如「鏡像」也。故云：「幻因既滿，鏡像果圓。」「空名惑」與「鏡像果」相對爲文。「絕」與「圓」皆自動詞。「夢」形容工夫，「空名」形容惑，「幻」形容「行因」（勤加之工夫即是行因），「鏡像」形容果。「空名惑絕」，即是「鏡像果圓」。

無實之惑如空名，知其如空名而當體即絕，則當體即是法性。果圓如鏡像，則三千不虧，法性顯即三千淨，法性非「但理」。故云：「空、像雖即義同，而空虛像實。像實，故稱理本有。空虛，故迷轉成性。」「稱理本有」，即相應理具三千而爲果上之事造三千也（即悟中之三千）。故果圓雖如鏡像，而因爲是悟中之事，故亦是實也。「迷轉成性，即惑絕而爲法性也。故惑雖如空名，而當體即絕，即以惑空而顯出法性，故形容惑的空名之虛（因形容惑而爲虛）。即示「迷轉而成性」也。無明無住，無明即法性故也。故形容惑的「空」與形容果的「像」，雖即義同，然而空指惑而言，爲迷爲障，迷障是妄，故可空而絕；而像指悟中之事（淨三千）而言，爲悟爲德，雖亦如幻化，而法不可廢。是即「空虛像實」，「德障體異」（知禮解語）也。「體」事體也。

「是則不二而二，立因果殊。二而不二，始終體一」。因有行因與理因。上文「幻因」是就「如夢勤加」之行因說。行因顯理因，理因顯為果。因為有迷，故須加行以悟。有迷有悟，故有因果之殊，是則「不二而二」也。雖不二而二，而始終體一，只是同一實相，故「二而不二」也。

因果不二，不但是同一實相，而且是同一三千。蓋實相是即三千而為實相。故因地中之實相與三千與果地中之實相與三千為同一不二也，只迷悟有殊耳。「若謂因異果，因亦非因。曉果從因，因方克果。」「並由理具，方有事用」也。是即為圓因圓果，因果不二也。非如別教所言真心為因，隨緣起現為果也。

4.第三段「所以三千在理，同名無明，三千果成，咸稱常樂」等句，知禮解之大體甚諦，茲錄之如下：

> 大乘因果皆是實相。三千皆實，相相宛然。實相在理為染作因，縱具佛法，以未顯故，「同名無明」。三千離障，八倒不生，一一法門皆成四德，故「咸稱常樂」。三千實相，皆不變性，迷悟理一。如演若多，失頭得頭，頭未嘗異。故云「無明即明」。三千世間，一一常住。理具三千，俱名為體。變造三千，俱名為用。故云「俱體俱用」。

案：因果不二即函體用不二。此體用義亦極殊特。「體」不是以真常心為體，乃是理具三千為體，故云「俱體」。「用」不是以真心隨緣起現為用，乃是變造三千為用，故云「俱用」。三千在理為體，三千在事為用。三千在性為體，三千在修為用。性修、因果、

體用，其義一也。又，「三千在理同名無明」，意即在「法性無住法性即無明」之理具中之三千同名爲無明也，以皆在迷中故。凡言「在理」，皆是意謂客觀地就法理說是如此，如說實相，亦是客觀地就法理說是「即空即假即中」之實相。但法理如此，卻並未顯。以未顯故，故是迷中之實相。理既在迷，故「就法理說是如此」之三千亦在迷，同名無明也。而知禮解語則爲「實相在理，爲染作因，縱具佛法，以未顯故，同名無明。」是則「同名無明」指「實相」說也。然而荊溪卻是說「三千在理同名無明」，卻並非說「實相在理同名無名」。又加上「爲染作因」，更是迂曲而模稜。故此解語並不甚諦。

知禮進而綜論此四句云：

> 此四句中，初，二，明因果各具三千。三，明因果三千祇一三千，以無改故。四，明因果三千之體俱能起用，則因中三千起於染用，果上三千起於淨用。

案：「三千並常，俱體俱用」，此第四句須依荊溪《法華文句記・卷第七下》釋一相一味處所說「理則性德緣了，事則修德三因，迷則三道流轉，悟則果中勝用」四重去了解。只是一「一念無明法性心之三千」，就此理具而言，名曰「理則性德緣了」，此即是「三千在理同名無明」，亦即是三千在因地俱爲體也。「事則修德三因」，此是修德上之三千事用也，依因地三千之體而修德上三千之用也：「並由理具，方有事用」：此即是「俱體俱用」。「迷則三道流轉」，此是衆生在迷，只有迷染之三千，亦依其理具三千爲體

而起三道流轉迷染之三千爲事用也，此即是「衆生但理，諸佛得事，衆生但事，諸佛證理」；此亦是「並由理具，方有事用」；此亦是「俱體俱用」。「悟則果中勝用」，此是佛果中之三千也，亦依其理具三千爲體，通過悟後，而爲佛果中之勝用三千也；此亦是「並由理具方有事用」；此亦是「俱體俱用」。是則只「理則性德緣了」一重爲因爲體，餘三重皆爲果用或事用：迷則爲苦果染用，悟則爲佛果勝用，修則爲過渡之果用，其極即爲佛果，爲過渡之行因事用，其極即爲佛果之勝用。以此衡之，則知禮所謂第四句，「明因果三千之體俱能起用，則因中三千起於染用，果上三千起於淨用」，爲不妥矣。蓋如此解，則是因中三千分體用，果上三千亦分體用。然依荊溪，只是一因中三千爲體，迷則爲染用（即三道流轉），悟則爲淨用（即佛果勝用），並非是「因中三千〔之體〕起于染用，果上三千〔之體〕起于淨用」。「因中三千之體起于染用」，此句固可說，但卻是順理具而在迷也。而「果上三千之體起於淨用」，則嫌重沓，此是機械地措爲對稱之辭。須知果上三千即是淨用（勝用），其體即是因中之理具三千，並非又另有果上三千之體也。故知禮于因分體用，因中之體只起染用，于果又分另一種體用，果中之體起淨用，爲不妥矣。因中之體（只是這一個體）不只起染用，迷則起染用，悟則起淨用，而此淨用即佛果三千也。于佛果當然可以言因果體用，但其因即是因中理具之因，其體即此理具三千爲體之體也。並非是因中三千之體只起染用，果上又另有一三千之體起淨用也。若說同一三千之體在衆生起染用，在佛果起淨用，則可。是故荊溪云：「三千無改，無明即明。三千並常，俱體俱用。」因中三千在理爲體，即是無明；而無明無住，無明即法

性，悟則即是明。而無論明或無明，三千乃同一不改，即只是同一三千也。同一三千，即是「三千並常」：在理俱體，俱是迷染也；在事俱用，則有迷有悟有染有淨也。知禮之解小疵病時有之，然大端不誤。

知禮進而復就此「俱體俱用」句而論圓教云：

此第四句明圓最顯。何者？夫體用之名本「相即」之義故。凡言諸法「即理」，全用即體，方可言「即」。《輔行》云：「即者，《廣雅》云：合也。若依此釋，仍似二物相合，其理猶疏。今以義求，體不二故，故名為即。」今謂全體之用方名不二。

他宗明一理隨緣作差別法。差別是無明之相，淳一是真如之相。隨緣時，則有差別。不隨緣時，則無差別。故知一性與無明合，方有差別。正是「合」義，非體不二。以除無明，無差別故。

今家明三千之體隨緣起三千之用；不隨緣時，三千宛爾。故差別法與體不二。以除無明，有差別故。驗他宗明「即」，「即」義不成。以彼佛果唯一真如，須破九界差別，歸佛界一性故。

今家以即離分於圓別，不易研詳。應知不談理具，單說真如隨緣，仍是離義。故第一記〔《法華文句記‧卷第一下》〕云：「以別教中無性德九故，自他俱斷九也。」若三千世間是性德者，九界無所破，即佛法故，「即」義方成，圓理始顯。故《金錍》云：「變義唯二〔別圓二教〕，即具唯

圓。」故知具變雙明，方名「即是」。若隨闕一，皆非圓
極。荊溪云：「他家不明修性」〔《法華文句記・卷第七
下》〕。若以眞如一理名性，隨緣差別爲修，則荊溪出時，
甚有人說也。故知他宗極圓，祇云「性起」，不云「性
具」，深可思量。

又，不談性具百界，但論變造諸法，何名無作耶？世人見予
立別教理有「隨緣」義，惑耳驚心，蓋由不能深究荊溪之意
也。〔案：別教有始別教與終別教。始別教，眞如不隨緣，
如唯識宗是也。終別教，眞如隨緣，如《起信論》及華嚴宗
是也。此則賢首已分判清楚。知禮說別理隨緣，指終別教而
言也。此亦不是知禮新發見，乃賢首所早已說者。世人聞
此，「惑耳驚心」者，指山外諸家而言也。關此，詳見後故
事部。〕

且如《記》文〔《法華文句記・卷第一下》〕釋阿若〔《法
華・序品》阿若憍陳如〕文中云：「別教亦得云從無住本立
一切法。無明覆理，能覆所覆俱名無住。但即不即異，而分
教殊。」既許所覆無住，眞如安不隨緣？隨緣仍未「即」
者，爲非理具隨緣故也。又云：「眞如在迷，能生九界。」
〔同上〕。若不隨緣，何能生九？

又《輔行》釋別教根塵一念爲迷解本，引《楞伽》云：「如
來爲善不善因。」自釋云：「即理性如來也。」《楞伽》此
句乃他宗隨緣之所據也。《輔行》爲釋此義，引《大論》
云：「如大池水，象入則濁，珠入則清。當知水爲清濁本，
珠象爲清濁之緣。」據此諸文，別理豈不隨緣耶？故知若不

談體具者，隨緣與不隨緣皆屬別教。何者？如云梨耶生一切法，或云法性生一切法。豈非別教有二義耶？

問：《淨名疏》〔荊溪《維摩經略疏》〕釋無明無住云：「說自住是別教意，依他住是圓教意。」且隨緣義，真妄和合方造諸法，正是依他，那判屬別？

答：《疏》中語簡意高，須憑《記》釋，方彰的旨。〔案：《記》是荊溪《維摩經玄疏記》〕。故釋自住：法性煩惱更互相望，俱立自他〔自住他住〕。結云：「故二自他並非圓義。以其惑性定能為障，破障方乃定顯理。」釋依他云：「更互相依，更互相即。以體同故，依而復即。」結云：「故別圓教俱云自他，由體同異，而判二教。」〔案：荊溪《疏》文《記》文俱見前第二章第一節，當覆看。〕

今釋曰：性體具九，起修九用，用還依體，名同體依。此依方即。若不爾者，非今依義。故《妙樂》云：「別教無性德九，故自他〔自行化他〕俱須斷九」〔《法華文句記·卷第一下》〕。是知但理隨緣作九，全無明功。既非無作，定能為障。故破此九，方能顯理。若全性起修，乃事即理。豈定為障，而定可破？若執「但理隨緣作九」為圓義者，何故《妙樂》中「真如在迷能生九界」判為別耶？故真妄合，「即」義未成，猶名自住。彼疏〔荊溪《維摩經略疏》〕次文料簡開合，別教亦云「依法性住」。〔詳見前第二章第一節〕。故須究理，不可迷名。此宗若非荊溪精簡，圓義永沈也。

案：此末後問答曾錄於前第二章第一節。今連帶仍全錄之，以見荊溪與知禮之精簡。蓋如此，方足以見天台宗與華嚴宗之不同以及山外諸家之非。上錄知禮之文及前色心不二門中精簡「一念」之文，皆是《指要鈔》中之重要文字，故全錄之，不嫌其煩。《指要鈔》作成於北宋眞宗景德元年，三年即結撰《十義書》以綜駁慶昭。但《十義書》以前已有「往復各五，綿歷七年」〔《十義書》序語〕之論辯。《十義書》乃是「攢結前後十番之文」而成。故雖稍後於《指要鈔》二年，但《指要鈔》亦是辯論後成熟之作。《十義書》是針鋒相對辯駁之文，但對方文字不存，故讀解爲難。主要觀念俱在《指要鈔》。《鈔》中之「他」隱指山外諸家如慶昭、智圓等而言。山外諸家之所以乖錯即在其以華嚴宗之思路，尤其是圭峰宗密之思路，解天台圓教，故知禮據荊溪之精簡而力斥之。

上錄知禮全文主要是在由「三千並常，俱體俱用」句明圓教。圓教之所以爲圓教只在理具（性具）。以理具故，「即」義方成。首先法性無住，法性即無明；無明無住，無明即法性；無明與法性同體依即，非二物相合也。由此而言一念無明法性心即具十法界，此即是理具或性具。凡言理具，中道實相理或法性理必在迷中，因而三千亦在迷中。由此而有性修不二，因果不二，（函體用不二），乃至染淨不二，蓋「並由理具，方有事用」，同一三千故也。由此而言「除無明有差別」，此是「除病不除法」之轉換語，蓋三道即三德，「不斷斷」故也。由此而言「不斷九」，「十界互具如水，情執十界局限（不通）如冰，融情執冰成互具水，斯謂圓理。」「若謂結佛界水爲九界冰，融九界冰歸佛界水，此猶屬別。」是知若「不談理具，單說眞如隨緣，仍是離義」。以「一性

與無明合方有差別，正是合義，非體不二，以除無明，無差別故。」是故不得因言「隨緣不變，不變隨緣」，即謂爲圓教也。始別教無隨緣義，終別教有隨緣義。「隨緣仍未即者，爲非理具隨緣故也。」故別圓之差只在一爲「性起」，一「性具」。凡此諸義，以上由第一章起，迤邐說來，實皆已明。綜述于此，以作結要。上錄知禮之文亦賅括此諸義也。

第五節
染淨不二門

荊溪明「染淨不二門」云：

五、染淨不二門者，若識無始即法性爲無明，故可了今即無明爲法性。法性之與無明，遍造諸法，名之爲染。無明之與法性，遍應眾緣，號之爲淨。濁水清水，波濕無殊。清濁雖即由緣，而濁成本有。濁雖本有，而全體是清。以二波理通，舉體是用。故三千因果俱名緣起，迷悟緣起不離刹那。刹那性常，緣起理一。一理之內而分淨穢。別則六穢四淨，通則十通淨穢。故知刹那染體悉淨。三千未顯，驗體仍迷。故相似位成，六根遍照。照分十界，各俱灼然。豈六根淨人謂十定十？分眞垂迹，十界亦然。乃至果成，等彼百界。故須初心而遮而照。照故，三千恆具；遮故，法爾空中。終日雙亡，終日雙照。不動此念，遍應萬方。隨感而施，淨穢斯泯。亡淨穢故，以空以中。仍由空中轉染爲淨。由了染

淨，空中自亡。

1.「染淨不二」者，是說染事三千與淨事三千爲同一三千，故不二也。雖三千不二，而分染淨，並非染淨不分爲不二也。染淨是就心之執著與否而說。染者染著，是陰識心（迷心）對於三千法「念念住著，一多相礙。」（知禮解語，見下引）。心染，則三千世間法一起俱染，雖二乘、菩薩、佛、四聖法門亦染。淨者清淨。解心無染，一多自在，名爲淨。心淨，則三千世間法一起俱淨，雖地獄、餓鬼、畜生法門亦淨。此即「別則六穢四淨，通則十通淨穢」：分別言之，六道眾生是穢，四聖是淨；通而言之，六道四聖十法界俱可爲淨，俱可爲穢。故染淨是一層，淨穢（善惡聖凡）法門是一層。法門不改，而染淨有分。不改故不二，有分故有修。不二，故「世間相常住」。有修，故可轉染爲淨。是故知禮解此標題云：

> 以在纏心變造諸法，一多相礙，念念住著，名之爲染。以離障心應赴眾緣，一多自在，念念捨離，名之爲淨。今開在纏一念染心本具三千，俱體俱用，與淨不殊，故名不二。
> 有人云：染即是感，淨即是應。不解文旨，但對而已。須知此門果後淨用，凡夫染心已具，乃令觀此染心，顯于淨用。並後依正，俱在能應。自他不二，方兼於感。

案：三千法不在前、不在後，祇一念心是。此一念心即一念無明法性心。表面看，是一念心具，向裡進一步看，是一念無明法性心

具。順此性具而自不自覺地滾下去，即是「以在纏心變造諸法」，一起皆染，此之謂「理具事造」，造者迷造也，即所謂「迷則三道流轉」也。若一旦豁悟，則無明轉爲明，在纏之法性心即轉爲離障之法性心。此亦是「理具事造」，造者智造也，即所謂「悟則果中勝用」也。而智之造即是任運而現，造而無作，遍應衆緣。迷造即念造。念造智現，迷悟有殊，而性具或理具則一也，只在纏出纏之異耳。在念造中爲在纏，在智現中爲出纏。而三千不變，所謂「俱體俱用」，而實相理或法性理亦不變也。在智現三千中，一切皆實相，一切皆智，由此而言智如不二。「境智無二無異。如如之境即如如之智，智即是境。說智及智處皆名爲般若，亦例云：說處及處智皆名爲所諦。是非境之境而言爲境，非智之智而言爲智。亦名心寂三昧，亦名色寂三昧。」（智者《四念處》）。在念造三千中，客觀的法理亦是如此，不過主觀地未證顯而已，是故實相在迷，三千法亦在迷，而心只是無明識心也，不是「心寂三昧」之智心。智識雖有殊，而三千不改，俱體俱用，則一也。是故染淨不二。

「有人云」以下，蓋亦斥山外也。此不足辯。

2.「若識無始即法性爲無明，故可了今即無明爲法性。」此兩語意思是說：如果知道衆生無始以來昏昧不覺，即這法性就是無明，則可明了現在即這無明就是法性。「即法性爲無明」等於「法性無住，法性即無明」，亦等於「無明法法性」。「法性即無明」不是說沒有了法性，只是無明作主，法性隱伏潛隨，並不消失，甚至亦無所謂消失不消失。因此，法性當體即是無明，此如闔眼即無明，一昏沈即是無明。明乎此，則一旦豁悟，無明當體即是法性，此如開眼即是明，一惺惺就是法性。此即「無明無住，無明即法

性」，而此等於「即無明爲法性」，亦等於「法性性無明」。無明與法性同體，只有昏沈與惺惺這一浮一沈之差：浮則爲法性，沈則爲無明。此如同一眼，闔則暗，開則明。此之謂同體依，依而復即。「無始即法性爲無明」，即是染也。「了今即無明爲法性」，即是淨也。前句是理具，以及「理則性德緣了」，「迷則三道流轉」。後句是修顯，以及「事則修德三因」，「悟則果中勝用。」

是故知禮解此兩句云：

> 三千寂體即寂而照，既無能照，亦無所照，名爲法性。以本愚故，妄謂自他，三千靜明全體暗動，即翻作無明。本來不覺，故名無始。若識此者，即照無明體本明靜，即翻爲法性。

知禮判此兩句爲明染淨體，是也。「三千寂體即寂而照，……名爲法性」，即智如不二也。然此只是客觀地說法理如此。「以本愚故」云云，即三千寂體在迷也。「三千在理，同名無明」，即染體也。「若識此者，即照無明體本明靜，即翻爲法性」，此亦是客觀地言法理也，同於起句，故此即是淨體。三千本寂，即是淨體。全體暗動，即是染體。淨體是法理，染體是在迷。在迷，實相在迷，三千亦在迷也。由此言理具。

由染淨體起染淨用。此即下兩句之所示。

3.「法性之與無明，遍造諸法，名之爲染。無明之與法性，遍應衆緣，號之爲淨。」此兩語即明染淨用也。順在迷之染體，昏昧不覺而滾下去，即起染用，是名念造，即「迷則三道流轉」也。順

本靜之法理（淨體）而悟顯，則起淨用，是名智現，即「悟則果中勝用」也。「遍應眾緣」即是果中勝用。

知禮解此兩句云：

> 「法性」下，明染淨用者，體既全轉，用亦敵翻。法性既作無明，全起無明之用。用既縛著，名之爲染。無明若爲法性，全起法性之用。用既自在，名之爲淨。

但這尚不是扣緊語句講。進一步，知禮復作句解云：

> 〔法性之與無明〕，夫與者借與賜與也，亦助也。法性無明既互翻轉，成於兩用，互有借力助成之義，而劣者借力助於強者。若法性內熏無力，無明染用強者，則法性與無明力，造諸染法。若無明執情無力，法性內熏有力，則無明與法性力，起諸淨應。以由無明雖有成事之用，以體空故，自不能變造，須假法性借力助之，方成染法。法性雖具三千淨用，顯發由修。眞修縱不藉無明，緣修寧無欣厭？故下文〔自他不二門〕云：「必藉緣了爲利他功。」無明與力，助於法性，方成淨用。荊溪既許隨緣之義，必許法性無明互爲因緣。但約體具明隨緣，自異權教。

案：此解嫌著，於義理似不能無問題。「法性無明互爲因緣」，此語究可說否？首先，若如知禮所解，「與」字爲「借力助成」之義，則法性與無明似有異體之嫌，此與「同體依，依而復即」之義

相違。蓋說得太著，兩者似成異體。在「法性之與無明，遍造諸法，名之爲染」，這方面，尚可不顯。因爲「無明法法性」，遍造諸法，法不離法性（不出於如），若無法性，焉得有法？如是，雖是無明作主，而法性隨與俱赴，亦隱然虛與助成之。這樣，方便說爲「借力助成」，似無不可。然亦是不助之助，不借之借，「力」字亦是方便虛說，只是「法不出如」，「如」成其爲如此這般無自性之法，以備說當體即如，當體即法性，當體即明耳。助成之「成」，用今語言之，似亦只是形式地成，「形式地」是虛說的「形式地」，剋就如性而說。此亦與《中論》所說「以有空義故，一切法得成」之成相同。在「法性之與無明……」方面，似只能如此，尚可不顯「異體」之病。因爲「法性無住，法性即無明」即是心也，而心即是一切法，一切生滅緣起法也。

但在「無明之與法性，遍應衆緣，號之爲淨」，這方面，法性爲主，無明又「借力助成」之，說得如此著實，則異體之病甚顯，而且又有佛猶有無明之病。知禮以「緣修」表示有待於無明：「緣修寧無欣厭」？然此只因緣修不究竟，不能斷盡無明，故不能無無明：從「理即」到「分眞即」中之等覺位皆不能無無明，此亦可轉語說「九界差別全無明功」，但此亦與「假無明借力助成之」之語意不同。至於緣修而至究竟，無明斷盡，緣修即眞修，縱不離緣修，亦時時緣修，時時即眞修，一體而化，亦何有待於無明？若眞有待於無明，則佛未斷盡無明也。是以佛之「遍應衆緣，號之爲淨」，不能有待於無明，亦與「緣修」不同。對於無明，圓佛固是「不斷斷」，但在不斷斷中，即有無明與差別法之岔開說。不斷者是差別法也。佛以差別法（三千法門）應衆緣，不有待於無明應衆

緣也。低頭舉手皆成佛道，何況二乘行？何況菩薩行？然佛應衆緣中之低頭舉手非衆生之低頭舉手，其用二乘法乃至菩薩法亦非二乘行中之二乘法，菩薩行中之菩薩法。衆生、二乘、甚至菩薩，皆有迷；迷故，衆生只成爲衆生，二乘只成爲二乘，菩薩只成爲菩薩。佛用衆性、二乘、菩薩法，而佛非實衆生，非實二乘，非實菩薩。何以故？佛無迷故。故佛只用差別法，不假無明相助也。以此之故，三千法皆是淨法，即「三千果成，咸稱常樂」也，亦是「悟則果中勝用」也。此之謂不斷斷。

何謂緣修？即藉緣而修，有待於他。有待於他，即有所偏倚，即不能絕待自足，稱體而化，自不免有無明在內。縱使緣眞如而叶於理，亦是有修有作之修。凡見思惑、塵沙惑、無明惑，三惑未斷盡者，皆可說是有修有作之緣修。然則「眞修」者，證眞如，冥實相，稱體而起行也。緣修有欣厭，眞修不藉緣。若圓說者，則如智者《維摩經玄義・卷第二》「明修無作三昧」處云：

> 觀眞如實相，不見緣修作佛，亦不見眞修作佛，亦不見眞緣二修合故作佛，亦不離眞緣二修而作佛也。四句明修，即是四種作義。若無四修，即無四依，是無作三昧也。若爾，豈同相州北道明義，緣修作佛？南土大小乘師亦多用緣修作佛也。亦不同相州南道明義，用眞修作佛。〔案：相州南道地論師主法性依持，故主眞修作佛。北道近攝論師，主黎耶依持，故主緣修作佛。緣修作佛猶如即工夫便是本體。眞修作佛猶如即本體便是工夫。〕
>
> 問曰：偏用何過？

答曰：正道無諍，何得諍同水火？今明三三昧〔空三昧，無相三昧，及此無作三昧〕，修一實諦，開無明，顯法性，忘真緣，離諍論，言語法滅，無量罪除，清淨心一。水若澄清，佛性寶珠自然現也。見佛性故，即得住大涅槃。

據此，則無作三昧方是圓教之真修，絕待之真修。如此，還須假無明否？此自不須。知禮已知之。有作之真修，雖真修亦有無明。緣修更不待言。然佛之無作三昧遍應眾緣，則不得以有作之真修緣修說也。然則說無明假力助於法性，始能「遍應眾緣，號之為淨」，如此說淨用，自不妥當。「法性無明互為因緣」，此語本身即不妥當，亦只方便假說耳。須知「法性無住，法性即無明；無明無住，無明即法性」，此並不與「法性無明互為因緣」為同義語也。「法性無住，法性即無明」，由此而言理具三千，「三千在理同名無明」。「無明無住，無明即法性」，由此而言無明可斷，而三千法不斷：三千皆實相，無一法可得（但信法性，不信其諸），亦可說三千宛爾，無一法可廢（不廢假名而說諸法實相）：此亦是「三千果成，咸稱常樂」也。然而「法性無明互為因緣」，有待於無明，始能「遍應眾緣，號之為淨」，則成異體，而佛猶有無明未斷盡之嫌。須知緣修有欣厭，佛之「遍應眾緣」無欣厭也。焉可以緣修說之？

知禮謂緣修有欣厭？以此明假無明借力於法性以成佛之遍應眾緣，此已不諦，彼又以荊溪自他不二門中「必藉緣了為利他功」之語為證，此復又是混「緣修」與「緣了」而為一。緣是緣因佛性，了是了因佛性。此二因性體現出來即名曰解脫與般若。解脫是斷

德，般若是智德。（正因佛性現曰法身德）。智德斷德之現固有須於緣修，而在緣修過程中固亦因有欣厭而不能無無明，雖即至等覺位，亦猶如此，即因此故，不得名曰一切解脫，亦不得名曰一切種智，然若緣修至極而至圓證真修，斷盡無明，證成佛果時，則緣了二德滿現（圓現），便無無明。無無明，而三千宛然，即空假中，此是悟中之實相，悟中之淨三千。如以此緣了利他，如何復猶借力於無明？又如何能以此緣了利他來證緣修之有待於無明？

荊溪「自他不二門」中云：

> 自他不二門者，隨機利他，事乃憑本。本謂一性，具足自他。方至果位，自即益他。如理性三德、三諦、三千，自行唯在空中，利他三千赴物。物機無量，不出三千。能應雖多，不出十界。界界轉現，不出一念。土土互生，不出寂光。眾生由理具三千，故能感；諸佛由三千理滿，故能應。應遍機遍，欣赴不差。不然，豈能如鏡現像？鏡有現像之理〔因理具三千故也〕，形有生像之性〔三千法體即形，事造即形生像〕。若一形對，不能生像，則鏡理有窮，形事不通。若與鏡隔，則容有是理。無有形對而不像者。若鏡未現像，由塵所遮。去塵由人磨〔塵喻無明〕，現像非關磨者。以喻觀法，大旨可知。應知理雖自他具足，必藉緣了為利他功。復由緣了與性一合〔此性之一即「本謂一性」之性一〕，方能稱性施設萬端，則不起自性，化無方所。

案：此自他不二門一般地是根據理具事造而說，恰當言之，是根據

「理則性德緣了，悟則果中勝用」而說。「隨機利他」即是「遍應
衆緣」，亦即是「果中勝用」。此勝用事豈須假無明耶？此勝用事
如鏡之現像任運而現。施設萬端，化無方所。稱性施設，即是諸化
無作。無作者，並由理具故也。「不起自性，化無方所」，即是理
具事造，理事不二。（此亦可如賢首所說「不動本而常末，不壞末
而常本」，然卻不是眞心隨緣起現地不動不壞，此不壞在還滅時正
須壞。依天台，是性具地不動不壞，此不壞方是眞不壞。）故此
「化無方所」之事（勝用事）必須「憑本」。「本謂一性，自他具
足」。此「一性」即「理具」之迷中實相一理，「性具」之迷中法
性一性。此「一性」非偏指隨緣之眞心或不隨緣之眞如理，乃是自
他具足，性具三千之「一性」，即「理則性德緣了」也。以有此理
體三千作本，方有「悟則果中勝用」，故云「方至果位，自即益
他。」「自」即佛自己之「三千理滿」，「他」即衆生之「理具三
千」。故云：「衆生由理具三千，故能感；諸佛由三千理滿，故能
應。」「能應」即「益他」也。佛之能應，如鏡現像，故有鏡像之
喻。「鏡有現像之理」，喻佛之「三千理滿」而能應亦本其「理具
三千」也。「形有生像之性」，喻衆生之能感而生像而爲鏡所現亦
本其理具三千也。「並由理具，方有事用。」「諸佛具有悟中之事
理」，故能應；「衆生唯有迷中之事理」，故能感。衆生感佛，佛
應化之，即是利他化物也。此利他化物所以能施設萬端，諸化無
作，正以「稱性」（不起自性）故也。「稱性」者，相應性德三
千，全性起修，修性不二，故稱性施設，諸化無作也。衆生感佛生
像而爲佛鏡（鏡智）所現，「無有形對而不像者」，以佛與衆生同
一三千故也。此即所謂「自他不二」。衆生理具三千便是「形」，

即法體也。形與佛鏡相對，形能生像，鏡能現像，一一相應，絲毫不差。「若一形對，不能生像，則鏡理有窮，形事不通。」不通者，形與生像現像之事不通也。不通，則鏡理有虧。「無有形對而不像者」，則鏡理無虧，因佛鏡亦理具三千故也。故自他不二，「應遍機遍，欣赴不差。」「機遍」是眾生理具三千，應遍是諸佛三千理滿。眾生理具三千，是「三千在理，同名無明」。諸佛三千理滿，是「三千果成，咸稱常樂。」故機遍是無明，而應遍不能有待於無明。「欣赴不差」，即是「利他，三千赴物」。此「三千赴物」之利他，不能有借於無明之助力。不得因「欣赴不差」而想到有欣厭之緣修。有欣厭，不能無無明，而「欣赴不差」無無明也。欣赴即應赴，只是任運而現，化無方所，諸化無作，亦無所謂欣不欣，焉得有借於無明？

荊溪云：若鏡未現像，由塵所遮。去塵由人磨，現像非關磨者。」「現像非關磨」，即是三千赴物無關於無明也。磨去塵埃，即是緣修。緣修至極，緣了滿現，在不斷斷中，方能三千赴物，遍應眾緣（「方至果位，自即益他」。）故云：「應知理雖自他具足，必藉緣了為利他功。」「藉緣了」即藉果位之緣了滿現，自即益他，故有利他之功也。此藉緣了，非緣修也。縱雖成佛，亦不離緣修，然亦是修而無修，與有欣厭之緣修（未至究竟之緣修）亦不同也。「必藉緣了為利他功」，此句是呼應開頭「如理性三德、三諦、三千，自行唯在空中，利他三千赴物」句。「理性三德、三諦、三千」即性德三軌，性德三諦，性德三千，此就理具而言也。「自行唯在空中」，此就修而言也。自行之修唯在證顯中道實相，故偏就空中而言。然空不離假而為空，中不離空假而為中，亦非無

假也，唯就自行偏重言之，故言「唯在空中」。「利他三千赴物」，此就究竟果位而言，此則重「假」，然亦不離空中。若無空中，則假爲死假，焉能「化無方所」？既非死假，即無塵沙惑，故能「三千赴物」。於此而言緣了（必藉緣了爲利他功）者，解脫（緣因滿）不離三千而爲解脫，般若（了因滿）不離三千而爲般若，故必藉緣了始能利他化物也。此則所以重假。然重假而非無空中，故雖藉緣了，亦非無正因滿之法身德。是則果位究竟三軌方能利他化物，而與理具之性德三軌相呼應而不二也。故云：「復由緣了與性一合，方能稱性施設萬端，則不起自性，化無方所。」此即修性不二，究竟三軌與性德三軌相呼應（相合），方能稱性施設，化無方所也。此結句是呼應開頭「隨機利他，事乃憑本，本謂一性，具足自他」諸句也。「一性」與「性一」皆指「性具」之性而言。

　　以上逐句詳解「自他不二門」，可知緣了利他無待於無明，亦可知緣了利他與緣修不同。知禮將緣修與緣了利他混而爲一，又以此緣修有待於無明來解「無明之與法性，遍應衆緣，號之爲淨」，未爲明審。緣了利他，三千赴物，自是淨用。然此無關於無明。然則「無明之與法性，遍應衆緣，號之爲淨」，須另作解矣。

　　4.也許荊溪此句，因行文對稱故，本易生誤解。然若通其意，則不應以辭害意。知禮作《指要鈔》時，有舊本無「與」字。句爲「法性之無明，遍造諸法，名之爲染。無明之法性，遍應衆緣，號之爲淨。」這樣，又有人言「之」字爲往。知禮以爲即使無「與」字，亦不必訓「之」爲往。「之」字仍是語助。復以爲有「與」無「與」，俱有其義。若依無「與」作解，「但云：即法性之無明，

其用則染；即無明之法性，其用則淨。其文旣宛，其義稍明。」依此解，「法性之無明」前加「即」字。如是，「即法性之無明」，意言本即是法性的那個無明，它一旦作主，它即「遍造諸法，名之爲染。」此承上聯「無始即法性爲無明」而來。同樣，「即無明之法性」意言本即是無明的那個法性，它一旦朗現，它即「遍應衆緣，號之爲淨。」此承上聯「了今即無明爲法性」而來。如是亦通。總之，「法性之無明」，或「無始即法性爲無明」，總是依「法性無住，法性即無明」這一總原則而來。如是，則「法性之無明」意即「法性之在無明」，此亦可說「法性而無明」，即「無明法法性」也。同時，「無明之法性」，或「了今即無明爲法性」，總是依「無明無住，無明即法性」這一總原則而來。如是，則「無明之法性」意即「無明之融於法性」，此亦可說「無明而法性」，即「法性性無明」也。句法無論如何變換，義理總是如此，此則確定而不可移者。

如是，則有「與」字亦無妨，但不能如知禮之著實。「與」字不是「借與」、「賜與」，乃是「吾與點也」之「與」，「吾非斯人之徒與而誰與」之「與」。如是，「法性之與無明」等於法性之與於或偏於無明，即向無明方面轉，是則即法性而無明矣。此與上聯「無始即法性爲無明」句意同，亦是「法性無住，法性即無明」也，亦是「無明法法性」也，故「遍造諸法，名之爲染。」亦是一念無明法性心即具十法界，「三千在理同名無明」，由此理具，故有衆生之迷染也，故爲染用。同時，「無明之與法性」等於無明之與於或偏於法性，即向法性方面轉，是則即無明而法性矣。此與上聯「了今即無明爲法性」句意同，亦是「無明無住，無明即法性」

也，亦是「法性性無明」也，故「遍應衆緣，號之爲淨。」亦是
「並由理具，方有事用」，有「悟則果中勝用」也，故爲「淨
用」。如是，便無「淨用」有待於無明之說，而「法性與無明互爲
因緣」不但不可用於此「淨用」，而且亦根本不可說矣。

　　原夫知禮之所以有此著實之解，因而成爲誤解，或亦由於只見
「不斷」，而忘「不斷斷」之故乎？不斷淫怒痴，是不斷淫怒痴之
法，而佛無淫怒痴之實，是即「不斷斷」矣。如是，方能極成「除
無明有差別」。若在淨用，而亦須借力於無明，則無明終不可斷，
此與「不斷斷」相違。在此情形下，若佛實斷無明，則斷無明應無
淨用，而「除無明有差別」亦不可言矣。故知禮之解顯非明審。此
亦一時無明作祟故也。此種義理甚爲微細。若義理分際不精熟，或
精熟矣，而一時昏沈，或撐左，皆可迷失。無人敢言皆瑩徹，或時
時瑩徹。然順綱脈而思，則相對瑩徹，期於寡過，總可達到。至若
違離矩矱，則是根本差謬，此則可得而糾正，以期於宗旨決定也。
知禮不違天台矩矱，而時有疵病。至若山外，則失綱脈也。

　　5.以上3、4解染淨用。以糾正知禮之誤故，故多有解說。以下
須略解「濁水清水，波濕無殊」等句，此則較簡單。濁水清水即喻
上之染用淨用也。波喻三千，濕喻「如」性。染淨二用雖有清濁之
異，而「波濕無殊」。「波」之無殊喻染淨同一三千也。「濕」之
無殊喻染淨二用中那同一之三千皆以如爲性也。法不出如。諸法以
如爲位，亦以如爲相，故位相常住。荊溪云：「如清濁波，濕性不
異。同以濕性爲波，故皆以如爲相。同以波爲濕性，故皆以如爲
位。」（《法華文句記‧卷第五中》，見前第二章第三節引。）波
是相，而「同以濕性爲波，故皆以如爲相。」位據理性，而「同以

波為濕性，故皆以如為位。」性之隨緣展布為相，性之攝屬為位。同一三千，波固無殊。而皆不出如，濕性亦無殊也。故云「波濕無殊」。非如知禮之解，「波喻三千俱用，濕喻三千俱體」，在清在濁，俱以全濕為波明波濕無殊也。

「清濁雖即由緣，而濁成本有。」前句就迷悟而言也，後句就理具而言也。「三千在理同名無明」，故「濁成本有」也。

「濁雖本有，而全體是清」，此就法理而言也。雖「三千在理同名無明」，而「即空即假即中」之法理固自若，唯未顯耳。依此而言理即佛。

「以二波理通，舉體是用」。此言清濁二波濕性無殊（理通），正以此故，故皆「舉體是用」也，即，「並由理具，方有事用。」在迷，盡體之全部全是染用；在悟，盡體之全部全是淨用。此所謂「體」不單指濕性（如性）而言，乃就理具或性具之全而言。理具三千，三千俱在體也，即染淨體之體。由染淨體，方有染淨用。染體是「三千在理同名無明」也。淨體是在理之三千就其法理本淨而言也。順「同名無明」而迷下去，即是染用。順法理本淨而悟，即是淨用。故「並由理具，方有事用。」濕喻如性，非以濕「喻三千俱體」也。知禮如此說，不諦。「以二波理通，舉體是用」。理通即如性無殊也。但此如性（濕性）是套於性具而言者，非套於性起而言者。以套於性具而言此無殊之濕性（如性），即所謂「理通」，故有在理之三千之體隨迷悟之殊起三千之染淨用也。知禮之解少此曲折，故引生枝蔓，而糾纏不清。彼解文不錄。

「故三千因果俱名緣起。迷悟緣起不離剎那。剎那性常，緣起理一。」「剎那性常」，一念無明法性心雖即具三千世間法，而其

如性則常住不變也。「緣起理一」，不離剎那理具之迷悟緣起雖有染淨之殊，而其中道實相理則一也。在迷染，只是法理；在悟淨，則已證顯。

「一理之內而分淨穢。別則六穢四淨，通則十通淨穢。」迷悟緣起雖同一中道實相理，然在此一理之內，彼緣起法隨迷悟差別而有淨穢差別。分別言之，六道眾生是穢惡法，二乘、菩薩、佛、此四聖是淨善法。通而言之，此十法界通可曰淨、通可曰穢。迷則雖佛法界亦是穢，悟則雖六道眾生法亦是淨。開權顯實，十界互具，皆是佛法，故皆是淨。情執不通，雖即佛界亦是穢惡。

「故知剎那染體悉淨。三千未顯，驗體仍迷。」前句就法理而言。後句就「三千在理同名無明」而言。

「故相似位成，六根遍照。照分十界，各俱灼然。豈六根淨人謂十定十？分眞垂迹，十果亦然。乃至果成，等彼百界。」案十信位為相似位，即六根清淨位。此位未斷無明，故中道實相理亦未能顯。然因六根清淨故，故亦可相似於佛，此曰「相似即佛」。在「相似即」中，五眼（肉眼、天眼、慧眼、法眼、佛眼）、五耳，乃至五意，這六根皆能遍照。「照分十界，各俱灼然。豈六根淨人謂十定十？」知禮解云：「自身既現十界，以驗他身亦然。故相似位人比知百界同在一心。」此即六根淨人非「謂十定十」，乃是亦可比知十界互具為百界也。唯未破無明，只是「比知」，非為證知，故云「相似」。「若至分眞，普現色身，能現十界；一一復起十界三業，故云亦然。」（知禮解語）。此言「分眞即」也。在此位中，雖斷及無明，而未斷盡，故曰「分眞」，亦曰「分證」。此言在「分眞垂迹」中能現十界互具為百界，故曰「分眞垂迹，十界

亦然。」「亦然」者亦是十界互具為百界也。「果地究盡諸法實相，等彼性中所具百界。」（知禮解語）。此言「究竟即」也。在此位中，無明斷盡，中道實相理全顯，性具百界（三千世間）全成為果中勝用，故云：「乃至果成，等彼百界。」「等彼百界」者，亦等同於那性德百界也。故自「理即」起，至「究竟即」止，皆是「並由理具，方有事用」，同一三千（百界）在貫穿也。但因迷悟，故主觀地說有染淨之異，客觀地說有淨穢之別。

6.「故須初心而遮而照。照故，三千恆具。遮故，法爾空中。終日雙亡，終日雙照。不動此念，遍應萬方。隨感而施，淨穢斯泯。亡淨穢故，以空以中。仍由空中轉染為淨。由了染淨，空中自亡。」此染淨不二門最後一段也。知禮謂此是「顯妙觀」。彼解云：

> 然今十門皆為觀心而設。故色心門攝別入總，專立識心為所觀故。內外門正示觀法，雖泛論二境，正在內心。第三門全性起修，辨觀令妙。第四門即因成果，顯證非新。故此二門皆論一念。以上四門攝自行法門同在剎那而為觀體。從此門去，純談化他。〔「此門」即此染淨不二門也〕。而化他法門雖即無量，豈出三千？亦攝歸剎那同為觀體。此當其首，故廣示觀門。〔言此染淨不二門當以下言化他之首，故於此先「廣示觀門」。〕後即倣此，但略點示。不得此意，徒釋十門，空談一念。故今文先明淨用同在染心。理具情迷，顯發由觀。遮照者，空中名遮，一相不立。假觀名照，三千宛然。復令三觀俱亡，三諦齊照，乃亡前遮照，照前遮照，故

各名雙。亡照同時，故云「終日」。此則同前即空假中，無空假中也。

……

「不動此念」者，明觀成、相不移，即今剎那之念而能盡未來際作三千化事。此之剎那即法界故，有何窮盡？第五記云：「剎那剎那皆盡過未，施設三千皆妙假力。」「亡淨穢」相，須藉空中，故云：「以空以中」。染中淨穢更顯明者，復是空中之力，故云「轉染爲淨」。染淨各具三千，空中了之。三千既亡，空中亦泯，方名「染淨不二」。此則同前因果既泯，理性自亡。

案：此解文無問題。最後「三千既亡，空中亦泯，方名染淨不二」，此是「染淨不二」之推進一步說，亦是「染淨不二」之究極狀態，非是「染淨不二」之初義。亦如「因果既泯，理性自亡」，非「因果不二」之初義也。「色心不二」非以無色無心，色心雙亡爲不二也。修性、因果、染淨，三不二門，亦非以修性雙亡，因果雙亡，染淨雙亡，爲不二也。其餘內外，自他，諸不二門皆然。

　　以上釋「染淨不二門」竟。餘門從略。

第六節
智者《觀音玄義》之言「性德善」與「性德惡」

　　1.以上自第一章起，迤邐說來，「性德惡」一觀念屢屢提到，其意已明，亦甚簡單。智者於《法華玄義》已言性德三軌（眞性

軌、資成軌、觀照軌），屢言三道即三德。是則法身、般若、解脫
三德本即惑業苦三道而爲三德。惑業苦即是「迷則三道流轉」之性
德惡也。即此而言三德即名曰性德三軌。性德者，「法性無住，法
性即無明」（轉語爲一念無明法性心）所本具之一切法也。一切法
爲法性無住所本具，即名曰「性德」，法性之德也。德者得也。具
足本有之謂德。既言性具百界（三千世間），則自可言性德惡與性
德善。如六穢四淨，六穢即性德惡也，四淨即性德善也。穢惡淨善
本指十界法說（十界互具爲百界，即三千世間法），不指法性或中
道實相理說。法性一性，實相理一理，某本身無所謂善惡，只是絕
對清淨。穢惡淨善十界差別法本由無明心造：「心如工畫師，造種
種五陰，一切世間中，莫不從心造」。本是「心具」，何言「性
具」或「理具」？蓋心本是五陰中之一陰，即陰識心。它既只是一
陰識心，亦與其他陰同，本性空寂，四句求心不可得，故捨心具，
而言性具或理具，從勝說也。此示既非唯阿賴耶識（妄心），亦非
唯如來藏心（眞心），故既無冥諦之嫌（不濫於數論師之冥諦——
冥初生覺），亦無梵我之嫌（吠檀多之大梵），而唯是佛法家風，
專歸於法性空寂或中道實相之如相。但性不空言，必即一切法而爲
性；如不空言，亦必即一切法而爲如。即一切法而爲性，故爲圓談
法性。即一切法而爲如，故言中道實相。客觀從勝而言之，即曰性
具或理具。法性無所謂起滅，實相亦無所謂起滅，只是一切法趣法
性，一切法趣實相，（亦函趣法性之任一法亦趣任一其他法，如一
切法趣色是，趣實相亦然），即因此趣而言性具或理具。性或理只
是如此地具足一切法，其本身並無起滅。起滅者心也，心造之諸法
也。即心而言性或理，故一念心具即性具或理具。心具，即心是一

切法，不縱不橫，如八相遷物，祇物論相遷，祇相遷論物，故心具一切法即是隨緣而造一切法也。性具或理具，則只是一切法趣法性趣實相，是趣不過，之具足無虧。法性即緣生而見，而法性非緣生；實相即緣生而見，而實相非緣生。即心、法而言法性與實相，則「隨緣不變名性，不變隨緣名心」。故心是一切法，客觀從勝而言之，即是性具或理具一切法也。因佛法目標唯在究諸法實相，開清淨法界，證法身，得大涅槃（大解脫）也。（·《摩訶止觀》言「蔽起即法性起，蔽息即法性息」，嚴格言之，法性無所謂起息，只是蔽起法性隨之而帶在蔽中，帶在蔽中，故法性隱；蔽息法性隨之而無蔽，無蔽，故法性顯。）

　　既是性具百界，則理應有性德惡。衆生無始在迷，只是三道流轉，四淨乃是由三道而轉出，故自修行而言之，原初只是性德惡，故亦重在性德惡也。故荊溪云：「忽都未聞性惡之名，安能信有性德之行？」「性惡」者，圓具下之語也。圓具三千，則三千即是性德。全性起修，全修在性，修性不二，故有性德之行，而諸行無作也。此是開權顯實，發迹顯本，三道即三德，低頭舉手無非佛道，在不斷斷中所說之圓具圓行也。圓具是存有論的性具或理具，圓行是圓頓止觀之妙用。圓具爲經，圓行爲緯，織成部帙，不與他同，故爲圓教也。

　　「性惡」本甚簡單，亦易明白。難處是在圓具，此必須通曉天台判教之理論而後明。判教明、圓教明，則性惡不言而喻。性惡本是性德惡，性德惡本是性具百界本具有穢惡法門，此何難明？然人不究其來歷，一見「性惡」，便望文生義，依儒家性善性惡之義去想，以爲善惡是形容「性」者，這樣，便成難曉，而且差謬；或不

然，則想入非非，以為是不經之妙論。託名慧思所作之《大乘止觀法門》即此類也。實則該書既非天台性具之義，亦非華嚴真心「隨緣不變不變隨緣」之性起之義，乃兩不著邊，而攪混疑似，此望文生義誤之也。然則「性惡」亦不幸之詞也。

2.性德惡既簡單易明如上，本不須多說。然正式明言此義之文獻乃是智者之《觀音玄義》，此亦不可不知。

《觀音玄義・卷上》於釋名章中，以十義通釋「觀世音」名。十義者，一人法、二慈悲、三福慧、四真應、五藥珠、六冥顯、七權實、八本迹、九緣了、十智斷。於「緣了」一義中，正式言性德善與性德惡。茲錄此文於下：

> 九、釋了因、緣因者，了是顯發，緣是資助，資助於了，顯發法身。了者即是般若觀智，亦名慧行正道，智慧莊嚴。緣者即是解脫，行行助道，福德莊嚴。《大論》云：「一人能耘，一人能種。」種喻於緣，耘喻於了。通論，教教皆具緣了義。今正明圓教二種莊嚴之因，佛具二種莊嚴之果。原此因果根本即是性德緣了也。此之性德本自有之，非適今也。《大經》云：「一切諸法本性自空，亦因菩薩修習空故，見諸法空。」即了因種子本自有之。又云：「一切眾生皆有初地味禪。」思益云：「一切眾生即滅盡定。」此即緣因種子本自有之。以此二種，方便修習，漸漸增長，起於毫末，得成修德合抱大樹——摩訶般若，首楞嚴定。此一科不論六即，但就根本性德義爾。〔案前八義皆涉及六即，此第九義不論六即。〕前問答，從了種受名。後問答，從緣種受名。

〔案前後問答指經文說〕。故知了因緣因故，名觀世音普門也。

案：般若觀智爲了因佛性，解脫爲緣因佛性。般若名智德，解脫名斷德。德者功德，故智德斷德是從般若與解脫之修顯而至圓滿之境說，即摩訶般若與首楞嚴定。緣因了因是從其能顯發法身說。緣了二佛性即吾所謂主觀的覺佛性（以定從慧，總名曰覺），即，主觀的主體性。正因佛性（中道第一義空）是客觀的法佛性，即客觀的主體性。正因佛性隱名如來藏，顯名法身。其所以能顯者以有緣了二佛性故也。一切衆生皆有般若智之智性（即覺性），亦皆有解脫之定性。智性即了因佛性之種子，定性即緣因佛性之種子。此兩種種子本自有之，名曰性德種，以皆依於諸法之空寂性而起故也。本著智性（了因種子）修行而顯爲觀智，則曰「慧行」；由「慧行」滿，則有智慧莊嚴。本著定性（緣因種子）修行而顯爲解脫，則曰「行行」；由「行行」滿，則有福德莊嚴。徒有智慧而不能斷煩惱，亦無清淨之福，故解脫名曰「斷德」，亦曰「福德」。以本智性而來的「慧行」爲了因，本定性而來的「行行」爲緣因，即能顯發正因佛性而爲法身，得大涅槃。此法身，有「慧行」與「行行」顯發之，同時即莊嚴之。有兩種莊嚴以莊嚴之，則法身即不是寡頭之但理。故當言佛性時，即是如來藏恆沙佛法佛性。如此之佛性顯而爲法身，亦即是恆沙佛法之法身，即普周法界之法身也。

不但法身不是寡頭之但理，即慧行與行行，般若與解脫，亦不是空頭之智與空頭之定，乃是即三千法而爲般若，即三千法而爲解脫。智性與定性這兩種性德種是本有，而三千法亦是性具而爲本

有，是則般若與解脫自始即不離三千法而一起皆爲性德也。惟須知
智性定性之爲性德是就法性化了的心而說，即智心與定心。如是，
它們似乎直接地是心之德，而不是性之德，以法性非實體字故。此
心即所謂清淨心或眞常心。但在天台圓教，並不分解地先預定一眞
常心以爲一切法之源。它是以「一念無明法性心」爲首出。智心定
心（清淨眞心）即在此一念陰識心、刹那心、煩惱心處而爲詭譎地
呈現。就識說智性，識是智之異名，如指薪爲火爾。就煩惱罪業說
定性，如指縛爲脫爾。此是詭譎地說。智即於識而爲智，故當識心
詭譎地法性化時（悟時即法性化），即智德顯而爲智心；定即於煩
惱罪業而爲定，故當煩惱罪業詭譎地法性化時，即斷德顯而爲定
心。故智心定心亦可說即是「無明無住，無明即法性」所呈現之清
淨眞心而照見法性者。然則此清淨眞心究竟是心不是心？是法不是
法？它既名曰清淨眞心，它當然是心。但它不是一念心即一切法之
心，所以亦可說它不是心，因而亦不是一個法。智與定實不是孤懸
凸起而爲一個心、一個法。它是即於三千法而爲智定。智定融解於
三千法，故智定本身不是心不是法，而只是一無執無染之境界。其
所即而無染著藉以顯其自己爲智爲定的那三千法才是法。圓教既不
預定一眞心，故眞心只在詭譎地就三千法而浮現。故性德緣了亦必
就三千法說。法從性，故緣了名曰性德緣了。「三千在理，同名無
明」，即是性具中之性德，即「法性無住，法性即無明」之性具中
之性德。「即無明」是心，有心便有法。法從性，故三千法客觀地
從勝說之是性所具，亦是性之德。性德三千與性德緣了，乃至與性
德二因種子（智性即智心與定性即定心），其義一也。如此言性
德，其義甚殊特，皆從法說也。「不變隨緣名心，隨緣不變名

性」。「隨緣名心」是法，而一切法皆從不變之法性，故曰性德：
三千是性德，智斷是性德，智斷之種子（智性定性）亦是性德。三
千攝屬於智斷，智斷攝屬於二因種，故一起皆從性而爲性德也。從
性而爲性德，在迷即是一念無明法性心；在悟即是般若與解脫（智
德與斷德）。般若與解脫滿，顯發正因佛性而爲法身，即是究竟三
軌也。悟中之究竟三軌本即是迷中性德三軌之通過修顯而至其極。
在迷在悟，三軌皆性德也。惟一般相對地言之，說性德三軌大抵皆
就迷中而言，以客觀的法理本自如此也。「並由理具，方有事
用」，故先就迷言性德三軌也。迷中既是性德，悟中之爲性德自不
待言。豈因悟顯便變爲非性德乎？

　　如此言性德，既不可以眞常心之「不變隨緣隨緣不變」之性起
系統去想，亦不可依儒家言性德之思路去想。因爲在性起系統中，
是以眞常心爲主，而性起之性亦是指這眞常心而言。說般若解脫是
性德即是此眞心之德也。此德是屬性義，並不是法也（「隨緣名
心」之法）。因此，說此眞心不有不無爲中理，即是「但中」；而
般若與解脫在此眞心爲性之性上亦與法身並列俱爲所顯，而且其自
身亦爲不即具諸法，而爲寡頭者。此是依超越分解之路說，故爲權
教（別教）。性具圓教是以法性爲主，心就是法，而心亦非眞心，
故當說心就是法時，乃就是三千法，而當說性德三軌時，乃是詭譎
地指冰爲水，指縛爲脫，指薪爲火，三道即三德，即三千法而爲三
軌，故三軌法皆是法性之德：於正因佛性說法身，即是法性之身，
法性之身亦可說法性之德，因佛性本爲恆沙佛法佛性故；於緣因佛
性說解脫，解脫亦是法性之德，以本即三千法而爲解脫故；於了因
佛性說般若，般若亦是法性之德，以本即三千法而爲般若故。既皆

是法性之德，故說性具。一念無明法性心即是三千世間法，此三千
法既皆是法性之德，故亦是性具也。此性具是「一切法趣法性，是
趣不過」之「具」，故爲圓具，或圓談法性。法性並不起。只可於
心說隨緣起現，不可於法性說隨緣起現。法性即是法底性，法變而
性不變。故荊溪云：「不變隨緣名心，隨緣不變名性。」（此與賢
首所說者不同，注意）。故只說性具，不說性起；而只說性起，不
談性具者，亦只是別敎，非圓敎。說性具爲實相學，說性起爲唯心
學。兩「性」字亦不同也。此種圓談法性當然是開決了眞心與妄識
後而成者。「決了聲聞法，是諸經之王。」不但決了聲聞法，一切
權敎皆當決了也。決了後，始有此圓談法性之性具。（此種性具中
之性德，其不可依儒家言性德之思路去想，自甚顯然。關此，本書
不論。）

　　3.性具、性德，其義既明，則作爲緣因了因之解脫與般若不離
三千法而爲解脫與般若亦甚明，而般若與解脫既有性德之淨善之
法，亦自可有性德之穢惡之法，即淨善之法與穢惡之法皆可作了因
緣因也。即，既可即淨善法而爲緣了，亦可即穢惡法而爲緣了。既
有般若觀智以觀達之，復能不爲其所染（所繫縛）而得解脫，則不
但淨善之法足以顯發法身而莊嚴之，即穢惡之法亦足以顯發法身而
莊嚴之，故皆可爲緣因了因也。若無觀智與解脫，則穢惡之法固是
迷染，即淨善之法亦是迷染也。此所以「三千在理同名無明」也。
是故智者對此性德緣了作料簡云：

　　問：緣了既有性德善，亦有性德惡否？
　　答：具。

問：闡提與佛斷何等善惡？

答：闡提斷修善盡，但性善在。佛斷修惡盡，但性惡在。

問：性德善惡何不可斷？

答：性之善惡但是善惡之法門。性不可改，歷三世無誰能毀。復不可斷壞，譬如魔雖燒經，何能令性善法門盡？縱令佛燒惡譜，亦不能令惡法門盡。如秦焚典坑儒，豈能令善惡斷盡耶？〔案：此云善惡是就法門說。「性之善惡」是性德上之善惡法門，善惡是形容法，非形容法性者。「性不可改」是略辭，意即性德上之善惡法門一不可改：不可毀，不可斷壞。〕

問：闡提不斷性善，還能令修善起，佛不斷性惡，還令修惡起耶？

答：闡提既不達性善，以不達故，還為善所染，修善得起，廣治諸惡。

〔案：此答似不善順適，見下。〕佛雖不斷性惡，而能達於惡。以達惡故，於惡自在，故不為惡所染，修惡不得起，故佛永無復惡。以自在故，廣用諸惡法門化度眾生。終日用之，終日不染。不染故不起，那得以闡提為例耶？若闡提能達此善惡，則不復名為一闡提也。若依他人明闡提斷善盡，為阿黎耶識所熏，更能起善。黎耶即是無記無明，善惡依持，為一切種子。闡提不斷無記無明，故還生善。佛斷無記無明盡，無所可熏，故惡不復還生。若欲以惡化物，但作神通變現度眾生爾。問：若佛地斷惡盡，作神通以化物者，此作意方能起惡。如人畫諸色像，非是任運。如明鏡不動，色

像自形，可是不可思議理能應惡。若作意者，與外道何異？今明闡提不斷性德之善，遇緣善發。佛亦不斷性惡，機緣所激，慈力所熏，入阿鼻，同一切惡事化眾生。以有性惡故，名不斷。無復修惡，名不常。若修性俱盡，則是斷，不得爲不斷不常。闡提亦爾，性善不斷，還生善根。如來性惡不斷，還能起惡。雖起於惡，而是解心無染；通達惡際即是實際；能以五逆相而得解脫，亦不縛不脫；行於非道，通達佛道。闡提染而不達，與此爲異也。

案：此料簡文分四重問答。第一重問答表示性德緣了不但具有性德善，亦具有性德惡。第二重問答表示「一闡提斷修善盡，但性善在；佛斷修惡盡，但性惡在。」第三重問答表示性德善惡法門不可改、不可斷壞。第四重問答表示一闡提不斷性善，還能令修善起，佛不斷性惡，卻不令修惡起。第一重與第三重無問題，須說明是第二重與第四重。

關於第二重，吾人須說明「斷修善盡」與「斷修惡盡」之意義。關此，吾人須知一闡提是迷逆之極，佛是淨順之極。迷逆者，不向佛、不起信，全迷逆乎法性理或中道實相理也。迷逆故染。淨順者，全清淨而順契乎法性理或中道實相理也。淨順故悟。「悟則果中勝用」，「迷則三道流轉」也。「斷修善盡」者，一闡提斷修行上的善而至於盡也，全是迷染而無悟淨也。「修行上的善」是指清淨無執染說。「斷修惡盡」者，佛斷修行上的惡而至於盡也，全是悟淨而無迷染也。「修行上的惡」是指執染而不清淨說。知禮云：「圓家論斷、證、迷、悟，但約染淨論之，不約善惡淨穢說

也。」（見本章第一節引）。此處所謂「修善修惡」即約染淨論也。染爲迷，淨爲悟。染爲修惡，淨爲修善。「不約善惡淨穢說」，此「善惡淨穢」是指性德善惡法門說，善惡即淨穢也。「修善修惡」就染淨說，是主觀的事。性德善惡淨穢是客觀法門的事。迷則善惡淨穢法門俱染，悟則善惡淨穢法門俱淨。故「一闡提斷修善盡，但性善在」，即主觀地雖無悟淨，而客觀的性德善法門仍在也。「佛斷修惡盡，但性惡在」，即主觀地雖無迷染，而客觀的性德惡法門仍在也。

　　關於第四重問答，吾人須說明「一闡提不斷性善，還能令修善起」之意義，以及「佛不斷性惡，卻不令修惡起」之意義。

　　關於「一闡提不斷性善，還能令修善起」，吾人須知此有兩層意義：一就闡提之爲闡提說，二就闡提之可成佛說。在此兩層上，俱可說「不斷性善，令修善起。」但意義卻不同。就闡提之爲闡提說，其「不斷性善，還令修善起」之意義是智者以下之答語，即：

　　　闡提既不達性善，以不達故，還爲善所染，修善得起，廣治諸惡。

案：此答語不甚順適，意不顯豁，至少「廣治諸惡」一語有問題。吾人必須知這是就闡提之爲闡提說。他既是闡提，他雖有性德善，但他卻不能了達性德善。「以不了達故，還爲善所染。」「爲善所染」意即迷執性善。性德善雖爲淨善法門，但在其不達之迷執下，雖善亦染。他在此「爲善所染」，雖善亦染，之迷執下，得令修善起，因「爲善所染而染著善」而起修善也。雖起修善，卻是迷

執之修善。一闡提因有性德善故，他當然可有類乎性德善之善行。但此善行在他身上卻只是迷執之染，即迷染的善行，全不相干。既是迷染的善行，實際上就是染惡，而並非善行，因一闡提斷修善盡故。是以雖屢起修善，終是染惡。但智者卻說「修善得起，廣治諸惡」，此兩語很令人糊塗。既是「為善所染」而起修善，迷染的修善如何能「廣治諸惡」？此如膠手捉物，到處是膠，如何能不膠著而治於膠？抑或是以染善治惡乎？此或有之。蓋一闡提不必純是惡人也。字本義只是以貪欲為鵠的，引申而為斷向佛之善根與信根，故為不起信者。他亦可以本其性德善而起迷染之修善以治其所認為惡者。但雖可如此說，智者那兩語終嫌說得太著實，易令人迷惑。

就闡提之可成佛說，則其「不斷性善，還令修善起」之意義便是智者所說「今明闡提不斷性德之善，遇緣善發。……闡提亦爾，性善不斷，還生善根。」「遇緣善發」，「還生善根」，即是亦可至斷修惡盡而成佛也，亦即是不迷染之修善也。其實只這一層答亦可。前一層似乎是多餘的。智者所以有前一層之答意，蓋就實闡提說。故云：「若闡提能達此善惡，則不復名為一闡提也。」

闡提不斷性善，還令修善起，然則「佛不斷性惡，還令修惡起耶？」此問是機械地類比，不達實意。佛不斷性惡，卻並不令修惡起。注意「修惡」二字。然所以有此疑者，亦非無故。蓋一方不斷性惡，卻不令修惡起，一方卻又不斷性惡，還能起惡：「如來性惡不斷，還能起惡。」若將此「還能起惡」混同「修惡」，便可令人生疑。故智者之答即在簡別此兩者之不同也。因此兩者不同，故闡提不斷性善，還起修善，而佛不斷性惡，卻不起修惡。雖不起修惡，卻可起現穢惡法門以化眾生。此即迷染可斷，而法門不斷也。

斷與不斷兩面綜和起來，即曰「不斷斷」。故智者答「佛不斷性
惡，還令修惡起耶」之問云：

> 佛雖不斷性惡，而能達於惡。以達惡故，於惡自在，故不爲
> 惡所染，修惡不得起，故佛永無復惡。以自在故，廣用諸惡
> 法門化度衆生。終日用之，終日不染。不染故不起〔不起修
> 惡〕，那得以闡提爲例耶？

一闡提不斷性善，以不達故，爲善所染，故起迷染之修善（終還是
染惡）。但佛不斷性惡，以達惡故，不爲惡所染，故不起修惡，即
不起修德之迷染，全是悟淨。雖不起修德之迷染，卻可起現性德本
具之穢惡法門以化衆生，以「於惡自在」故。故又云：「佛亦不斷
性惡，機緣所激，慈力所熏，入阿鼻，同一切惡事化衆生。……如
來性惡不斷，還能起惡。」此「起惡」是起現穢惡門法化衆生，非
起現「修惡」也。故最後云：「雖起於惡，而是解心無染；通達惡
際即是實際；能以五逆相而得解脫，亦不縛不脫；行於非道，通達
佛道。」此即是「不斷斷」。在不斷斷中講性德緣了，故緣了乃即
一切性德善惡法門而爲緣了也。迷則爲「三千在理，同名無明」，
即是性德三軌；悟則爲「三千果成，咸稱常樂」，即是究竟三軌。
雖講緣了，正因佛性亦在內也。（三軌中之眞性軌，即指正因佛性
說。性德眞性軌即是迷中之實相。即生死身苦道爲法身，如指冰爲
水爾。資成軌指緣因佛性說。性德資成軌即是迷中性德緣因佛性，
性德之解脫。即業道爲解脫，如指縛爲脫爾。觀照軌指了因佛性
說。性德觀照軌即是迷中之了因佛性，性德之般若。即煩惱道一惑

道爲般若，如指薪爲火爾。）

此種性德緣了不同別教。別教無性德三千，故「若欲以惡化物，但作神通變現度衆生爾。」智者答語中雖指阿黎耶系統說，即在「性起」之眞心系統亦然。此則如文已明，不俟多說。

4.本節正義已竟。然由性德緣了說性德惡即反示圓具義，性德惡非是一各別之主張也。性德緣了即函性德三因，由此而言性德三軌。茲錄《法華玄義》論「三法妙」中之文以結束此從首章起迤邐說來的圓教義理之系統的陳述。《法華玄義·卷第五下》言「三法妙」云：

> 三法妙者，斯乃妙位所住之法也。言三法者，即三軌也。軌名軌範，還是三法可軌範耳。此即七意：一總明三軌，二歷別明三軌，三判粗妙，四開粗顯妙，五明始終，六類三法，七悉檀料簡。

于此七意，只錄第一第二兩意。

> 一、總明三軌者，一眞性軌，二觀照軌，三資成軌。名雖有三，只是大乘法也。經曰：「十方諦求，更無餘乘，唯一佛乘。」一佛乘即具三法，亦名第一義諦，亦名第一義空，亦名如來藏。此三不定三，三而論一；一不定一，一而論三；不可思議，不並不別，伊字天目。故《大經》云：「佛性者亦一非一，非一非非一。」亦一者，「一切衆生悉一乘故」。此語第一義諦。非一者，如是數法故。此語如來藏。

〔案：《大經》云：「云何非一？說三乘故。」智者改說爲
「如是數法故」。其意是有如是這般之數法故，故非一。此
數法三乘由如來藏開出，故此「非一」是說如來藏。如是，
「亦一」之一乘，第一義諦，即非數法。〕非一非非一，數
非數法不決定故。此語第一義空。而皆稱「亦」者，鄭重
也。只是一法，亦名三耳。故不可單取，不可複取，不縱不
橫，而三而一。〔案：雖是一法而三，然說第一義諦，即偏
指眞性軌；說如來藏，即偏指資成軌；說第一義空，即偏指
觀照軌。〕

前明諸諦，若開若合，若粗若妙等，已是眞性軌相也。前明
諸智，若開若合，若粗若妙，是觀照軌相也。前明諸行，若
開若合，若粗若妙，已是資成軌相也。前明諸位，祇是修此
三法所證之果耳。

若然，何以重說？重說有三義。㈠者，前境、智、行、是因
中所乘之三軌，今明乘是大乘已至道場，證果所住之三軌
也。㈡者，前作境智等名別說，今作法名合說。㈢者，前直
爾散說，不論本末。今遠論其本，即是性德三軌，亦名如來
之藏；極論其末，即是修德三軌，亦名祕密藏。〔案：修德
三軌即函究竟三軌〕。本末含藏一切諸法。

從性德之三法〔理即之三法〕起名字之三法，因名字之三法
修觀行之三法，因觀行之三法發相似之三法，乃至分證之三
法，究竟之三法，自成三法，化他三法。爲是義故，宜應重
說也。

（私謂一句即三句，三句即一句，名圓佛乘。〔案：此「私

謂」即章安筆錄時所自加之註語也。〕記中既從如來藏一句出諸方便，此乃別判。例應通開。〔案「記中」云云即下文歷別明三法，智者說，章安所記者也。〕「非一」者，數法故。指此爲如來藏，開出三藏中三乘事相方便。「非一非非一」，不決定故。指此一句爲第一義空，開出通教三人，即事而眞。「亦一」者，一切衆生悉一乘故。指此一句爲第一義諦，開出別教獨菩薩乘。此諸方便悉從圓出。故經言「於一佛乘，分別說三。」即此義也。）

案：此爲總明三軌。以下歷別明三軌，即教教皆有三軌，歷歷分別以明之也。此中即指出由三軌以明四教之不同。由此亦可看出圓教是由藏通別三方便教之開決而後成。圓教成後，就三軌言，其形態大類通教，故圓教仍歸于實相學，此所以重般若，尊龍樹，但又不同於通教，而爲圓教，然則其不同何在？圓教之圓與般若之圓其不同又何在？又，圓教是經過別教之開決而後成，別教已高於通教，圓教固更高於通教，而且不但高於通教，且亦高於別教而不同於別教，此不同又何在？凡此，本已明於首章。今再由三軌以明之，以與首章相呼應。

二、歷別明三法者，先須識如來開合方便，然後乃解總攬三法爲一大乘也。

佛從何法開諸權乘？如《大經》明佛性非一，如是數法說三乘故。當知諸乘數法爲如來藏所攝。佛於此藏，開出聲聞、緣覺、及諸菩薩通別等乘。何者？諸乘既是方便，如來藏又

是事〔天台說如來藏是就迷就事而論，既非眞心，亦非只眞如理〕，從事出方便，故言諸權爲如來藏攝耳。

又依經故。《大經》云：「聲聞僧者，名有爲僧。」又云：「六波羅密福德莊嚴。」又云：「聲聞之人定力多故，不見佛性。」當知定力即是福德，福德只是有爲，《勝鬘》稱爲有漏。例如界內見思未破，爲有起作，故名有爲。取理不當，故名有漏。非智慧法，故名福德。今以下望上，亦應如是。二乘未破變易，猶是有爲。無明未脫，故言有漏。非中道智，故名福德。

以是故知方便諸乘悉爲資成所攝，皆從大乘一句偏出，非究竟法。故云：「于一佛乘，分別說三。」即此意也。亦是于一佛乘，分別說五，亦是分別說七，亦是分別說九。若依此釋如來藏句，開出種種方便諸權乘法也。〔案：三乘再加人天，爲五乘。五乘中，小乘分爲聲聞緣覺，故爲七乘；又菩薩乘分爲藏通別三菩薩，故爲九乘。〕

次歷四教各論三法者：

三藏中以無爲智慧名觀照軌，正爲乘體。助道成乘具名資成軌。正助之乘斷惑入眞，眞是眞性軌。教來詮此，故以教爲乘也。緣覺亦爾。菩薩以無常觀爲觀照，功德肥爲資成，坐道場斷結見眞爲眞性。此教詮眞，乘是教乘，從三界中出，到薩婆若中住。言教已盡，故無教乘。眞不能運，故證非乘。故有索車之意云云。〔案：藏教有教乘，無證乘。以教引證，教盡即廢。「眞不能運」者，是所詮故。藏教證偏眞理，當教理極，故不名運。不運，故證非乘。蓋以觀照軌爲

乘體，不以眞性軌爲乘體也。「索車之意」者，言證非乘，不能運遠，其所證之果是方便果，非實果。此如《法華經·譬喻品》長者先以羊車鹿車牛車許其諸子，誘之使出，諸子出已，不見有此羊鹿牛車，乃向長者索之，而長者卻不給以羊鹿牛車，但給以大白牛車。此喻三車爲方便，大白牛車方是實果。羊車當聲聞，鹿車當緣覺，牛車當菩薩。三人出火宅已，不見有此三車，故索之。而長者但給以非其所望之大白牛車，即示三車只是方便引誘，非實果也。非實果，故「眞不能運，故證非乘。」而藏教以此爲極，故爲權教也。經中諸子出火宅已，不見有所許之羊鹿牛車而索之之語即示藏教爲方便教也。〕

二、通教以眞性軌爲乘體。何以故？即是色空，事中有理。此理即眞，故爲乘體。以即空慧爲觀照，眾行爲資成。此教詮眞，乘是教乘，從三界出，到薩婆若中住。菩薩出三界已，用行爲乘，淨佛國土，教化眾生，乃至道場，乃可名住。亦是有教無人，無誰住者。亦是教謝證寂，無復運義。亦有索車之意云云。〔案：通教菩薩雖以眞性軌爲乘體，而此教乘所詮之眞亦不能運，故亦爲方便教，以同爲灰斷佛故。故亦有索車之意。教謝證寂，灰斷佛故，無誰住者，故「有教無人」。〕

三、明別教三法者，以緣修觀照爲乘體，諸行是資成。以此二法爲緣修智慧。慧能破惑顯理，理不能破惑。理若破惑，一切眾生悉具理性，何故不破？若得此慧，則能破惑。故用智爲乘體。故《大經》云：「無爲無漏名菩薩僧」，即是一

地二地乃至十地智慧，名智慧莊嚴。以此智慧運通十地，故爲乘體。

然《攝大乘》明三種乘：理乘，隨乘，得乘。理者即是道前真如。隨者即是觀真如慧隨順于境。得者一切行願熏習熏無分別智，契無分別境，與真如相應。此三意一往乃同于三軌，而前後未融。何者？九識是道後真如，真如無事。智行根本種子皆在黎耶識中。熏習成就，得無分別智光，成真實性。是則理乘本有，隨、得今有。道後真如方能化物。此豈非縱義？若三乘悉爲黎耶所攝，又是橫義，又濫冥初生覺。既縱既橫，與真伊相乖。

元夫如來初出，便欲說實。爲不堪者，先以無常遣倒，次用空淨蕩著，次用歷別起心，然後方明常樂我淨。龍樹作論申佛此意。以不可得空洗蕩封著，習應一切法空，是名與般若相應。此空豈不空于無明？無明若空，種子安在？淨諸法已，點空說法，結四句相。此語虛玄，亦無住著。如病除已，乃可進食，食亦消化。那得發頭據阿黎耶出一切法？本之見慢全自未降，封此新文，若長冰添水。故知彼論非逗末代重著眾生，乃是界外一途法門耳。又阿黎耶若具一切法者，那得不具道後真如？若言具者，那言真如非第八識？恐此猶是方便，從如來藏中開出耳。若執方便，巨妨真實。若是實者，執之又成語見。多含兒蘇，恐將天命。若能善解破立之意，於諸經論淨無滯者也。〔案：此明別教三法文，前第二章中已錄過，當覆者。今正就三法論別教，別教同於藏教，亦以觀照軌爲乘體。智者所說是就《攝大乘論》說，此

當屬始別教。實則其所說者亦適用於終別教。終別教亦是三法未融，既縱既橫，與真伊相乖。此兩系統曲折甚多，當覆看第一章。然俱非圓教，則自無疑。荊溪《釋籤》云：「別教中不云索者，據後證道，仍是實乘，故不須索。若據教道，通皆須索。」實則教以導證，教為權教，證亦屬權。凡非圓證皆偏證也。〕

四、明圓教三法者，以真性軌為乘體。不偽名真，不改名性，即正因常住。諸佛所師謂此法也。一切眾生亦悉一乘。眾生即涅槃相，不可復滅。涅槃即生死，無滅不生。故《大品》云：「是乘不動不出」，即出乘也。觀照者，只點真性寂而常照，便是觀照，即是第一義空。資成者，只點真性法界含藏諸行無量眾具，即如來藏。〔荊溪《釋籤》云：「言圓乘體者，皆須從初因以至于果。因果所取名為乘體。前之二教雖即同有真性、觀照，能照所照但依權理。別教教道又以地前緣修方便而為乘體。故前三教所明乘體皆不至極。未極息教，是故索車。圓教乘體從始至終，而非始終。是故達到，乘義猶在。故以真性始終不動而為車體。故此車體非運而運。」〕

三法不一不異。如點如意珠中論光論寶，光寶不與珠一，不與珠異，不縱不橫。三法亦如是，亦一亦非一，亦非一非非一，不可思議之三法也。若迷此三法，即成三障。一者界內界外塵沙障如來藏。二者通別見思障第一義空。三者根本無明障第一義理。

若即塵沙障達無量法門者，即資成軌得顯。若即見思障達第

一義空者，觀照軌得顯。若即無明障達第一義諦者，眞性軌得顯。眞性軌得顯名爲法身。觀照軌得顯名爲般若。資成軌得顯名爲解脫。此兩即是定慧莊嚴，莊嚴法身。法身是乘體，定慧是眾具。下文云：「其車高廣，眾寶莊校。」〔「下文」指《法華經》經文說。以此《玄義》在前，故以經爲下文。〕是名圓教行人所乘之車。到薩婆若，過茶無字可說。無字可說，亦應無乘可運。若自行運畢，乘義則休。若權化未畢，運他不休。故文云：「佛自住大乘，如其所得法，定慧力莊嚴，以此度眾生」，即其義也。譬如御者，運車達到，猶名爲車。果乘亦爾，猶名爲運。

復次，何必一向以運義釋乘？

若取眞性不動不出，則非運非不運。若取觀照資成能動能出，則名爲運。祇動出即不動出，即不動出是動出。即用而論體，動出是不動出。即體而論用，即不動出是動出。體用不二而二耳。例如轉不轉皆阿鞞跋致〔不退轉〕，動不動皆毗尼〔戒〕。以是義故，發趣不發趣皆名爲乘也。

案：荊溪《釋籤》解此最後一句云：

言「轉不轉皆跋致」者，《大論·七十七發趣品》云：「轉二乘心入菩薩位。第一義中一相尚無，故無所轉，無菩薩位。」此約三乘理性不當轉與不轉。今亦約理而爲體用。理體無退，故皆跋致。〔跋致是阿鞞跋致之省稱〕。「動不動皆毗尼」者，人天毗尼名爲不動，無漏毗尼名之爲動。雖世

出世，皆名毘尼。若約理論，無動不動。故約理性，無非毘
尼，皆具足有一心十戒故也。故圓教乘，無發不發，皆名爲
乘。

荆溪繼之又綜論四教三軌云：

然此四教各具三軌。非但深淺不同，亦乃乘體誠異，以諸乘
體不同故也。所以藏別兩教咸以智慧爲體，通圓兩教咸以眞
性爲體者，良以體爲所乘，未可暫廢。以藏別眞性，果滿方
成。倘指體在當，以何爲運？若用觀照，則從始至終。故通
圓居因，即事論性。即事之性果位乃窮。是故兩教眞爲乘
體。又前之兩教，通雖稍優，並不知常，置而不說。別雖同
證，教道全權。故苦破之，令同證道。圓雖理極，尚有始
終。恐世濫行，故須委辨。是故廣以因果、自他、類例等，
釋乘義不息，方名實乘。若得此意，別顯一科義猶指掌。如
迷此者，自行何依？禿乘雖闕莊校，車體猶存。忽昧斯旨，
乘何而去？能乘、所至，一切都廢，是則以火宅爲寶渚，必
爲所燒。指煩惑爲能乘，義須傾覆。

案：以上爲「歷別明三法」文。先總明開合，諸權乘悉從如來藏中
開出。次約教別明，四教乘體有異。藏教以觀照軌爲乘體，眞不能
運，以灰斷佛故也。通教即事而理，以眞性軌爲乘體，雖無生四諦
與生四滅諦有異，體法空與析法空有異，然以灰斷佛故，並不知
常，故亦眞不能運。通教之中道但異于空，中無功用，不備諸法。

蓋以未見如來藏恆沙佛法佛性故，故既不知常，而中道之眞亦不能運。然則通教與圓教俱以眞性軌爲乘體，而畢竟一爲通教，一爲圓教者，其關鍵即在有無存有論的圓具（性具）也。智者說通教是就共般若言，此是有限定的通教。若視般若爲觀法之通式，無任何限定，其自身亦不能決定什麼，則亦不函有存有論的圓具義。智者說不共般若含有通別圓三教，實則即使是不共般若，亦只是般若之應用于通別圓，而其自身並不能決定其自己以及何者爲通，爲別，爲圓。共般若只是般若之用于小乘。般若之作用的圓具與性具之存有論的圓具不同也。是故有限定意義的通教，雖以眞性軌爲乘體，而終于是「眞不能運」者，關鍵唯在不能知如來藏恆沙佛法佛性，故無存有論的圓具也。

不能知如來藏恆沙佛法佛性（佛性常住），固無存有論的圓具，但即使已知之矣，亦不必就能有存有論的圓具，此即別教是。但別教有二形態，一曰始別教，一曰終別教。始別教是以阿賴耶識爲中心，眞性只是眞如理，純爲所顯，既不能熏，亦不被熏，故只以觀照軌爲乘體，三法未融自甚顯。《攝論》之理乘，隨乘，得乘，亦如世親《佛性論》之論三因佛性。應得因佛性即是理佛性（理乘），以無爲如理爲體，即是「二空所顯眞如，由此空故，應得菩提心及加行等，乃至道後法身，故稱應得。」「應得」者，依此空如理，應可得此等等也。此空如理本身並不是此等等，亦不具不起現此等等，故賢首斥之爲凝然眞如也。「加行因佛性者，謂菩提心。由此心故，能得三十七品，十地十波羅蜜助道之法，乃至道後法身，是名加行因。」此即是隨乘。「圓滿因佛性者，即是加行。由加行故，得因圓滿及果圓滿。因圓滿者，謂福慧行。果圓滿

者，謂智、斷、恩德。」此即是得乘。加行因與圓滿因，此二者以有為願行為體，此即是事佛性。事佛性與理佛性同于「理乘本有，隨得今有。」本有者以無為如理為體，今有者以有為願行為體。一有為，一無為，有為無為絕異；又既縱既橫，顯非眞伊。世親《佛性論》是相應阿賴耶系統而說也。故雖知如來藏恆沙佛法佛性，佛性常住，而如來藏只是自性清淨理（無為如理），而恆沙佛法又純屬後起，故敎道全權，只是界外一途法門。敎道既權，證道雖實，亦非圓實，故亦須有索車之意也。

終別敎眞如隨緣不變，不變隨緣，非凝然眞如，此如來藏眞心系統也。惟一眞心具足三法，此為不有不無之中道。但此中道仍為「但中」，以本不具十法界故，只由不染而染，隨緣起現，隨緣還滅，始有十法界差別故。是則「但中」之不空是性起的不空，非性具的不空。（始別敎連性起亦不可說，只是由後天熏習之有為願行所謂緣修方便以充實那無為如理之但中——應得因佛性，充實之，始成為道後法身。）在性起系統中，眞性不只是凝然的空如理，而且是眞常心，此似乎不純是以觀照軌為乘體，而且亦可以眞性軌為乘體。由不覺而始覺說，是以觀照軌為乘體。始覺固待緣，但眞如熏習，亦有內力。始覺即是本覺力之透射。由此，亦可說以眞性軌為乘體。但此眞性軌又必須由斷九而顯，顯後化物又是神通變現，則眞性軌之為乘體仍非始終為運也。觀照、眞性俱為乘體，而不圓也。三法亦縱亦橫，故不圓也。此如前第三節6中所說。修性不圓，故三法不圓，以為性起，非性具故也。故仍屬權敎。敎道既權，證道雖實，亦非圓實，故亦須有索車之意。（智者說別敎無始終之分。後來荊溪知禮說別敎大抵指終別敎說。智者之判雖不甚周

匠，亦適宜于終別教也。亦由于真諦傳唯識學本亦兩系統混合
也。）

圓教以真性軌為乘體，然而既不同于通教，亦不同于終別教。
其特點唯在存有論的圓具。開權顯實，發迹顯本，在三道即三德
下，在「不斷斷」中，總攬三法為一佛乘也。即此佛乘是第一義
諦，就此說正因佛性，即真性軌也。不偽名真，不改名性。如此真
性亦名中道實相理。祇點真性寂而常照，便是觀照軌，即了因佛性
也，亦名第一義空。祇點真性法界含藏諸行無量眾具，便是資成
軌，即緣因佛性也，亦名如來藏。同一佛乘即具三法。真性是客觀
地言之之詞，故曰第一義諦，或中道實相理。觀照資成是主觀地言
之之詞，一從「慧行」，故曰第一義空，一從「行行」，故曰如來
藏。此三者並是就佛乘法理而言，故三佛性總是法佛性。當初分解
地言之，正因佛性本即是法佛性，緣了二佛性是覺佛性。然說法佛
性之正因佛性時，本已含有緣了在內，是並覺佛性之緣了一起在內
而為一整一法佛性也。緣了雖為覺佛性，然含于正因佛性中而為一
整一法佛性時，其覺義亦不顯，故為客觀地就法佛性而說的覺佛性
也。簡單言之，亦就是客觀中的主觀也。故今祇點真性為觀照，為
資成，雖是一為慧行，一為行行，並是客觀中的主觀，亦即就佛乘
法理言的主觀也。到修德悟顯時，方是主觀中的主觀。然則就佛乘
法理分析地言三軌（「祇點」云云即示是分析的），並皆是性德三
軌，亦即迷中之三軌也。

此就佛乘法理分析地言的三軌不一不異，不縱不橫，即一而
三，即三而一，故為不可思議之三法也。迷此即為三障：塵沙惑障
如來藏，見思惑障第一義空，根本無明障第一義理。「若即塵沙障

達無量法門者，即資成軌得顯；若即見思障達第一義空者，觀照軌得顯；若即無明障達第一義諦者，真性軌得顯。」此是分別地對應三法而言三障，並即三障而達三德。若籠綜言之，即是「迷則三道流轉，悟則果中勝用」也。三道即三德，悟是即三道而悟也。

智者《法華玄義・卷第五下》言「三法妙」中第三「明粗妙」，在此明粗妙中對此圓教三法不縱不橫更有美妙之說明：

> 圓教點實相爲第一義空，名空爲縱。第一義空即是實相。實相不縱，此空豈縱？點實相爲如來藏，名之爲橫。如來藏即實相。實相不橫，此藏豈橫？故不可以縱思，不可以橫思，故名不可思議法，即是妙也。
> 祇點空、藏爲實相。空縱藏橫，實相那不縱橫？
> 祇點空爲如來藏。空既不橫，藏那得橫？
> 點如來藏爲空。藏即不縱，空那得縱？
> 點實相爲空藏。實相非縱非橫，空藏亦非縱非橫。
> 宛轉相即，不可思議，故名爲妙。
> ……
> 如是教乘不縱不橫。五品所乘，到于似解，如是行乘不縱不橫。似解所乘，到于十住，如是證乘，不縱不橫。十住所乘，到于妙覺薩婆若中住，故名妙乘。

案：此末段即以「六即」表此教乘始終之運，亦是「非運而運」。就佛乘法理說的三法即是「理即佛」。聞此名字，即曰「名字即佛」。通過五品弟子位（此見下章）而至觀行，即曰「觀行即

佛」。由觀行而至相似，即曰「相似即佛」。（五品所乘到于似
解」，即指此「觀行即」與「相似即」而言。「如是行乘不縱不
橫」，以觀行與相似兩位為行乘也，以未破無明，未至證乘故。凡
此皆見下章。）「似解所乘到于十住」，言由相似十信位進到十住
位，名曰「分證即佛」。以至十住位始破無明，以破無明，故曰
「證乘」。從十住經十行、十迴向、十地，到等覺位，皆曰「分證
即佛」，以雖破無明，未破盡故。「十住所乘到于妙覺薩婆若中
住」，即從十住位起，經十行、十迴向、十地、等覺，而至妙覺
位，即佛果位，此曰「究竟即佛」。薩婆若者即一切種智也。從
「理即」起，到「究竟即」止，皆乘體在運也。乘體，綱領地言
之，即是真性軌；分析地言之，即是不思議三法，以只點真性為觀
照資成故。總而言之，即曰佛乘，以總攬三法為一佛乘故。「是名
圓教行人所乘之乘。到薩婆若，過荼無字可說，亦應無乘可運。若
自行運畢，乘義則休。若權化未畢，則運他不休。」然圓教，自行
與化他永不離也，本即九界、十界互融、而為佛故。是故非運而
運，運義永在也。「過荼無字可說」，亦可說「教謝證寂」。然法
身常住，教時時謝，時時教；證時時寂，時時證；而乘體之運亦時
時休，時時運也。是故云：「若取真性不動不出，則非運非不運。
若取觀照資成能動能出，則名為運。祇動出即不動出，即不動出是
動出。即用而論體，動出是不動出。即體而論用，即不動出是動
出。體用不二而二耳。」

　　如此教乘，若就三道即三德，不斷斷，而言，則展示其義理根
據即是一念無明法性心即具十法界之存有論的圓具（性具）這一系
統。此由開權顯實，發迹顯本，決了聲聞法及通別教菩薩法，低頭

舉手無非佛道，何況聲聞行，何況菩薩行，而成者。決了此諸權
乘，令知是權而不滯于權。若不滯于權，則雖權而亦實，皆佛法
也。展示之以「一念無明法性心」，決了生滅四諦，無生四諦，有
作無量四諦，而皆歸于無作無量四諦也。決了生滅四諦、無生四諦
者，令其進至如來藏恆沙佛法佛性也。決了有作無量四諦者，就始
別教言，決了阿賴耶識而非唯妄心（妄心是主，正聞熏習是客）
也，故言性具或理；就終別教言，決了如來藏心而非唯眞心（隨緣
不變不變隨緣）也，故言一念無明法性心即是十法界。此種語句是
決了別教法後，就圓佛之不斷斷而說也，非與彼別教法爲同一層次
之另一隨意的交替可能者。若如此，則安可通？是故一念心既非眞
心，亦非八識之任何一識，乃是就圓佛之不斷斷而詭譎地說的不思
議境也。性具或理具亦然。「即無明」之法性即眞性，第一義諦，
或中道實相理。此既非通教之觀法上的中道空（中但異于偏空，無
功用，不備諸法），亦非始別教之凝然眞如（理性佛性）雖備諸法
矣，然卻是只待緣修之加行（正聞熏習）以充實而莊嚴之，使之備
諸法而爲法身，而非性起地備諸法，亦非終別教之隨緣眞如（眞心
隨緣不變不變隨緣），此固已是性起地備諸法矣，而卻非性具地備
諸法，（此兩別教皆可說爲但中之理）而乃是總攬三法爲一佛乘，
就圓佛之不斷斷而詭譎地說的「一切法趣色趣空趣非色非空」之圓
中（不但中），故曰性具或理具，亦曰三道即三德也。

　　言至此，吾人經過一長串之展轉引申而復歸于首章之所說。吾
觀此一系統，從首章起，到本章本節止，其中之一切辭語可說都是
分析的，套套邏輯地必然的。然卻是在批判的考察下，在不斷斷之
性具系統中而爲詭譎方式下之分析的，套套邏輯地必然的。此與華

嚴宗之就毘盧遮那佛法身法界展示爲法界緣起，就此法界緣起而說三觀十玄，緣起六相，以明一切相即相入，圓滿無盡，圓融無礙，而爲圓教者，完全不同。蓋此後者之爲圓教純是就法界緣起之緣起義而爲展轉引申，亦可以說只是緣起性空一義之套于佛法身上之分析的展示。此種圓教只是分析的圓教，所因處拙，並非就所因處通過批判的考察而立圓教。故此種圓教是不能決定什麼事的。而天台圓教卻正是就彼別教一乘圓教之所因處拙而批判地詭譎地建立圓教，故爲眞圓教也。若只就佛法身而爲分析的展示以明圓，此則乃不言而喻，所謂不成問題者，故于此說圓教，這圓教乃不能決定什麼者。吾于此兩圓教，皆詳爲展示。讀者一經比觀，便可知其不同；而究如何爲圓教亦可不辯而明矣。

第七節
附論荊溪《金剛錍》「無情有性」義

荊溪無別新意，亦無不同于智者者。其主要工作唯在疏通智者之三大部。《輔行》是釋《摩訶止觀》者，《釋籤》是釋《法華玄義》者，《文句記》是釋《法華文句》者。其釋此三大部是逐句逐段科判地釋之，或只疏通其次第，或亦訓詁其字義，說明典故之出處，或點示而補充其義理，詳瞻精審，出入通透，而從無溢出或違離智者之規範，此見其學力之深與家法之嚴；然而亦特爲煩瑣，讀者不耐。吾愧亦未能全讀，或亦不須全讀。然若能耐心讀之，則必增加義理之浸潤與印持。蓋吾人常是浮皮恍惚，並不易至彼等之程度也。

　　荆溪之主要工作雖只疏通智者之作，然彼復有自作之《金剛錍》，正式聲言「無情有性」，此似爲智者所未言。然衡其所言之「無情有性」之實義，則知仍未越出智者之規範，只是「性具」之轉語耳。不值如何誇大也。

　　據傳，此一問題乃隱對賢首而發。文云：

　　　　于是野客恭退，吳跪而諮曰：波水之譬，其理實然。僕曾聞
　　　　人引《大智度論》云：眞如在無情中但名法性，在有情內方
　　　　名佛性。仁何故立佛性之名？
　　　　余曰：親曾委讀，細檢論文，都無此說。或恐謬引章疏之
　　　　言，世共傳之，汎爲通之。此乃迷名而不知義。

《金剛錍》是借問答抒義。野客所聞之人引《大智度論》云云，此人即隱指賢首而言。而荆溪則云：「親曾委讀，細檢論文，都無此說。」《大智度論》中亦可能「都無此說」，然亦並非無此義，而此義亦並非定是錯。蓋一般人所說佛性是指實踐地能成爲佛之根據而言：而此根據即是緣了二因性。能實踐地表現緣了二因性以至佛果，方可名曰有佛性。如是，則一切衆生（有情）皆有佛性，皆可成佛，是則其可。若說牆壁瓦石無情之物亦能實踐地表現緣了二因性，此則甚難，蓋亦無人作此說，故在無情，只可說法性，不可說佛性。即使荆溪說無情有性，亦非是說無情之物能實踐地表現緣了二因性也。然則說無情有性無性皆可也。以下試就《金剛錍》明「無情有性」之實意。

　　《金剛錍》言「無情有性」是就《大涅槃經》之佛性義而引申

出。《大涅槃經》有「非佛性者，謂牆壁瓦礫」之語（見〈卷三十六迦葉品第十二之四〉）。然則若不通貫觀之，只依此語，則亦可說《大涅槃經》亦主無情無性。但《涅槃經》是捃拾教，帶權說實。教部有權實，佛性有進退。豈是一往說「無情無性」耶？《涅槃經》先以虛空譬言正因佛性，非內非外，遍一切處。正因佛性，依《涅槃經》，即是中道第一義空，是客觀地說的法佛性。此既非內非外，遍一切處，自亦遍及無情之物。但為對治，帶權門說，則「緣了猶局」。局則不及于無情之物，則是「權了」也。「若頓教實說，本有三種，三理元遍。達性成修，修三亦遍。」是則不但正因遍一切處，即緣了亦遍也。然則荊溪說「無情有性」，其實意從可知矣。關于《涅槃經》之教部權實，佛性進否，以及荊溪之抉擇經文，吾已詳言之于〈涅槃經章〉第五節，讀者當覆看，茲不重複。今順此權實義，看荊溪之意。

客曰：何故權教不說緣了二因遍耶？

余曰：眾生無始計我我所，從「所計」示，未應說遍。《涅槃經》中帶權說實，故得以空譬正，未譬緣了。若教一向權，則三因俱局。如別初心，聞正亦局。藏性理性一切皆然。所以博地聞無情無。依迷示迷，云「能造」是。附權立性，云「所造」非。又復一代已多顯頓。如《華嚴》中，依正不二，普賢普眼三無差別。《大集》染淨一切融通。《淨名》不思議毛孔含納。《思益》〔《思益梵天所問經》〕：網明無非法界〔網明菩薩明無出法界〕。《般若》：諸法混同無二。《法華》：本末實相皆如。《涅槃》：唯防像末謬

執〔像法末法期之謬執〕，分正、緣、了，別指方隅。若執實迷權，尚失于實。執權迷實，則權實俱迷。驗子尚昧小乘由心，故暗大教心外無境。

……

今搜求現未，建立圓融。不弊性無，但因理壅。故于性中點示體遍，傍遮偏指清淨真如。尚失小真，佛性安在？他不見之，空論無情性之有無，不曉一家立言大旨。故達唯心了體具者，焉有異同？若不立唯心，一切大教全為無用。若不許心具〔一念心具〕，圓頓之理乃成徒施。信唯心具，復疑有無，則疑己心之有無也。故知一塵一心即一切生佛之心性，何獨自心之有無耶？以共造改，以共變故，同化境故，同化事故。故世不知教之權實，以子不思佛性之名從何教立，無情之稱局在何文。已如前述。

……

故子應知萬法是真如，由不變故；真如是萬法，由隨緣故。子信無情無佛性者，豈非萬法無真如耶？故萬法之稱寧隔于纖塵？真如之體何專于彼我？是則無有無波之水，未有不濕之波。在濕，詎聞于混澄？為波，自分于清濁。雖有清有濁，而一性無殊。縱造正造依，依理終無異轍。若許隨緣不變，復云無情有無，豈非自語相違耶？故知果地依正融通，並依眾生理本故也。此乃事理相對以說。若唯從理，只可云水本無波，必不得云波中無水。如迷東為西，只可云東處無西，終不得云西處無東。若唯從迷說，則波無水名，西失東稱。情性合譬，思之可知。無情有無，例之可見。

案：此種三因體遍，只依「心外無境」而說。而心者煩惱心也。故云：「故于性中點示體遍，傍遮偏指清淨眞如。」即「傍遮偏指清淨眞如心」也。此爲知禮所常引之句。是故言三因體遍正由一念心具即性具而言。未曾越出智者原有之義理。一念三千，故心是萬法；而法不出如，故性即是眞如。此非以眞常心爲性也。是故「萬法是眞如，由不變故」，即萬法以如爲相，以如爲位，故位相常住也。「眞如是萬法，由隨緣故」，即法性無住，法性即無明，以即無明故，故即是心也。一說心，即是萬法，故凡說心或萬法即緣起法也，故必隨緣。此非言眞心不染而染而隨緣也。故荊溪此語亦與賢首所說「不變隨緣，隨緣不變」不同。在賢首，不變、隨緣、俱指眞心說；而在荊溪，則不變指性，隨緣指心也。故荊溪《止觀大意》亦云：「隨緣不變故爲性，不變隨緣故爲心。」凡此已于本章第一節中引過，並常隨文解說，不煩重述。

故眞如隨緣即佛性隨緣。佛之一字即法佛也。故法佛與眞如體一名異。故《佛性論・第一》云：「佛性者，即人法二空所顯眞如。」當知眞如即佛性異名。《華嚴》又云：「眾生非眾生，二俱無眞實。如是諸法性，實義俱非有。」言「眾生非眾生」，豈非情與無情二俱隨緣，並皆不變，故「俱非有」？所以法界，實際，一切皆然。故知法性之名不專無情中之眞如也。以由世人共迷法相名異體一故也。

然雖體同，不無小別。凡有「性」名者，多在凡在理，如云佛性，理性，眞性，藏性，實性等。無「性」名者，多通凡聖、因果、事理，如云法界及實相等。如三昧，陀羅尼，波

羅蜜等，則唯在于果。所以「因」名佛性等者，眾生實未成
佛得理，證眞開藏。以煩惱生死是佛等性，示令修習名佛等
性。而諸教之中諸名互立。《涅槃經》中多云佛性者，佛是
果人。言一切眾生皆有果人之性，故偏言之。世人迷故，而
不從果。云眾生有，故失體遍。

又云遍者，以由煩惱心性體遍，云佛性遍。故知不識佛性遍
者，良由不知煩惱性遍故。唯心之言豈唯眞心？子尚不知煩
惱心遍，安能了知生死色遍？色何以遍？色即心故。何者？
依報共造，正報別造。豈信共遍，不信別遍耶？能造所造既
是唯心，心體不可局方所故，所以十方佛土皆有眾生理性心
種。

案：此以眞如爲佛性，故佛性是法佛性也。于中引及世親《佛性
論》。天台宗言眞如，法性，實相等，詞意無殊于空有兩宗（唯實
相字偏屬空宗般若學，唯識中罕見，非不可言）。唯依圓教，圓談
法性，故不同于彼。圓法性者，一念心具即性具是也。故心是無明
法性心，即陰識心，煩惱心，此則同于唯識宗之識心，然卻不是唯
識宗之分解地說的八識系統之識，而卻是將分解說的八識，在三道
即三德下，在不斷斷中，緊吸於一念而爲不思議境的識──煩惱
心。此心是萬法，法不出如，即是性具萬法，亦曰理具萬法。性具
或理具者，即一切法趣色（趣心）趣空趣非色非空，是趣不過之謂
也。故就性言，爲圓談法性；就理言，爲中道實性理。性或理仍爲
抒義字，非實體字。此仍不失佛法家風。故心爲煩惱心，非眞心。
故云：「唯心之言豈唯眞心？」其不同于唯識與中觀者，唯在圓性

圓理圓中，非性、理、中之詞義有別也。而圓不圓則決定于是否性具。《中論》只是觀法之通式，不具備一存有論的圓具。（因圓具而保住萬法，名曰佛家式的存有論。萬法之有，世間相常，因圓具而有也，因法不出如而常也。法不出如，亦可一相不立，亦可三千宛然即空假中，此即爲佛家式的存有論，非言法有自性，亦非分解地立一超越體也。此不得有誤解。）般若之作用的圓尚非此性具之存有論的圓。唯識宗之中道法性由緣修（正聞熏習）始備諸法，非性具也，故爲始別教。而一念心即具十法界之一念心是開決了八識而成者。故雖同爲妄心，而非阿賴耶系統也。心義不變，而教法全異也。不得因教法異，而謂心與性之詞意亦異也。華嚴宗之中道法性指眞心言，此則稍不同。眞性即眞心，變爲實體字，自此始。（圭峰宗密言靈知眞性即此眞常心）。由此而言不染而染，隨緣起現，故曰「性起」。性起亦非性具，故爲終別教，非圓教。「一念心即具十法界」亦是開決了此眞心而成者，故非性起地唯眞心，而唯就性具論實相，圓談法性。眞心即在三德處呈現；而三道即三德，故在圓頓止觀處呈現也。此只是一寂照境，而非一實體字。《起信論》與華嚴宗將此佛境倒轉爲因地，名之曰如來藏自性清淨心，預設之以爲底據，由其不染而染，以性起地明諸法，此雖亦可說，然亦是權說，故終爲終別教也。既是權說，故須開決。

　　開決了阿賴耶妄識與如來藏眞心而成爲一念無明法性心，故煩惱心遍，即生死色遍。心遍色遍，即法性遍，法不出如故。法性遍，故佛性遍。佛性者法佛之性也。不惟正因佛性（中道第一義空）遍，即緣了二佛性亦遍也。然此兩遍恐有不同。正因佛性遍是法理遍，此無問題。然緣了二佛性遍，則只是即三千法而爲緣了，

故緣了遍一切處，但此並不表示無情之物亦能實踐地表現緣了也。祇點眞性寂而常照，即爲觀照；祇點眞性法界含藏諸行無量衆具，即如來藏，便是資成。眞性遍，則觀照資成亦遍。然卻並不因此即謂牆壁瓦石能實踐地表現觀照與資成（般若與解脫）也。是故：

客曰：仁所立義，灼然異僕于昔所聞。僕初聞之，乃謂一草一木，一礫一塵，各一佛性，各一因果，具足緣了。若其然者，僕實不忍。何者？草木有生有滅，塵礫隨劫有無。豈唯不能修因得果，亦乃佛性有滅有生。世皆謂此以爲無情，故曰無情不應有性。僕乃誤以世所傳習難仁至理，失之甚矣，過莫大矣。

余曰：子何因猶存無情之名？

客曰：乃僕重述初迷之見。今亦粗知仁所立理，只是一一有情心遍性遍。心具性具，猶如虛空。彼彼無礙，彼彼各遍。身土因果無所增減。故《法華》云：「世間相常住」。「世間」之言，凡聖、因果、依正攝盡。

……

余曰：大略雖爾，未曉子情。

客曰：仁所立義關諸大教，難可具陳。僕略論之，冀垂聽覽。豈非曉最後問「三無差別」，即知我心、彼彼衆生、一一刹那無不與彼遮那果德、身心依正，自他互融，互入齊等？〔案：此文前曾列有四十六問，最後一問即爲心佛衆生三無差別。〕我及衆生皆有此性，故名佛性。其性遍造、遍變、遍攝。世人不了教之體，唯云無情，不云有性。是故須

云：無情有性。了性遍已，則識佛果具自他之因性，我心具諸佛之果德。果上以佛眼佛智觀之，則唯佛無生。因中若實慧實眼冥符，亦全生是佛，無別果佛，故生外無佛。眾生以我執取之，即無佛唯生。初心能信教仰理，亦無生唯佛。亡之，則無生無佛。照之，則因果昭然。應知眾生但理，諸佛得事；眾生但事，諸佛證理。是則眾生唯有迷中之事理，諸佛具有悟中之事理。迷悟雖殊，事理體一。故一佛成道，法界無非此佛之依正。一佛既爾，諸佛咸然。眾生自于佛依正中，而生殊見，苦樂昇沉，一一皆計爲己身土，淨穢宛然，成壞斯在。仁所問意，豈不略爾？

案：此借客口說正意也。客初以爲「無情有性」是指「一草一木，一礫一塵，各一佛性，各一因果，具足緣了」而言。及聞論主解說，乃知不然。此是「誤以世所傳習難仁至理」。然則荊溪所謂「無情有性」並非如「世所傳習」者以爲草木瓦石亦「具足緣了」也。既不如此，則說無情無性亦未始不可。蓋世所傳習，普通所謂有佛性者，即有其成佛之根據也，而此正指緣了二因性而言，即吾所謂主觀的主體性也。今既言無情有性，其所有之性非指緣了二因性而言，則與無情無性並無二致，即並非矛盾地相遮也。荊溪所謂「無情有性」，佛既是指「法佛」而言，則佛性即是法佛之性也。此與普通所說「一華一法界，一葉一如來」相同。「一葉一如來」即是法佛也。而此法佛性是由三因體遍而說。不惟正因佛性遍一切處，即緣因了因二佛性亦遍一切處。然此並非說草木瓦石亦能實踐地表現緣了具足緣了也。然則其所謂「遍」者是何意義？曰：緣因

佛性既指解脫斷德而言，則解脫是即三千法而為解脫，了因佛性既指般若智德而言，則般若是即三千法而為般若，因此，般若解脫不隔于纖塵，故云緣了遍一切處也。是故性德三因遍一切處，修德三因，究竟三因亦遍一切處。草木瓦石即在此三因佛性之「遍一切處」處而一起登法界，即一起為佛──為法佛也，因此而得曰亦有佛性也。正因滿，為法身。法身即三千法而為法身，則法身遍一切處，即草木瓦石亦皆在此法身中也。一空淨一切空淨（中道第一義空之空），故草木瓦石亦有正因佛性也。嚴格言之，是在正因佛性之滿現中而亦霑漑于此佛格也。霑漑于此佛格，故亦得有此佛格矣。佛性者即佛格也。在因地，是根據義。在果地，是佛格義。但草木瓦石之有佛格是霑漑地有，非謂其本身能實踐地表現為法身也。雖在佛法身中，佛無「情無情」之分，然不分而分，佛與草木瓦石畢竟有異。緣因滿為解脫，了因滿為般若，即三千法而為解脫與般若，則草木瓦石亦盡在般若與解脫中而得云有此緣了二佛性矣。此有亦是霑漑地有，非謂其本身能實踐地表現緣了而具足緣了也。霑漑地有是消極地帶起之有，亦可說是存有論地有，非實踐地有，非積極地自證之有。後來知禮言蚰蜒竟究，究竟蚰蜒，亦如此也。非謂蚰蜒能自證悟而可以「六即」判其證悟之經過也。其可以六即判者，亦是霑漑地判；吾在理即中，蚰蜒亦在理即中，乃至吾在究竟即中，蚰蜒亦在究竟即中。一清明一切清明，一昏闇一切昏闇，不足驚怪。

是故「云遍者，以由煩惱心性體遍，云佛性遍。故知不識佛法遍者，良由不知煩惱性遍故。唯心之言豈唯真心？子尚不知煩惱心遍，安能了知生死色遍？色何以遍？色即心故。何者？依報共造，

正報別造。豈信共遍，不信別遍耶？能造所造即是唯心，心體不可
局方所故，所以十方佛土皆有眾生理性心種。」此是天台家言佛性
遍之綱格也。從「煩惱心性體遍」說起，即是性德三因遍一切處。
依報（國土）正報（報身）皆是心造。三因佛性含具三身。依報
遍，正報亦遍。三因佛性豈不遍耶？是故：

> 言心造心變咸出大宗。小宗有言，而無其理。然諸乘中，其
> 名雖同，義亦少別。有共造依報，各造正報；有共造正報，
> 各造依報。眾生迷故，或謂自然、梵天等造。造已，或謂情
> 與無情。故造名猶通，應云心變。心變復通，應云「體
> 具」。以無始來，心體本遍。故佛體遍，由生性遍。〔煩惱
> 心體本遍，故即無明之法性亦遍。即無明之法性即是眾生之
> 性。眾生之性遍，故佛體亦遍。〕
>
> 遍有二種：一寬廣遍，二即狹遍。所以造通于四〔言「心
> 造」通于四教〕，變義唯二〔言「心變」唯別圓二教〕。即
> 具唯圓及別後位〔言「即具」則唯限于圓教及別教後位〕。
> 故藏通造六，別圓造十。〔此言藏通二教只言心造六法界，
> 以只言六識，不及第七第八故，亦以不知如來藏恆沙佛法佛
> 性故。別圓二教則言心造十法界。〕此六及十括大小乘教法
> 罄盡。由觀解異，故十與六各分二別。〔十法界中分別圓兩
> 種差別，六法界中分藏通兩種差別，故云「各分二別」。〕
> 藏見六實，通見無生。〔此言就六法界而言，藏教是實有二
> 諦，亦是析法空，亦是生滅四諦，故云「藏見六實」。通教
> 是幻有空二諦，亦是體法空，亦是無生四諦，故云「通見無

生」。〕別見前後生滅，圓見事理一念具足。〔此言別教于
十法界見到道前九法界生，道後九法界滅而成佛界。此義通
于始終兩別教。圓教于十法界則言一念具足，蓋十界互融互
具，佛即九界而爲佛故。藏通于六法界之異，別圓于十法界
之異，此四教之異由于觀解之異而異也。〕論生，兩教似
等；明具，別教不詮。〔此言若論心法，別圓兩教似同，然
而若說「即具」，則別教只言性起或熏起，不言性具，故唯
圓教始言「即具」也。言性起者是終別教。言熏起者是始別
教。一唯如來藏眞心，一唯阿耶妄識也。〕種具等義，非此
可述。〔此言圓教言性具或理具非彼種識攝具種子之義也。
故不可以彼種具等義說此性具或理具也。〕故別佛性，滅九
方見。〔此即「緣理斷九」也。此通兩別教。〕圓人即達九
界三道，即見圓伊三德體遍。〔圓人言佛界既是即九界而爲
佛，故即達九界三道而不隔。蓋三道即三德，故三德圓伊亦
隨煩惱心遍，生死色遍，惑業苦之三道遍一切處，而亦體遍
一切處也。〕

案：以如此之三德體遍言佛性遍，根本未超出性具圓教也。此段文
是《金剛錍》總述「性具」之義。心造心變，具不具，皆見于此。
此文前又依四教判「佛性無情有無」云：

自《法華》前，藏通三乘俱未稟性；二乘憚教，菩薩不行。
別人初心，教權理實。以教權故，所稟未周。故此七人可云
無情，不云有性。圓人始末知理不二。心外無境，誰情無

情？《法華》會中，一切不隔。草木與地四微何殊？舉足，
修途，皆趣實渚。彈指，合掌，咸成佛因。與一許三，無乖
先志。豈至今日，云無情無？

據此，則知「無情有性」是依《法華》開權顯實，發迹顯本，一切
不隔，因而立性具圓教，心遍色遍性遍，故三德遍，而說無情之物
亦霑漑地具有佛格也。本非說草木瓦石亦能實踐地表現緣了。此旨
在明圓教，不在爭講無情之物是否能自覺地成佛也。

　　《金剛錍》大義已具于上。本節當與首部〈涅槃經·佛性義〉
章第五節合看。

　　天台圓教義理大略已盡于上述之三章，而以荊溪「無情有性」
終者，示並非新意，亦未超出智者之規範也。

　　所以有判教而以圓教爲終極者，蓋以圓教不明，則佛之究竟義
不明故也。

　　所以有取于天台圓教者，蓋以爲必如天台依《法華》之一切不
隔所說之圓教始能至十法界一體平鋪也。其他權教皆未能至此。凡
權說皆不免有蹺攲。惟圓教始至一切皆平皆實，故如日當午，罄無
側影也。此自是理想的佛。然依《法華》，現實的釋迦本是近迹，
故亦是權佛也。如是，即世間而出世間，則出世即不出世。即出世
而論世間，則世間即非世間。亦可說根本無世可出，一相不立。亦
可說根本無出世可至，三千宛然即空假中，一切大教皆須至此一體
平鋪之境，不獨佛教爲然。

　　此下論圓行圓位，乃就智者大師之「位居五品」而論，以明斷
無明之不易。

第四章
智者大師之「位居五品」

第一節
「安禪而化，位居五品」

《摩訶止觀・卷第一上》，章安灌頂述緣起中有云：

> 此之止觀，天台智者說己心中所行法門。智者生光滿室，目
> 現重瞳。行法華經懺，發陀羅尼；代受法師講金字般若。陳
> 隋二國宗爲帝師。安禪而化，位居五品。故經云：「施四百
> 萬億那由他國人，一一皆與七寶，又化令得六通，不如初隨
> 喜人百千萬倍」。況五品耶？文云：「即如來使，如來所
> 使，行如來事。」《大經》云：「是初依菩薩」。

案：《摩訶止觀》智者說，章安灌頂筆錄。筆錄時首述緣起。緣起
中首述智者個人之故事。此述簡略。荊溪《止觀輔行傳弘決・卷第
一之一》隨文疏解云：

初序智者中，先明德業。初生之時，室內洞明，棟宇煥然，兼輝鄰室。凡諸俗慶，並火滅湯冷，爲事不成。目有重瞳。父母藏擫，不欲人知，而人自知。《玉篇》云：「瞳者目珠子也」。即黑睛中小珠子也。

「行法華懺，發陀羅尼」者，習律藏已，詣大賢山持《法華經》。宿緣所熏，常好禪悦，怏怏江東，無足可問。聞光州大蘇山慧思禪師，遙餐風德，如飢渴矣。其地既是陳齊邊境，兵刃所衝，重法輕生，涉險而去。思初見，笑曰：「昔共靈山聽《法華經》，宿緣所追，今復來矣。」示普賢道場，行法華三昧。經二七日行道，誦經，至〈藥王品〉諸佛同讚藥王菩薩言：「是眞精進，眞法供養」，豁然入定，照了《法華》。將證白師，師曰：「非爾弗證，非我不識。所發定者，法華三昧前方便也。所發持者，初旋陀羅尼。縱令文字法師千群萬衆，尋汝之辯，不能窮矣。于說法人中最爲第一。」〔案：《法華經‧卷七普賢菩薩勸發品》云：「爾時受持讀誦《法華經》者，得見我身，甚大歡喜，轉復精進。以見我故，即得三昧及陀羅尼——名爲旋陀羅尼，百千萬億旋陀羅尼，法音方便陀羅尼。」旋者轉也。智者以三諦配此三陀羅尼。初、旋陀羅尼是旋假入空，轉一切法皆悉入空。二、百千萬億旋陀羅尼是旋眞入俗。三、法音方便陀羅尼，此是中道。見《法華玄義‧卷第五上》，單行本頁1125-1128。〕

「代受法師」等者，即指南岳爲「受法師」。南岳造金字大品經竟，自開玄義，命令代講。于是智方日月，辯類懸河，

卷舒稱會，有理存焉。唯三三昧，三觀智，用以諮審，餘並
自裁。思曰：「可謂法付法臣，法王無事者也。」時慧曠律
師亦在會坐。思曰：「律師嘗聽賢子講耶？」曠曰：「禪師
所生，非曠子也。」思曰：「思亦無功，《法華》力耳。」
「安禪而化」至「五品」等者，此出臨終行位也，不出禪
定，端坐取滅，故云「安禪而化」。開皇十五，自荊下鄴。
至十六年，重入天台。至十七年，晉王敦請，出至石城。謂
徒眾曰：「大王欲使吾來，吾不負言而來。吾知命在此，故
不前進。」于石像前，口授遺書云：「蓮華香爐，犀節如
意，留別大王。願芳香不窮，常保如意。」索三衣，命掃
洒，令唱《法華》、《觀無量壽》二部經題，兼讚嘆竟。時
吳州侍官等二十五人見石像倍大，光明滿山。又索香湯漱口
竟，說十如，四不生，十法界，四教，三觀，四悉，四諦，
六度，十二緣，一一法門攝一切法。吾今最後策觀譚玄，最
後善寂，吾今當入。時智朗請云：「伏願慈悲，賜釋餘疑。
不審何位？沒此何生？誰可宗仰？」報曰：「汝懶種善根，
問他功德。如盲問乳，蹶者訪路，告實無益！雖然，吾當為
汝破除疑惑。吾不領眾，必淨六根。以損己益他，但位居五
品。生何處者，吾諸師友並從觀音，皆來迎我。問誰可宗仰
者，汝不聞耶？波羅提木叉〔別解脫亦譯為處處解脫或隨順
解脫〕是汝大師，四種三昧是汝明導。教汝捨重擔，教汝降
三毒，教汝治四大，教汝解業縛，教汝破魔軍，教汝調禪
味，教汝遠邪濟，教汝折慢〔慢〕幢，教汝出無為坑，教汝
離大悲難。唯此大師可作依止。」從捨擔下，即是十境。故

知若不示人境觀，不任依止。于是教維納曰：「人命將終，
聞鐘磬聲，增其正念。唯長唯久，氣盡爲期。云何身冷方復
響磬？哭泣著服，皆不應爲。」言已跏趺，唱三寶名，而入
三昧。即其年十一月廿四日未時，端坐入滅。滅後祥瑞等具
如別傳。即是住觀行位，首楞嚴定，而入滅也。五品之言彌
可信也。然大師生存，常願生兜率。臨終乃云觀音來迎。當
知軌物隨機，順緣設化，不可一準。

「故經云」去，引證大師五品功多。《法華經・隨喜品》
云：「施四百萬億阿僧祇世界六趣四生眾生，一一皆與七
寶，見其衰老，乃至將死，化令得果，起六神通，不如初隨
喜人百千萬倍。」〔案：此是略引〕。彼第六經初〔案即
《法華經・卷六隨喜功德品》開始〕舉第五經末〔即經〈卷
五分別功德品〉末〕五品文中，初隨喜品，復以第五十人校
量最初隨喜人〔具見〈隨喜功德品〉〕。故今文中，初述小
乘化他之福，比於初品，具如經文；復以初品況出後品，故
云「況五品耶」？舉小乘之極多，況大乘之極少。初品最
少，其功尚多，況第五品耶？此證大師居第五品，其德深
也。

次引《法師品》者，爲世所依，頒傳佛旨，故名爲使。使即
所使。宣佛因果，名如來事。〔案：《法華經・法師品》
云：「若是善男子善女人，我滅度後，能竊爲一人說《法華
經》，乃至一句，當知是人則如來使，如來所遣，行如來
事。」〕

次引《大經》〔《大涅槃經》〕者，亦證大師位也。《經》

云：「若復有人具煩惱性，能知如來祕密之藏，是名初依。」若準圓位，五品、六根，並名初依。未斷無明，名具煩惱，亦得名為觀行、相似、知祕密藏。〔案：《大涅槃經‧卷六如來性品第四之三》標四種人為四依。具煩惱性為第一依，即初依。須陀洹人，斯陀含人，為第二依。阿那含人為第三依。阿羅漢人為第四依。四依義通圓別。約圓教說，五品位及六根清淨位為初依。十住為二依。十行及十迴向為三依。十地及等覺為四依。參看《法華玄義‧卷第五上》，單行本頁1145-1146。〕

案：以上為荊溪疏解「安禪而化，位居五品」。然仍略而不詳。蓋只由《法華經》舉出「五品」一詞耳。吾人只知初是隨喜品，至於二、三、四、五品尚不知也。《摩訶止觀‧第七章正修止觀》，第六，觀禪定境中，於因緣發時，以十法門觀之。十法門中言及第八「識次位」云：

識次位者，三惡輕重，皆由無明、惡行，不善愛、取，所致也。三善高卑，亦由無明、善行，不動行、愛、取、有，所致也。

若翻無明、愛、取，起生滅智者，即三藏中「慧解脫」賢聖位高下也。〔案：只修「性念處」，不得「滅盡定」之阿羅漢名「慧解脫」。此就藏教慧解脫賢聖位之高下而言識次位。〕

若轉行、有，起觀、練、熏、修、行行功德，即是三藏「俱

解脫」賢聖位高下也。小大迦羅，類此可知。〔案：得滅盡
定之阿羅漢曰「俱解脫」。因中修「性念處」及「共念
處」，證果時，三明八解一時俱得，故名「俱解脫」。慧解
脫及俱解脫是就藏教聲聞乘而言。小大迦羅則是指辟支佛
乘，即緣覺乘，而言。「迦羅」即是「辟支迦羅」之省稱。
辟支迦羅，此翻緣覺，兼攝獨覺義。有小辟支迦羅與大辟支
迦羅之分。宿世偏修性念處者爲小，兼修共念處者爲大。又
修福種相好，現神通，說法者爲大，否則爲小。詳見《法華
玄義・卷第四下》論「位妙」中二乘位及《四教義》二乘
位。又，文中「行行功德」，「行行」是對「智行」而言。
智行是慧，行行是定。〕

翻五度，成于行、有；般若翻無明、愛、取，調伏諸根，即
有三僧祇位也。〔案：此就三藏菩薩位之三阿僧祇位說次
位。從初釋迦至罽那尸棄佛時，名第一阿僧祇劫。從罽那尸
棄佛至燃燈佛時，名第二阿僧祇劫。從燃燈佛至毗婆尸佛
時，名第三阿僧祇劫。〕

若翻無明、愛、取，體達即眞；翻行、有，修六度，如空種
樹，即有四忍位行高下也。〔案：此就三藏菩薩位之百劫位
及佛果位而說。四忍者，下忍、中忍、上忍、世第一忍
（佛）也。但若就「體達即眞」說，此亦可是通教之三乘共
位。如是，則四忍當爲伏忍、信忍、柔順忍、無生忍。〕

翻無明、愛、取，生道種智；翻行、有，成歷劫修行，諸度
神通淨佛國土，成就眾生，即有六輪位行高下。〔案：此當
就別教菩薩位說。〕

若翻無明、愛、取，即是熾然三菩提燈者，即有圓教「六即位」高下。

十二因緣，一人一念悉皆具足。痴如虛空，不可盡，乃至老死如虛空，不可盡。空則無有盡與不盡。空則是大乘。《十二門論》云：「空名大乘。普賢、文殊、大人所乘，故名大乘。」《大品》云：「是乘不動不出。若人欲使法性、實際、出者，是乘亦不動不出。」《大經》云：「一切眾生即是一乘。」如此等，名「理即是」。

由「理即是」，得有「名字即是」。從初發心，聞說大乘，知眾生即是佛。心謬取著，故不能觀行。如蟲食木，偶得成字。

由「名字」故，得有「觀行」。如前所說七番觀法，通達無礙，即是行處。〔案：「如前所說七番觀法」者，即此第八「識次位」前觀不思議境、起慈悲心、巧安止觀、破法遍、識通塞、修道品、對治助開之七番也。後兩番爲能安忍，無法愛。共爲十番，即《摩訶止觀》之十法成乘也。〕

由「觀行」故，得有「相似」。發得初品，止是圓信。二品誦讀，扶助信心。三品說法，亦助信心。此三皆乘急戒緩。四品少戒急。五品事理俱急，進發諸三昧、陀羅尼，得六根清淨，入鐵輪位也。〔案：此列舉五品位名。由第五品位進入六根清淨位，即「相似即」位，亦即鐵輪位。五品與六根清淨連說，觀行與相似連說。智者即居此位。說「位居五品」者，據低說耳。實則不如此之限定也。〕

由「相似」故，得有「分證」。三道即三德，豁然開悟，見

三佛性，住三涅槃，入秘密藏；清淨妙法身，湛然應一切，乃至等覺，悉是「分證即」。轉無明，生智慧明，如初日月，乃至十四日月。轉行、有，生解脫，如十六日月，乃至廿九日月。所有識名色法身，漸漸顯現，猶如月體。

由「分證」故，得有「究竟」。三德圓滿：究竟般若，妙極法身，自在解脫。過茶無字可說也。〔案：「茶」字亦寫作「荼」字，音譯不同耳。〕

故知小大次位，皆約十法界十二因緣也。若寂滅真如，有何次位？初地即二地。地從「如」生，「如」無有生；或從「如」滅，「如」無有滅。一切眾生即大涅槃，不可復滅。有何次位高下大小耶？不生不生不可說。有因緣故，亦可得說。十二因緣法爲「生」作因。如畫虛空，方便種樹，說一切位耳。若人不知上諸次位，謬生取著，成增上慢，即菩薩栴陀羅。〔案：栴陀羅，此云嚴幟，謂以嚴飾自幟。印度俗，操屠戶賤業者，特有標幟，名栴陀羅。此借用耳。取義爲「殺者」，殺菩薩慧命也。〕

據此文，則智者之「位居五品」，乃「六即位」中之「觀行、相似即」位（不只觀行即位），亦即六輪位中之鐵輪位也。五品位者，依《法華經》初品隨喜，發圓信。二品誦讀。三品說法。此三皆乘急戒緩。四品少戒急。五品事理俱急（戒屬事，乘屬理），進發諸三昧、陀羅尼，得六根清淨，入鐵輪位。依此，是第五品位就智者稍爲申展言之，有以下之特點，即，㈠六根清淨。（智者自云：「吾不領衆，必淨六根。」）㈡事理俱急。㈢損己益他，說法第

一。㈣未斷無明，具煩惱性知祕密藏。依此四點，故得名爲「觀行、相似即」位，不只「觀行即」位。未至「分證即」（亦言「分眞即」）者，非慧解不及，乃因「損己益他」，「行行」不至此也。只是伏道位。未得斷道位。

又《摩訶止觀・第七章正修止觀》第一觀陰界入境中，以十法門觀心，十法門中之第四法門即「破法遍」。于此破法遍中，明中道止觀破法遍時，言及修中觀位，有云：

> 今明圓教。五品之初只是凡地，即能圓觀三諦，修于中空，坐如來座；修寂滅忍，著如來衣；修佛定慧，以如來莊嚴而自莊嚴；修無緣慈，入如來室。始從初品，進入第五，相似法起。見鵠知池，望烟驗火，即是相似位人，入六根清淨也。例如外道，不修念處，永無煖分。二觀亦爾，不修中道，似解不發。今五品修中，能生似解。轉入初住，即破無明。故《華嚴》解初住云：「無染如虛空。清淨妙法身，湛然應一切。正使及習一時俱盡，無有遺餘。初發過牟尼。」此之謂也。始自初品，終至初住，一生可修，一生可證。不待位登七地，爾乃修習。

案：進入第五品，即能生「似解」，即是相似位人，入六根清淨位也。故智者之位居五品，此五品位必連六根清淨而說，即「相似位」也。此在圓教，屬十信位。未至「分眞即」者，以至初住始破無明。引《華嚴》解初住，亦是以初住概括言之，明初發心住爲一重要之關鍵。實則住有十住，此後復有十行，十迴向，十地，等

覺，諸位。最後是妙覺位，此即是佛果位。從初住至等覺皆是分破無明，即皆屬「分眞即」。惟妙覺位才是「究竟即」。

復次，「六輪位」者，《菩薩瓔珞本業經》（後簡稱《瓔珞》者即指此經而言）〈賢聖學觀品第三〉以六寶譬六性以表十住、十行、十迴向、十地、等覺、妙覺、四十二位。一、銅寶瓔珞示十住菩薩，習種性。二、銀寶瓔珞示十行菩薩，性種性。三、金寶瓔珞示十迴向菩薩，道種性。四、琉璃寶瓔珞示十地菩薩，聖種性。（前三種性爲賢位）。五、摩尼寶瓔珞示金剛慧幢菩薩，等覺性。六、水精寶瓔珞示佛果，妙覺性。由此六寶，可轉名六性爲六輪王，如由銅寶瓔珞說銅輪王，由銀寶瓔珞說銀輪王，由金寶瓔珞說金輪王。但于十地聖種性，則未就琉璃寶瓔珞總說爲琉璃輪王，乃分別說爲四天王，忉利天王，焰摩天王，兜率天王，化樂天王，他化天王，梵天王，光音天王，淨天王，淨居天王。于等覺性，則說爲「千萬天色寶光瓔珞，覺德寶光相輪，三界王，一切菩薩爲眷屬」，未說爲摩尼輪王。于妙覺性，則說爲「無量功德藏寶光瓔珞，千福相輪，法界王，一生補處菩薩爲眷屬」，未說爲水精寶輪王。吾人可簡略之，以六寶說六輪王。此六寶六輪並無鐵輪王。但〈釋義品第四〉則以十住前十信位爲鐵輪王，而十信位爲凡位也。

荆溪《止觀輔行傳弘決・卷第一之五》釋「六即」處有云：

> 「入銅輪」者，《本業瓔珞經》上卷經意以六因位而譬六輪，乃至六性、六堅、六忍、六定、六觀等。皆作瓔珞名者，以其此位莊嚴法身。言六輪者，謂鐵輪十信，銅輪十住，銀輪十行，金輪十向，琉璃輪十地，摩尼輪等覺。輪是

碾惑摧伏等義。〔案：此以六輪說因位，故列及鐵輪十信。
但若如此，則不應說譬及六性。經以六輪譬六性，鐵輪十信
不在內，而妙覺性在內。〕

案：若加鐵輪，則共爲七輪。前六輪譬十信、十住、十行、十迴
向、十地、等覺，五十一位，爲因位，後一輪即水精輪則譬妙覺佛
果位，共爲五十二位。十住、十行、十迴向、爲三賢位，十地爲十
聖位。等覺破最後一分無明，永別無明父母，即進妙覺位，此即是
佛，至佛再無所破。故《仁王般若》云：「三賢十聖住果報，唯佛
一人居淨土。」佛是聖果，前五十一位爲聖因。天台圓敎于五十一
位前，再列五品弟子位，亦屬聖因。五品弟子位以前便是芸芸不覺
衆生，唯具佛性者，以及唯解佛性之名者，此兩者名曰「外凡」。
五品弟子位與十信位則曰「內凡」。十信位未破無明，猶屬凡夫。
然而卻是「內凡」。「內凡」者已納入佛之軌轍中之凡夫，即已入
流之謂也。「外凡」則是門欄外之凡夫。雖在門欄外，不可謂其不
具佛性。如是，從此「外凡」起，至彼佛果止，這一長串的修行行
位，天台宗以「六即位」綜攝之，如下：

1.理　即：唯具佛性者……………………………⎫
　　　　　　　　　　　　　　　　　　　　　　 ⎬外凡
2.名字即：唯解佛性之名者…………………………⎭

3.觀行即：五品弟子位：外品…………………⎫
　　　　　　　　　　　　　　　　　　　　　　 ⎬內凡
4.相似即：十信位（六根清淨位）：內品…⎭

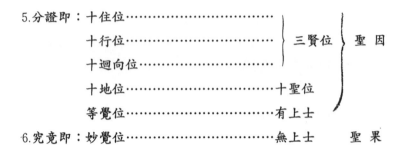

此中「分證即」亦曰「分眞即」者，「分證」是從證者之主觀的能證方面說，以其證爲部分的證，非全盡的證，故曰「分證」；「分眞」是從客觀的所證方面說，以所證之眞爲部分的眞，非全盡的眞，故曰「分眞」。眞者佛性也。同一佛性開爲三因佛性：一曰正因佛性，二曰緣因佛性，三曰了因佛性。三因佛性滿，即爲三德，即法身、般若、解脫是。三德所示皆眞實也。

以下詳展各圓位。

第二節

《法華玄義》正解「圓教五品位」

案：《法華經·卷五分別功德品》：

阿逸多！若善男子善女人聞我說壽命長遠，深心信解，則爲見佛常在耆闍崛山，共大菩薩諸聲聞衆，圍繞說法。又見此娑婆世界其地琉璃，坦然平正。……若有能如是觀者，當知

是爲深信解相。又復如來滅後,若聞是經而不毀訾,起隨喜心,當知已爲深信解相。何況讀誦受持之者?斯人則爲頂戴如來。阿逸多!是善男子善女人不須爲我復起塔寺,及作僧坊,以四事供養衆僧。所以者何?是善男子善女人,受持讀誦是經典者,爲已起塔,造立僧坊,供養衆僧。……是故我說如來滅後,若有受持讀誦,爲他人說,若自書,若教人書,供養經卷,不須復起塔寺,及造僧坊,供養衆僧。況復有人能持是經,兼行布施、持戒、忍辱、精進、一心、智慧?其德最勝,無量無邊!譬如虛空,東西南北四維上下,無量無邊。是人功德亦復如是無量無邊,疾至一切種智。若人讀誦受持是經,爲他人說,若自書,若教人書;復能起塔,及造僧坊,供養讚嘆聲聞衆僧,亦以百千萬億讚嘆之法,讚嘆菩薩功德;又爲他人種種因緣解說此《法華經》;復能清淨持戒,與柔和者而共同止;忍辱無瞋,志念堅固;常貴坐禪,得諸深定;精進勇猛,攝諸善法;利根智慧,善答問難。阿逸多!若我滅後,諸善男子善女人,受持讀誦是經典者,復有如是諸善功德,當知是人已趣道場,近阿耨多羅三藐三菩提,坐道樹下。

案:此經文由「聞是經而不毀訾,起隨喜心」開始,藉「何況」、「況復」等連繫字,層層轉進,由隨喜進至誦讀受持,並爲他人解說,復進至同時兼行六度,復進至同時能正行六度。此中即含有五步驟。智者即由此五步驟開爲五品位。初、隨喜品位,此示深心信解。二、誦讀受持爲第二品位。三、爲他人說,爲第三品位。四、

兼行六度，爲第四品位。五、正行或具行六度，爲第五品位。因依
《法華經》而說，故爲圓教五品位也

智者《法華玄義・卷第五上》解此五品位云：

> 若人宿殖深厚，或值善知識，或從經卷，圓聞妙理，謂一法
> 一切法，一切法一法，非一非一切，不可思議，如前所說；
> 起圓信解，信一心中具十法界，如一微塵有大千經卷。欲開
> 此心，而修圓行。圓行者，一行一切行。略言爲十，謂識一
> 念平等具足，不可思議〔觀不思議境〕；傷己昏沈，慈及一
> 切〔起慈悲心〕；又知此心常寂常照〔巧安止觀〕；用寂照
> 心破一切法，即空即假即中〔破法遍〕；又識一心諸心，若
> 通若塞〔識通塞〕；能于此心具足道品，向菩提路〔修道
> 品〕；又解此心正助之法〔對治助開〕；又識己心及凡聖心
> 〔知次位〕；又安心不動不墮，不退不散〔能安忍〕；雖識
> 一心無量功德，不生染著〔無法愛〕：十心成就。〔案：此
> 即《摩訶止觀》中以十法門觀心，亦曰十法成乘。〕

> 舉要言之，其心念念悉與諸波羅蜜相應，是名圓教初隨喜品
> 位。

> 行者圓信始生，善須將養。若涉事紛動，令道芽破敗。唯得
> 內修理觀，外則受持讀誦大乘經典。聞有助觀之力。內外相
> 籍，圓信轉明，十心堅固。……聞有巨益，意在于此。是名
> 第二品位。

> 行者內觀轉強，外資又著，圓解在懷，弘誓熏動。更加說
> 法，如實演布。……說法開導是前人得道全因緣。化功歸

己，十心則三倍轉明。是名第三品位。

上來前熟觀心，未遑涉事。今正觀稍明，即傍兼利物。能以少施與虛空法界等，使一切法趣檀，檀為法界。……餘五亦如是。事相雖少，運懷甚大。此則理觀為正，事行為傍。故言「兼行布施」。事福資理，則十心彌盛。是名第四品位。

行人圓觀稍熟，事理欲融。涉事不妨理，在理不隔事。故具行六度。若布施時，無二邊取著；十法界依正，一捨一切捨；財、身、及命、無畏、等施。〔財施、身施、命施、法施、無畏施，皆平等而施〕。若持戒時，性重譏嫌等無差別，五部重輕無所觸犯。若行忍時，生法寂滅，負荷安耐。若行精進，身心俱靜，無間無退。若行禪時，遊入諸禪，靜散無妨。若修慧時，權實二智究了通達，乃至世智，治生產業，皆與實相不相違背，具足解釋佛之知見，而于正觀如火益薪。此是第五品位。

如此五品圓信功德，東西八方不可為喻。雖是初心，而勝聲聞無學功德。其如經說。〔案：經者《法華經》也〕

若欲比決取解，類如三藏家別總四念處位。義推如通教乾慧地位，亦如伏忍位。義推亦得是別教十信位。

私謂〔章安自謂〕五品位是圓家方便。初欲令易解，準小望大，如三藏之五停心。

初品圓信法界，上信諸佛，下信眾生，皆起隨喜，是圓家慈停心，偏對治法界上嫉妒。

第二品讀誦大乘文字。文字是法身氣命。讀誦明利，是圓家數息停心，偏治法界上覺觀。

說法品能自淨心，亦淨他心，是圓家因緣停心，偏治法界上
自他痴。痴去，故諸行去，乃至老死去。

兼行六度品是圓家不淨停心。六蔽初名貪欲。若捨貪欲，欲
因欲果皆捨。捨故，無復報身，非淨非不淨也。

正行六度品是圓家念佛停心。正行六度時，即事而理。理不
妨道，事妨于道。即事而理，無障可論。大意如此，云云。

案：圓教五品位雖是初階，若論功德，亦勝過聲聞無學功德。以圓
為準，初階亦提升也。因此，此初階可類比三藏教之五停心。五停
心者，一、修數息觀，數息停心，對治初禪中有覺有觀，攀緣不
住。二、修不淨觀，不淨停心，對治貪欲。三、修慈心觀，慈心停
心，對治瞋恚。四、修因緣觀，因緣停心，對治愚癡。五、修界方
便觀（亦曰修念佛觀），界方便停心（念佛停心），對治著我，破
境界逼迫障（實破界類狹窄障，破我見也。）五停心同，套于圓教
說與套于藏教說，其意旨不同。

圓教五品位又可類比藏教之別相四念處位，總相四念處位。別
相四念處者，一、觀身不淨（色蘊），二、觀受是苦（受蘊），
三、觀心無常（識蘊），四、觀法無我（想行蘊）。總相四念處
者，一、觀身不淨，受、心、法，皆不淨；乃至四、觀法無我，
身、受、心、皆無我。中間二、觀受是苦，三、觀心無常，可例
知。

五停心位，別相四念處位，總相四念處位，此三者，在藏教名
曰「外凡」，是藏教之「外凡」，非圓教中所謂「外凡」也。圓教
中之「外凡」是「理即」與「名字即」。而五品位當身乃屬「觀行

即」，乃是內凡之外品。故圓教中內凡之外品即可類比藏教之所謂「外凡」。

圓教五品位又可以義推，如通教之乾慧地，伏忍位；亦得如別教之十信位。

通教菩薩十地（三乘共行之十地）如下：

一、乾慧地：「三乘之初同名乾慧，即是體法五停心，別相、總相四念處觀。事相不異三藏。此三階法門體陰、入、界、如幻如化；總破見愛八倒，名身念處。受、心、法〔念處〕亦如是。住是觀中，修正勤、如意、根、力、覺、道。雖未得煖法相似理水，而總相智慧深利，故稱乾慧位也。」（《法華玄義·卷第四下》）。案此乾慧地即外凡位，與藏教五停心，別、總四念處，三位齊。然因是就通教說，故此三位上冠以「體法」二字，因通教是「體法入空」也。若在藏教，則是「析法入空」。是以雖是乾慧，與彼三位齊，然因體法析法之異，故有巧拙不同。此乾慧地雖是三乘共行，然聲聞緣覺既套入通教，則亦捨其「析法」而歸于「體法」也。又，同是外凡，而在通教其意旨亦不同于其在藏教也。

二、性地：「得過乾慧，得煖已，能增進初中後心，入頂法，乃至世第一法，皆名性地。性地中，無生方便解慧善巧，轉勝於前，得相似無漏性水，故言性地也。」（同上）。案：此性地是內凡位，與藏教煖、頂、忍、世第一、四善根位齊。前五停心位，別相四念處位，總相四念處位，此三位加上此四善根位，在藏教名曰七賢位。賢者鄰於聖而非聖也。通教觀無生四諦，體法入空，故前初地以「體法」形容五停心、別、總四念處，今復以「無生方便」說通教菩薩之解慧善巧也。其善巧「轉勝於前」，言從初乾慧地即

習此無生方便，異於藏教，今仍持續增進，在四善根位中習此無生方便，故其解慧善巧更轉勝於前，因此能得「相似無漏性水」，而得名曰「性地」。所謂無生方便解慧善巧者。智者《四教義》解云：「三乘之人同聞無生四諦，信解分明，故得然也。信無生苦諦者，信五陰、十二入、十八界、不生，皆如幻化夢響，水月鏡像，畢竟空無所有。是則解苦無苦。苦雖無苦，若不知無苦，則為苦所苦，名曰愚夫。若知無苦，此則無苦而有真諦。信無生集諦者，了一切煩惱業行，皆如夢幻響化，水月鏡像，畢竟空無所有，無和合相。若不知無所有，則有結業流轉。知無所有，是則解集無集，是故無集而有真諦。信無生滅諦者，知一切生滅之法皆不可得。設使有法過于涅槃，亦如夢幻響化，水月鏡像，本自不生，今亦無滅。若不知不生不滅，則生滅終不自滅。若知不生不滅，則生滅自然而滅。是則有滅而有真諦也。信無生道諦者，信一切至涅槃道皆如夢幻響化，水月鏡像，無有二相。是則不見通與不通。若見有二相，有通不通，則無明壅塞。若知不二之相，不見通與不通，則任運虛通，入第一義。是則知道有道而有真諦也。」此種「無生方便解慧」非藏教之觀生滅四諦，析法入空，所能有。然此性地既是通教三乘共行之地，則聲聞緣覺亦捨其藏教之身分而轉入通教之身分，即轉藏教之拙度而為通教之巧度也。

三、八人地：「八人地位者，即是三乘信行法行二人體見假以發真斷惑，在無間三昧中八忍具足，智少一分，故名八人位也。」（同上）。案：八人即八忍。八忍即于欲界四諦忍可印證而成之四種法忍：苦法忍、集法忍、滅法忍、道法忍，以及于色無色界四諦忍可印證而成之四種類忍：苦類忍，集類忍，滅類忍，道類忍，合

爲八忍。八忍中即含有八智。八智者，苦法智，集法智，滅法智，道法智，苦類智，集類智，滅類智，道類智。類者比也。言色無色界之四諦亦類比欲界之苦集滅道法忍法智而爲同一流類也。故類忍，類智，亦可曰比忍，比智。法忍，類忍，忍者即無漏禪定。法智，類智，智者即無漏觀慧。在無間道中，三昧斷惑（斷見惑），名忍，乃即慧之定。在解脫道中，觀慧證理，名智，乃即定之慧。此忍智具足，即斷見惑，即見眞理，此爲「見道」中之八忍八智。八忍八智爲十六心。但在此八人地，八忍具足，八智卻不具足，即少一「道比智」，只成七智，故云「智少一分」也。以具足者爲名，故云「八人地」也。至八忍八智具足，十六心滿，即入「見道」，名「見地」也。

　　四、見地：「見地位者，即是三乘同見第一義無生四諦之理，同斷見惑八十八使盡也。」（同上）。案：八忍八智十六心滿爲「見道」。見道者，「三乘同見第一義無生四諦之理」，亦云「發眞無漏，見眞諦理」（諦觀《天台四教儀》）。「發眞無漏」，發證眞之無漏心也。因屬見道，故此地名曰「見地」。此地與藏教初果（須陀洹果）齊。依藏教，初果屬見道；斯陀含，阿那含，二、三、兩果屬修道；阿羅漢第四果屬無學道。「斷見惑八十八使盡」者，見惑有八十八使。身見，邊見，見取，戒取，邪見，此五者爲利使。貪，瞋，痴，慢，疑，此五者爲鈍使。此十使歷三界四諦增減不同，成八十八使。謂在欲界苦諦，十使具足。集諦滅諦各七使，除身見、邊見、戒取。道諦八使，除身見、邊見。如是，歷欲界四諦，共爲三十二使。歷色界、無色界四諦，每諦下再除瞋使，餘皆如欲界。如是，此兩界各有二十八使，合爲五十六使。此五十

六使加欲界三十二使，共爲八十八使。此見惑八十八使在此見地中斷盡。障智之惑曰見惑，見理破惑故名見地。又，八人地與見地，此兩地本爲無間道，在無間三昧中斷見也。八人地爲斷見之初，見地爲斷見之終。無間精進，不出入觀而斷見也。是故諦觀《四敎儀》于此二地合爲一起說，蓋以同入無間三昧同斷見惑故也。亦因此故，八人地中說「八忍具足，智少一分」。蓋只示連續精進，至見地始忍智俱足，十六心滿也。

五、薄地：「薄地位者，體愛假即眞，發六品無礙，斷欲界六品，證第六解脫，欲界煩惱薄也。」（同上）。案：上三、四、兩地斷見惑。自此第五地起，斷思惑。思惑即煩惱，障解脫曰思惑，此亦曰修惑，修道方面之惑也。故此地與藏敎二果齊，屬「修道」也。思惑有八十一品。謂三界分爲九地。整欲界爲一地，色界四禪爲四地，無色界四定（空處，識處，無所有處，非想非非想處）爲四地，共爲九地。此三界九地，欲界一地就貪瞋痴慢四者說，有九品貪瞋痴慢。九品者，上、中、下又各有上中下也。餘二界八地就貪痴慢三者說，亦各有九品貪癡慢。是則三界九地，每地九品，九九八十一品思惑。「發六品無礙，斷欲界六品」，即斷欲界九品中之前六品貪瞋癡慢也。每斷一品，必有無間道與解脫道之兩面。正斷惑之時，謂爲無間道。斷已而得解脫，則謂爲解脫道。每一地有九無間與九解脫。無間，智者說爲「無礙」，從舊譯也。「發六品無礙」即發六品無間道也。「斷欲界六品，證第六解脫」，尚有三品未斷也。然而欲界煩惱已微薄矣。

六、離欲地：「離欲地位者，即是三乘之人體愛假即眞，斷欲界五下分結盡，離欲界煩惱也。」（同上）。案：此地與藏敎三果

齊，亦屬修道。「欲界五下分結」者，身見、戒取、疑使、貪使、瞋使也。此欲界五下分結斷盡，即函欲界九品思惑斷盡也。故云離欲地。

七、已辦地：「已辦地位者，即是三乘之人體色無色愛即眞，發眞無漏，斷五上分結七十二品盡也。斷三界事惑究竟，故言已辦地。」（同上）。案：此地與藏敎四果齊，聲聞齊此，屬無學道。「五上分結」者，掉舉、慢、無明、色染、無色染也。此屬上二界。此地斷此上二界五上分結七十二品盡。欲界九品已在離欲地斷盡。至此地，三界八十一品思惑俱已斷盡，故至此地，三界事惑俱已斷竟，故云「已辦」。思惑曰事惑，障事之惑也。見惑曰理惑，障理之惑也。無明是根本惑，見思惑是枝末惑。聲聞小乘只限三界內，未透至界外，故只能斷三界見思枝惑盡，不能斷至界外根本惑也。即使斷三界見思枝惑盡，亦只是斷正使，不能侵習氣。此如燒木成炭。

八、辟支佛地：「辟支佛地位者，緣覺菩薩發眞無漏，功德力大，故能侵除習氣也。」（同上）。案：侵除習氣，如燒炭成灰，猶有灰在，侵而未能使之盡也。

九、菩薩地：「菩薩地位者，從空入假，道觀雙流，深觀二諦，進斷習氣、色心無知，得法眼道種智。遊戲神通，淨佛國土，成就衆生。學佛十力、四無所畏，斷習氣將盡也。齊此名小樹位也。」（同上）。案：小樹位即通敎菩薩位。小樹之喻出《法華經》三草二木。三草，小草指人天乘，中草指聲聞、緣覺，上草指三藏菩薩位。二木，小樹木指通敎，大樹木指別敎。三草二木皆一地所生，一雨所潤。一地一雨喻圓敎。此菩薩地是通敎菩薩地。正

使斷盡，與二乘同。通教菩薩兼濟利物，故爲大乘初門。因此之故，能「從空入假，道觀雙流」。道者化道，觀謂空觀。帶空出假，故曰「雙流」。因道觀雙流故，故能進斷「色心無知」。「色心無知」即塵沙無知惑。因其「從空入假」，故能斷塵沙無知惑，得法眼道種智。但此法眼道種智亦只限于界內，故其斷塵沙惑亦只限于界內。蓋通教亦只觀無生四諦，不能及于無量四諦，故雖能兼濟，而功齊界內也。故爲小樹，非大樹也。至于「進斷習氣」，緣覺侵習，此菩薩地則能斷習。斷習將盡而未盡。究竟盡者在佛地。

十、佛地：「佛地者，大功德力資智慧，一念相應慧觀眞諦究竟，習亦究竟，如劫火燒木，無復炭灰，如象渡河，至于邊底。雖菩薩佛名異二乘，通俱觀無生體法，同是無學，得二涅槃〔有餘無餘二涅槃〕，共歸灰斷，證果處一，故稱爲通也。」（同上）。案：通教雖是大乘，然功齊界內，不能進至如來藏恆沙佛法佛性，只能善巧知無常，不能知常，故其佛果亦只是灰身滅智，只留舍利爲人天福田也。

以上爲通教十地。圓教五品位以義推，可如通教十地之乾慧地。又可以義推，如通教菩薩之「伏忍位」。

就三乘共行說，爲十地。特就菩薩說，又可就此十地立三忍名，此即智者所說「別爲菩薩立三忍名」也。乾慧地爲伏忍，性地爲柔順忍，三地至十地皆菩薩位，爲無生忍。

《法華玄義·卷第四下》解三忍云：

> 乾慧地三人同伏見惑，而菩薩更加伏忍之名者，菩薩信因緣即空，而于無生四諦降伏其心，起四弘誓願。雖知眾生如虛

空，而發心度一切眾生。是菩薩欲度眾生，如欲度虛空。故
《金剛般若》云：「菩薩如是降伏其心，所謂滅度無量眾
生，實無眾生得滅度者。」次三誓願降伏其心，亦如是。是
爲菩薩在乾慧地修停心，別相、總相念處觀時，異于二乘，
故別稱「伏忍」。

復次，三乘人同發善有漏五陰，生相似解，皆伏見惑，順第
一義，而菩薩獨受「柔順忍」名者，菩薩非但伏結，順理，
又能爲一切眾生伏心，遍行六度，一切事中福慧皆令究竟。
如三藏菩薩于中忍中，三僧祇行六度，不惜身命。今菩薩亦
如是，以空無相願，調伏諸根，爲眾生故，滿足六度，故名
順忍也。〔案：此就性地說。〕

復次，三乘人同發眞無漏，若智若斷，同名無生，而菩薩獨
受「無生法忍」名著，以其見諦理，斷結使，不生取證之
心，故別受「無生法忍」之名也。何者？若生取證之心，即
墮二乘地，不得入菩薩第九地。〔案：此就八人地與見地而
言。〕

復次，三乘同得神通，而二乘不能用，成就眾生，淨佛國
土，故不受遊戲之名。菩薩能爾，故別受遊戲神通名也。
〔案：此就薄地說。〕

阿那含雖斷五下分結，而不能捨深禪定，來生欲界，和光利
物，不同其塵。菩薩能如此，故別受離欲清淨之名。〔案：
此就離欲地說。〕

所以三乘之人同觀二諦，用與不同。若二乘雖觀二諦，一向
體假入空，用眞斷結，至無學果。菩薩亦觀二諦，始從乾

慧，終至見地，多用從假入空，得一切智、慧眼，多用真也。從薄地學遊戲神通，多修從空入假觀，得道種智、法眼，多用俗也。從辟支佛地學二觀雙照，入菩薩地，自然流入薩婆若海。是則無功用心修種智〔一切種智〕、佛眼。佛地圓明，成一切種智，佛眼同照二諦究竟也。故《大論》〔卷第七十五〕云：「聲聞法中名乾慧地，于菩薩即是伏忍。聲聞法名性地，于菩薩法中名柔順忍。聲聞法名八人地，于菩薩名無生忍道。聲聞法名見地，于菩薩法是無生法忍果。聲聞名薄地，于菩薩法名爲遊戲五神通。聲聞法名離欲地，于菩薩法名爲離欲清淨。」〔案：此是意引。以上「所以」下，就離欲地作綜結。〕

阿羅漢地于聲聞法即是佛地。何者？三藏佛三十四心發真，斷三界結盡，與羅漢齊，故名佛地。于菩薩法中，猶名無生忍。故《大品》云：「阿羅漢若智若斷，是菩薩無生法忍。」〔案：此就已辦地說。八忍八智十六心，九無間九解脫十八心，合爲三十四心。〕

辟支佛地亦如是。

九地過辟支佛，入菩薩位。菩薩位者九地，十地。是則十地菩薩當知爲如佛。齊此，習氣未盡。

過菩薩地，則入佛地。用誓扶餘習，生閻浮提，八相成道。五相與三藏不殊。惟六、成道，樹下一念相應慧，與無生四諦理相應，斷一切煩惱習盡，具足大慈大悲、十力、四無畏、十八不共法、一切功德，名之爲佛。七、轉法輪：權智開三藏生滅四諦法輪，實智說摩訶衍無生四諦法輪，通教三

乘人也。〔共通地教導三乘之人〕。八、入涅槃相者，雙樹
入無餘涅槃，薪盡火滅，留舍利爲一切天人福田也。

是爲通教共位，別爲菩薩立此名位也。

以上爲《法華玄義》文，說明爲菩薩立忍名。《四教義》文同此。
圓教五品位以義推即如此處所說之通教菩薩之伏忍位也。言圓教五
品位在圓教之地位一如伏忍位之在通教菩薩位也。並非說此兩者之
內容與意指完全相同也。蓋一屬圓教，一屬通教，起腳落腳皆不
同，如何能等視耶？

　　最後，圓教五品位以義推，亦得如別教之十信位。十信者，信
心，念心，精進心、慧心，定心，不退心，迴向心，護法心，戒
心，願心。此十通名信心者，信以順從爲義。若聞說別教因緣假
名，無量四諦，佛性之理，常住三寶，心順不疑，名信心也。圓教
五品位以義推如十信位之在別教也。但圓教五品位以上還有十信
位。是則圓教之十信高于別教之十信也。

第三節
《法華玄義》正解「圓教十信位」

　　圓教五品位「義推亦得是別教十信位」。十信名出《瓔珞》亦
義出《華嚴經》。「《華嚴經》法慧菩薩答正念天子，明菩薩觀十
種梵行空，學十種智、力，入初住。十種梵行空即一實諦，亦無作
之滅諦；學十種智、力，即觀無作之道諦：即十信也。」（《法華
玄義·卷第五上》頁1091）。荊溪《釋籤》云：「《華嚴》法慧等

者，彼經不列十信之名，唯於住前觀十梵行，自古講者判爲十信，
故今引之以爲信位。」別教列此十信位（《瓔珞》列名無釋），圓
教亦可引之以明圓信位。但在圓教，此十信位即六根清淨位。五品
位之第五品即入此位。此是內凡之內品。五品當身，所謂五品弟子
位，是內凡之外品。外品之極入內品，是六根清淨位（出《法華
經・法師功德品》），即六即中之「相似即」位。智者即居此位
也。

《法華玄義・卷第五上》說圓教十信位云：

一、明十信位者，切以圓聞能起圓信，修於圓行。善巧增
益，今此圓行五倍深明。〔五品由初至五，故云「五倍深
明」〕。因此圓行，得入圓位。〔荊溪《釋籤》解云：「聞
圓起信，能習十法，成於圓行，入隨喜品。品品漸進，入十
信位，名爲圓位。」〕
以善修平等法界，即入「信心」。〔案：即十法中之「觀不
思議境」。〕
善修慈愍，即入「念心」。〔此即十法中之「起慈悲心」〕
善修寂照，即入「進心」。〔此即十法中之「巧安止觀」〕
善修破法，即入「慧心」。〔此即十法中之「破法遍」〕
善修通塞，即入「定心」。〔此即十法中之「識通塞」〕
善修道品，即入「不退心」。〔此即十法中之「修道品」〕
善修正助，即入「迴向心」。〔此即十法中之「對治助開」〕
善修凡聖位，即入「護法心」。〔此即十法中之「知次位」〕
善修不動，即入「戒心」。〔此即十法中之「能安忍」〕

善修無著，即入「願心」。〔此即十法中之「無法愛」〕
是名入十信位《瓔珞》云：「一信有十，十信有百。百法為
一切法之根本也。」是名圓教鐵輪十信位。即是六根清淨，
圓教似解，煖、頂、忍、世第一法。（頁1088）

荊溪《釋籤》解云：

> 一一信中言善修者，由緣實相，行於五悔，策勤精進，至第
> 五品，得入十信，名為善修。〔五悔者一懺悔，二勸請，三
> 隨喜，四迴向，五發願。下去諸位，直至等覺，總用五悔。
> 更不再出，例此可知。〕由善修故，相似解起。是故十法、
> 在相似位，轉名信心；乃至願心，亦復如是。何者？不思議
> 境以信為本。慈悲弘誓，藉念力持。心安止觀，功由精進。
> 破於三惑，妙慧方遍。於通無塞，由決定力。元修道品，為
> 求不退。正助無闕，迴因向果。不濫次位，方能護法。內外
> 不動，由善防非。於法無愛，由大願力。故得至此名為信
> 心，乃至願心。十法既許初心具修，當知信信皆具十法，是
> 則十信有百明矣。

是則十信心者，即信心，念心，精進心，慧心，定心，不退心，迴
向心，護法心，戒心，願心是也。十法成乘，此十法在相似位中即
轉名十信心。此是智者以《摩訶止觀》中十法成乘之十法（亦曰十
心）配此十信也。《瓔珞經》言「一信有十，十信有百」，其直接
意思是每一信心即具十信，十十乘疊，即為百信，不必是指十法觀

心之十法說也。十法，若就其爲觀心之法門說，則不能乘疊。唯十法轉名十信，方可乘疊。此只示十信心相出入，相滲透，非釐然隔絕也。如《瓔珞經・佛母品第五》有云：「佛子！法門者，所謂十信心是一切行本。是故十信心中，一信心有十品信心，爲百法明門。復從是百法明心中，一心有百心故，爲千法明門。復從是千法明心中，一心有千心，爲萬法明門。如是增進，至無量明。轉轉勝進，上上法故，爲明明法門。百萬阿僧祇功德，一切行，盡入此明門。」此即是十信重重乘疊也。

此十信位亦即六根清淨位。《法華經・法師功德品》云：

> 若善男子善女人受持是《法華經》，若讀若誦，若解說，若書寫，是人當得八百眼功德，千二百耳功德，八百鼻功德，千二百舌功德，八百身功德，千二百意功德。以是功德莊嚴六根，皆令清淨。是善男子善女人，父母所生清淨肉眼，見於三千大千世界內外所有山林河海；下至阿鼻地獄，上至有頂，亦見其中一切眾生，及業因緣果報生處悉見悉知。……復次，……以是清淨耳聞三千大千世界，下至阿鼻地獄，上至有頂，其中內外種種語言音聲。……以要言之，三千大千世界中一切內外所有諸聲，雖未得天耳，以父母所生清淨耳，皆悉聞知。如是分別種種音聲而不壞耳根。……復次，……以是清淨鼻根，聞於三千大千世界，上下內外，種種諸香。……又復別知眾生之香。……亦聞天上諸天之香。……又聞諸天身香。……並聞諸天所燒香。及聲聞香，辟支佛香，菩薩香，諸佛身香，亦皆遙聞，知其所在。雖聞此香，

然於鼻根，不壞不錯。……復次，……得千二百舌功德。若
好若醜，若美不美，及諸苦澀物，在其舌根，皆變成上味，
如天甘露，無不美者。若以舌根於大眾中，有所演說，出深
妙聲，能入其心，皆令歡喜快樂。……是人所在方面，諸佛
皆向其處說法，悉能受持一切佛法，又能出於深妙法音。
……復次，……得八百身功德。得清淨身，如淨琉璃，眾生
喜見。其身淨故，三千大千世界眾生，生時死時，上下好
醜，生善處惡處，悉於中現。……若聲聞、辟支佛、菩薩、
諸佛說法，皆於身中現其色像。……復次，……得千二百意
功德。以是清淨意根，乃至聞一偈一句，通達無量無邊之
義。解是義已，能演說一句一偈，至於一月四月，乃至一
歲。諸所說法，隨其義趣，皆與實相不相違背。若說俗間經
書，治世語言，資生業等，皆順正法。三千大千世界六趣眾
生，心之所行，心所動作，心所戲論，皆悉知之。雖未得無
漏智慧，而其意根清淨如此。是人有所思維、籌量、言說，
皆是佛法，無不真實，亦是先佛經中所說。……

此即《法華經》所說之六根清淨。此清淨之六根各有其深妙之功
德。就前五根言，雖是父母所生之肉眼、肉耳、肉鼻、肉舌、肉
身，然亦能發出相似於天眼、慧眼、法眼、佛眼之作用，以及相似
於天耳、慧法佛耳，乃至相似於天身、慧法佛身之作用。就意根
言，雖未得無漏智慧，然即此人身之意根亦能發相似於天意、慧
意、法意、佛意之智慧。是則六根每一根皆有五相。如眼根，有肉
眼、天眼、慧眼、法眼、佛眼之五相，耳鼻舌身乃至意根亦有如此

之五相。此六根之五相即可與佛相好身、法門身、實相身相似相應。肉、天、法三相之六根覺諸法假，即與佛相好身（正報身）相似相應。慧相之六根覺諸法空，即與佛法門身（化身）相似相應。佛相之六根覺諸法中，即與佛實相身（法身）相似相應。總之，清淨六根能發相似於佛三身之功德相，故此六根清淨位亦得曰「相似即」位。何以故？以此位具煩惱性，未斷無明，故只是相似即佛也。亦可曰具智德，而未具斷德，故亦曰「伏忍位」。智者云：「入此信心，能破界內見思盡，又破界外塵沙無知，能伏無明住地之惑。《仁王般若》云：十善菩薩發大心，長別三界苦輪海，亦此位也。」（《法華玄義·卷第五上》，頁1090）。「破界內見思盡」，即破三界內見惑思惑盡。「破界外塵沙無知」即破三界外之塵沙惑。但於「無明住地之惑」，即根本惑，亦曰無始無明，或同體無明，則只是伏而未能破，此即所謂具煩惱性知秘密藏也。惑有三種。一、見思惑：見惑障理，思惑障事。二、塵沙惑：障無量法門道種智，於塵沙假法無知。三、根本惑即同體無明：此則深根潛隱之無始無明與法界同體，障圓實中道。此根本惑，自十住位初住起，以及以後諸位，分分斷，唯佛究竟斷。是則前二惑猶屬表面粗重之惑，故亦曰枝惑與客惑。是故圓教十信位已能破界內見思惑盡，又破界外塵沙無知（此亦只是破及而未能破盡）。惟於根本惑，則只伏未破。

此圓教十信位相當於別教之十住位，故諦觀《四教儀》說此圓教十信云：「初信斷見惑，顯真理，與藏教初果、通教八人地見地、別教初住、齊，證位不退也。次從二信至七信，斷思惑盡，與藏通二佛、別教七住、齊。三界苦集斷盡無餘。……次從八信至十

信，斷界內外塵沙惑盡，假觀現前，見俗諦理，開法眼，成道種智，行四百由旬，與別教八、九、十住及行向位齊，行不退也。」是則此圓十信位不但齊於別教之十住，且亦齊及別教之十行與十迴向。別教十住只「行三百由旬」，而此圓十信則已行至四百由旬。故其幅度甚寬廣也。又諦觀云：「從八信至十信斷界內外塵沙惑盡」，此語恐有問題，說斷界內塵沙惑盡，可。說斷界外塵沙惑盡，則恐不可。智者只說「又能破界外塵沙無知」，無「盡」字。此將在後文第八節詳論。

此圓十信位大體相當於別教之十住。別教十住名出《瓔珞》如下：

一、發心住。《瓔珞經·釋義品第四》釋此發心住云：「佛子！發心住者，是上進分善根人（此承住前十信位人而言），若一劫二劫，一恆二恆三恆佛所，行十信心，信三寶常住；八萬四千般若波羅蜜，一切行，一切法門，皆習受行；常起信心，不作邪見、十重、五逆、八倒；不生難處，常值佛法；廣多慧聞，多求方便；始入空界，住空性位，故名為住。空理智心習古佛法，一切功德不自造。心生一切功德故，不名為地，但得名住。」

智者《四教義》云：「此十通名住者，會理之心名之為住。故《仁王般若經》云：『入理般若名為住』。此即體假入空觀成，發真無漏，見『通教』真諦之理，斷界內見思惑九十八使，故名發心住也。此有二義。一、發真解，住偏真法性之理。二、生中道似解，住第一義佛性之理。若生偏真之解，即是通教八人地見地智斷齊。生中道似解，是初得別教善有漏五陰，入別教內凡性地，柔順忍之位也。」

案：智者此處說「見通教眞諦之理」，此語中「通教」二字似有問題。《四教儀註彙補輔弘記》引智者此段文，此語中即無「通教」二字。既就別教明十住，自不能於此發心住言「見通教眞諦之理」。別教眞諦理須就如來藏恆沙佛法佛性說，亦即須就無量四諦說。發心住「發眞無漏」，見諦理，是見這樣的眞諦之理。而通教諦理卻只是無生四諦（體法入空）。發心住菩薩見是這樣地見了，但就現實的修行過程言，此發心住菩薩或只是「住偏眞法性之理」，或只是「生中道似解」。但不論「偏眞」，或「中道似解」，皆是就如來藏恆沙佛法佛性說。其智斷可與通教八人地見地齊，而其見諦理卻必須不同於通教。智者此語若眞有此「通教」二字，則想是因限於「智斷」而言也。但若如此，則發心住之提綱性不顯，故當以無此二字者爲是。

又，「斷界內見思惑九十八使」，此語中所謂「斷」，是以伏從斷。其實只斷見惑八十八使，伏思惑十使。是故諦觀《四教儀》於此發心住下，加小註云：「斷三界見惑盡，與藏教初果、通教八人地見地、齊。」

二、治地住。《瓔珞經・釋義品》釋云：「佛子！治地住者，常隨空心，淨八萬四千法門，清淨白故，名治地住。」地者心地也。以空心淨諸法門，練治心地。治地亦作「持地」。「持」字不如「治」字。

三、修行住。〈釋義品〉釋云：「佛子！長養一切行故，名修行住。」

四、生貴住。〈釋義品〉釋云：「佛子！生在佛家，種性清淨故，名生貴住。」

五、方便具足住。〈釋義品〉釋云：「佛子！多習無量善根故，名方便具足住。」

六、正心住〈釋義品〉釋云：「佛子！成就第六般若故，名正心住。」六度前五度是行行，第六度般若是慧行，成就般若方名真正慧心。

七、不退住。〈釋義品〉釋云：「佛子！入無生畢竟空界，心心常行『空無相願』故，名不退住。」

諦觀《四教儀》於此不退住處加註云：「以上六住斷三界思惑盡，得位不退，與藏通二佛齊。」應云與藏通聲聞緣覺二乘齊。今言「與藏通二佛齊」者，當知藏通果佛位勝二乘，若論斷惑，則無異也。

八、童真住。〈釋義品〉釋云：「佛子！從發心住，不生倒，不起邪魔破菩提心故，名童真住。」

九、法王子住。〈釋義品〉釋云：「佛子！從佛王教中生解，當紹佛位故，名法王子住。」

十、灌頂住。〈釋義品〉釋云：「佛子！從上九觀空，得無生心最上故，名灌頂住。」意言觀空無相，得無生忍，諸佛法水灌其心頂，故名灌頂住。

諦觀《四教儀》于以上三住加小註云：「以上三住斷界內塵沙，伏界外塵沙。前二不知名目。」言前藏通二教不知此三住境之名目也。蓋七住即與藏通二佛齊也。

諦觀於此十住綜結云：此十住「亦名習種性。用從假入空觀，見真諦理，開慧眼，成一切智，行三百由旬。」「習種性」者，研習空觀也。名出《瓔珞經》，見前第一節。此十住位大體精神是在

從假入空，見眞諦理，開慧眼，成一切智。此順別敎理習空觀也。
與藏敎之就生滅四諦析法入空，通敎之就無生四諦體法入空，而皆
限於有量四諦者，不同。蓋別敎眞諦理是如來藏恆沙佛法佛性之
理，故能開無量四諦。從假入空者，是就此無量四諦體假入空也。
「入空」者，入空如來藏也。不只通敎義。若依《起信論》，即是
以慧眼見「一法界大總相法門體」也。於此修空觀，乃至後來修假
觀，中觀，皆與通敎之就無生四諦修三觀，如龍樹《中論》之所表
現者，不同也。然而其爲三觀仍自若也。

又，「行三百由旬」者，「由旬」即驛站義，行三百由旬，至
於化城，暫作休息也。「化城」出《法華經・化城喻品》。此言佛
道旣遠且難。譬如須經五百由旬始能達到。然爲安慰行者，勿令恐
怖，故於中途三百由旬處，幻現一城市，令行者暫作休息。此是
「化城」，並非目的地。若以此化城爲眞，則墮二乘見地矣。此
「行三百由旬」，至於化城，喻別敎於此十住位從假入空，破界內
見思惑盡，居「凡聖同居土」，只是途程中之過渡階段也。

圓十信相當於別敎之十住。前七信相當於前七住。然而八九十
信相當於八九十住而不限於八九十住，且亦齊及別敎之十行十迴
向。別敎十住爲習種性，大體是以從假入空爲主，只行三百由旬，
而圓十信之八九十信則已從空入假，假觀現前，且齊及別敎之十行
十迴向，故已行至四百由旬矣。是則齊而不齊，猶有過之也。至若
就圓敎說與就別敎說，其意指理境皆不同，自不待言。

圓敎十信旣大體相當於別敎十住，而不限於十住，且復齊及別
敎之十行與十迴向，則別敎十行十迴向亦須展示於此。

別敎十行名出《瓔珞》如下：

一、歡喜行。《瓔珞經・釋義品》釋云：「佛子！從灌頂心進入五陰法性空位，亦行八萬四千般若波羅蜜，故名十行。佛子！就中始入法空，不爲外道邪論所動，入正位故，名歡喜行。」

《四教儀註彙補輔弘記》（此下簡稱《輔弘記》）云：「此正釋別教菩薩十種行門之妙義，依稀儼似十波羅蜜。」故《輔弘記》進而以十波羅蜜（十度）釋此十行，以施度行釋此初歡喜行云：「一、施行。謂邪附法興。若修檀時，未達法空，即爲邪動。今初行菩薩從空入假，始證假有之法本空。雖入俗利生，以布施行攝諸衆生，捨身命財，無畏法施〔無畏施：施人以無畏，令人安然無畏，猶云免於恐懼之自由。法施：施人以法樂。〕，恣意行檀，不爲無常苦等諸邪所動，其心歡喜，故以施而釋歡喜也。」

二、饒益行。〈釋義品〉釋云：「佛子！得常化一切衆生，皆法利衆生故，名饒益行。」《輔弘記》云：「二、戒行。謂以戒法利人，常時化令得益，故云饒益行。」

三、無瞋恨行。〈釋義品〉釋云：「佛子！於法實得法忍，心無我無我所故，名無瞋恨行。」《輔弘記》云：「三、忍行，謂內修忍行，外受捶打辱事，乃至身爲大地，任衆生之所履，唯自謙卑，恭上敬下，違來依納，逆來順受，故名無違逆行。」此無瞋恨行亦名無違逆行。

四、無盡行。〈釋義品〉釋云：「佛子！常住功德，現化衆生故，名無盡行。」此無盡行亦名無屈撓行。《輔弘記》云：「四、進行。謂發大勇猛，行大精進，俱令衆生得二涅槃，當以如來滅度而滅度之，不令有人獨得滅度，其精進修行若斯，故名無屈撓行。」此以精進無屈撓釋此無盡行也。

　　五、離癡亂行。〈釋義品〉釋云：「佛子！命終之時，無明鬼不亂不濁，不失正念故，名離癡亂行。」《輔弘記》云：「五、禪行。謂修定持心，無明伏而不動，則不昏不亂，故名無癡亂行。」

　　六、善現行。〈釋義品〉釋云：「佛子！生生常在佛國中生故，名善現行。」《輔弘記》云：「六、慧行。謂心心慧照，念念覺生，常不離佛，無時不現，故云善現行。」

　　七、無著行。〈釋義品〉釋云：「佛子！於我無我，乃至一切法空故，名無著行。」《輔弘記》云：「七、方便行。謂以人法二空方便空諸執著，我及我所二俱無有，故云無著行。」

　　八、尊重行。〈釋義品〉釋云：「佛子！三世佛法中常敬順故，名尊重行。」此尊重行亦名難得行。《輔弘記》云：「八、願行。謂依四弘誓，運大慈悲，與樂拔苦，所願如心，成就一切難得善根，故名難得行。」

　　九、善法行。〈釋義品〉釋云：「佛子！說法授人，動成物則故，名善法行。」《輔弘記》云：「九、力行。謂具加持力，依三軌式，說法授人，示教利喜，令人信解領受，三輪清淨，善成軌則，故名善法行。」

　　十、眞實行。〈釋義品〉釋云：「佛子！二諦非如。非相非非相故，名眞實行。」《輔弘記》云：「十、智行。謂若身若口若意，三業如智慧行，所言如所行，言行相符，無有虛誑，故名眞實行。言『二諦非如、非非相』者（《四敎儀註》言「二諦非如非非相」，缺「非相」二字），須知『如』是眞諦，『非如』是俗諦。今十行滿足，但中近顯，故雙非空有，則彰一中眞實耳。」

　　案：《瓔珞經・因果品第六》以施、戒、忍、精進、禪定、

慧、願、方便、通力（報通、修定通、變化通），無垢慧（無相智、一切種智、變化智），爲十度。上引《輔弘記》所列，第九第十稍有出入。

智者《四教義》云：「此十通名行者，行以進趣爲義。前旣發眞悟理，從此加行，從空入假，觀無量四諦。」

諦觀《四教儀》云：此十行「亦云性種性。用從空入假觀，見俗諦，開法眼，成道種智。」「性種性」者，假觀分別十界種種性，種種欲，悉能分別不謬，故名「性種性」。因修假觀，開法眼，成道種智，故亦能破界外塵沙惑。

圓教十信亦齊及別教十迴向。十迴向名出《瓔珞經》如下：

一、救護衆生離衆生相迴向。《瓔珞經·釋義品》釋云：「是故佛子！從眞實心，入衆生空，無我空，二空平等無別，一觀相，一合相，學習百萬億般若波羅蜜空觀故，迴易前後心心，觀唯明明寂滅，長養上地明觀法故，迴因向果，復以無量心不捨不受故，十向法如是。佛子！常以無相心中常行六道而入果報，不受而受諸受，迴易轉化故，名救護一切衆生離衆生相迴向。」

二、不壞迴向。「佛子！觀一切法但有受，但有用，但有名，念念不住故，名不壞迴向。」（同上）。不住著於受用，即爲不壞。不壞者不壞假名法也。

三、等一切佛迴向。「佛子！三世諸佛法，一切時行故，名等一切佛迴向。」

四、至一切處迴向。「佛子！以大願力入一切佛國中，供養一切佛故，名至一切處迴向。」

五、無盡功德藏迴向。「佛子！以常住三寶授與前人故，名無

盡功德藏迴向。」「授與前人者」，授與前未聞常住法者。

六、隨順平等善根迴向。「佛子！習行相善，無漏善，而不二故，名隨順平等善根迴向。」「隨順」亦言「入一切」。

七、隨順等觀一切眾生迴向。「佛子！以觀善惡父母無二一相，一合相故，名隨順等觀一切眾生迴向。」

八、如相迴向。「佛子！常照有無二諦，一切法一合相故，名如相迴向。」

九、無縛解脫迴向。「佛子！以諸法無二，般若無生，二諦平等，過去一合相，現在一合相，未來一合相故，名無縛解脫迴向。」「一合相」即「一相無相即是實相」。此就般若說。若依如來藏恆沙佛法佛性說，則「一合相」即是「一法界大總相法門體」，亦即真常心之不變隨緣，隨緣不變也。此《瓔珞經》釋義是就般若說。般若是能照之智，三世諸法是所照之境。境智不忘為縛著。境智一如名為無縛無著。

十、法界無量迴向。〈釋義品〉釋云：「佛子！覺一切法第一義諦中道無相，一切法皆一照相故，名法界無量迴向。」前云「一合相」，以理為總。今云「一切法中道無相」，以事為總。十向菩薩修中觀，圓融之理相似而顯，故覺一切法皆中道無相法界，是故名曰「法界無量迴向」也。

諦觀《天台四教儀》于此別教十迴向作綜述云：「伏無明，習中觀，亦名道種性。行四百由旬，居方便有餘土。」「伏無明」者，別教至十地始斷無明。「道種性」者，始正修中觀，即以中觀為道也，言此十迴向位即是以中觀道為其種性者也。「行四百由旬」者，繼前十住之習種性，破見思，居「凡聖同居土」，行三百

由旬，再前進至十行之性種性，修假觀，破塵沙無知惑，以及此十迴向之伏無明，習中觀，居「方便有餘土」，經此前進，故行至四百由旬也。「方便有餘土」者，智者《觀經疏》云：「修方便道，斷四住惑，故曰方便。無明未盡，故曰有餘。」實則「無明」不但「未盡」，實根本只伏不斷耳。知禮《妙宗鈔‧卷三》疏釋此方便有餘土云：「九種行人合生彼土。藏二〔藏教聲聞緣覺二種行人〕，通三〔通教聲聞、緣覺、菩薩、三種行人〕，別住行二〔別教十住與十行二種行人〕，既修空假，皆方便道。別向、圓信〔別教十迴向行人與圓教十信行人〕，所修雖實，猶居似道，判屬方便。」是則此九種行人皆居「方便有餘土」也。

諦觀於此十迴向最後加小註云：「以上三十位〔十住、十行、十迴向〕為三賢，亦名內凡〔別教內凡〕。從八住至此，為行不退位。」

智者《四教義》云：「此十通名迴向者，迴事向理，迴因向果，迴己功德普施眾生，事理和融，順入法界，故名迴向。正修中道第一義諦觀，從無量四諦學無作四諦也。約實說四實。不作四故，名無作之四。觀四得實，故名四實。因名無量，得果名無作。證果斷苦、集，有道、滅，非圓教之無作也。……若菩薩學無量無作四諦觀，觀知如來藏無量無生死種子，恆沙佛法，斷恆沙下品煩惱，伏無明別惑，相似中道之解更轉增明，法界願行事理和融，成別教一切智，得六根清淨，即是別教忍法、世第一法位也。」

別教十住習空觀，行三百由旬。十行習假觀，是過渡。十迴向習中觀，相似中道之解更轉增明，行四百由旬，亦是止於化城，暫作休息，並未至於寶所也。在此十迴向位得六根清淨，故知此別教

十迴向位只相當於圓教十信也。又，此十迴向位總名曰「別向圓修」。向圓教修者，「從無量四諦學無作四諦也。」但此「學無作四諦」之無作只是從得果處說。證果時，斷苦諦集諦，而有滅諦道諦，故其爲無作只是「但中」之無作，非圓無作也。但中無作者，如苦不能惱，集不能染，出空有二邊之外，天然之理不假造作也。雖苦不能惱，集不能染，然也須由斷苦集而顯，不能即苦集而爲圓中也。別教論中一往如此。縱使此但中，在此十迴向位，亦是相似而發，以未破無明故。故總別教十住十行十迴向三十位不過只是圓教十信位——六根清淨位——相似即位也。縱位相當，而圓十信中所見之圓，亦非別教所修向之圓也。所謂「別向圓修」，若自別教當教而言，亦只是依附圓教而爲圓相，非眞圓教之圓相也。

第四節
《法華玄義》正解「圓教十住位」

《法華玄義·卷第五上》，解「圓教十住位」云：

> 二、明十住位者，以從相似十信能入十住眞中智也。
>
> 初「發心住」發時，三種心發。一、緣因善心發；二、了因慧心發；三、正因理心發。即是前境、智、行妙三種開發也。住者住三德涅槃也。緣因心發，即是住不可思議解脫，首楞嚴定。慧心發，即是住摩訶般若畢竟之空。正因心發，即是住實相法身，中道第一義。舉要言之，即是住三德一切佛法也。〔此是十法成乘中之「觀不思議境」，即以觀不思

議境爲此發心住之初德。〕

又住清淨圓滿菩提心，無緣慈悲，無作誓願，普覆法界。
〔此以十法成乘中之「起慈悲心」爲此初住之二德。〕

又住一念中成就一切萬行諸波羅蜜。〔此以十法成乘中之
「巧安止觀」爲此初住之三德。〕

又住一切種智，圓斷法界見、思、無明。〔此以十法成乘中
之「破法遍」爲此初住之四德。〕

又住得佛眼圓見十法界三諦之法。〔此以十法成乘中之「識
通塞」爲此初住之五德。〕

又住圓入一切法門，所謂二十五三昧〔破二十五有之二十五
三昧〕，冥益眾生。〔此以十法成乘中之「修道品」爲此初
住之六德。〕

又成就菩薩圓滿業，能顯一切神通，謂三輪不思議化、彌滿
法界，顯益眾生。〔此以十法成乘中之「對治助開」爲此初
住之七德。〕

又能成就開權顯實，入一乘道。〔此以十法成乘中之「知次
位」爲此初住之八德。〕

又能嚴淨一切佛土，能起三業，供養一切十方佛，得圓滿陀
羅尼，受持一切佛法，如雲持雨。〔此以十法成乘中之「能
安忍」爲初住之九德。〕

又住能從一地具足一切諸地功德，心心寂滅，自然流入薩婆
若海。〔此以十法成乘之中「無法愛」爲初住之十德。〕

案：前從十法轉名十信，每信具十，今明十住，每住亦具十法。故

荊溪說初發心住即具十法。其《釋籤》解上文云：

> 從「舉要言之」去十文，即是初住十法。從證受名，故名為
> 住。故《仁王》云：「入理般若名為住」。住於三德一切佛
> 法。乃至能生後後諸位。位位無不皆具十法故也。故今十法
> 從住為名。後去諸位用此初住十法為因。

如此，則所謂「又住」、「又住」者，即是初住中之十法。是故
《釋籤》解上住三德一切佛法及九又住云：

> 證不思議，名住一切佛法。
> 證三種菩提〔實相菩提、實智菩提、方便菩提〕，名住慈悲
> 普覆。
> 證寂照止觀，名住成就萬行。
> 證破三惑遍，名住一心三智。
> 證於通無塞，名住佛眼圓見。
> 證無作道滅，名住法身冥益。
> 證助道萬行，名住神通顯益。
> 證圓門實位，名住開顯一乘。
> 證安忍內外，名住嚴淨佛土。
> 證無諸法愛，名住諸地功德。
> 此初住證轉似為真故也。〔轉十信位之「相似即」為「分真
> 即」。自十住以後至等覺位皆「分真即」。〕

此是就初發心住解十法也。智者正文又云：

> 《華嚴》云：「初住菩薩所有功德，三世諸佛歎不能盡。」
> 若具足說，凡人聞，迷亂，心發狂。故《仁王》云：「入理
> 般若名爲住」，即是十番進發無漏，同見中道佛性第一義
> 理。以不住法，從淺至深，住佛三德及一切佛法，故名十住
> 位。

此即示沿用別教十住名，每住皆具十法，從淺至深，爲「十番進
發」也。

章安筆錄時，於此亦表示己見云：

> 私謂初住成就十德，應是十信中十法。轉似爲眞，一住具
> 十。細意尋之，對當相應。何者？十信百法爲一切法本，豈
> 不得作此釋耶？初住既爾，三觀現前，無功用心斷法界無量
> 品無明，不可稱計。一往大分，略爲十品智斷，即是十住。

此亦是將智者九「又住」文收於初發心住，連初住三德一切佛法，
成爲十法，即成初住之十德。每住皆具十德，十番前進，即是十
住。名雖仍舊，亦不必作字面解釋矣。

諦觀《天台四教儀》說此圓教十住云：

> 次入初住，斷一品無明，證一分三德，謂解脫、般若、法
> 身。此之三德，不縱不橫，如世伊三點，若天主三目。現身

百界，八相成道，廣濟群生。《華嚴經》云：「初發心時，便成正覺。所有慧身，不由他悟。清淨妙法身，湛然應一切。」解曰：「初發心」者，初住名也。「便成正覺」者，成八相佛也。是分證果即此教真因。謂成妙覺，謬其甚矣！若如是者，二住已去，諸位徒施。若言重說者，佛有煩重之咎。雖有位位各攝諸位之言，又云「發心、究竟、二不別」，須知攝之所由，細識不二之旨。龍女便成正覺，諸聲聞人受當來成佛記莂，皆是此位成佛之相。「慧身」即般若德，了因性開發。「妙法身」即法身德，正因性開發。「應一切」即解脫德，即緣因性開發。如此三身，發得本有，故言「不由他悟」。中觀現前，開佛眼，成一切種智。行五百由旬，到寶所，初居實報無障閡土。念不退位。〔案：「行五百由旬」者，約生死處，於同居土及方便有餘土外，加實報無障礙土；約煩惱，於見思惑及塵沙無知惑外，加無明；約觀智，於空假二觀外，加中觀，故行五百由旬也。「到寶所」者，寶所喻常寂光土，佛所居也。圓教初住即分破無明，故屬分真即。初到寶所即是初分證寂光淨土也。凡分真即位皆實居「實報無障礙土」，三賢十聖住果報，唯佛一人居淨土也。實報者，行真實法，感得勝妙果報，故曰實報。無障礙者，色心不相妨，故言無障礙。又位不退，行不退，念不退，為三不退。位不退指般若說，般若是位，離二死故。行不退指解脫說，解脫是行，諸行具故。念不退指法身說，法身名念，證實境故。〕

次從二住至十住，各斷一品無明，增一分中道，與別教十地

齊。

據此，則圓教十住位即相當於別教之十地位。然圓教十住仍在賢位，而別教十地卻已至聖位矣。是則別教十地雖高其位，而內容卻貧乏。若圓教由十住再至十地，則其十地較別教十地為豐富多矣。

別教十地乃普通所周知者，茲仍依《瓔珞經》列於下：

一、歡喜地。《瓔珞經・釋義品》釋云：「佛子！地名持，持一切百萬阿僧祇功德。亦名生，成一切因果故名地。佛子！捨凡夫行、生在佛家，紹菩薩位，入聖眾中，四魔不到，有無二邊平等雙照，大信始滿，習學無生中道第一義諦觀，上至二地、三地、乃至十一地、明觀法門，心心寂滅法流水中，一相無相，二身無方，通同佛土故，名歡喜地。」

諦觀《天台四教儀》云：「從此用中道觀，破一分無明，顯一分三德，乃至等覺，俱名聖種性。」又正說此歡喜地云：「此是見道位，又無功用位。百界作佛，八相成道，利益眾生。行五百由旬，初入實報無障礙土，初入寶所。」此與說圓初住者同也。「無功用位」者，謂在此見道位中，以無功用心（不加作意功力）發中道第一義諦觀，雙照二諦，心心寂滅，自然流入薩婆若海也。此初地為見道位。二地至六地為修道位。七地以上為無學道位。見道者，發證真之中道觀，見佛性理，破界外無明見惑也。「無功用」是只就此證真中道觀之自然表現而言。修道者，此就解脫之斷德而言，破界外無明思惑也。無學道者，此類比藏教阿羅漢果屬無學道而言，蓋諸事已辦，不須再有進學也。故此七地亦曰別教阿羅漢果。惟就藏教阿羅漢說無學，此是恰當的，因為聲聞果至此而極

故。在通教，「已辦地」已非至極。此別敎七地更非至極。故于此說無學只是類比方便說耳。但看「學」字如何界定耳。又，見道位中之「無功用」與此「無學」意義不同，須注意。但亦是相對說耳，亦看功用與無功用如何界定耳。不可定執。以上諦觀語俱本智者而來。

智者《四敎義》總說此別敎十地云：「從此見佛性，發中道第一義諦觀，雙照二諦，心心寂滅，自然流入薩婆若海，證無作四諦，一實平等，法界圓融。從初地至佛地，皆斷無明。但以約位，分爲三道。初地名見諦道。二地至六地名爲修道。從七地已去名無學道。」說初歡喜地云：「初、歡喜地名見道者，初發眞中道，見佛性理，斷無明見惑，顯眞應二身，緣感即應，百佛世界現十法界身，入三世佛智地，能自利利地，眞實大慶，故名歡喜地。」

案：《瓔珞經》大抵只就般若雙照二諦（有無二邊平等雙照）說「無生中道」，而智者則必依別敎說「發眞中道，見佛性理」，「證無作四諦」。「見佛性理」者見如來藏恆沙佛法佛性之理也。就此而言，是無量四諦。「證無作四諦」者，別向圓修也。而無生四諦者則只是般若之巧度，體法入空也。「無生中道」亦復如此。般若妙用，自通教而後，是共法。不能只就此說別敎也。故許多辭語俱本《瓔珞》而爲顯別敎，則須點出如來藏恆沙佛法佛性之理。雖至無量四諦，然而猶未至無作四諦，非圓敎也。

二、離垢地。《瓔珞經・釋義品》釋云：「佛子！以正無相善入衆生空，現萬佛世界，六通變化，空同無爲故，名離垢地。」「正無相」者，即於諸相而說無相，無相乃正。若除諸相而言無相，則無相爲邪。

三、明地（發光地）。〈釋義品〉釋云：「佛子！光慧信忍，修習古佛道，所謂十二部經，……以此法度衆生，光光變通，故名明地。」「信忍」者，《仁王般若經》有五忍：伏忍，信忍，柔順忍，無生忍，寂滅忍。十住、十行、十迴向，三賢位爲伏忍。十地爲聖位。初地至三地對無漏信忍下中上三品。今三地是上品信忍，故云「光慧信忍」。

四、焰地（焰慧地）。〈釋義品〉釋云：「佛子！大順無生起忍，觀一切法二諦相，上觀佛功德，下觀六道衆生，大慈觀、說法授樂，大悲觀、救三苦衆生，大喜觀、喜前人受樂，大捨觀、一切衆生皆入平等。入七觀法，故名焰地。」四、五、六地對柔順忍。以順無生，故名曰順。蓋約教道，七地方對無生忍。

五、難勝地。〈釋義品〉釋云：「佛子！順忍修道，三界無明疑見，一切無不皆空。八辯功德入五明論，所謂四辯〔法辯、義辯、辭辯、樂說辯〕，因、果、內道、外道辯〔共爲八辯〕；五論者，內、外方道，因、果，鬼師，無不通達：故名難勝地。」

六、現前地。〈釋義品〉釋云：「佛子！上順諸法，觀過去一切法一合相，現在一切法一合相，未來一切法一合相，法界因緣寂滅無二，故名現前地。」六地是上品柔順忍，故云「上順諸法」，意即上品柔順忍中之諸法。於此上品順忍諸法中，觀其過去現在未來皆是一合相，即起滅無二，當下寂滅。寂滅無相，即是一相。寂滅境相常時現前，故曰現前地。

智者《四教義》說以上五地云：「從二地至六地名修道，斷別惑三界愛。如《智度論》明迦葉聞甄加羅琴聲，不能自安，云三界五欲，我已斷竟，此是菩薩淨妙功德所生五欲，故於是事不能安

忍。例色無色愛亦復如是。……故從二地至六地，通名修道，斷此別惑也。〔別教界外三界思惑曰別惑〕。今以義推，二離垢地即侵斷別教欲愛，名斯陀含向。三明地即是別教斯陀含果。四焰地即是別教阿那含向。五難勝地即是別教阿那含果，斷別惑欲愛盡也。六現前地即是別教阿羅漢向，斷別色愛也。七遠行地即是別教阿羅漢果，斷別無色愛盡，故從此名無學道也。」

七、遠行地。〈釋義品〉釋云：「佛子！無生忍諸法，觀非有煩惱，非無煩惱。一生一滅一果。三界最後一身一入一出。集無量功德，常向上地念念寂滅，故名遠行地。」此七地是下品無生忍位，別教阿羅漢果也。從此地已去名無學道。

八、不動地。〈釋義品〉釋云：「佛子！是故菩薩無生觀，捨三界報，變易果。用入中忍無相慧，出有入無，化現無常，自見己身當果，諸佛摩頂說法，身心別行，不可思議，故名不動地。」此八地是中品無生忍位，別教辟支佛地也。「三界」亦是界外三界。「捨三界報變易果」者，即是斷別教界外三界思惑盡，並能進侵習氣也。

九、妙慧地。〈釋義品〉釋云：「佛子！復入上觀、光光佛化、無生忍道，現一切佛身，故名妙慧地。」「妙慧」亦稱「善慧」。此九地是上品無生忍，故曰「入上觀」。無明將盡，智慧轉增，故名曰「光」。「光光」猶念念也。念念學佛，化度眾生，故曰「光光佛化」。

十、法雲地。〈釋義品〉釋云：「佛子！菩薩爾時入中道第一義諦。大寂忍下品中行。行佛行處，坐千寶相蓮華。受佛記位，學佛化功。二習伏斷，大信成就。同真際，等法界。二諦一相。具足

一切功德入衆生根。無量瓔珞功德一時等現一切形相。故名法雲地。」此第十地名寂滅忍。此云「大寂忍下品」，則此後等覺地（無垢地）即爲大寂忍中品，妙覺地（佛地）則爲大寂忍上品。又「二習伏斷」之二習即生身苦果之餘殘習以及煩惱之餘殘習，亦稱「二餘」。

故〈釋義品〉復進而釋無垢地云：「佛子！菩薩爾時住大寂門中品忍觀。功行滿足，登大山臺。入百千三昧，集佛儀用。唯有累果，無常生滅。心心無爲，行過十地。解與佛同，坐佛坐處。其智見二常無常一切法境。〔二常即一期常住之假常與法身常住之眞常，二無常即刹那無常與一期無常〕。當知如佛名爲學佛。下地一切菩薩，於此菩薩不能別知。於佛名菩薩，於下菩薩名佛。所以者何？是菩薩以大變力，住壽百劫萬劫，現作佛化。初生，得道，轉法輪，入無餘滅度，說八法輪。似佛非佛。一切佛等故，威儀進止，一切法同，住是百千三昧中。如是佛行故，入金剛三昧。一相無相，寂滅無爲。故名無垢地。」

又進釋妙覺佛地云：「佛子！妙觀上忍，大寂無相。唯以一切衆生緣生善法，亦自持一切功德，故名佛藏，而寂照一切法。」

又《瓔珞經‧賢聖學觀品第三》說等覺地心所行法云：「佛子！第四十一地心者〔四十一地即繼十住、十行、十迴向、十地，而爲第四十一地，即等覺地或無垢地〕，名入法界心。復次，心所行法者，所謂勇伏定〔金剛定〕入法光三昧。入此定中，修行十法。一、學佛不思議變通。二、集菩薩眷屬。三、重修先所行法門。四、順〔巡〕一切佛國，問訊一切佛。五、與無明父母別。六、入重玄門。七、現同如佛，現一切形相。八、二種法身具足。

九、無有二習。十、登中道第一義諦山頂。」

又說妙覺地云：「佛子！第四十二地名寂滅心妙覺地。常住一相。第一無極，湛若虛空。一切種智照達無生有諦始終。唯佛窮盡眾生根本，有始有終。佛亦照盡一切煩惱乃至一切眾生果報。佛念心稱量盡源。一切佛國，一切因果，一切佛菩薩神變，亦一念一時知。住不可思議二諦之外，獨在無二。」

以上別教十地既同於圓教十住，則十地以後之別教等覺位與妙覺位，即只相當於圓教十行之初行與二行。「從三行已去，別教之人尚不知名字，云何伏斷？以別教但破十二品無明故。」（諦觀《四教儀》說圓十行文）。別教自十地初地起始破無明，破至妙覺位止，故只破十二品無明。圓教從初住起即破無明，經十住、十行、十迴向、十地、等覺、妙覺，故破四十二品無明也。

諦觀《天台四教儀》繼上別教十地，進說別教等覺妙覺兩位云：「更斷一品無明，入等覺位，亦名金剛心，亦名一生補處〔猶有一品無明，故有一生〕，亦名有上士。更破一品無明，入妙覺位，坐蓮華藏世界、七寶菩提樹下、大寶華王座，現圓滿報身，為鈍根菩薩眾〔對圓名鈍〕轉無量四諦法輪，即此佛也。」（案：等覺妙覺位皆有所破，此說有問題，下第五節論之。）

別教斷十二品無明，至成佛轉無量四諦法輪，即就如來藏恆沙佛法說無量四諦，但總仍是別教，以未至「無作四諦」故。所以未至無作四諦，以不言「性具」，隨緣起現故。故同言中道，而別教是「但中」，即荊溪所謂偏指清淨真如心也。而智者亦說「從無量四諦學無作四諦，……因名無量，得果名無作，證果斷苦集，有道滅，非圓教之無作也。」（見上節十迴向處）。此是基本綱領。餘

俱見前第一章。

第五節
《法華玄義》正解「圓教十行、十迴向、十地、等覺、妙覺、諸位」

《法華玄義·卷第五上》解圓教十行位云：

> 三、明十行位者，即是從十住後，實相真明不可思議；更十番智斷，破十品無明；一行一切行，念念進趣，流入平等法界海；諸波羅蜜任運生長；自行化他，功德與虛空等，故名十行位也。

案：圓教十信位即已齊及別教十住、十行、十迴向。別教十行名已見前三節。此言圓教十行即不須再列別教十行名，只由十法成乘，層層深入可也。

既圓十信已齊及別教十住、十行、十迴向，而圓十住已與別教十地齊，則此圓十行即已超過別教十地位矣。故諦觀《天台四教儀》言圓十行云：

> 次入初行，斷一品無明，與別教等覺齊。次入二行，與別教妙覺齊。從三行已去，別教之人尚不知名字，云何伏斷？以別教但破十二品無明故。故以我家之真因為汝家之極果。只緣教彌權，位彌高；教彌實，位彌下。譬如邊方未靜，借職

則高。定爵論勳，其位實下。故權教雖稱妙覺，但是實教中
第二行也。

如是，則從三行以去，純屬圓教位次，別教即無分矣。故此後即不
必推比取決矣。

《法華玄義・卷第五上》又解圓教十迴向位云：

十迴向位者，即是十行之後，無功用道，不可思議眞明念念
開發；一切法界願、行、事、理，自然和融，迴入平等法界
海；更證十番智斷，破十品無明，故名迴向也。

案：此圓教十迴向仍是十法成乘之十法更十番前進。雖沿用別教十
迴向名，亦不須再作字面解釋矣。

《法華玄義・卷第五上》又解圓教十地位云：

十地位者，即是無漏眞明入無功用道，猶如大地能生一切佛
法，負荷法界眾生，普入三世佛地；又證十番智斷，破十品
無明；故名十地位也。

此亦仍沿用別教十地名。然此只是十法成乘之再深一層。

《法華玄義・卷第五上》又解圓教等覺，妙覺位云：

等覺地者，觀達無始無明源底，邊際智滿，畢竟清淨，斷最
後窮源微細無明，登中道山頂，與無明父母別。是名有所斷

者，名有上士也。

七、明妙覺地者，究竟解脫，無上佛智，故言無所斷者名無上士。此即三德不縱不橫，究竟後心大涅槃也。一切大：理大，誓願大，莊嚴大，智斷大，遍知大，道大，用大，權實大，利益大，無住大，即是前十觀成乘，圓極竟在於佛，過荼無字可說。故盧舍那佛名爲淨滿，一切皆滿也。

荊溪《釋籤》解此十大云：

> 妙覺位中名大涅槃。十法至此，俱名爲大。……
>
> 自爾已前，雖具諸法，未究竟顯，不名爲大。〔案：此就「觀不思議境」說〕
>
> 雖有慈悲，爲無明隔，故不名大。〔案：此就「起慈悲心」說〕
>
> 雖常寂照，所嚴未窮，能嚴非大。〔案：此就「巧安止觀」說〕
>
> 雖破三惑，智未周窮，故智非大。〔案：此就「破法遍」說〕
>
> 雖知通塞，塞仍未盡，故知非大。〔案：此就「識通塞」說〕
>
> 雖修道品，道未至極，故道非大。〔案：此就「修道品」說〕
>
> 雖用正助，正行未滿，故用非大。〔案：此就「對治助開」說〕

雖復開權，理未窮終，故開非大。〔案：此就「知次位」說〕

雖忍二邊，猶有餘惑，故益非大。〔案：此就「能安忍」說〕

雖不著位，位未至極，故位非大。〔案：此就「無法愛」說〕

是故妙覺、十皆名大，名究竟乘。十法成乘，對大車喻。〔御車達到，猶名為車。〕〔案：此兩句原在「自爾」句前。今移此為順。〕

據此，則知從十信起，至此妙覺佛位止，皆是十法成乘之十法，從淺至深，層層轉進也。十信、十住、十行、十迴向、十地，任一十位中之每一位又可各具十法，此時十法即轉成每位之十德。至等覺位與妙覺位，則只是十法成乘之究極完成。上引文中，智者說「十觀成乘」，荊溪說「十法成乘」，其義一也。「十法」者，即「觀不思議境」等十法門也。由此十法門作觀法，故亦曰十觀。此具如《摩訶止觀》中詳說。「十法成乘」成圓實佛乘也。佛乘者對《法華經》之大車喻。乘此十法達至佛乘，故云：「御車達到，猶名為車」也。前所經歷之五十一位皆是十法成乘之過渡。成至十信、十住等，亦可曰十法成十信、十住等，此成非究竟成，亦如三百由旬，至於化城，暫作止息。此種由十法成乘，層層轉進，說此五十二位，實比較收斂而嚴整。須知別教中那些專名實多重複，隨便安立，並無確定不可移處。如某名標某某位，豈不可通於他耶？或者說，從勝言耳。然而勝者豈獨有之勝耶？豈不可通於他耶？是故凡

此諸名皆大略言耳，不可定執。然天台仍沿用此等專名而言五十二位者，乃即別教之次第而言圓教之次第，故沿用之也。雖沿用之，而意旨不同，故須別釋。是故由十法成乘，從淺至深，層層轉進，而釋之也。須知圓教從五品位開始，直至妙覺，即圓聞、圓信、圓解、圓觀、圓伏、圓行、圓證、圓斷，所謂「教圓、理圓、智圓、斷圓、行圓、位圓、因圓、果圓」者是也。自始即有一完整之洞見，不似別教之零散，故可由十法成乘收斂而嚴整之，成為一有機之發展也。

　　關於等覺與妙覺，據智者文，等覺位即「斷最後窮源微細無明，登中道山頂，與無明父母別」。此名有所斷，故名有上士。至妙覺位，則無所斷，故名無上士。是則等覺位有所斷，斷已即進入妙覺位。如是，則由十住位至此妙覺位，雖有四十二位，卻是斷四十一品無明。妙覺位實並無所斷也。但諦觀《四教儀》則云：「更破一品無明，入等覺位，此是一生補處。這破一品微細無明，入妙覺位，永別無明父母，究竟登涅槃山頂。」此說與智者所說相違。蓋因見四十二位。故機械地著實云斷四十二品無明，因此，佛位亦有所斷。但佛是無上士，究竟解脫，不能再有所斷。如果仍有所斷，則無上士又被推上去矣。是故當以智者所說為準。雖有四十二位，實斷四十一品無明也。據此，則別教自十地位至妙覺位，雖有十二位，亦當只斷十一品無明。理當減一也。

　　智者《四教義》引經證圓教位中，有云：

　　　《大涅槃經》明月愛三昧。從初一日至十五日，光明漸漸增長。又從十六日至三十日，光明漸漸減盡。月光漸漸增長，

> 譬智德十五摩訶般若。光明漸漸滅盡，譬十五斷德，無累解
> 脫，無明漸漸滅盡也。十五種智斷者，三十心爲三智斷，十
> 地爲十智斷，等覺爲一智斷，妙覺爲一智斷，合爲十五智
> 斷。……
> 問曰：若約佛性中道爲無明所覆，何得定有四十二品？
> 答曰：此義前已略明。無明雖無所有，不有而有，不無淺深
> 階品。一往大分爲四十二品。然論品數，實自無量無邊，不
> 可說示。故《智論》云：無明品類其數甚多，是故處處說破
> 無明三昧。又云：法愛難盡，處處重說般若也。

據此文，則「妙覺爲一智斷」，似亦可有所斷。又言「一往大分爲
四十二品」。是則諦觀所說亦不爲無據。然此云「妙覺爲一智
斷」，亦只配合十五智斷之數耳。從初一至十五日，譬智德增長，
增至十五日而滿。光明滿，即無明滅，亦示至十五日而斷盡也。
（原文無明滅盡移至下半月，此無所謂。）此是籠綜言之。若云配
位實斷，則從十住、十行、十迴向、三十心，經十地，至等覺，爲
有所斷。至妙覺位斷盡，實綜以前之實有所斷而言，至其本身實無
所斷。所謂「斷盡」者，虛言耳。非言其本身尚有一品微細無明待
斷，斷已、始謂爲斷盡也。佛教經生家喜歡比配法數，習而不察，
常失實意。此言四十二品，亦隨四十二位滑口說過耳。妙覺之智斷
是表示智德滿、斷德滿，不表示其本身尚有所斷也。此妙覺位是佛
果位。因位有所斷，果位不可言有所斷也。此義復見之於智者言別
教等覺與妙覺處。

　　智者《四教義》言別教等覺與妙覺位云：

等覺地者，即是邊際智滿，入重玄門。〔案：《瓔珞經》明
等覺地於百千萬劫入重玄門，倒修凡夫事。重玄者，重修所
歷之玄妙法門也。〕若望法雲，名之爲佛。望妙覺，名金剛
心菩薩，亦名無垢地菩薩。三魔已盡，餘有一品死魔在，斷
無明、習也。〔案煩惱魔，陰魔，天魔，死魔，爲四魔。此
位亦曰一生補處。一生者尙有一品無明，此云無明、習，待
斷。斷此最後一品無明以及殘習者即此位之金剛心也。不是
說餘有一品未斷，待下位斷也。所謂「餘」者對前三魔說。
三魔早已斷盡，不是此位始斷盡。此位所斷者即三魔盡後所
餘之死魔即「無明習」也。有此無明及習，即有一生死，故
曰「一生補處」也。斷已，即是佛。待斷而正斷之時，只是
補處地位也。〕

妙覺地者，金剛後心，朗然大覺；妙智窮源，無明習盡，名
眞解脫；蕭然無累，寂而常照，名妙覺地。常住佛果具足一
切佛法，名菩提果。四德涅槃名爲果果〔菩提果上之果〕。
問曰：爲定用金剛智斷無明，爲用妙覺智斷無明耶？〔案：
此問語中之「無明」即指最後一品微細無明說。〕

答曰：《涅槃經》云：「有所斷者名有上士，無所斷者名無
上士。」

問曰：《勝鬘經》云：「無明住地其力最大，佛菩提智之所
能斷。」

答曰：若用別教，通十地、等覺，即是佛菩提智。所以者
何？《涅槃經》云：「九住菩薩名爲聞見。十住菩薩名爲眼
見。雖見佛性而不了了。以無礙道與惑共住，故不了了。諸

佛如來了了見者，即眞解脫。蕭然累外，故了了也。」若別教明義，從初歡喜地，即用佛菩提智，斷初品無明，乃至等覺後心方能斷盡。若圓教明義，即是初發心住得用佛菩提智，斷初品無明，乃至等覺後心方斷盡也。

據此文，則斷最後微細無明，所謂無明習，（上引文初問語中之無明即指微細無明，所謂無明習，而言），仍定在等覺位之金剛智。故仍引《大經》「有所斷者名有上士，無所斷者名無上士」。至於《勝鬘經》所謂「無明住地其力甚大，佛菩提智之所能斷」，此就「無明住地」（無始無明、同體無明）之整個言，非指「斷至微細無明」之微細無明言。故此中所謂「佛菩提智」，智者以為是通稱。在別教，從初歡喜地至等覺後心，俱用佛菩提智斷無明。在圓教，從初發心住直至等覺後心，亦俱用佛菩提智斷無明。是則此云「佛菩智之所能斷」不表示妙覺位之妙覺智尚有所斷也。智者此解即在答覆問者之間，認為斷最後微細無明，所謂無明習，仍在金剛智，不在妙覺智。所謂「等覺後心」即等覺位最後一心也。此即金剛心。（等覺位名曰金剛心菩薩。）即此金剛心斷無明習盡也。否則不得名曰金剛。此金剛心後即是妙覺佛果位，故云：「妙覺地者，金剛後心朗然大覺，妙智窮源，無明習盡，名眞解脫。」「金剛後心」即是金剛心以後之佛心也。不是此金剛心有初中後之「後」也。蓋若如此，則妙覺地亦是金剛心，此則與等覺重複。故此「金剛後心」即金剛心以後之佛心也。在此金剛後心，「妙智窮源，無明習盡」。「習盡」者，金剛心已斷盡也。故此「習盡」是描述語，非有所斷之動作語，即非謂此妙覺有所斷而習盡也。

　　智者大體是扣緊《涅槃經》「有所斷者名有上士，無所斷者名無上士」之語作解。「有所斷」是說有斷惑之動作，不是說尚有未斷盡者留給下位來斷。但諦觀之說卻是依別教斷十二品無明，圓教斷四十二品無明，意在說等覺位雖亦斷無明、習，卻不能斷盡，尚有一品無明以及殘習留給妙覺位來斷。故云：「進破一品微細無明，入妙覺位，永別無明父母，究竟登涅槃山頂。」但智者卻是以此類語說等覺位。依諦觀之說，妙覺位亦有所斷，即，亦有斷之動作。斷已，再無可斷，故此位亦曰無上士。依智者，是無所斷而爲無上士。依諦觀，卻是有所斷而無可再斷者名爲無上士。依智者，妙覺位純是佛果位，蕭然無累。依諦觀，妙覺位亦因亦果。有所斷，故爲因；無可再斷，故亦爲果。此自是一解，但恐與《涅槃經》語不合，亦與「等覺位爲金剛心菩薩」之語不合，亦與智者說「等覺位斷最後窮源微細無明，永別無明父母，登中道山頂」之語不合。但智者亦說「斷四十二品無明」，故諦觀欲坐實之。

　　諦觀之說似亦有文證。《四教儀註》註釋「更破一品無明入等覺位」語云：

　　等覺者《妙玄》五〔六〕【編校案：此指《法華玄義》卷五上，明位數中之第六「等覺位」】云：「觀達無始無明源底，邊際智滿，畢竟清淨，斷最後窮源微細無明，登中道山頂，與無明父母別，是名有所斷者名有上士也。」等覺位中，正習俱斷。如今文「更破一品無明」，並上《妙玄》文，斷正也。《淨名疏》二〔四〕云：「無復餘習者，圓教始從初住，終至法雲，圓斷諸見，猶有習在。等覺入重玄門，千萬億劫重

修凡夫事，見理分明，習氣微薄，事等微烟。」此斷習也。
又，《淨名疏》五〔三十五〕云：「住等覺地，餘有一品及
習氣在。」

據此註文，蒙潤是把《法華玄義》說等覺位「斷最後窮源微細無
明」視爲斷無明正使，與諦觀「更破一品無明」語同。「正」者即
指一品無明本身而言。若如此，則等覺位只「更破一品」，並未窮
源，尚有一品待下位破也。是則並未斷至「最後窮源微細無明」。
此則與《法華玄義》文相衝突。又引《淨名疏》文表示等覺位雖亦
斷及習氣，但只能斷至使之「微薄，事同微烟」，並不能斷盡，故
猶有殘習留給下妙覺位斷。但此與智者說「等覺位是金剛心菩薩」
之語相衝突。蓋既是金剛心斷正與習，則不能猶有餘正及餘殘習不
斷。若猶有未斷盡者，則金剛心又成爲非金剛心矣。所引《淨名
疏》文，不知是智者之《玄疏》，抑是荊溪之《略疏》。但無論如
何，天台家關此似有兩說，皆有互相衝突處。如若依諦觀所說，則
與智者之正解相衝突。如若依智者之正解，則又與破四十二品之說
相衝突。會而通之，當以智者正解爲準。若如此，則不能說斷四十
二品。於別敎，亦不能說斷十二品。蓋四十二位或十二位，最後一
位是佛果圓成位，故不能再有所斷也。

第六節
《法華玄義》明諸圓位之伏斷

以上分別詳言十信，十住，十行，十迴向，十地，等覺，妙

覺，共五十二位。名數整足雖依《瓔珞》，然智者說此五十二位是依圓教標準而說，故皆爲圓位。此與別教說者不同。如後來華嚴宗亦言五十二位，然仍屬別教一乘圓教，非眞圓教也。

　　五十二位前，先之以五品弟子位。五品弟子位是圓教之初步。從五品位到十信位，十信位是一重要之關鍵。五品位當身是內凡之外品。然五品中之第五品具行六度，即入十信位，六根清淨，相似佛發。智者即居此位。所謂「位居五品」實即居第五品入十信位也。入此十信位，即名爲「入圓位」。（見前第三節圓十信位）。故智者亦被說爲居「圓品位」。此圓品位即圓第五品兼十信圓位也，不單只第五品位也。分別言之，第五品位爲內凡之外品，十信圓位則是內凡之內品。仍謂爲「內凡」者，以具煩惱性知祕密藏，未斷無明故也。至十住起開始斷無明，始入賢聖位。此又是一重要之關鍵，故許多妙理俱在此發。十住十行十迴向（爲三賢），十地（爲十聖），等覺，四十一位爲聖因，皆曰「分眞即」，各斷一品無明也。至妙覺爲聖果（佛果），無所斷也。此曰「究竟即」。

　　《法華玄義・卷第五上》有云：

　　　三、明圓位斷伏者，五品已圓解一實四諦，其心念念與法界
　　　諸波羅蜜相應，遍體無邪、曲、偏等倒，圓伏枝、客、根本
　　　惑，故名伏忍。諸教初心，無此氣氛。《大經》〔《大涅槃
　　　經》〕云：「學大乘者，雖有肉眼，名爲佛眼。」殼中鳴，
　　　勝諸鳥。例如小乘伏煖，佛法則有，外道則無。今此伏忍，
　　　圓教則有，三教則無。
　　　十信之位伏道轉強，發得似解，破界內見思，界內界外無知

塵沙。如經〔《法華經》〕文云「得三陀羅尼」，但名似
道，未是眞道。「旋陀羅尼」是旋假入眞，「百千旋陀羅
尼」是旋眞入俗，「法音方便」正是伏道，未得入中。如
《瓔珞》「從假入空觀」，雖斷見思，但離虛妄名爲解脫，
其實未得一切解脫。

當知六根雖淨，圓敎煖、頂、〔忍、世第一〕四善根，柔順
忍、伏道位耳。

案：以上說圓位斷伏乃指從十信位到妙覺位諸圓位而說。十信位即
六根清淨位，連前五品位，通曰伏忍位，亦通曰內凡位。五品位爲
內凡之外品，十信位爲內凡之內品。五品位當身雖爲內凡之外品，
然已圓解圓伏，故亦名伏忍位。此是伏忍之初階，義推如藏敎之五
停心、別相四念處、總相四念處、三位，然意境不同；亦得義推如
通敎十地之乾慧地，別敎之十信位，然而意境亦不同。五品位之第
五品入十信（圓信位），爲內凡之內品，「伏道轉強」。此雖仍是
伏忍位，卻相當於藏敎之聲聞，通敎十地之薄地、離欲地、已辦
地，並相當於別敎之十住、十行、十迴向。可見此一圓位並不簡
單。歐陽竟無云：「自天台、賢首等宗興盛而後，佛法之光愈晦。
諸創敎者本未入聖位，如智者即自謂係圓品位，所見自有不及西土
大士之處。」《唯識抉擇談》。此所謂「係圓品位」，即係圓第五
品兼十信圓位也。所謂「未入聖位」，自圓敎而言，自未入聖位。
若依通敎而言，則已入聖位矣。若依別敎而言，雖未入聖位，已入
三賢位矣。蓋別圓敎俱說十住、十行、十迴向，這三十位爲三賢
位，十地爲十聖位。但圓敎之十信既相當於別敎之十住、十行、十

迴向，則依別敎而言，自已進入三賢位。唯依圓敎而言，未進入賢聖位。依圓敎而言，西土大士眞能進入聖位甚至賢聖位乎？如無著、世親、龍樹等眞能入聖位乎？後人尊之爲菩薩耳。然則智者自謙居圓第五品位兼十信位，乃如實說，不得輕視之也。而且佛法之光晦不晦亦不盡係於進入聖位否。若就所見而言，唯識宗之所見不必高於天台。其就八識而爲煩瑣之心理分析，不必眞能善弘佛法之光也。

《法華玄義・卷第五上》，繼上文又云：

> 若入初住，得眞法音陀羅尼，正破無明，始名斷道。見佛性常住第一義理，名圓敎無生忍。十行，十迴向，十地，等覺，皆破無明，同是無生忍位。妙覺斷道已周，究竟成就，名爲寂滅忍。
>
> 若約位別判，伏順二忍但伏不斷，例如無礙道。〔此是圓信位〕。妙覺一忍，斷而不伏，例如解脫道。〔此是佛果位〕。無生一忍，亦伏亦斷，亦無礙亦解脫。〔此是十住、十行、十迴向、十地、等覺四十一圓位〕。
>
> 若論通義，妙覺寂滅忍，亦名無生忍。《大經》云：「涅言不生，槃言不滅。不生不滅名大涅槃」。亦名伏忍。《仁王》云：「從初發心，至金剛頂，皆名伏忍。」伏是賢義。普賢菩薩居眾伏之頂。〔荊溪《釋籤》解云：「言普賢居眾伏之頂者，讓佛爲聖。故等覺名賢，賢是伏。伏中之極，極在此位，名眾伏頂。」〕伏忍既通，順忍可解。〔順忍即柔順忍。順忍之名從下通上，直至於佛。佛爲柔順之極。〕

伏、順、既其通上，寂滅、無生、亦應通下。《思益》云：
「一切眾生即滅盡定。」《淨名》云：「一切眾生皆如
也」。如即無生忍。

又就事為無生，就理為寂滅。又分證為寂滅，讓果為無生。
〔荊溪《釋籤》解云：「『又就事為無生』等者，惑是事
法，故約惑滅，得無生名，名為就事。此惑若滅，必證實
理。故約所證，名為寂滅。當知始從初住，終至妙覺，一一
無非惑滅證理。乃至五品亦可得名觀行事理，六根〔清淨〕
名為相似事理。乃至亦可云理性、名字事理等也。」〕
……

約分別義者，伏順二忍未是真因。無生一忍，未是真果。從
十住去名真因，妙覺名真果。

云何伏順非真因？例如小乘方便之位不名修道。見諦已去，
約真修道。此義可知。今順忍中，斷除見思，如水上油，虛
妄易吹。無明是同體之惑，如水內乳。唯登住已去，菩薩鵝
王，能唼無明乳，清法性水。從此已去，乃判真因。〔案：
「無明是同體之惑」，所謂「同體」即無明與法性體同：無
明即法性，法性即無明，非異體相對相翻也。說異體為別
教，說同體為圓教。〕

案：此言圓位伏斷之大關節。綜五品位當身已圓伏枝惑（枝末見思
惑），客惑（無知塵沙惑），根本惑（同體無明，無明見思）。此
為伏忍位之初階。至十信位，六根清淨，發相似解，破界內見思界
外無知塵沙，此為伏忍之極。既破界內見思，又破界內界外無知塵

沙（塵沙惑），何以仍說伏忍位，而不說斷？蓋斷者是指斷同體無明說，此自十住以後至等覺始分分斷，皆斷此同體無明（根本惑）也。斷者斷此，故不斷者如五品位與十信位，即曰伏。伏者終極只伏此根本惑耳。根本惑不可抽象地空說，故具體說之，即是無明見思，即從同體無明而發之見惑思惑也。是則十信位所破之三界內見思乃只是枝末粗重之見惑思惑。圓教自十住起即分分破「無明見思」，破至等覺位而盡。等覺位有所破。此破已，即妙覺位，此位無所破，故曰無上士，此即是圓佛。以上是圓位伏斷之大關節。

　　別教自十地起始破無明見思。即使如此，而說者亦常不如理。故智者承上引文復作料簡云：

> 復次，別教判三地或四地斷見盡，六地或七地斷思盡。此不應爾。何者？無明見思、同體之惑，何得前後斷耶？當是別教附傍小乘，方便說耳。
>
> 若見先盡，則實理無復有障，云何十地見不了了？《地持》云：第九離一切見清淨淨禪。第九是等覺地。入離見禪，乃成大菩提果。若見先斷，等覺復何所離？
>
> 若思前盡，後地應無果報，及諸禪定。何者？《華嚴》明阿僧祇香雲華雲，不可思議，充塞法界者，此是菩薩勝妙果報所感五塵，呼此為欲界思惑；一切菩薩皆入出無量百千三昧禪定心塵之法，呼此為色無色界思惑。〔案：此是類比三界復立界外三界也。所以如此立者，為說明界外同體見思故。勝妙果報所感五塵，即無數香雲華雲等，是界外之欲界思惑。無量禪定心塵之法是界外之色無色界思惑。荊溪《釋

籤》云：「此中爲消界外同體見思，故須於界外更立三界。若不然者，此與二乘所斷何別？旣分內外，見思名同。是故須立思分三界（意即思方面的三界）。從五塵爲名，故例如欲界。從定地爲名，故例如色無色界。故知違理由見，感報由思。」十地菩薩旣有果報，故必有思惑不能斷盡。是故有如下文之駁斥。〕

若七地思盡，上地應絕六塵。何故復言「三賢十聖住果報」？若住果報，思不前盡。

今明如此見思〔案：即此無明見思〕通至上地，至佛方盡。故云：「唯佛一人居淨土」，「唯佛一人能盡源」。是故伏斷如前分別。〔案：即如前文所說之圓位伏斷。〕

案：此即料簡別敎中附傍小乘之說法爲不諦也。又料簡界外見、思、塵沙三惑斷之先後云：

問：界內必先斷見，次思，後無知，界外何意不爾？

答：界內爲三途苦重，先斷見，次思，後及無知。界外苦輕，故先枝後本。〔荆溪《釋籤》解云：「言界外苦輕，故先枝後本者，凡障理惑，名之爲本；障事之惑，名之爲枝。故以界內見惑爲本，思惑爲枝；界外無明爲本，塵沙爲枝。是故界內，次第修人先斷於本，次斷爲枝；界外次第必須先斷枝惑，次斷根本。界外旣其苦輕，借使流轉，不退歸下。爲助化道，故先斷塵沙。後爲顯眞，方斷無明。」〕

又思、無知、不障偏眞。爲見眞理，故先除見。界外塵沙是

體上惑，遠能障理。先卻遠障，次除近障。

復次，三藏中後身菩薩及超果二乘，見思同斷，亦先斷思。不超果者，前後斷耳。通教亦有超不超二義。別教前後斷，圓教同斷。前後之間但見一途耳。

案：借使一般言之，界內先斷見惑，次斷思惑，後及無知（塵沙惑），界外先斷無知，次斷無明見思，此亦是一途之見，並非到處皆然。超果二乘，見思同斷，有時亦先後斷。通教菩薩亦然。別教則前後斷。「圓教同斷」者，十信「破界內見思及界內外無知塵沙」即同時破，無先後可言。十住以後分分破無明，即分分同時破界外無明見思及塵沙。惟關聯著十信，就塵沙惑方面說有先後耳。如在十信，亦破界外塵沙，但於界外無明見思則十信只伏不破，是即有先後也。十住以後始無明見思與塵沙無知同時破耳。破亦是分破，非全破。至等覺始全破。故自十住直至等覺皆「分證即」（就能證面言），亦曰「分真即」（就所證顯者言）。唯妙覺是「究竟即」。此就次第修人言。若頓修者，則無次位，一時全破。

第七節
《法華玄義》明諸圓位之功用以及通諸教言粗妙

以上言圓位之伏斷。再進而言功用。仍以五品位與十信位為重要關節。

《法華玄義‧卷第五上》，承上文言伏斷，復依次論功用云：

四、明功用者，若分字解義，功論自進，用論益物。合字解
者，正語化他。

五品之位，理雖未顯，觀慧已圓。具煩惱性能知如來秘密之
藏，堪爲世間作初依止。依止此人猶如如來。當知不久詣於
道樹，近三菩提。一切世間皆應向禮。一切賢聖皆樂見之。
若六根似解，圓觀轉明，長別苦海，能以一妙音遍滿三千
界。隨意之所至，一切天龍皆向其處聽法。其人有所說法，
能令大眾歡喜。猶是第一依止。

案：四依出《涅槃經·卷六》。如云：「善男子，是大涅槃微妙經
中，有四種人能護正法，建立正法，憶念正法；能多利益，憐愍世
間；爲世間依，安樂人天。何等爲四？有人出世，具煩惱性，是名
第一。須陀洹人，斯陀含人，是名第二。阿那含人是名第三。阿羅
漢人是名第四。是四種人出現於世，能多利益，憐愍世間，爲世間
依，安樂人天。」智者從圓位說此四依。五品位與六根清淨位是初
依。十住爲二依。十行、十迴向爲三依。十地、等覺爲四依。等覺
即函著妙覺。是則佛爲第四依之究竟依。此四依是約人說依。一般
說的「依了義不依不了義，依義不依語，依智不依識，依法不依
人」，此四依是約法說。五品弟子以及六根清淨者已可爲世間作依
止，則其化他功用亦不小矣。從此進入十住，十行，十迴向，十
地，直至等覺，妙覺。故智者云：「豎功若深，橫用必廣」。「論
其滿足，唯佛與佛乃能究盡無明之源。故經云：如佛心中無無明。
唯佛法王住究竟王三昧。毗盧遮那法身橫周法界，豎極菩提，大功
圓滿，勝用具足。」

明功用已，即進而通諸教言粗妙。

《法華玄義·卷第五上》，繼上文言功用，復云：

五、通諸位論粗妙者，小草〔人天乘〕止免四趣，不動不
出。中草〔二乘〕雖復動出，智不窮源，恩不及物。上草
〔三藏菩薩位〕雖能兼濟，滅色為拙。小樹〔通教〕雖巧，
功齊界內。故其位皆粗。大樹〔別教〕實事，同緣中道，皆
破無明，俱有界外功用，故此位為妙。而別教從方便門，曲
逕紆迴，所因處拙，其位亦粗。圓教直門，是故為妙。

又三藏菩薩全不斷惑。望圓教五品，有齊有劣。同不斷惑，
是故言齊。五品圓解常住，彼全不常住，是故為劣。〔案：
此以圓教五品位相當於三藏菩薩位，而有齊有劣。〕

若三藏佛位，斷見思盡。望六根清淨位，有齊有劣。同除四
住，此處為齊。若伏無明，三藏則劣。佛尚為劣，二乘可
知。當知三草蒙籠，生用淺短，故其位皆粗。〔案：此以六
根清淨位相當於三藏佛位，而有齊有劣。「同除四住」者，
除四住煩惱也。善不善依住於身見，身見依住於欲貪，欲貪
依住於虛妄分別，虛妄分別依住於顛倒想，此為四住。顛倒
想依住於「無住」，以「無住」為本。無住即是無始無明。
此共為五住煩惱。三藏佛位與圓教六根清淨位同除四住煩
惱，此則其同處。然對於第五住之無住即無始無明，同伏不
斷，而三藏佛之伏無明不圓，故劣也。劣即粗。六根清淨位
為圓伏無明，圓伏即妙。此四句，在五代及北宋初年，為天
台教中興之機緣。蓋因吳越忠懿王錢俶嗣王位後，閱讀《永

嘉集》見有此四句，不明，乃問於天台山德韶國師。韶國師
是禪宗法眼宗門下的禪師，恐亦不解天台教義，乃介其問於
天台國清寺習天台者羲寂法師。寂法師曰：「此天台智者大
師《妙玄》中文。時遭安史兵殘，近則會昌焚毀，中國教藏
殘缺殆盡。今惟海東高麗闡教方盛，全書在彼。」王聞之，
慨然即為遣國書贄幣，使高麗，求取一家章疏。天台教部，
因此，得由高麗復還，亦因而得有知禮之中興。故此四句實
為一重要機緣也。〕

若乾慧地，性地，望五品位，有齊有劣。例前云云。〔案：
此以五品位當通教之乾慧地，性地，而有齊劣粗妙可言。〕
若八人六地〔從第三八人地、第四見地、至第五薄地，第六
離欲地〕見思盡，七地修方便，至佛斷習盡，望圓教似解
〔六根清淨地〕，有齊有劣。例前可見。〔案此以六根清淨
位當通教之三、四、五、六、七地以及斷習之佛，而有齊劣
粗妙可言。齊者，同斷界內見思惑盡。劣者，通教不及界
外，所謂「功齊界內」。而圓信位則已分破界外塵沙，並圓
伏界外無明。故即使通教之佛亦粗也。〕

當知小樹之位未有千雲婆娑之能，是故皆粗。

若別教十信望五品位，有齊有劣。同未斷惑，是故為齊。十
信歷別，五品圓解，此則為優。〔案：別教十信相當於圓教
五品位。然有優劣粗妙可言〕。

別教十住斷通見思，十行破塵沙，十迴向伏無明，祇與圓家
十信位齊。優劣云云。〔案：圓家十信相當於別教之十住，
十行，十迴向。然有優劣粗妙可言。〕

若登地破無明，祇與圓家初住齊。何者？若十地十品破無明，圓家十住亦十品破無明。設開十地為三十品，祇是圓家十住三十品齊。若與為論，圓家不開十住，合取三十心〔十住、十行、十迴向，為三十心〕為三十品，與別家十地三十品等者，則十地與圓家十迴向齊。若奪而為論，別家佛地與圓家初行齊。與而為論，別家佛地與圓家初地齊。

故知別教權說，判佛則高。望實為言，其佛猶下。譬如邊方未靜，授官則高，定爵論勳，置官則下。別教權說，雖高而粗。圓教實說，雖低而妙。此譬可解。以我之因，為汝之果，別位則粗。當知大樹雖巨圍，要因於地、方漸生長。

是知圓位，從初至後，皆是實說。實伏實斷，俱皆稱妙。《大論》云：「譬如有樹，名曰好堅。在地百歲，一出世即長百丈。」蓋眾樹頂。此譬圓位也。〔案：好堅樹之譬見《大智度論・卷十》。《大論》是以好堅樹為眾樹之頂，樹中之最高者，它只蔭庇其他，而其他無有能蔭之者。此譬佛為無上士，無過佛者。智者以此譬喻圓位為最高最圓最實者，其他諸教所說之位無有能過之者，故云：「此譬圓位也」。此圓位賅括「從初至後」而言，非但指佛位而言也。荊溪《釋籤》解此譬云：「論譬極果。今取一日超百丈邊，以譬初住八相作佛。作佛義同，故得借用。「若如此解，則智者取此譬只喻「初住八相成佛」。此恐非是。蓋智者此最後文是總結圓位皆實，何但只譬初住耶？〕

案：此「通諸位論粗妙」實是通諸教之諸位而論其粗妙。粗妙之判

定以圓教爲標準。圓教從五品位起至妙覺位止，皆圓位也。以此圓
教之圓位分別地對當藏通別三教之各位，則三教之粗與圓教之妙即
可顯出。如智者原文所述已甚分明，不煩再釋。在此對當中，就圓
教圓位說，以圓教實說故，諸圓位皆提升，雖至低者，以實說故，
其氣分亦甚高，即相應實說之妙覺位而氣分亦高也。就藏通別三教
說，以皆權說故，故其各位皆分別地對當於圓位而遞降。此方面既
遞降，則圓教圓位，因對當故，即遞升。此種升降所依據的原則，
智者以授官與置官之不同作譬解。「 邊方未靜，授官則高。定爵論
勳，置官則下。 」「 邊方未靜 」，是多難之秋，處變之時。爲便於
處事，故「 授官則高 」。高者大其職權以便於事也。此本是處變之
方便，故高其職權是暫時之方便，方便即權說之權也。藏通別三教
既皆非圓，顯是方便之權說。既是權說，故其中之高位實皆是權
高，非實高也。非實高故，故當對當於圓教圓位時，其權高之高即
被拆穿而降低矣。此所謂「 定爵論勳，置官則下 」也。此方面既降
低，則圓位方面即升高。故云「 以我之因爲汝之果 」。此即示汝次
第修行所至之果乃至極果皆非眞果，而實我圓教中因位之事也。汝
所至之果乃至極果之爲高實非眞高，只權高也。只因未曾覺識，故
假以爲高。是故在汝視之爲高者，在我則視之爲低。汝若不知此中
權實之分，而自以爲高，以未至爲至，且視我爲低，不及汝高，如
曰我已至佛，汝尙在初地，我已登地，汝尙在十住，以我圓教之低
位視同汝權教中之低位，則謬之甚矣。

　　此種權實之標準，其最後根據，端在圓之所以爲圓，與權之所
以爲權。茲可就別圓而論。別教雖已高矣，然而仍未至於眞圓。即
就華嚴宗而論，雖爲別教一乘圓教，然而仍未至於眞圓。何者？以

屬性起系統，非性具系統故也。是故圓之所以爲圓唯在「性具」。以此爲最高之標準，故有智者「通諸位論粗妙」之所說。

以上所錄智者原文皆是《法華玄義》中釋位妙之文（總有十妙，如境妙、智妙、行妙、位妙、三法妙、感應妙、神通妙、說法妙、眷屬妙、功德利益妙）。智者本以十義明圓位。十義者，一、簡名義，二、明位數，三、明圓位斷伏，四、明功用，五、通諸位論粗妙，六、明位興，七、明位廢，八、開粗位顯妙位，九、引涅槃五譬成四教位，十、明妙位始終。以上所錄，從五品位起到妙覺位止是「明位數」中之文。明圓位斷伏，明功用，通諸位論粗妙，三義皆照錄。此四義是主文，餘六義則略而不錄。明此四義，則圓位正義亦可明矣。

吾人欲想明白智者之「位居五品」之的義與實義必須通圓教圓位之全部系統而明之。以下試以今語說明智者位居五品兼六根清淨位之的義與實義，並明由此進至圓位極果中之眞實問題。

第八節

智者「位居五品兼通六根清淨位」之的義與實義

依智者所說之圓實教，成佛必即九法界而成佛，即是說，在「一念三千」中成佛。凡隔絕，片面，或紆迴，皆非圓佛。此亦如儒者說聖人必以天地萬物爲一體始可爲眞聖。孟子說「大而化之之謂聖，聖而不可知之謂神」。大者絕對義，圓滿義。化者無間隔，無障礙。凡不能「上下與天地同流」，皆不能說「大而化」。佛家之佛果亦如是。佛果，彼亦曰聖果。蓋從十信位起至等覺位爲聖

因，則妙覺位之佛果即是聖果。荊溪《止觀輔行傳弘決・卷第一之五》釋「六即」處有云：

> 聖者，《風俗通》云：「聖者聲也。以其聞聲知情，通天地，暢萬物故也。」《易》曰：「聖人者與天地合德，與日月合明，與四時合序，與鬼神合其吉凶。」今出世聖不聞其聲知九界情，通諦理，暢眾機，與法界合德，與三智合明，與四機合節，與眾聖合其冥顯。

此中所謂「出世聖」即佛也。「知九界情」即知六道眾生及聲聞、緣覺、菩薩、這九法界之情實也。不但知之，而且直下即之而成佛也。此即聞聲知情，或不聞聲知情，通九法界為一體而為佛。「通諦理」者通三諦之理也。「暢眾機」者，眾生根機不一，皆能暢達之也。「與法界合德」者即合其清淨寂滅之德也。「與三智合明」者，合般若三相（一切智、道種智、一切種智）之明也。「與四機合節」者，四隨利物，節序不亂也。「與眾聖合其冥顯」者，與三世諸佛合其或隱或顯盡方便之極也。此種圓實佛與儒家之聖為同一型態，儘管其教義之內容有不同。

　　既必即九法界而成佛，則「是法住法位，世間相常住」，法門不改，即無一法之可廢。「一念無明法性心」即具三千世間法。無明即法性，即是覺，即是佛，即具淨三千而為佛。法性即無明，即是迷，即是眾生，即具染三千而為眾生。分別言之，法性空寂，圓具一切法，而一是皆空寂無相，是即實相。無明與法性同體，是即與法性同極。法性圓具一切法，而無明，因與之為同體同極故，亦

可染著一切法，而一是皆成執相，亦即皆成煩惱。法性極至何處，無明隨之。法性達至何處，無明隨之。是則無明與法性同其廣大。法性圓具一切，無明亦遍滿一切。此即謂無始無明。假定法性透顯始為佛，則亦必從根上根絕無始無明，法性始透顯。然此談何容易！

從五品位之隨喜品位起，即須圓聞圓信這「法性圓具一切法」之不思議境。此即起腳即大即圓即實，未曾有一毫之偏曲說，或方便遷就說。經過二品誦讀，三品說法，則由圓聞圓信而至圓解，是即加強其初聞與圓信。再經過四品位之兼行六度，與五品位之正行六度，則不但其圓信圓解倍倍轉明，而且亦能圓伏枝、客、根本惑。圓伏者相應其圓信圓解而伏忍之，而未能至於斷或破。圓伏雖伏亦大。無圓信圓解者，雖伏亦小，或甚至根本未能伏也。曲伏或偏伏或分伏，即是未能全伏，此即雖云伏而實未伏也。

同一無始無明，而自其具體表現言，則有枝末，無知，與根本之分。根本惑，自其與法性同體同極而言。其具體表現而為枝末與無知亦有粗重與微細之分。粗重與微細是依界內與界外而定。界內者為粗重，界外者為微細。界內是欲界、色界、無色界這三界之內者。此是基層之三界。界外是基層三界所透映的高一層的三界，此曰界外三界，亦可曰境界三界，或無限境中之三界。

三界內之枝末惑亦曰見、思惑。分別言之，障智之惑曰見惑，能障智明，不見諦理。見惑有八十八使。八十八使者，先說十使：身見、邊見、見取、戒取、邪見，此五者為利使；貪、瞋、癡、慢、疑，此五者為鈍使。（使者役使迫促義，使你不由自主，心不清明，障正見，故曰見惑。）此十使，歷三界四諦，增減不同，成

八十八使。意謂在欲界苦諦方面，十使具足；集諦滅諦方面各七使，除身見、邊見、戒取三者；道諦方面八使，除身見、邊見二者。如是，歷欲界四諦，共爲三十二使。在色界、無色界四諦方面，每諦下除瞋使，餘皆如欲界，故一界各有二十八使，二界合爲五十六使。此兩界之五十六使加欲界三十二使，共爲八十八使。

見惑之根本者爲我見。就此我見方面亦可說六十二見。六十二見者，歷五陰各有四句我見，如「我在色中，色在我中，離色是我，即色是我。」受想行識亦復如是。每一陰有四句我見，五陰合共二十見。五陰，就過去、現在、未來、三世說，則成六十見。再加上斷常二見，故爲六十二我見。

六十二見，八十八使，皆見惑也。

思惑者，思是造作義。五蘊中之行蘊即思蘊。思蘊中之「心所」甚多，共有五十一心所。今就思惑言，最基本者就是貪瞋癡慢。思惑障解脫，障斷德，亦曰障福德，障「行行」（屬於實踐方面的修行），總之即是煩惱。因此，思惑亦曰修惑。思惑有八十一品。此如何計算？謂三界分爲九地。整欲界爲一地，色界四禪爲四地，無色界四定（亦曰四無色定：空處，識處，無所有處，非想非非想處）爲四地：共爲九地。此三界九地，欲界一地就貪瞋癡慢四者說，有九品貪瞋癡慢。九品者上中下又各有上中下也。餘二界八地就貪癡慢三者說，（除瞋使），亦各有九品貪癡慢。是則三界九地，九九八十一品思惑也。

上見惑中亦說貪瞋痴慢。是則此四者旣通見惑，亦通思惑。其本義爲思惑，然而亦障「慧行」，故亦爲見惑也。

此見惑思惑，因屬界內，故云枝末惑，對無始無明之根本惑而

言也。此亦可曰根本惑之具體地表現於三界之內者。

由此見思惑亦可引出塵沙無知惑。塵沙無知者如恆河沙無數的無知之謂也。此無知即惑，故亦曰無知惑，亦曰塵沙惑。其確指即是於各種假名法之性、相、體、力、業、因、緣、果、報等無所知也。此障道種智，不能觀假也。假法無數，故曰塵沙無知惑。此屬菩薩道所破者。小乘可以斷見思惑，而不能斷無知惑，以其具一切智可以證空，而不能破空入假也。但是此無知亦有界內界外之別。界內無知，其無知粗而淺。界外無知則更深而微細也。例如智者云：「小樹〔通教〕雖巧，功齊界內」（見上節引），縱使破無知惑，亦是界內，而非界外者。圓教十信位「破界內見思，界內界外無知塵沙」。此雖破及於界外無知惑，亦只是分破耳。

以是故，三界內之見惑，思惑，無知惑，當較易破。界外者則不易破。界外之見思亦曰「無明見思」，此是無始無明之具體地表現於界外之三界者。有界外之無明見思，即有界外之無明無知。依此而言，見、思、無知當是層層升進者。大分之，為界內界外耳。又，無論界內界外，見思為本，為主，故無知惑亦曰「客惑」。「客惑」者，外在地於客觀方面之假名法無所知也。

圓教五品位即「圓伏枝、客、根本惑」。此即示於界內界外之見、思、無知，及根本惑，皆只伏而不能破。六根清淨位（十信位）「破界內見思，界內界外無知塵沙」。此即示於界內見、思、無知，盡破；於界外無知少分破；於界外無明見思則只伏不破。進破界外無明見思與無知，則自十住位始。

然則

1.依何標準而言界內三界界外三界？

2.界內之見、思、無知如何規定？

3.界外之見、思、無知如何規定？

4.界內外之無知，所無之知是何種意義之知？破後所有之知是何種意義之知？

5.界外之見、思、無知如何能盡破而至於佛？

此五問題必須有一清楚之表象與解答，然後智者之「位居五品兼六根清淨」之的義與實義始可得而明。

八之一　依何標準而言界內三界界外三界？

關於此第一問題，吾人如此說：

若從現實存在方面說，我們只有五陰（五蘊）：色、受、想、行、識。就此五陰，再分析之，便有六根，六塵，六識之十八界。以此十八界爲基層，就六根之前五根而言，便有五欲：目欲好色，耳欲妙聲，鼻欲芬香，舌欲美味，身欲柔軟細滑。依此五欲，說爲「欲界」。此是由生理的感受而直接引生出者。是故孟子云：「口之於味也，目之於色也，耳之於聲也，鼻之於臭也，四肢之於安佚也，性也，有命焉，君子不謂性也。」所謂「性也」，此性是生理感受之感受性，亦可以說是動物性之性，亦可以說是自然生命之性。君子論道德實踐所以可能之性，自不以此五欲爲性。故儒家修禪定，必先呵此五欲。

在修禪定中、初禪即可離此欲界。離五欲，除五蓋（貪欲，瞋恚，睡眠，掉悔，疑，爲五蓋），有覺有觀，入大喜初禪。滅覺觀，攝心深入內清淨，得微妙喜，入第二禪。以深喜散「定」故，離一切喜，得遍滿樂，入第三禪。在此第二、三禪中，離欲界，而

色法尙存在，故尙處「色界」中。內心方面之喜樂自然不能免：第二禪有微妙深喜，第三禪有遍滿樂。色界存在，心識界自不必說。離一切苦樂，除一切憂喜及出入息，以清淨微妙捨而自莊嚴，入第四禪。在此第四禪中，內心方面離一切苦樂，除一切憂喜及出入息，然而色法仍在，故仍處色界、繼此前進，呵色滅色，緣空得定，不復見色，心得脫色，如鳥出籠，是名「空處」定。此定謝已，緣識生定，名爲「識處」定。此定謝已，緣「無所有」，入無所有法相應，名「不用處」定（無所有處定）。此定過已，忽發「非想非非想」。此定不緣「識處」，故「非想」；不緣「不用處」，故「非非想」。此名「非想非非想處」定。空處定，識處定，無所有處定，非想非非想處定，名爲四無色定。既是無色定，即是已離「色界」而進入「無色界」。此爲無色界四定。只有四陰（受想行識），而無色陰故也。再進，即爲「滅受想」定。受想滅，而行識仍不滅。從初禪起，至滅受想定，名爲九次第定。次第而起，不令異念得入，故名次第定。

　　是則三界者，欲界依生理的感受而定，初禪得離。色界者，離欲存色。初、二、三、四禪皆在色界中。無色界者，四無色定也。此三界是依禪定中欲，色，以及受想行識，這三者之存在與不存在，而得名。此種存在與不存在（有與無）完全是依禪定中主觀的心理狀態而被決定，而此心理狀態是片面的，相對的，暫時的，非究竟灑然之客觀的，絕對的大定也。故其所決定之欲，色，無色，這三界之存在與不存在，亦是片面的，相對的，暫時的。其已離五欲者，眞能離乎？片面地强制而已矣。眞離者爲何如離？眞離者，爲不捨不著之離。「聖人有情」，已啓此消息矣。其已離色界者，

眞能離乎？恐亦是片面地無視而已。眞離色者爲何如離？眞離色者
非呵色滅色，乃不捨不著之離。空亦非呵色滅色爲空，乃是色之性
空，當體即空而假名不壞也。滅受想定，固只滅受想，而未滅行
識，縱使受想行識一齊俱滅，豈眞能滅乎？恐亦只是片面地強制而
已。眞離無色界者爲何如離？眞離無色界者亦如眞離色界，乃不捨
不著之離，非強制不起之離也。

　　是則三界者，若自存在言之，欲界即生理感受之欲望領域，色
界即物質領域，無色界即心識領域。若依禪定工夫言之，四禪皆屬
色界，已離欲界。未出色籠，故仍存有色界。至四無色定，則離色
界，而存無色界。至滅受想定以後，若再進而滅行與識，則離無色
界。如是，則出離三界。

　　然則何以又有界內界外之分？只是一「三界」，何以又有界內
三界界外三界？此蓋仍依修行工夫之境界而言也。三界，若自層進
觀之，本依禪定而得名。然而四禪只是初級之工夫。工夫無有窮
已，則三界之名亦可層層升進。例如《涅槃經》言：「色是無常，
因滅是色，獲得解脫常住之色。受想行識亦是無常，因滅是識，獲
得解脫常住之識。」是則涅槃法身亦有解脫常住之色、受、想、
行、識。五陰可以層層升進，（三千世間即有五陰世間），依五陰
說三界，則三界亦可層層升進也。在此層層升進中，始有界內界外
之可言。大分之，人天乘之三界是界內之三界。界內三界者就基層
底存在事實而說三界也。此示尙有可升進之境透映於此基層之外
也。依此而言，則二乘菩薩之三界當該爲界外之三界。界外三界
者，依基層三界，通過無止的禪定工夫，層層升進轉化，所類比地
投映出的層層昇華之三界境也。然所謂層層升進，聲聞緣覺二乘實

不能有昇華之三界。他們的工夫似乎只能就基層三界而得解脫。其
工夫雖比一般人天乘爲深，然其所面對之三界實仍是基層三界也。
如智者云：「小草〔人天〕止免四趣〔地獄、餓鬼、畜生、阿修
羅〕，不動不出。中草〔二乘〕雖復動出，智不窮源，恩不及物。
上草〔三藏菩薩位〕雖能兼濟，滅色爲拙。小樹〔通教菩薩〕雖
巧，功齊界內。故其位皆粗。」（見前論粗妙中引）。是故聲聞緣
覺及藏通二教之菩薩其所面對之三界猶仍屬界內三界也。其出離三
界而得解脫，出離雖有巧拙不同，復有獨善兼濟之異，然皆仍是
「功齊界內」也。是則界外者，唯自別教始。故智者繼上復云：
「大樹〔別教〕實事，同緣中道，皆破無明，俱有界外功用。故此
位爲妙。」（依《法華經》，小草、中草、小樹、大樹，喻各教。
凡此皆一地所生，一地喻圓教。）依此而言，別教以前皆只有界內
三界。唯別圓二教始可有界外三界。此界內界外之大分也。依傳統
說法，如只限於六識，而不能進至第七第八識，只有分段身（分段
生死）之解脫，而無變易身（變易生死）之解脫，佛爲灰斷佛，而
不能見及如來藏恆沙佛法佛性之常住佛者，即爲界內，反是則爲界
外。

　　然則究竟依何標準而如此分？曰：最後標準唯在圓教。圓之所
以爲圓，一在一念三千，一念無明法性心即具三千世間，此是存有
論的圓具；一在不捨不著，不壞假名而說諸法實相，法門不改，世
間相常，通達惡際即是實際，此是般若智之作用的圓具。就存有論
的圓具而說界外三界，就般若智之作用的圓具而說出離界外三界。
此是最後的標準。「二乘雖復動出，智不窮源，恩不及物」，即無
存有論的圓具也。「三藏菩薩雖能兼濟，滅色爲拙」，即無作用的

圓具也。「通教雖巧，功齊界內」，即雖有作用的圓具，而仍無存有論的圓具也。存有論的圓具是綱，作用的圓具是緯。無綱，雖有緯，亦不得有界外之三界。別教雖言如來藏緣起，然只言性起，不言性具，此即仍無存有論的圓具。是故雖有「界外功用」，而「曲逐迂迴，所因處拙」。故其位既粗，則界外三界亦未至其極也。

是則界內三界者，既無存有論的圓具，亦無與之相應的作用的圓具的那方便教（權教）中之有限相對的三界也。界外三界者，既有存有論的圓具，又有與之相應的作用的圓具之圓實教中無限而絕對至極之三界也。此唯就圓教說。別教雖有界外三界，然其無限絕對非相應圓教直說，乃從方便門曲徑紆迴說。是則其界外三界之昇華仍在過渡中，非至極圓實之界外三界也。

茲舉例明之。如一人只就個人自己之欲界，色界，無色界，而得解脫，智者所謂「智不窮源，恩不及物」，則其三界便是界內三界。此種界內三界可名曰主觀的界內三界。聲聞緣覺之三界即是此種三界，亦只有分段身而無變易身之三界。

如果他不只就個人自己之三界而得解脫，而且能兼濟及物，如《易傳》所謂「吉凶與民同患」，或如孟子所謂「與民偕樂」，則其三界已由個人的，而進至共同的，其解脫是就共同的三界而得解脫。是則其心量已甚廣大，故其三界亦隨之而廣大。然而如果此共同的三界只限於人類，尚不能就三千世間而為共同，或依儒者詞語說之，尚不能就「與天地萬物為一體」而為共同，則其三界仍是有限有對，尚未達至無限絕對之境。是則此共同的三界仍是界內三界。此可說為客觀的界內三界。在此客觀的界內三界中，其得解脫或「滅色為拙」，或不滅色（即色）為巧，拙者為三藏菩薩，巧者

爲通教菩薩。然無論巧拙，皆是「功齊界內」，不過是客觀的界內而已，亦只限于分段身而無變易身。

如果他的解脫不只就人類的共同三界而得解脫，而且能達至就三千世間的無限絕對的三界而得解脫，則其三界便是界外三界。但如果他說三千世間是依「眞如隨緣」而說，或依「眞如不隨緣」（阿賴耶系統）而說，尙不是就「一念即具」而說，即依「性起」或「緣起」而說，尙不是依「性具」而說，則其界外三界仍是方便權說的界外三界，尙不是圓實的界外三界。此種方便權說的界外三界可曰「眞如隨緣」的界外三界或「眞如不隨緣」的界外三界。此即別教菩薩之界外三界，智者所謂「曲徑紆迴，所因處拙」也。是故唯就「一念即具」而說的三千世間而得解脫，其界外三界方是圓實至極的界外三界。此即既有存有論的圓具，又有與之相應的作用的圓具下的界外三界也。

是故三界之分爲界內界外唯依是否達至無限絕對而分。達至無限絕對者爲界外三界，止於有限有對者爲界內三界。

以上是關於界內界外之分。

八之二　界內之見、思、無知如何規定？

關於第二問題「界內之見、思、無知如何規定」，吾人則如下說。

有三界即有隨三界而來之惑。以上第一問題之解答是對於界內界外作形式的區分。講到三惑便是接觸到其內容。我們通過此內容，更能了解形式的區分之實義。

界內三惑者，有限有對的主客觀三界中所附隨的見惑，思惑，

及塵沙無知惑也。此三惑既在有限有對的三界內起現，故曰「界內惑」。既是界內惑，自不能窮其源。必尚有無盡無盡的見、思、無知惑潛伏於界外，而為修行者有限之心量所隔絕，而不能滲透進來。是則界內三惑者只是那窮源究極的界外三惑部分地因而亦是粗重地透進於有限有對的三界內而為吾人有限之心量所意識及者。其所意識不及者甚多甚多，有限心量限之故也。如前文所說的見惑八十八使，思惑八十一品，皆是界內惑。《維摩經》所說的四住煩惱（善不善依住於身見，身見依住於貪欲，貪欲依住於虛妄分別，虛妄分別依住於顛倒想）亦是界內惑。至於第五住，顛倒想依住於無住本，而無住本即是無始無明，此則其根甚深，即是界外惑也。界內之四住煩惱（見思惑），聲聞緣覺可盡斷之，其所斷者淺也，其意識之所及者也。然而為其有限心量所限，其意識所不及者甚深甚多，此即成界外惑矣。有界內之見思惑，即有隨此見思惑而來之無知惑。三藏菩薩及通教菩薩，因其修菩薩道故，可以破此無知惑（隨兼濟及物而破），即可以破空入假，具道種智，然而其所破之無知惑猶屬界內，其所破者有限而淺，因此，其所具之道種智亦有限而淺也。其所不及破者甚深甚多，此即成界外無知惑矣。

例如吾人生活，在一定範圍內，或平靜之時，心境恬淡，事理通達，不欣趣五欲，亦無貪鄙之欲，如好名好利，貪權貪色，皆可免除；又無種種顛倒妄想，種種煩惱可以不起；亦可無種種我見，邊見，以及意必固我之私；又博聞廣學，多識草木鳥獸之名，多知各種殊相之事。然而如果超出某一定範圍，則不必能知。不平靜之時，亦不必能同樣恬淡。即使平靜時，無欲，無煩惱，無我見，然而欲根潛伏，亦不必真能斷絕。又若一人終生無欲，無煩惱，無我

見，則人亦可說此乃平庸愚魯之人，根本無與於聞道之分。是則生命強者欲望強，煩惱深，而我見更深。而欲望強，煩惱深，我見深者，其聞道亦常隨之而深。然而一般人之生命強度常是有限者。有限之強度亦有等級。是故吾人所謂無欲，無煩惱，無我見，乃常是在某等級的有限生命強度中無，而不必真能徹底窮源而無也。所謂徹底窮源而無，即是在無限的生命強度中無，不是在某級的有限生命強度中無。如此，可以解界內之見惑，思惑，無知惑矣。某級有限生命強度中的三惑即是界內惑也。所謂斷者亦是在某級有限生命強度中斷，尚不是徹底窮源之斷。二乘之斷，三藏菩薩之斷，以及通教菩薩之斷皆是此種斷。基督教講罪惡，吾人意識所及者，吾人之理性能克服之。然吾人意識所及者甚為有限。其意識所不及者多矣。故人總有不能克服之罪惡。故最後總須訴諸上帝之降恩。佛教固不如此說，然如此說，亦可使吾人知界內惑與界外惑之真實意義。

八之三　界外之見、思、無知如何規定？

然則第三問題「界外之見惑、思惑、無知惑如何規定」亦可得而明矣。

界外之見、思、無知者，無限生命強度中之三惑也。斷者徹底窮源地在無限生命強度中斷也。斷此，謂之斷界外惑。此界外惑，唯佛究竟斷，圓實斷。是則佛者即是一無限生命，無限理性，無限智慧也。

然則此界外惑究如何可以具體地說明之？

首先，吾可藉王弼所說之「聖人有情」以明之。王弼云：「聖

人茂於人者神明也。同於人者五情也。神明茂，故能體冲和以通無。五情同，故不能無哀樂以應物。然則聖人之情應物而無累於物者也。今以其無累，便謂不復應物，失之多矣。」聖人之「神明茂」是即五情而茂。此是作用地圓具一切也。程明道亦云：「天地之常以其心普萬物而無心。聖人之常以其情應萬事而無情」。此亦是作用地圓具也。此示聖人的神明是無限生命強度中的神明，在此無限生命強度中的「作用地圓具一切」（神明茂，以其情應萬事而無情）即含有一與此「作用地圓具一切」相應的「存有論地圓具一切」（隨儒釋道三教之不同而有不同的說法）。然因爲是聖人，故能「應物而無累於物」，「以其情應萬事而無情」。「無累」即無見思惑，亦無無知惑。然自聖人以下，未達至聖人之境者，雖圓聞圓具，圓信圓具，圓見圓具，其生命強度已跨越有限有對之範圍而向無限無對之境邁進，然在實際的修行過程或進程中，其無限生命強度之即於物而應於物，便不能無陰影附隨於其中。有陰影附隨於其中，便不能完全「無累」，完全「以其情應萬事而無情」。是即示其神明之茂未能至全幅朗現之境。此中即有一微細無明如同鬼魅一樣，形影不離地附隨於其無限神明之即物應物中。此即所謂「同體無明」也。同體者同於無限神明、無限理性、無限智慧，而相即不離也。無限神明，無限理性，無限智慧，既窮源究極理上存有論地圓具一切，復應在體現上作用地圓具一切，而同時即有一無始無明與無限神明等同其無限，而蓋天蓋地地，雲翳洪濛地，如影子似地，附隨於無限神明之即物應物，而沾滿一切。情之喜，即於此喜中若稍有偏滯，便有一陰影之累以隨之，豈眞能「無累」乎？怒哀樂中亦復如此。心量無限，所應之物亦無限，因此，便有無窮數的

見思與無知之陰影附隨於其中。自非聖人，有誰真能究竟斷此無窮
數的陰影之累以圓頓地朗現其無限神明之茂？此種無窮數的陰影之
累即是所謂「界外三惑」。總持言之，曰無始無明，同體無明。就
無限神明之即物應物而具體地散列地言之，便曰見惑，思惑，無知
惑。見惑自障理而言。稍有一毫意必固我之意味，見惑即隨之，而
圓理即被障。思惑即煩惱，自障解脫而言，故亦曰「修惑」。稍有
一毫貪瞋癡慢之意，思惑即隨之，而清淨解脫之斷德即被障。無知
惑自障「假觀」之法眼或道種智而言。稍有一毫見惑，思惑，即於
所應之物之無窮數的散殊之事（恆河沙數之無窮法門）不能如實
知，此即障道種智。障道種智，同時即障一切種智。兩智皆被障，
則雖有「一切智」之觀空，亦是偏空而不實。是則一智被障，即三
智皆被障也。而同時三惑亦相函蘊，方便說為三耳。實則只是一陰
影之累也。再總持言之，只是一同體無明也。此同體無明散為三
惑，即曰界外三惑。此界外三惑，類比有限有對範圍內之三界（界
內三界），亦可說為欲界，色界，無色界，界外三界之三惑。本只
是一「三界」，只因對有限有對者而言，遂謂界外三界矣。若就無
限神明之無限地即物應物之本身而言，則只是一無限境中之三界。
此則不復再有外矣。是則就圓實教而言，亦只此一無限境中之三
界，而有限有對之界內三界乃方便說耳。人不自覺，遂謂界內三界
為唯一三界矣。並以為出離此界內三界便是解脫，而解脫便是界
外，而界外便無所有，不復再有三界。原則上，當然界外便是無所
有。即就無限境中三界而言，此而解脫，便亦可說出離三界，而出
離三界即是在三界之外，而此步在三界之外，便不復再有三界矣。
可是只因人們原初所說之三界只是有限有對之三界，是故復說界外

無限無對之三界矣。

界外三界，欲界者，聖人亦有耳目鼻舌身之五欲，亦有喜怒哀樂等之七情，就此說為界外欲界。有此界外欲界，在未真至聖人之境，便有此界外欲界之三惑。出離此欲界者，即於欲而不累於欲，即於情而不累於情之謂也。聖人不能木然無感，亦不能故意以美為醜。故有情有欲也。即其情，即其欲，而不捨不離，不毀不壞，復亦不累不蔽，不執不著，斯之謂出離。此即應物而不累於物。

界外色界者，聖人亦有色身，唯轉無常色，獲得常住解脫之色耳。就此色身而說色界。在未轉得常住解脫之色前，有色界即有此色界之三惑。出離色界者，即於色界而不著之謂也。聖人以天地萬物為一體，故其色身所顯之色界亦無限量。在未至聖人之境，色界三惑亦不能免。唯聖人究竟斷。斷已，即成常住解脫之色，即全體通明而無一毫陰影之累之色。

界外無色界者，聖人亦有常住解脫之受想行識，就此而說無色界。在未轉得常住解脫之受想行識以前，有此無色界，即有此無色界之三惑。聖人究竟斷，謂之出離無色界。出離者亦是即而不著之謂也。斷已，即成常住解脫之無色界。此即全體是智慧，而無一毫陰影之累之受想行識也。

聖人既究竟斷，則凡未至聖人境者，皆不免三惑之累。就佛家言，自十住位起，經十行，十迴向，十地，以至等覺位，雖皆分分斷，然皆有所斷。是即示凡此四十一位皆不免此三惑之累。惟至妙覺位成佛，才無此三惑之累，再無所斷，是即所謂究竟斷也。就佛而言，斷者是根本無此三惑之累，就此名斷，非有所斷之斷也。此即所謂「三賢十聖住果報，唯佛一人居淨土」。三賢即十住，十

行，十迴向位。十聖即十地位。此十聖之聖與上所謂聖人不同。上之所謂聖人等同於妙覺之佛，乃賅括儒釋道三教極果之通稱也。

智者云：「《華嚴》明阿僧祇香雲華雲，不可思議，充塞法界者，此是菩薩勝妙果報所感五塵，呼此爲欲界思惑。一初菩薩皆入出無量百千三昧禪定心塵之法，呼此爲色無色界思惑。」（《法華玄義·卷第五上》，見前明伏斷中引）。此所謂「欲界思惑」，「色無色界思惑」，即是界外三界之思惑也。即菩薩相應圓教，在無限生命強度中，分斷三惑中之界外三界思惑也。無數香雲華雲充塞法界，此是菩薩勝妙果報所感得之五塵。有此五塵，即表示其尙有樂欲。有樂欲即有煩惱。有樂欲，有煩惱，即有果報。果報雖勝妙，還是果報。有果報即有生死流轉（變易生死）。勝妙果報所感得之五塵，香雲華雲，仍是一些虛熱鬧。故根本仍是欲界中之思惑也。佛居淨土，不在果報中，則其無限生命只是如如平實，無此諸般虛熱鬧也。雖有欲而無欲執，只是一如，故無虛報之虛像也。此之謂究竟斷。

同理，無數三昧禪定中心塵之法，亦如界內色界四禪、界內無色界四定中、心塵之法，此根本是禪定中之虛熱鬧，故說爲色無色界之思惑。

有界外三界之思惑，即有界外三界之見惑。稍一偏滯，即成見惑。見惑障理，思惑感報。「三賢十聖住果報」，故知其必有思惑也。有見思惑，即有無知惑。唯佛始能全破無知惑而具一切種智耳。此界外三界之三惑只是一「同體無明」之具體地散說耳。

此義更可由莊子所說之「天刑」以及所說孔子自稱曰「天之戮民」而明之。

《莊子‧德充符》篇云：

> 魯有兀者叔山无趾，踵見仲尼。仲尼曰：子不謹，前既犯患
> 若是矣。雖今來，何及矣？无趾曰：吾唯不知務，而輕用吾
> 身，吾是以亡足。今吾來也，猶有尊足者在。吾是以務全之
> 也。夫天無不覆，地無不載。吾以夫子爲天地，安知夫子之
> 猶若是也？孔子曰：丘則陋矣。夫子胡不入乎？請講以所
> 聞。无趾出。孔子曰：弟子勉之。夫无趾兀者也，猶務學，
> 以復補前行之惡，而況全德之人乎？无趾語老聃曰：孔丘之
> 於至人，其未耶？彼何賓賓以學子爲？彼且蘄以諔詭幻怪之
> 名聞！不知至人之以是爲己桎梏耶？

此中孔子所說的學是廣義的大覺之學。說无趾「猶務學」，是學覺
以務全其尊於足者。无趾想保全此尊於足者，此保全即函著一種
學。然而无趾卻輕視此種學。有學即有「諔詭幻怪之名」，而「諔
詭幻怪之名」卻是「桎梏」──「至人以是爲己之桎梏」。此示无
趾猶處「偏空」之境，未至於圓實之境也。是故郭象注云：

> 夫無心者，人學亦學。然古之學者爲己，今之學者爲人。其
> 弊也，遂至乎爲人之所爲矣。夫師人以自得者，率其常然
> 也。舍己效人，而逐物於外者，求乎非常之名者也。夫非常
> 之名乃常之所生。故學者非爲幻怪也，幻怪之生必由於學。
> 禮者非爲華藻也，而華藻之興必由於禮。斯必然之理，至人
> 之所無奈何，故以爲己之桎梏也。

案：郭象此注比兀者無趾之原意進一步。無趾是絕學去桎梏，而郭象注則是不廢學而甘受由學所生之桎梏。故曰「學者非爲幻怪也，而幻怪之生必由於學。禮者非爲華藻也，而華藻之興必由於禮。斯必然之理，至人之所無奈何，故以爲己之桎梏也。」此是圓意。而兀者卻是想有奈何，以去此桎梏。郭象之圓解恰合孔子之襟懷也。

〈德充符〉繼上無趾語老聃之語又云：

> 老聃曰：胡不直使彼以生死爲一條，以可不可爲一貫者，解
> 其桎梏，其可乎？
> 無趾曰：天刑之，安可解？

無趾說天刑不可解，其意是說孔子自己要如此，故天定地他要受此刑罰，焉可解除？這是在孔子的立場上的必然。若眞想解此桎梏，則必須是我們的立場，即：絕學無憂。但此並非圓意。而郭象則卻是就圓意說天刑。故云：

> 今仲尼非不冥也。顧自然之理，行則影從，言則響隨。夫順
> 物，則名迹斯立，而順物者非爲名也。非爲名，則至矣；而
> 終不免乎名，則孰能解之哉？故名者影響也。影響者形聲之
> 桎梏也。明斯理也，則名迹可遺。名迹可遺，則尚彼可絕。
> 尚彼可絕，則性命可全矣。

此是以「圓聖」視孔子也。仲尼體冲和以通無，已達玄冥之境，故云「仲尼非不冥也」。但仲尼之冥並非隔絕的冥。隔絕的冥非玄

冥，乃偏冥也。偏冥即非冥。仲尼不廢學，不廢禮，不廢行，亦不
廢言。然有學即有幻怪之名，有禮即有華藻之興，有行即有影，有
言即有響。幻怪、華藻，以及影、響，乃是學、禮、言、行、所必
然帶來的桎梏。明此必然之理，不捨不著，即是桎梏之解除。不捨
者，即於學禮言行而不廢也。不著者，無心於學禮言行而不執也。
說是桎梏，說是天刑，乃是不達者自外觀之而已。若自聖人自己主
觀地言之，則亦無所謂桎梏，無所謂天刑。通達了了，則桎梏非桎
梏，天刑非天刑，乃只是實德業耳。〈大宗師〉篇孔子自居「遊方
之內」，自稱曰「天之戮民」，此亦是孔子自己之幽默。既是「遊
方之內」，故甘受此種桎梏，而認為是天所刑戮之民。此雖是幽
默，亦是絕大的嚴肅悲情。依此而言，一切聖人皆是天之戮民。佛
即九界而為佛，亦是天之戮民。然戮民，天刑，是外觀之詞。自聖
人本身言，並不如此。故郭象注遊方之外，遊方之內，云：

> 夫理有至極，外內相冥。未有極遊外之致，而不冥於內者
> 也。未有能冥於內，而不遊於外者也。故聖人常遊外以弘
> 內，無心以順有。故雖終日揮形，而神氣無變；俯仰萬機，
> 而淡然自若。夫見形而不及神者，天下之常累也。是故覩其
> 與群物並行，則莫能謂之遺物而離人矣。〔「遺物離人」不
> 善巧，當改為「無物而超俗」。〕覩其體化而應務，則莫能
> 謂之坐忘而自得矣。豈直謂聖人不然哉？乃必謂至理之無
> 此！

此示聖人遊外弘內，內外相冥，既不偏於外，亦不滯於內，故是圓

實境也（遊外，是「超越」底意義，弘內，是「內在」底意義。）
一般人見形而不及神，見其「與群物並行」，而不知其同時亦能
「無物而超俗」。見其「體化而應務」，而不知其同時即是「坐忘
而自得」。因此，遂有「天刑」之譏，並有「天之戮民」之自嘲。
而郭象之注語則是由「天刑」，「戮民」，說圓實境也。此合孔子
之身分。

　　然吾人亦可由此「天刑」、「戮民」之義，說界外之三惑。凡
未至聖人之境而向聖人邁進者，其在無限心量中，即，向無限圓實
境趨之生命強度中，所有的學、禮、言、行，皆不免有幻怪、華
藻、影、響之桎梏之累。學禮言行必然地帶著幻怪華藻以及影響。
稍有不化，即成患累。幻怪，華藻，以及影、響，便轉成見惑，思
惑，以及無知惑。此即學中，稍一不通達，即有學中之蔽（無明）
隨之。禮中、行中、言中，亦復如是。無限心量中的學禮言行所附
隨之無明三惑即是「同體無明」之具體的表現。儒家說：聖人以天
地萬物爲一體。道家說：「天地與我並生，萬物與我爲一」。佛家
說：佛即九法界而成佛。就此無限圓實境而說的「同體無明」──
界外三惑，究竟有誰眞能徹底窮源地從根上予以化除？化除之，即
是聖人，眞人，佛。故唯聖人，眞人，佛，始究竟斷。

　　以上明界外之三惑。

八之四　界內外之無知所無之知是何種意義之知？
　　　　破後所有之知是何種意義之知？

　　關於第四問題：界內外之無知所無之知是何種意義之知？破後
所有之知是何種意義之知？關此，吾人作如下之思考：

　　無知惑自障道種智而言。菩薩大其心兼濟利物，必須分別地知各種法門始可。即，不只總持地知一切法是空如無性這平等性，而且須破空入假分別地知一切法之差別相。例如《法華經》說：「唯佛與佛乃能究盡諸法實相，所謂諸法如是相，如是性，如是體，如是力，如是作，如是因，如是緣，如是果，如是報，如是本末究竟等。」此十如是中，前九是知諸法之差別相，後一是知諸法從本至末之究竟平等性（以今語言之，即普遍性）。知平等性是一切智（慧眼），知差別相是道種智（法眼）。知即平等即差別，即差別即平等，是一切種智（佛眼）。「唯佛與佛乃能究盡諸法實相」，是以佛眼觀中道，在一切種智中，知諸法之實相。在未成佛以前，皆未能如是知。分別言之，聲聞緣覺獨善其身，不能兼濟，是即只具一切智，不具道種智，當然更說不到一切種。不具道種智即不能破無知惑。菩薩心大，能涉及差別，是則已具道種智，能破無知惑，然所謂具者亦是略具，所謂破者亦是分破，未至究竟之境。此是大分言之。若再細分，藏教菩薩雖復兼濟，滅色為拙。滅色是隔絕，未能即色而通其差別，是即無道種智，仍在無知惑中。通教菩薩雖能即色而巧，然「功齊界內」，則其道種智只在有限有對之範圍內，未能達於界外。別圓菩薩達於界外，能在無限無對之範圍內破無知惑，具道種智，然亦只是分破分具。唯佛始能全破，始能全具。（前第三節言圓教十信位，諦觀謂八信至十信即能斷界內外塵沙惑盡，此語為不諦。）

　　然則無知惑中所無之知是何種意義之知？欲答此問，必須先明道種智之知差別是如何地知之。其知差別當不是以感觸直覺知之。如以感觸直覺知，則此知是經驗的，如是經驗的，則在時空之限制

中，永不能達至盡知之境，無論界內界外皆然。又，如果以感觸直覺知，則其知差別乃實是以概念去籠綜地知之，是即在經驗的種類概念下知差別，而不是真能具體地如其為差別而直覺地知之。是則所謂以感觸直覺知者，等於說以感觸直覺為支點而以經驗的種類概念去知之，是則仍是種類下的差別，非真個體的差別也。蓋感觸直覺本身只能觸及一差別法，而實不能知其差別相（如相、性、體、力、作、因、緣、果、報，等差別相）。如是，如果以感觸直覺為支點而去知諸法之差別相，則無論感觸直覺本身，或「以種類概念去知」這知之活動本身，皆是屬於識知，非智。識知根本是在無知惑中，根本不能有所謂道種智。然則道種智是智知，而智知之知必不是感觸的直覺，必須是智的直覺，而智的直覺之知是不使用概念的，亦不需要於概念。是則唯智的直覺始真能如諸法之獨個的差別而差別地知之，並能如其具體的差別相而如如地知之。

　　例如《大智度論・卷第十一》，釋經：「舍利弗白佛言：世尊！菩薩摩訶薩云何欲以一切種智知一切法當習行般若波羅蜜？」有以下之故事：

　　　　復次，舍利弗非一切智，於智慧中譬如小兒。如《說阿婆檀那經》中：「佛在祇桓住，晡時經行，舍利弗從佛經行。是時有鷹逐鴿。鴿飛來佛邊住。佛經行過之，影覆鴿上，鴿身安隱，怖畏即除，不復作聲。後舍利弗影到，鴿便作聲，顫怖如初。舍利弗白佛言：佛及我身俱無三毒，以何因緣，佛影覆鴿，鴿便無聲，不復恐怖，我影覆上，鴿便作聲，顫慄如初？佛言：汝三毒習氣未盡，以是故，汝影覆時，恐怖不

除。汝觀此鴿宿世因緣，幾世作鴿？舍利弗即時入宿命智三昧，觀見此鴿從鴿中來，如是一二三世，乃至八萬大劫，常作鴿身。過是已往，不能復見。舍利弗從三昧起，白佛言：是鴿八萬大劫中常作鴿身，過是已前，不能復知。佛言：汝若不能盡知過去世，試觀未來世，此鴿何時得脫。舍利弗即入願智三昧，觀見此鴿一二三世，乃至八萬大劫，未免鴿身。過是已往，亦不能知。從三昧起，白佛言：我見此鴿從一世二世，乃至八萬大劫，未免鴿身。過此已往，不復能知。我不知過去未來齊限，不審此鴿何時當脫。

佛告舍利弗：此鴿除諸聲聞辟支佛所知齊限，復於恆河沙大劫中，常作鴿身，罪訖得出。輪轉五道中，後得爲人。經五百世中，乃得利根。是時有佛度無量阿僧祇眾生，然後入無餘涅槃，遺法在世。是人作五戒優婆塞，從比丘聞讚佛功德，於是初發心願欲作佛，然後於三阿僧祇劫行六波羅蜜，十地具足，得作佛，度無量眾生已，而入涅槃。

是時舍利弗向佛懺悔，白佛言：我於一鳥，尚不能知其本末，何況諸法？我若知佛智慧如是者，爲佛智慧故，寧入阿鼻地獄，受無量劫苦，不以爲難。」

案：佛是一切智人，舍利弗未達此境，非一切智人。他只有宿命通（宿命智），而無宿命明。他於此鴿，於過去只能知其於八萬大劫常作鴿身，於未來亦只能知其於八萬大劫未脫鴿身。過此已往，不復能知。宿命通與宿命明有何差別？「答曰：直知過去宿命事，是名通；知過去因緣行業，是名明。直知死此生彼，是名通；知行因

緣，際會不失，是名明。直盡結使，不知更生不生，是名通；若知
漏盡，更不復生，是名明。」（《大論‧卷第二》）。此答語包括
三種通、明。首通、明之別是就宿命說。次就天眼說。再次是就漏
盡說。《大論‧卷第二十四》論「宿命智力」處，有云：「宿命有
三種，有通，有明，有力。凡夫人但有通，聲聞人亦通亦明，佛亦
通亦明亦力。所以者何？凡夫人但知宿命所經，不知業因緣相續，
以是故，凡夫人但有通，無有明。聲聞人知集諦故，了了知業因緣
相續，以是故，聲聞人亦有通亦有明。若佛弟子，先凡夫人時，得
宿命智，入見諦道中，知集因緣，第八無漏心得斷見故，〔第八無
漏心即道比智，「得斷見」意即在此道比智無漏心中獲得斷見惑
盡〕，故通變爲明。所以者何？明名見根本。〔明是見之根本。此
見是「見地」之見，「見諦道」之見，非「見惑」之見。參看前第
二節明八人地、見地處。〕若佛弟子先得聖道，後宿命智生，亦知
集因緣力，故通變爲明。問曰：若佛本爲菩薩時，先得宿命智，諸
菩薩離無所有處煩惱後入聖道故，云何佛說我初夜得初明？答曰：
是時非明。若佛在衆中說我彼時得是明，示衆人言是明初夜得。譬
如國王未作王時生子。後作王時，人問：王子何時生？答言：王子
某時生。是生時，未作王。以今是王故，以彼爲王子，言王子彼時
生。佛亦如是。宿命智生，爾時未是明，但名通。後夜時，知集因
緣故，通變爲明。後在衆中說言我初夜得是明。問曰：通、明義如
是，云何爲力？答曰：佛用是明，知己身及衆生、無量無邊世中，
宿命因緣所更種種，悉遍知，是爲力，無能壞，無能勝。」據此，
則知宿命通（宿命智）猶只是籠統地知一點過去事，尙不能更具體
地知宿命業因緣相續，是故不能說爲「宿命明」。大阿羅漢，大辟

支佛，可以有此明，但不能滿足。惟佛於三明悉滿足。是故佛又名「明行足」。佛是一切智人，又是明行足。此種智，此種明，悉可說是「智的直覺」，是故能具體地盡知過去宿命業因緣相續，例如鴿，能知其何時得鴿身，住鴿身幾劫，何時脫鴿身，又何時得轉為人，又何時能得利根，何時發願作佛，何時十地具足、得作佛，凡此，皆能了了悉知。此非「智的直覺」而何？此種知決非經驗地知，亦非以感觸直覺為支點而以概念去籠綜地知。此後兩者既不能說通，更不能說明，乃悉是識知，非智知。

又，《大論・卷第二十四》釋「佛十力」云：

是處不是處，如實知，一力也。〔此名曰「是處不是處智力」〕

知眾生過去未來現在諸業諸受，知造業處，知因緣，知果報，二力也。〔此名曰「業報智力」〕

知諸禪、解脫、三昧、定、垢淨、分別相，如實知，三力也。〔此名曰「禪定、解脫、三昧、淨垢、分別智力」〕

知他眾生諸根上下相，如實知，四力也。〔此名曰「知眾生上下根智力」〕

知他眾生種種欲，五力也。〔此名曰「知眾生種種欲智力」〕

知世間種種無數性，六力也。〔此名曰「性智力」〕

知一切道至處相，七力也。〔此名曰「一切至處道智力」〕

知種種宿命共相，共因緣，一世二世，乃至百千世劫；初劫盡，我在彼眾生中，如是姓名、飲食、苦樂、壽命長短；彼

中死，是間生；是間死，還生是間；此間生，名姓、飲食、苦樂、壽命長短、亦如是，八力也。〔此名曰「宿命智力」〕

佛天眼淨，過諸天人眼，見眾生死時生時，端正醜陋，若大若小，若墮惡道，若墮善道，如是業因緣受報；是諸眾生惡身業成就，惡口業成就，惡意業成就，謗毀聖人，邪見，邪見業成就，是因緣故，身壞死時，入惡道，生地獄中；是諸眾生善身業成就，善口業成就，善意業成就，不謗聖人，正見，正見業成就，是因緣故，身壞死時，入善道，生天上：九力也。〔此名曰「生死智力」〕

佛諸漏盡故，無漏心解脫，無漏智慧解脫，現在法中自識知我生已盡，持戒已立，不作後有，盡如實知，十力也。〔此名曰「漏盡智力」〕

案：此十種智力悉是「智的直覺」力。此雖就通教佛說，亦無礙。《大論》詳說「性智力」云：

性智力者，佛知世間種種別異性。性名積習，相從性生。欲隨性作行。或時從欲為性，習欲成性。性名染心為事。欲名隨緣起。是為欲性分別。世間種種別異者，各各性，多性，無量不可數，是名世間別異。世間有二種：世界世間，眾生世間。此中但說眾生世間。佛知眾生如是性，如是欲，從是處來，成就善根不善根，可度不可度，定不定，必不必，行何行，生何處，在何地。復次，佛知是眾生種種性相，所謂

隨所趣向，如是偏多，如是貴，如是染心事，如是欲，如是
業，如是行，如是煩惱，如是禮法，如是定，如是威儀，如
是知，如是見，如是憶想分別，爾所結使生，爾所結使未
生，隨所著生欲，隨欲染心，隨染心趣向，隨趣向貴重，隨
貴重常覺觀，隨覺觀爲戲論，隨戲論常念，隨念發行，隨發
行作業，隨作業果報。復次，佛用是種種性智力，知是眾生
可度，是不可度；是今世可度，是後世可度；是即時可度，
是異時可度；是現前可度，是眼不見可度；是人佛能度，是
人聲聞能度，是人共可度；是人必可度，是人必不可度；是
人略說可度，是人廣說可度，是人略廣說可度；是人讚歎可
度，是人折服可度，是人將迎可度，是人棄捨可度；是人細
法可度，是人粗法可度；是人苦切可度，是人軟語可度，是
人苦軟可度；是邪見，是正見；是著過去，是著未來；是著
斷滅，是著常；是著有見，是著無見；是欲生，是厭生；是
求富貴樂，是著厚邪見；是說無因無緣，是說邪因緣，是說
正因緣；是說無作業，是說邪作業，是說正作業；是說不
求，是說邪求，是說正求；是貴我，是貴五欲；是貴得利，
是貴飲食，是貴說戲樂事；是樂眾，是樂憒閙，是樂遠離；
是多行愛，是多行見；是好信，是好慧；是應守護，是應
捨；是貴持戒，是貴禪定，是貴智慧；是易悟，是講說乃
悟；是可引導，是句句解；是利根，是鈍根，是中根；是易
出易拔，是難出難拔；是畏罪，是重罪；是畏生死，是不畏
生死；是多欲，是多瞋，是多癡；是多欲瞋，是多欲癡，是
多瞋癡，是多欲瞋癡；是薄煩惱，是厚煩惱；是少垢，是多

垢；是覆慧，是略慧，是廣慧；是人善知五陰相，十二入，
十八界，十二因緣，是處非是處，苦集滅道；善知入定，出
定，住定。復次，佛知是欲界眾生，是色界是無色界眾生；
是地獄、畜生、餓鬼、人、天；是卵生、胎生、濕生，化
生；是有色，是無色；是有想，是無想；是短命，是長命；
是但凡夫人未離欲，是凡夫人離下地欲、未離禪欲；如是，
乃至非有想非無想；是向道，是得果；是辟支佛，是諸佛。
如是等種種分別五道、四生，三聚假名，障眾入界，善根不
善根，諸結使地業果，是可度是不可度，滅智分別。以如是
等分別，知世間種種別異性，得無礙解脫。如是等種種別
異，佛悉遍知，無能壞，無能勝，是名第六力。

案：此種知種種欲之「欲智力」以及知種種性之「性智力」，連前
「宿命明」之知過去業因緣相續，都是智的直覺之知，即如其差別
而具體地知之之智知，決非識知。識知之特點，一是感性的，一是
概念的。而此種「欲智力、性智力、宿命明」之知卻決不是感性
的，亦不是使用概念的，故決是智的直覺之智知，康德《實踐理性
批判》〈純粹實踐理性底分析之批判的考察〉章中有一段話可概括
以上所說之「宿命明」與「性智力」而顯出智的直覺之特性，即顯
出其於道德宗教甚至究極哲學上之甚深函義。今錄於此以使問題集
中。

　　因此，如果有一如此深奧之洞見，洞見到一個人的心靈品
性，如爲內部的以及外部的行動所展示者，有此洞見，以便

去知道這些內外部行動底一切動力，甚至是最微小的動力，並且同樣亦去知道那些影響這內外部行動的一切外在的機緣，〔如果有如此深奧之洞見〕，這眞是可能的，則我們必能以最大的確定性，就像月蝕或日蝕那樣的確定性，來估計一個人的未來行為，而縱然可以如此估計，我們仍可肯斷說這個人是自由的。這層意思自是可允許的。事實上，如果我們對於這同一主體眞能有一進一步的瞥見，即是說，眞能有一智的直覺，〔此種直覺，實在說來，並不能給與於我們，我們並不能有之，我們所能有的只是這合理的概念〕，則我們一定可以覺察到：在涉及一切那有關於道德法則者中，這現象底全部鍊鎖是依靠於當作一物自身看的主體之自發性上的，而關於此作為物自身的主體之決定是沒有物理的解明可被給與的。可是正因為缺乏這種直覺，所以道德法則保證我們以下之區別，即：我們的當作現象看的行動對於我們的感性的本性〔感性的存有〕之關係，以及這感性的本性〔感性的存有〕對於超感性的基體之關係，這兩種關係間的區別。

案：康德是不承認我們人類可有這種「智的直覺」的。因此，以最大的確定性具體地而且直覺地去知道我們的行動之一切過去的宿緣及其未來的起現之何所是，就像佛家所說的「宿命明」與「性智力」之所知的那樣，這也是事實上所不能有的。我們不能有如此深奧之洞見，雖然理性上並非不可能。因此，康德說這只是一個「合理的概念」，即理性上的一個概念。如果我們眞有這樣一種深奧的洞見（智的直覺），我們不但能直覺地確定地知我們的行動之過去

與未來，而且進一步亦知這一整串的鍊鎖是依靠於一個當作物自身看的主體（例如眾生或佛所說的那個鴿子）之自發性上的。因為智的直覺是可以把握到物自身（物之在其自己）的。這當作物自身看的主體，就鴿子言，就是鴿子底「超感性的基體」；就我們人類言，就是我們人類底超感性的基體。這超感性的基體就是這鴿子或我們人類或任何一眾生或任何法之本來面目（實相）。如果我們眞能有一智的直覺以洞見到這超感性的基體，我們便可說這主體（鴿子）是自由的。這不是說物自身與自由是同義語，這只是說若把握到物自身，我們便可說自由而無妨礙，因為如果只是現象底機械連繫，便不可能說自由。有了物自身底概念，自由便可無礙地被建立。但是，如果眞要呈現自由，則必須在物自身之背景下，深入到這眾生之最內部的內蘊，即它能自覺地並自己決定地去作道德實踐，或如佛所說的那個鴿子，自得人身、得利根後，它能發心願作佛。這樣，它便可具體地實現了它的自由，它的本來面目。因此，依物自身說本來面目，這尚是外延地說。依自由來說，才眞是內容地說。但是，這自由，依康德，亦仍然只是一個設定。如果它要成爲直覺地確定的，即，成爲一呈現的，它亦必須靠我們對之有一智的直覺。康德旣不承認我們可有智的直覺，所以自由亦只是一設定。依儒釋道，我們人類是可有這種智的直覺的，因此，自由是一呈現，是直覺地確定的。就這自由說智的直覺，這只是道德心（良知）或菩提心之自照。

智的直覺不只是一認知的機能，只照察緣起法，而且其本身就具有存有論的創造性。因此，我們的行動之過去未來這一大串的連繫不只是依靠於當作物自身看的主體之自發性，而且實依靠於這具

有智的直覺之創造性的主體之自發性的──主體之自發性就是它的智的直覺之創造性。因此，說現象底全部鍊鎖依靠於這自發性，這只是把行動當作「現象」看的說法。實則，若真依靠於這當作智的直覺之創造性看的自發性，則此時之行動既在智的直覺之照攝同時亦即創生中，則這一大串行動即不復是現象，而乃一起同是物自身。現象是識知底對象，它們自亦須間接地依於那超感性的基體，但卻不是直接地。此點，康德未有意識到。因為他不承認那超感性的基體（當作物自身看的主體）可有智的直覺，因此，他只把行動看成是現象，落於感性界，不復知行動亦可有物自身底意義。因此，他只能以道德法則來保證我們有兩種關係底區別即足夠，即「當作現象看的行動對於我們的感性的本性（感性的存有）之關係，以及這感性的本性（感性的存有）對於超感性的基體之關係，這兩種關係間的區別」。前一種關係是康德所積極展示的，無問題。後一種關係，康德的處理只是消極的，即，他只分開兩界而已。這兩界間自有一種關係，但只籠統地思之而已。其關係不能具體地朗現也，因為他不承認吾人可有智的直覺（或宿命明）故。

在佛家，由宿命明以及十種智力所表現的智的直覺不容易顯出其創造性。但在圓教下，念具一切，智具一切，都可說為是一種存有論的圓具。既是存有論的圓具，則亦可以說是不生地生之（現之）。此是佛家式的存有論，當然不如依道德心說者之為積極而顯豁。但會而通之，義不相背。在智具一切下，一切緣起法皆是實相，皆是物自身之緣起法──「即空即假即中」即是它的實相，如相，本來面目。一切眾生底一切行業不只是其在識念中的身分（依康德即是現象），而且皆可以宿命明通之──通之，便是物自身的

身分，智如中的身分。不但是佛智通之，而且每一眾生皆可發菩提心，即現其自由，轉出其智的直覺（宿命明），以起現這些「即空即假即中」的行業而不捨不離，亦不執不著。宿命明去病不去法，同時它亦圓具而起現這些法。眾生在迷執中，所以全體是識念，全體是病，全體是三惑瀰漫。但既一切眾生皆具有佛性，即皆有其覺醒之可能，甚至那個鴿子亦有發願作佛之期。覺醒智顯，則漸恢復其本來面目，漸呈現其自由，呈現其智的直覺。前述那一長串的工夫歷程，從五品位一直到妙覺止，即表示這逐步呈現之約略的位次。

　　智顯則明生，明生則破惑：破見思惑，破塵沙無知惑，破無明惑。三明（宿命明、天眼明、漏盡明）與十種智力都是這智的直覺之妙用。就宿命智力，欲智力，性智力而言，即著重在破無知惑。其實三惑之破是相函蘊的。破見思結使盡固已甚好，但三毒習氣未盡，仍然不能有宿命明，如舍利弗，此即示仍不能破無知惑，因而見思惑亦不必能盡破，至於根本惑則不必說矣。是以要說破，必全破；有一不破盡，其他亦不能算破。前說各位次中，於某某位破見惑，某某位破思惑，某某位破塵沙無知惑，實只是暫時作深淺說耳。故最後歸於破無明（別教從十地起，圓教從十住起）才算數。是知無明未破，則見思無知之破亦只是淺破，方便說耳。破無知惑，開法眼，成道種智。一切智，道種智，一切種智，此三智實亦只是一智的直覺之妙用耳。

　　但是智的直覺是無限心底妙用。破無知惑而全幅朗現智的直覺之妙用，唯佛能之。是故唯佛始具有真正的全滿的道種智。而真正的全滿的道種智即是一切種智，同時亦即是一切智。一心三觀同時

即是一心三智，而三智一智，一智三智，實亦無三無一，只是一完整的智的直覺之如如的妙用，此即所謂妙覺圓覺。在未成佛以前，於無知惑只是分破，是以其所呈現之道種智不是全盡的道種智，只是一分一分透顯的道種智。因此，此道種智之為智的直覺亦是一分一分透顯的智的直覺，而不是全滿的智的直覺。但是一說智的直覺，此智的直覺本身不能有全或不全之隱曲。一分一分透顯的智的直覺實不是真正的智的直覺，而只是智的直覺所透射進來的影子。因破一分無知而透顯一分智的直覺，即因此分破分顯，遂賦與那智的直覺以局限。即因此局限，遂使分顯的智的直覺非真正的智的直覺，而只是那智的直覺所透射進來的影子——透射於分破分顯中而使吾人之知可與智的直覺之明相應。

復此，當說破界內無知惑而成道種智時，此道種智之智的直覺，嚴格講，亦不是真正的智的直覺，而只是智的直覺所投射進來的影子，因界內之限而成為影子。但是智的直覺是無限心之妙用。它一旦呈現，它即不能有界內界外之分。它衝破了界內界外之分，只相應無限境中之無限法門而為智的直覺。今若只限於界內，則其非真正的智的直覺可知。是以破界內無知惑只是方便說耳。藏通教菩薩位無真正的道種智。

今就圓教說，自始即無界內界外之分，只相應無限境中之無限法門，自十住起，至等覺止，而為分破分顯。在此分破分顯中，縱使說為「分真」，是「分真即」中之事，而因為「分真」即非真正的真，故道種智之為智的直覺仍非真正的智的直覺，而只是智的直覺之影子——部分的透顯。此雖與六根清淨位之「相似即」不同，吾仍視之為影子。「相似即」只圓伏三惑而未破，智的直覺尚未透

進來，故連影子亦不能說。只因六根清淨，發得似解，故云相似。此乃是外在地與智的直覺相似也。自十住起，進破見思與無知，智的直覺分分透顯，故云「分真」。此乃是內在地與智的直覺相應（不是相似）。但因是分顯，故說為投射進來的影子，所謂「具體而微」者也。「影子」一詞或不甚恰。因為人可說雖是分顯，然其本質仍是智的直覺。只因為無知惑所蔽，故不能全顯。不因非全顯，便不是智的直覺也。話雖如此，但因想到智的直覺一旦呈現，便不能有分全之隱曲，故分顯者便不是它自己，因此遂方便說為是它自己所投射進來的影子。只要知道分顯是內在地與智的直覺相應便可，此即本質上高於「相似」者。「影子」一詞是只就破顯工夫之實得程度說。若自理而言，人人本皆潛有此智的直覺。縱使顯得一分，也是那智的直覺。此是稱體而言也。

　　以上明破無知所顯之智知之意義。

八之五　界外之見、思、無知如何能盡破而至于佛？

　　最後第五問題「界外之見、思、無知如何能盡破而至於佛」？此盡破可能否？

　　如果依西方基督教傳統，無限歸無限，有限歸有限，則不能發生此問題。有限的存在永不能達至無限之境。無限只能視為理想的基型，吾人可以無限的進程求接近之，而永不能企及之。但依佛教（儒道皆然），無限心即在吾人的生命中。吾人可朗現此無限心而為佛。而無限心之朗現是即九法界而朗現，即萬物一體而朗現。而於即萬物一體而朗現中，而又有同體無明之陰影隨時附隨於其後而為其患累。無限心是一智慧海，理性海，而同時無明亦是一大海。

無明雖是一大海，而終可爲理性海所化，轉爲智慧海，此如何而可能？

如若自分破分顯言，則亦可說是一無限的進程，而永不能至於究竟破，究竟顯。如是，佛只是一理想的基型，吾人可向之而趨，而永不能至。因此，吾人可說佛只是一理想的存在，現實上並不存在。但依佛教，此只是一義。佛是可現實地存在的。此如何而可能？曰：即依無限心之圓頓地朗現而可能。一切衆生本有緣因佛性（解脫德）與了因佛性（般若德）。緣了二性不是經驗的，乃是超越的，其本身本自圓足，其本身本亦具有湧出來的力量。只因在即於物而不捨不壞中湧現，遂有當機之分散地說；而若未至圓熟之境，則在當機之分散的湧現中之每一步湧現必有一無明之陰影隨其後，因此，遂拉成一無限的進程。而若緣了二性本自圓足（非經驗的），則其湧現本亦可圓頓地湧現而全無陰影之累，而同體無明本亦可從根上化除而使之無一毫殘存。如是，吾人之生命即全成爲智慧之生命，而天刑非天刑，乃全成爲圓滿法身之實德。見惑，思惑，無知惑，全被化除，只是一通體透明之具體而眞常的生命。此即是佛——聖人。

是以若自分斷言，則緣了二性之湧現是一無限的進程，而可以說永不能至於全現。（緣了二性是關鍵。緣了現，則正因佛性現。）但此「永不能至」與在基督教傳統下者不同。依基督教傳統，「永不能至」是決定的永不能至，無其他交替可言。此若依佛教詞語說，此亦是一決定的「一闡提」。但依佛教，無決定的「一闡提」，因此，亦無決定的永不能至。若說至，則亦可一時頓至。若拉成串系，則是一無限進程。豈但四十一位？將有無窮位！然不

因無窮位，即不可頓現。無限進程與一時頓現，兩義不相違。只因不相違，遂有「可成佛而我卻自願不成佛」之菩薩。又，只因不相違，縱使已至佛之圓實境，亦可即漸次即頓現，即頓現即漸次，而當下具足也。（此時之漸次不是分破分顯中有惑之漸次）。

　　純從經驗心入者，則永不能至於無限心之朗現。此永不能至是決定的永不能至。將無限心歸諸上帝者，亦成決定的永不能至。唯將無限心置於吾人的生命中，視為吾人生命所本有，則無限進程與一時頓現始不相違，而成佛亦始可能，盡破無明亦始可能。此是儒釋道三教所共許之義，亦是東方智慧之圓熟處與殊勝處。在此智慧下，成佛，要說易，亦甚易，但並非不知難。要說難，亦甚難，但並非不可能。印度人喜說歷阿僧祇劫（無數時）始可成佛，此言其難，但終於成佛，故並非不可能。中國人喜說頓悟成佛，此言其易，但不礙無限進程，故並非不知難。說難說易皆有義理根據，非泛言也。至若禪宗，則稍嫌只取易而不知難，此即成頓悟之小家氣。天台宗之圓頓方是相應圓實佛而成之大家氣象之圓頓。

八之六　通論智者「位居五品兼通六根清淨位」之的義與實義

　　以上是五問題之說明。此說明已，然後可確知智者大師「位居五品兼通六根清淨位」之真實意義。

　　夫人之修行位次，只有證者自知。「文章千古事，得失寸心知。」文章猶如此，何況破無明而證真？然客觀地自理上而言之，亦可得一大體之估量。若相應無限境，而破界外惑，真至即天刑而解脫，則誠非易事。若說現實上幾乎無人能至此，亦未嘗不可說。若說唯佛與聖人能至此，然而現實的釋迦與孔子亦未必真能圓實充

盡地至乎此，不過以其通透瑩徹之生命，仁者之心量（慈悲安忍之
心量），無礙之智慧，他們的確具有此意味，亦可說他們是圓佛圓
聖底「具體而微者」。「具體」言其真能至乎此境。「微」是就其
為一現實的存在說。是則圓佛圓聖亦可說是一理想的基型。直以釋
迦與孔子為圓佛圓聖，多少亦是理想化了的。然說圓佛圓聖為理想
的基型，此並非如西方那樣，是永不能至者，而是實可以至，不過
未必能相應圓佛圓聖而如如地充盡地至之而已。蓋因釋迦與孔子亦
是一現實的存在。在主觀境界上，他們可以圓實地即天刑而解脫；
但在客觀的存有上，他們不必能圓實而充盡地即天刑而解脫。自此
後者而言，說他們亦能如此，這多少須理想化。此即示存有論的圓
具與作用的圓具之間，因「現實存在」一觀念之插入，而有了一點
距離。一個現實的生命而能既作用地圓具又能存有論地圓具，這似
是不可能的。現實生命而可存有論地圓具一切，那是境界義的存有
論的圓具，而非實有義者。是則在現實生命上，實有義的存有論的
圓具，其外延被減縮。是即未能相應實有義的存有論的圓具而實有
地圓具之。其生命之作用地圓具是質同於那理想的基型，而量不
同。然而量之不同卻亦有影響於質。故說其破無明而至於圓佛圓聖
是具體而微者。無量數的存有法門尚未存有地進入其生命中（只意
許其進入），則此無量數的存有法門上之三惑即未必真能破。質的
申展可以說已破及，而量之不及亦即是存有論地未破及。是則此處
之即天刑而解脫即缺而未備。一個現實生命底強度未能保證在此亦
無三惑也。蓋一說強度，即有高於此者。是則其強度生命之無限是
境界式的無限，意義性的無限，總之是質的無限。若說此質的無限
即是存有論的圓具之實有義的無限，量的無限，那多少是理想化了

的。此即所謂法身遍滿常住也。

如果吾人肯定釋迦與孔子的強度生命之質的無限是決定性的絕對的無限，則他們的現實生命雖是一個強度，然而自其即天刑而得解脫所呈現的「質的無限」而言，亦無有高於此者，諸佛皆同同一如。如是，則因此決定性的絕對的質的無限之定住，其現實生命雖有限，而在此有限上，其實有義的存有論的圓具之外延雖被減縮，然而理具事造，則凡有所造，皆可即之而無三惑，無煩惱，無煩惱習：在一事上如此即函著在事事上皆如此。如是，其決定性的絕對的質的無限即等同於在實有義的存有論的圓具上之客觀的實有義的無限：無一法之能外同時即是在每一法皆可即天刑而解脫，無論此法已造到或未造到。如是，則釋迦與孔子即是作為理想基型的圓佛圓聖之體現者。他們就是圓佛圓聖，無所謂具體而微。

依是，吾人考慮釋迦與孔子可有兩態度。一是自生命強度言，有高於此者，此即函著說縱使是孔子與釋迦，亦未必真能充盡而圓實地即天刑而解脫，他們是那理想的基型之具體而微者。另一是視其質的無限為一決定性的絕對的無限，因此，他們的質的無限生命同時即是具一存有論的圓具而為一實有義的無限生命。如是他們即是圓聖圓佛，而無所謂具體而微。他們是人倫之至，可以作為吾人之型範。

如果吾人依第二態度視釋迦與孔子，則即天刑破無明，得解脫，而至充盡圓實之境者，自現實人類言，唯釋迦與孔子始能之。如再有類乎此者出現，亦是同同一如，亦無所謂過之者。吾人自人類底立場崇聖尊佛，視釋迦與孔子為人倫之至。釋迦與孔子以下皆未能真至乎此。依此而言，則智者大師之位居五品，相似法起，乃

不卑不亢，自知如此，而客觀言之，亦當恰合如此。在相似位中，「伏道轉強，發得似解，破界內見思，界內界外無知塵沙」，實只破有限有對範圍內之粗重三惑。至若在無限無對範圍內，即天刑而得解脫，此中之微細無明只伏不破，此雖是謙虛，亦是實情。自非聖人，有誰真能破及？伏之而不令其發，已是不易。此是一重要關鍵，不是隨便說伏。達至此伏之境界，在現實上，已耗盡人之大半生。實則亦不如此之機械。能至相似位之伏，實亦可出入於斷。若龍樹、無著、世親等，實亦皆可說只伏不斷，亦可說皆可出入於斷，或少分斷，或多分斷，此未可以定知也。然龍樹智慧自高，說法亦通透。無著世親皆限於一定系統之展示，此自有價值，然不如龍樹之高明。要之，皆可說是大法師，而未必真能至乎即天刑而破無明之境界。所謂大法師者，重點只在誦讀，說法，兼修六度，正修六度，六根清淨，發得似解。達至此程度，試想需要多少工夫。豈可輕視？是則說此輩大法師實亦只位居五品，兼通六根清淨，亦非輕視之也。就此層而言，智者大師並不低於他們也。

　　蓋人之一生，若循一定教軌而修持、開悟，則從誦讀、解義、說法方面說，無論根器大小，總須至五六十歲始漸臻成熟。此種思辨工夫雖是外部的，然卻並非容易。一時悟解，可以偶發，所謂儻來一悟，然說到義理精熟，表之於文字，句句合規合度，客觀地站得住，不浮泛，不混亂，規模宏大，終始條理，則非長年積累消化不為功。康德至五六十歲始成其《純理批判》。智者壽六十歲。荊溪壽七十一歲。知禮壽六十九歲。至若龍樹、無著、世親，年歲不詳，然彼等造如許之論，或能造如此之論，則亦決非短命者所能辦。此種工夫既勞心，又勞力，非略觀大意，不求甚解之自慢者，

所可企及。此乃智者所謂「損己利人」之事。損而至五六十歲，門庭開擴，途徑純熟，此後進破無明，亦只是老境收歛耳。言至此，不免令人感傷。

此種「損己利人」之功夫，非靜非專不可。然因為猶屬外部的工夫，故對於界外無明，只能伏而不能斷。相應無限境中之無量法門，即天刑而破無明，得解脫，此乃是踐履上之最內部的工夫。靜專而造論弘法，損己利人，雖不能說與踐履無關，然究屬思辨工夫多，故於同體無明只伏不破，甚顯然也。縱使六根清淨，有所侵及，亦只是伏，於那同體無明之潛隱深根，根本未能動搖也。又因為既須靜專，則必須少涉世務。如是，則對於同體無明更不容易觸及。王龍溪所謂「欲根潛藏，非對境則不易發」。即天刑而破無明，正是對境即境將那同體無明全部搖蕩出，而暴露之於光天化日之下。靜專造論者何能及此，又何暇及此？是以所謂菩薩道者，亦只是嚮往耳。彼等大法師未必真能至乎此也。故一般大法師皆可說為位居五品，六根清淨，只相似位耳。（此中自亦有程度高下之別，以是否圓聞圓解圓信為斷。）

對境即境，即天刑而破無明，儒家比較易接近，因為自道德進路入，不主出家故。故從踐履上，作最內部的工夫，把那同體無明（欲根）徹底搖蕩出，暴露之於光天化日之下，從根上消化之，儒家實比較易觸及。然即使如此，亦談何容易！陸象山云「吾於踐履未能純一，然一念警策，便與天地相似。」此亦是相似位，然卻是已觸及同體無明而為「內在的相應破」之相似，而非只伏不斷，只為外在的相似也。朱子未至圓聞、圓解、圓信之境，故其刻苦踐履亦只伏不斷。伊川亦然。明道則已至「內在的相應破」之境。濂溪

光風霽月，亦至內在的相應破之境。橫渠雖多煙火氣，然已把同體無明徹底搖蕩出，實際上破多少，則難說。（皆須自證自知。《華嚴》云：「諸地不可說，何況以示人？」茲方便從敎之軌轍略說耳。）王陽明晚年隨時知是知非，隨時無是無非，然亦難說已至聖人之境。然其對境即境多，故其至「內在的相應破」亦較眞切耳。王龍溪批評唐荊川有云：

> 適在堂遣將時，諸將校有所稟呈，辭意未盡，即與攔截，發揮自己方略，令其依從，此是攙入意見，心便不虛，非眞良知也。
>
> 將官將地方事體請問某處該如何設備，某事卻如何追攝，便引證古人做過勾當，某處如此處，某事如此處，自家一點圓明，反覺凝滯，此是攙入典要，機便不神，非眞良知也。
>
> 及至議論未合，定著眼睛沉思一回，又與說起，此等處認作沉機研慮，不知此已攙入擬議安排，非眞良知也。
>
> 有時奮掉鼓激，屬聲抗言，使若無所容，自以爲威嚴不可犯，不知此是攙入氣魄，非眞良知也。
>
> 有時發人隱過，有時揚人隱行，有時行不測之賞，加非法之罰，自以爲得好惡之正，不知自己靈根已爲搖動，不免有所作，非眞良知也。
>
> 他如製木城，造銅面，畜獵犬，不論勢之所便，地之所宜，一一令其如法措置，此是攙入格套，非眞良知也。
>
> 嘗日我一一經營，已得勝算，猛將如雲，不如著一病都堂在陣，此是攙入能所，非眞良知也。

若是眞致良知，只宜虛心應物，使人人各得盡其情，能剛能柔，觸機而應，迎刃而解，更無些子攪入。譬之明鏡當台，妍媸自辨，方是經綸手段。纔有些子才智伎倆與之相形，自己光明反爲所蔽。口中説得十分明白，紙上寫得十分詳盡，只成播弄精魂，非眞受用也。（《王龍溪語錄‧卷一‧維揚晤語》）

若以此爲準，則只有聖人能之。凡攪入意見，典要，擬議安排，氣魄，有所作，格套，能所，皆非眞良知之妙用，亦即皆是同體無明之發作。在即天刑而得解脫中，此皆甚深甚微細之無明。有誰敢説眞能從根上化除之，而達通體透明天理流行之境？然要之致良知教總算已把這同體無明徹底翻騰出，而期對之作內在的相應破。至於能破至多少，則全在自證自知。此中工夫眞是無窮無盡！

劉蕺山《人譜》中論〈證人要旨〉云：「一曰凜閒居以體獨。二曰卜動念以知幾。三曰謹威儀以定命。四曰敦大倫以凝道。五曰備百行以考旋。六曰遷善改過以作聖。」六項下皆略有説明。其論「紀過格」云：「一曰微過，獨知主之。二曰隱過，七情主之。三曰顯過，九容主之。四曰大過，五倫主之。五曰叢過，百行主之。六曰成過，爲衆惡門，以克念終焉。微過成過曰微惡。（此爲祟門）。隱過成過曰隱惡。（此爲妖門）。顯過成過曰顯惡。（此爲戾門）。大過成過曰大惡。（此爲獸門）。叢過成過曰叢惡。（此爲賊門）。諸過成過，還以成過得改地。一一進以訟法，立登聖城。」此皆最內在的踐履工夫。從叢過、大過、顯過、隱過（以上四者可類比界內見思惑），層層破起，直破至微過（此可類比界外

見思同體無明）而後止。微過，劉蕺山解之曰「妄，獨而離其天者
是」。此過「實函後來種種諸過，而藏在未起念以前，彷彿不可名
狀，故曰微，原從無過中看出過來者。妄字最難解，直是無病痛可
指，如人元氣偶虛耳。然百邪從此易入。人犯此者，便一生受虧，
無藥可療，最可畏也。程子曰：无妄之謂誠。誠尚在无妄之後。誠
與妄對，妄乃生僞也。妄無面目，只一點浮氣所中。如履霜之象，
微乎微乎！妄根所中曰惑：爲利，爲名，爲生死，其粗者爲酒色財
氣。」此微過即同體無明也，「獨知主之」。然在破此妄根以顯
「獨體」時，尤其在即天刑而破之時，眞是無窮無盡。自非聖人，
誰能究竟斷？劉蕺山「從深根寧極中證入」（《年譜錄遺》中錄當
時姚希孟語），「從嚴毅清苦之中發爲光風霽月」（黃梨洲撰《蕺
山行狀》中語），其工夫可謂深矣。然能破至多少，達至何境，只
有自知自證。無人敢以聖人自居，然要之，亦能侵及無明者也。

　　儒家自道德意識入，在即天刑而得解脫中，直透至最深之內聖
工夫，故易觸及無明。佛家自禪定入，外在風光多，反不易觸及無
明。故智者猶只居相似位耳。實則諸大法師亦皆只居相似位耳。教
之從入限之也。西方哲人中惟康德可達位居五品兼六根清淨位。彼
道德意識固強，然畢竟重思辨，而內聖工夫缺，又教理未達圓境，
固不易觸及無明妄根也。自弘法造論言，儒者不及儒家與西哲之康
德。然自內聖工夫破無明妄根言，儒者較更能鞭辟入裡。程度無窮
無盡，自不待言。然智者位居五品，未至破無明，而吾說儒者可破
至無明，非故意有所軒輊也。教之從入自如此。此非可以權實論
也。是以將儒家限於人天乘，視孔子爲七地菩薩者，妄也。若論
實，儒聖最爲圓實。佛猶是偏至型之聖人。天台宗言圓實是就偏至

型之佛而言。然其所言之圓實，究竟落實處反在儒聖。佛總當開道德意識，始能極至於圓實。言至此，總當同同一如也，儘管教之入路有不同。此當參看《現象與物自身・第七章》此處不論。

　　吾疏通智者之位居五品，辭繁不殺，至此而止。

第三部
天台宗之性具圓教
第二分
天台宗之故事

第一章
法登論天台宗之宗眼兼判禪宗

第一節
論天台宗之宗眼

　　對於天台宗之義理系統既已展示如上，今再述天台宗之故事。此所謂故事是指荊溪後從知禮開始天台宗內部所起之波瀾以及此波瀾後之延續。我無意寫天台宗之全部歷史。天台宗之成立斷自天台智者大師，即使南岳慧思亦不與焉。故前述義理系統只就智者，荊溪，知禮而論，章安筆錄亦有功焉。智者開宗，異識超曠，規模弘大，自不待言。荊溪精熟通透，可謂善紹。知禮中興，亦極熟練，無有乖違。本分所述以知禮中興為主。知禮而後，雖皆以知禮為正宗，然無逸才，徒事延續，未免鬆弛。鬆弛之象見於宋四明沙門法登關於天台宗「宗眼」之討論。本章先就法登所論之「宗眼」以明其浮泛，重新確立天台宗之綱維。須知浮泛即不切要。不切要即不免鬆弛。雖不能說錯，然主從輕重之間或不免走失，或至少亦易令人迷失，逐流而忘本也。

　　法登著有《圓頓宗眼》一卷（見《續藏經》第一〇一冊），中

分三章，一曰〈宗眼〉，二曰〈所傳〉，三曰〈三觀〉。是即示以
三觀爲宗眼也。〈宗眼〉章全文如下：

> 論云：始鹿苑，中鷲頭，後鶴林，法付摩訶〔大〕迦葉，此
> 乃明于如來正法眼藏分付迦葉，次第傳授，永永不絕者也。
> 所以付迦葉者，以著年碩德，苦行頭陀，堪紹隆故，亦由緣
> 在彼故。然所付之法爲在何處？如何付之？大小若何？請試
> 陳之。
>
> 或曰：靈山會上，世尊捻華，迦葉微笑，即其相也。此說于
> 竺典殊無稽據，蓋後人所喻耳。
>
> 或：《般若》轉教即是付法。此說亦未見的傳之相。且《般
> 若》被加，即空生〔須菩提〕、身子〔舍利弗〕，非迦葉
> 也。
>
> 或曰：如來處處付屬，豈局一時一處耶？此說通漫之甚。
>
> 或說世尊付衣即付法也。或曰世尊入滅，迦葉後來，佛現雙
> 足，即是付法。此二說但可表示而已，豈付法相耶？
>
> 然付法之說，苟其相不明，則不知所傳是何法耶？而祖祖相
> 傳如何授受？既不知其要，傳授亦難矣。如是，則但有傳持
> 名，而無其實也。嗚乎！道聽塗說，古人尚且譏之，況都不
> 知其所以哉？且佛祖之道至今光燄特盛，豈無其所以而然
> 耶？
>
> 自後人生乎異見，乃有「教外別傳」之說，亦謂拈華而已。
> 且夫學佛者，雖「教」禪教之不同〔案：首「教」字誤或
> 衍〕，既皆依佛，必以佛法而爲標準。佛法者，即迦葉所傳

是也。迦葉所傳者，莫不始鹿苑，中鷲頭，後鶴林之法也。又何時更有「別傳」耶？究其端倪，蓋不達其源者，恐教混于禪，故有「別傳」之說，殊不知「別」之不可。且如來出現，八音四辯。迦葉所傳，即教法也。此教明其心，達其理，豈有修行證入過于此也？或謂以心傳心。不知因何得知此心可傳？莫非教之詮乎哉？況又文字性離即解脫耶？是知禪教皆指靈山分付。迦葉所傳何得背佛祖乎？既不用迦葉所傳，何須言其繼祖也？如此者，並由不知所傳之要故爾。

夫傳法者，乃傳佛心要也。當知其要有總有別。別則一代所說之法；《般若》加說，備明其相。《般若》之中，二乘雖領，而未受也。總則《法華》開權顯實，說佛知佛見，點示諸法本源自性。前之所說無非方便。今顯真實，皆佛知見。初周所說，迦葉未解。中周譬之以高廣大車，迦葉聞之，踴躍歡喜，領而受之。良以此佛知見總一切知見，故云「無上正法付與迦葉」。〈信解品〉中委領其要。是知付法之相正在靈山。別無他說，但點佛之知見而已。法雖通於大小，至此皆歸一道。經云：「吾今所有皆是子有。付與家業，窮子歡喜。」荆溪云：「知之與見並是所有。所以《法華》但總說云佛之知見。」古人謂之世尊拈華，迦葉微笑，莫喻此耶？

此佛知見，何人不具？何法不然？靈山分付，在此而已。祖祖相傳，傳此法也。智者大蘇悟，悟此法也；縱懸河辯，說此法也。龍樹用文字而廣第一義諦，廣此法也。《摩訶止觀》不思議一心三觀，照此法也。乘是寶車，直自道場，證

此法也。達摩單傳心印，傳此法也。大哉此法！禪教之源乎？其流雖異，其源必同。要其所歸，亦祇一也。若逐其流而失其源者，則不知所傳之要也。如是，則辜負如來出世，其相傳授受之道于茲泯矣。

若據此道法，法法全彰，本來現成。佛祖未出，不欠一毫。佛祖雖出，不增絲髮。燃燈無法與釋迦，釋迦亦無法可說。故云：「若言如來有所說法，則爲謗佛。」然不同佛祖〔案：同上同也〕，雖此道，何因得知？若知此已，佛祖更無可傳。雖然，佛法無人說，雖慧不能了。若不傳法度眾生，畢竟無能報恩者。則所傳之道不可不明也。

案：法登以佛所傳之法「別在一代所說之法，……總在《法華》開權顯實，說佛知佛見」。此不錯。天台宗正是就《法華》開權顯實，發迹顯本，所說之佛知佛見，唯一佛乘，無二無三，以成立圓教而開宗者。然圓教之所以爲圓教則在「性具」，不在「三觀」。若就天台宗論其宗眼，則宗眼正在「性具」，不在「三觀」。此性具圓教即是相應《法華》佛乘而說者。法既「總在《法華》開權顯實，說佛知佛見」，則說「祖祖相傳，傳此法也」，亦不錯。但此是籠統地說，不必盡能相應此法而傳也。「智者大蘇悟，悟此法也〔言智者大師在大蘇山行《法華》三昧所悟者即悟此法〕；縱懸河辯，說此法也〔言智者大師悟後，慧思預記其爲「說法人中最爲第一」〕。」此尤不錯。此方是正式相應《法華》而悟而說者。「總在《法華》」之法，至此始得彰顯。其所說者即《法華玄義》也。圓教之立正在此也。但「龍樹用文字而廣第一義諦，廣此法也」，

則不必眞能相應此法而廣之。否則天台宗何以又異于空宗？說
「《摩訶止觀》不思議一心三觀，照此法也」，此亦不錯。蓋《摩
訶止觀》從修行方面用圓頓止觀攝此法，並證顯此法也。此是以止
觀爲主，攝所從能也。然圓頓止觀之所以爲圓頓正由于以性具圓敎
來定住也。此吾所以說以性具爲綱，以止觀爲緯也。而荊溪亦云
「以《法華》爲宗骨」。是以若論宗眼，當即在此宗骨——性具之
綱處。若徒以三觀言之，不必能盡其實也。所傳之法旣在此，而又
說「所傳之法，舉言要之，不出三觀」（〈所傳〉章語）。然則
「三觀之道」等于「總在《法華》之法乎？能盡《法華》之法（性
具圓敎）之實乎？若不加層層提升，層層限制，「三觀之道」蓋亦
不必即是《法華》之法，性具圓敎之實也。此見其以三觀爲所傳之
法，並以此所傳之法爲天台宗之宗眼，爲泛而不切矣。此則將天台
宗之勁道全鬆弛矣。

　　至于說「乘是寶車〔高廣大車即佛乘〕，直至道場，證此法
也。」此亦不錯。然此寶車（佛乘），依智者，卻是以眞性軌爲乘
體，不以觀照軌爲乘體，同于通敎，不同于藏別二敎。（參看前分
第三章第六節末）。若三觀等于「總在《法華》」之法，以三觀爲
宗眼，則三觀等于佛乘，無異于以觀照軌爲乘體矣。此未能盡天台
圓敎之實。

　　至于說「達摩單傳心印，傳此法也」，此若籠統言之，亦可不
錯。但若尅指《法華》圓敎而言，則達摩之單傳心印未見其眞能相
應此圓敎而傳。法登作此文用意固在籠絡禪宗，以明所謂「敎外別
傳」，實乃「別之不可」。但若說所傳之法只是三觀，則並籠絡不
住禪宗。縱使禪宗亦不能離三觀，然只是三觀即能盡禪宗之實乎？

禪宗未必心服也。以太泛故也。除小乘外，有誰能不用三觀乎？故
知法登之文開頭說所傳之法「總在《法華》開權顯實，說佛知佛
見」，此則甚好。及至〈所傳〉章，明指「所傳之法不出三觀」，
則勁力鬆矣。此見日久只知一心三觀（此則說之甚易），而忘性具
剛骨矣。

　　〈所傳〉章首段文如下：

> 佛之一化，從上而下，所傳之法，舉要言之，不出三觀。此
> 三觀法不思議境即《法華》甚深境界，點示眾生佛之知見。
> 此佛知見不出三諦。全境發智，返照此境，即名三觀，乃一
> 家所傳妙解妙行。靈山分付，迦葉稟承，祖祖相傳，無出于
> 此。故《摩訶止觀》把流尋源，始自大覺世尊數揚此道，至
> 乎今師承于龍樹，莫不是此三觀之道。此道，體是實相妙
> 理。此理即眾生本心諸法體性〔案：「眾生本心」即眾生己
> 心〕。能照此理，即名爲觀。觀成理顯，復此性也。

案：此三觀法本是大乘觀法之通式。其本身只是般若智之妙用，並
不能決定宗派系統之何所是。就天台宗言，此三觀即是圓頓止觀。
然圓頓之所以爲圓頓，而顯出其是天台宗之所修者，必須以圓境來
決定。圓境即三觀之不可思議境。此不思議境即《法華》之甚深境
界，點示眾生佛之知見者。境爲圓境妙解，故觀爲圓觀妙行。如此
說，是以圓境定圓觀相。此自不錯。然此圓境妙解，自天台圓教而
言，即是性具三千（一念無明法性心即具十法界），此是天台宗之
所以爲天台宗者。若論天台宗眼，當從此著眼。若說「此佛知見不

出三諦」，則又通泛，與三觀一樣通泛。蓋與三觀相應者即是三諦，此是可分析而知者。故只說三諦，不必能表示此圓境也。圓境可以三諦概括之，而三諦不必即是此圓境《中論》唯識，如來藏眞心，此三家皆可說三觀三諦，（《中論》雖只說二諦，然說三諦亦無妨，惟只是《中論》之三諦耳），而不必是天台圓教。故只說三諦爲通泛也。

　　既以《法華》圓境妙解決定三觀，故法登進而又說「此三觀之道，體是實相妙理，此理即衆生本心諸法體性」。實相妙理即是就圓境妙解而說的中道實相理。此中道實相理亦須以性具圓境來規定，否則，《般若》《中論》俱言實相，不必是圓教之中道實相也。「此理即衆生本心諸法體性」，此言此中道實相理即是衆生一念心即具三千法這三千法之體性。此體性即「無明無住，無明即法性」之法性也。「體性」之體字是虛意字，不可把法性看成是通常「實有」意義的本體或實體也。（此種字眼最易生誤會，令人以爲性起性具皆是通常所謂「實有」意義的本體論。吾只說存有論，存有是就三千法之幻有說。）是則此體性即法性。法性即法之性，諸法仍是以空如爲性也。故中道實相理即此法性理。然天台宗之中道實相理或法性理必須就一念無明法性心即具十法界這存有論的圓具說，故中爲圓中，法性爲「圓談法性」之法性也。若不扣緊性具，則三觀，三諦，實相理，皆通泛也。即使圓頓止觀亦通泛，蓋般若之作用的圓亦不同于性具之存有論的圓。法登以三觀爲所傳之法，此已不能盡《法華》甚深境界矣；進而雖以《法華》甚深境界爲觀體，而又只以三諦、實相妙理說此甚深境界，而始終不提性具，則雖將三觀層層提升，層層限制，始終鬆弛，泛而不切也。此示其于

天台宗之緊要處不能眞切，而鬆弛了天台宗之勁力。知禮常云「只一具字彌顯今宗」。法登是其後學，日久而忘之矣。法登所說本大體不差。吾猶如此抉擇者，蓋有自己之甘苦。初不知何謂天台宗，人告我曰一心三觀是。吾聞此語，久歷年月，始終未能的知天台之獨特處。層層比決，層層提升，層層限制，至「由無住本立一切法」而豁然；由無住本至性具，至性具而益豁然。然後知天台之勁力與警策處全在性具，而圓教之所以爲圓教亦全在性具。而後知徒說一心三觀者爲通泛不切也。今法登又落于此境。故論天台宗之宗眼只能以性具爲綱，以三觀（圓頓止觀）爲緯。此方能相應佛所傳之法「總在《法華》」，而天台圓教是相應此「總在《法華》」而立，故以《法華》爲宗骨也。

法登〈所傳〉章繼上錄文復云：

> 禪宗雖不明乎三觀，要且不出其中。彼曰：直指人心，見性成佛。直指非妙解，見性非妙行，成佛非歸源乎？然凡夫博地，昏散流動，故須修止觀。且上達根性，即心是佛，不假思維，豈須滯于境觀耶？曰：既知即心是佛，豈離解行之流？若非妙解，焉知心是？若非妙行，焉證心是？應知降佛已還，修行之者不離三觀之道。

案：凡有修行，皆不離三觀。故三觀爲大乘共法。關于禪宗者，詳論見下。法登繼上進而又曰：

> 故荊溪曰：「設使印度一聖來儀，未若兜率二生垂降。故東

陽大士位居等覺，尚以三觀四運而爲心要。」乃至云：「況復三觀本宗《瓔珞》，補處大士金口親承。故知一家教門遠稟佛經，復與大士宛如符契。」故知三觀之道非獨始行之所行也。章安謂智者「說己心中所行法門」，即此法也。

案：荊溪《止觀義例》「第五心境釋疑例」中設二十問，其十九問云：

> 有人問云：此土眞詮稟承有緒。雖教科開廣，而本味仍存。尋求宗源，自可會本。何須復立一心三觀，四運推撿，涸我清流？答：濬流本清，撓之未濁。眞源體淨，混也詎妨？設使印度一聖來儀，未若兜率二生垂降。故東陽大士位居等覺，尚以三觀四運而爲心要。故《獨自詩》云：「獨自精，其實離聲名。三觀一心融萬品，荊棘叢林何處生？獨自作，問我心中何所著？推撿四運並無生，千端萬累何能縛？」況復三觀本宗《瓔珞》，補處大士金口親承。故知一家教門遠稟佛經，復與大士宛如符契。況所用義旨，以《法華》爲宗骨，以《智論》爲指南，以《大經》爲扶疏，以《大品》爲觀法，引諸經以增信，引諸論以助成。觀心爲經，諸法爲緯，織成部帙，不與他同。

案：荊溪此段文已于前分第二章第四節末引過。法登即根據此段文一方證明三觀有所稟承，一方證明禪宗亦不能離乎三觀。「設使印度一聖來儀，未若兜率二生垂降。」前句指達摩東來說，後句指東

陽大士說。「東陽大士位居等覺，尙以三觀四運而爲心要。」案：
東陽大士即傅翕，亦稱傅大士。傅大士梁武帝時婺州東陽縣人，故
稱東陽大士。《傳燈錄·卷二十七》稱之爲善慧大士，說是婺州義
烏縣人。縣名有異，恐古今異耳。彼雖非天台宗祖師，然「位居等
覺」，彌勒化身，乃從兜率宮降生。故荊溪引之以證天台言一心三
觀爲不孤也。（時或亦列傅大士于天台宗祖師傳授表中，然此非十
七世之正譜系。蓋北齊慧文前多不明故也。荊溪《輔行記·卷一之
一》記智者前九師相承云：「若準九師相承所用，第一諱明：多用
七方便，恐是小乘七方便耳。自智者已前，未曾有人立于圓家七方
便故。第二諱最：多用融心，性融相融，諸法無礙。第三諱嵩：多
用本心，三世本無來去，眞性不動。第四諱就：多用寂心。第五諱
監：多用了心，能觀一如。第六諱慧：多用踵心，內外中間，心不
可得，泯然淸淨，五處止心。第七諱文：多用覺心，重觀三昧，滅
盡三昧，無間三昧，于一切法心無分別。第八諱思：多用隨自意安
樂行。第九諱顗：用次第觀，如《次第禪門》；用不定觀，如《六
妙門》，用圓頓觀，如《大止觀》。」慧文前六師，一般多不詳。
其中第六諱慧或即善慧即傅大士也。其餘前五俱待查。）

　　《傳燈錄·卷二十七》記傅大士云：

> 大士于松山頂繞連理樹行道，感七佛相隨。釋迦引前，維摩
> 接後。唯釋尊數顧共語爲我補處也。

是則傅大士亦補處大士也。凡補處大士皆位在等覺。故荊溪稱傅大
士「位居等覺」也。等覺之上即爲妙覺，而妙覺即佛也。《傳燈

錄》又記云：

> 時有慧集法師聞法悟解，言我師彌勒應身耳。大士恐惑眾，
> 遂呵之。

又記臨滅度時，弟子問云：

> 諸佛涅槃時皆說功德。師之發迹可得聞乎？曰：我從第四天
> 來。爲度汝等，次補釋迦，及傳普敏文殊，慧集觀音，何昌
> 阿難，同來贊助。故《大品經》云：「有菩薩從兜率來，諸
> 根猛利，疾與般若相應」。即吾身是也。

是則彼自居爲補處菩薩，又是彌勒化身，又從兜率天來，是顯爲等
覺位也。彼之再來（二生垂降）是釋迦第二（次補釋迦），並且以
傳普敏爲文殊，以慧集爲觀音，以何昌爲阿難，同來贊助。夫智者
大師猶只五品弟子位，而傳大士竟「位居等覺」，恐亦神話耳。彼
娶妻生二子，曰普建，普成。是則作爲文殊之傳普敏蓋亦其子侄輩
耳。彼又「唱賣妻子，獲錢五萬，以營法會。」（俱見《傳燈錄‧
卷二十七》）。此種舉動直妄人耳。荊溪引此人以壯聲勢，對抗達
摩東來，大可不必。與此種人「宛如符契」，不見得更能增加「一
心三觀」之可信性。只據《菩薩瓔珞本業經》及《大品般若經》亦
十分足夠也。

　　「一心三觀」自有所本，並非妄言。荊溪說此，蓋亦釋當時宗
達摩者之疑耳。並非即以此爲天台宗之宗眼也。故于表明「三觀本

宗《瓔珞》，補處大士金口親承」（此補處大士即《瓔珞經》中之
敬首菩薩）以後，即進而言：「況所用義旨，以《法華》爲宗骨，
以《智論》爲指南，以《大經》爲扶疏，以《大品》爲觀法，引諸
經以增信，引諸論以助成，觀心爲經，諸法爲緯，織成部帙，不與
他同。」此則方正式綜論天台義旨也。此中「觀心爲經」，即以觀
心不思議境爲經也；心不思議境即一念三千，「總在一念」也。
「諸法爲緯」，即「別則色心」，以三千法爲緯也。此若再消融一
下，依「以《法華》爲宗骨」而言，則當說以性具爲經，以圓頓止
觀爲緯。故論宗眼，當就性具而言，不當就三觀而言。或至少亦當
經緯合言爲宗眼，不當但偏言三觀也。

　　法登層層提升，層層限制，亦知從境發觀，三觀有其所以。然
始終不提性具，則說三觀之所以亦鬆弛無力，泛而不切。如〈所
傳〉章最後一段云：

　　　然，若據迦葉所傳，始道樹，終鶴林，一代之法豈獨三觀而
　　已哉？曰：作此疑者，不知三觀之所以也。何者？如來出
　　世，所說法門雖無量，至乎靈山開顯，皆歸佛乘。此之佛乘
　　即是三諦。既指無量法門皆即三諦，故知此三諦理具攝諸
　　法。三觀既即三諦而立，此觀法體具無量法。故荊溪云：
　　「故撮十妙爲觀法大體。」且十妙既該括無量法門，此等法
　　門不出三千。即此三千爲三觀之體，則顯三觀具無量法。故
　　云：「止觀攝一切教，一切行等」，以顯三觀之體廣大悉
　　備，橫豎具足。所以然者，祇諸法，法法互具，乃至眾生心
　　亦復如是。三千既居一念，即是三觀佛性。由此佛性而有三

觀，故知三觀攝一切法，罄無不盡。是知三觀與諸法無異途
也。苟不明此，徒說傳持。雖禪宗不尚分別，但云單傳直
指，要且不離此道。若謂不然，釋迦應有二心，迦葉便分兩
派耶？欲識此意，〔當〕尋宗源。〔補「當」字〕。逐派隨
流，深不可也。

案：據此文，即知三觀漸提升而決定于「性具」矣。然若不正視性
具，以性具為首出（為綱為經），則圓教不顯。三觀具無量法門是
決定于性具圓教。不言性具，雖無量，亦不必是圓教，蓋別教亦是
無量四諦也。是故論宗眼，主從經緯之間不可不知也。若知性具為
經為主，則三觀為圓頓三觀一下子便被定住。若以三觀為首出，則
須層層提升，層層限制，而後始可除疑。

以上所論當與前分第二章第四節末合看。

第二節
判攝禪宗

又案法登述《圓頓宗眼》，旨在籠絡禪宗。如云：「又何時更
有別傳耶？」「殊不知別之不可。」又云：「禪宗雖不明乎三觀，
要且不出其中。」又云：「彼曰直指人心，見性成佛。……既知即
心是佛，豈離解行之流？若非妙解，焉知心是？若非妙行，焉證心
是？」茲就法登此意，略論禪宗，看究如何籠絡之？籠絡者，禪教
合一之謂也。若如圭峰宗密所說，則是依華嚴宗說禪教合一。若如
法登之意，則是依天台圓教說禪教合一。看究以何者為順。

Ⅰ、茲先說「教外別傳」之意。

達摩在印度原屬南天竺一乘宗。就一乘言，禪宗亦不能離《法華》之「唯有一乘，無二無三」。一乘即佛乘。此是共契之標的。但達此標的，可有不同之途徑，不必盡能相應《法華》圓教而為圓行，如天台之所說。就達摩來華之史實言，則初是《楞伽》傳心。就此而言，則禪宗之來源元是屬于「如來藏自性清淨心」系者，乃是荊溪所謂「唯真心」也。自五祖六祖重《般若經》，則偏重在般若之妙用，即不捨不著之妙用。然般若之妙用亦可套于真常心說，此則便與天台圓教異。六祖而後，禪宗偏重行證之自得，不立文字，不重教說，因此，有所謂「教外別傳」，此即所謂宗風之特色。就此特色而言，禪宗不但不重視那「總在《法華》」之「法付迦葉」之客觀說的「無上正法」之辯說，而且甚至亦不重視那原初之「《楞伽》傳心」。若方便尋其教相，順元初史實言，則是屬于真常心系。此所以圭峰宗密依華嚴宗之教相而與禪宗會合，言禪教合一也。如是，則所謂「教外別傳」，乃是教內之「教外別傳」，非空頭冥行，全無教相之軌轍也。其所謂「教外別傳」只是不重教說，專重當下自悟自得，得無所得，洒然之如如呈現而已。是以禪宗追溯宗源，必始自「世尊拈華，迦葉微笑」。此亦莊子所謂「莫逆于心，相視而笑」之意也。禪宗即以此「拈華、微笑」為單傳之心印。此是主觀地說的「法付迦葉」。然此種「莫逆于心，相視而笑」之輕鬆妙趣乃是各宗共契之境界。始自「燃燈無法與釋迦，釋迦亦無法可說」，即已然。「言語道斷，心行路絕」，乃是大家皆可說的。光搏弄這一妙境，亦無甚意思。六祖以後禪師們專在此等處出精采，如鬥機鋒，打手勢，參話頭，乃至棒喝，種種奇詭的姿

態，都無非表示「無法可說」而已。此若對專作文字知解者作一警戒則可。若以此爲獨立一宗以與他宗相對抗，則無意義。此所以禪宗不能獨立地講之故也。

然如法登所說，《法華》會上，「無上正法付與迦葉」，「迦葉聞之，踴躍歡喜，領而受之」，則所謂「世尊拈華，迦葉微笑」，亦可指此「無上正法」之付而言。若指此而言，則是客觀地說的「法付迦葉」。單傳「心印」，同時亦即單傳「法印」。「大哉此法！禪教之源乎？」此亦可說。圭峰宗密可依華嚴宗以會禪，而言禪教合一，天台宗人亦可依天台宗以會禪而言禪教合一。甚至任何宗皆可如此說。此示「無法可說」之禪境乃共義也。不但在佛教內部爲共義，甚至是儒釋道三教之所共。禪宗獨以此爲宗，以主觀地說的「法付迦葉」爲心印，而又誇大「教外別傳」，則顯得孤矣。法登云：「殊不知別之不可」。此言是也。此本是修行人百尺竿頭進一步，或最高即最低，亦無所百尺竿頭進一步，只是修行人之圓證圓悟而已。然卻截取以爲宗，以與他宗相對抗，此則便成橫列的對立，反顯小矣。禪宗，歷史地觀之，固是中國人所獨創，然就其所發之理境而言，則不是中國人的新發明，乃是靈活透脫的中國心靈獨喜這一境，亦獨善于這一境，因而沿「無法可說」一義而獨顯光采耳。此在心靈之開闢上，學術之發展上，固有其高度之價值，亦示一高度之智慧，然而就佛教義理而言，則不能獨立也。

如上所說，禪宗既可以華嚴宗會之，亦可以天台宗會之。然則以何會爲較適宜于惠能以及惠能以後者？曰：天台宗是。就「《楞伽》傳心」之史實而言，以華嚴宗會之爲是。然只此一外部史實尚不夠，必有其所以可如此會之義理根據。此根據即在看「即心是

佛」一語之如何講。若依神會和尙之講法，便成圭峰宗密之以華嚴宗會禪宗。是則以華嚴宗會禪宗，除「《楞伽》傳心」這一史實外，其義理根據即在神會之「靈知眞性」也。（圭峰宗密一方宗華嚴，一方私淑于神會。）

法登言：「若非妙解，焉知心是？若非妙行，焉證心是？」妙解之知「心是」，妙行之證「心是」，此所謂「心是」，若依天台，乃是「一念三千」之「心是」，而一念是刹那心，煩惱心，無明法性心，非清淨眞如心。若依「《楞伽》傳心」及神會和尙之講法，則「即心是佛」那個心是清淨眞如心。「直指人心，見性成佛」，即直下指此眞心而見空寂性（本來面目）以成佛也。在此，眞心與空寂性是一。眞心是主觀地說者，空寂性（眞心之眞性如性）是客觀地說者。客觀地說的眞性只有通過無念、無相、無住之靈知眞心始能朗現，亦即被見到或被證到，所謂見性成佛也。心與性是一，而有主客觀說的分際之不同。性雖是客觀說的空寂性，然並非只是觀萬法（緣起法）上的空如理，而是其本身即具有靈知性，即覺性，因爲此時的空如理（空寂性）是收于清淨眞心上說。心之所以爲清淨爲眞常是因其本性爲空寂，即以空如爲其自性。此所以名曰清淨眞如心，亦曰如來藏自性清淨心。般若智不只是如空宗或《般若經》所表現的只是在「不捨不著」之作用上見，而且亦被收于如來藏自性清淨心上而爲一有所依止的實體性的般若——其所以爲實體性的，是因爲自性清淨心爲一實體性的心故。（此實體性也許只是有實體性意味的一個虛樣子，在《起信論》與華嚴宗處尤顯這個虛樣子。在還滅時，也可以打散這個虛樣子，不可著實。否則如來藏心便有梵我之嫌。但無論打散這個虛樣子，或有這個虛

樣子而有梵我之嫌，皆有其作用與意義。佛法發展至此，並非即是迷失。此見前部《起信論》章。）此勉強權說的有實體性意味的自性清淨心（真常心）亦就是眾生的如來藏性——佛性。達摩所說「深信含生同一真性」，可能就是這個如來藏性。在此，如來藏性不只是一空如之理，如世親《佛性論》之所說。然如來藏性雖即具有靈知性或覺性，而覺性之所以為覺性，靈知性之所以為靈知性，要必在「無念、無相、無住」之妙用上見，此即是主觀說的般若，亦即主觀說的寂知真心，即見心之所以為心也。此主觀說的般若，若收于如來藏性上說，即是自性般若，此是客觀說的般若。主客觀說的般若（即妙用般若與自性般若）是一，主客觀說的真心（即寂知真心與自性真心）是一。因此，真心與真性是一。主觀說的般若（妙用般若）而可以收於如來藏性上而為自性般若，主觀說的寂知真心而可以收于如來藏性上而為自性真心，則雖心也而亦是性，亦可以說是性化了的心，即客觀化了的心，因此而曰空寂心，或真如心，或法性心。惟性化了的心始可說真心。反之，如來藏性因主觀說的妙用般若與寂知真心而見其為吾人之真性，則雖性也而亦是心，此亦可說是心化了的性，亦即主觀化了的性，因此而曰心真如（此不是說生滅心其性空，乃是說心即真如，心即性。）惟心化了的性始是具體的真性。結果，心化了的性，此性中之心即是性化了的心。性化了的心，此心中之性即是心化了的性。故「心真如」即「真如心」，心與真如是一也。分別示其相，故有主客觀分際之不同。必須先了解此等分際，然後始了解其所以為一。

依此，如來藏性似可有三種說法：

㈠如來藏自性清淨理，即二空所顯真如，此即世親《佛性論》

所說之應得因佛性（依此理應可得菩提心及加行等乃至道後法身），亦即理佛性，以無爲如理爲體之佛性。此是相應阿賴耶系統而說者。

㈡如來藏自性清淨心，在此，眞心與眞性是一，此即以上之所說，此是眞常心系統之如來藏。

㈢一切法趣色趣空趣非色非空，祇點實相爲如來藏，即資成軌，如來藏是事法，此是天台宗性具系統下的如來藏。此如來藏是就解脫斷德（緣因佛性）而言。然而三德圓伊不縱不橫，不一不異，不可思議，故爲圓教也。在此圓教下，那有實體性意味的眞心即被打散，而復歸于佛法眞相。

以上所解說的是就此三說中第二個說法來說明禪宗的「即心是佛」，以及「直指人心見性成佛」。如是，禪宗所隱含的教義而不願多所展示者乃是如來藏自性清淨心系之思想。不過他們所著重的乃是就此如來藏眞心即眞性而講直下頓悟以成佛。但是此種禪宗是就神會說的。其他禪師是否如此，尙待決定。至少惠能是否如此，亦待決定。神會雖是惠能之弟子，然是否能相應惠能之風格亦不無問題。以下試先看神會。

Ⅱ、神會到北方宣揚惠能爲得法正宗，即宣揚頓悟成佛也。因此，同一禪宗而有南頓北漸之分。北漸者，在五祖門下爲上座之神秀是也。法無頓漸，人有利鈍。利根人直下頓悟，鈍根人則假方便（如看心看淨之類）以漸悟。然而惠能門下則是宣揚頓悟成佛的。頓悟有兩方式：一是超脫了看心、看淨、不動之類的方便，直下于語默動靜之間而平正地亦即詭譎地出之以無念無相無住之心，這就是佛了。另一亦是超脫了看心、看淨、不動之類的方便，直下超越

地頓悟眞心，見性成佛。前一路大體是惠能以及惠能後的正宗禪法，後一路則大體是神會的精神。此後一路似猶有一超越的分解在。

神會依《般若經》之「應無所住而生其心」說《法華經》之「佛之知見」。《法華經‧方便品》云：

> 諸佛世尊唯以一大事因緣故出現于世。舍利弗！云何名諸佛世尊唯以一大事因緣故出現于世？諸佛世尊欲令眾生開佛知見使得清淨故，出現于世。欲示眾生佛之知見故，出現于世。欲令眾生悟佛之知見故，出現于世。欲令眾生入佛知見道故，出現于世。

案：依次當先說「示眾生佛之知見」，令眾生知佛知佛見爲如何。然後再「令眾生開佛知見，悟佛知見，入佛知見道。」如何能令之開，令之悟，令之入？亦因一切眾生本潛有佛之知見，故能令之開，令之悟，令之入。神會即依此「佛之知見」，從無住心上立「知見」。《歷代法寶記》有云：

> 神會和尚每月作壇場，爲人說法，破清淨禪，立如來禪；立知見；立言說爲戒定慧，不破言說，云：正說之時即是戒，正說之時即是定，正說之時即是慧。說無念法，立見性。

此所謂「破清淨禪」，即破看心看淨之類的漸教禪也。漸禪即圭峰宗密所謂「息妄修心宗」。「立如來禪」，即立頓悟如來藏性得如

來法身也。此即圭峰宗密所謂「直顯心性宗」。「立知見」，即于無住心之空寂之體上立「昭昭靈靈地自知自證自見這空寂之體」之「本智之用」。本智亦可曰性智，即從無住心之空寂之體上所發的智用。佛知佛見亦就是依這個智用而成的。神會是依這智用（本智之用亦即性智）而「立知見」的。佛之知見本是佛的知見能力，神會卻把這知見能力收于無住心之空寂之體上說，因而成爲無住心之照用，亦反而照此無住心之自己，此即無住心之自知、自見、自證、自照，即依此自知、自見、自證、自照、而說此無住心爲一靈知心也。此即所謂「立知見」，亦所謂「說無念法，立見性」也。「立見性」意即立這個「知見性」，「無住心」是客觀地說者，意即無住著的心。標此無住著的心爲客觀的法體，故此無住心是客觀地說者。但它不只是一個客觀的法體，而且有其靈知之用。說「知見」即是主觀地說這無住心，藉以見無住心之主觀的靈昭性——發知見之智用的靈昭性。

《神會集・壇語》云：

> 心有是非不？答：無。心有來去處不？答：無。心有青黃赤白不？答：無。心有住處不？答：心無住處。和上言：心既無住，知心無住不？答：知。知不知？答：知。

又說：

> 今推到無住處立知，作沒？……無住心不離知，知不離無住心。知心無住，更無餘知。今推到無住處便立知，知心空

寂，即是用處。《般若經》云：「菩薩摩訶薩應如是生清淨
心：不應住色生心，不應住聲香味觸法生心，應無所住而生
其心。」「無所住」者，今推知識無住心是。「而生其心」
者，知心無住是。

依此分解，（案：此分解不是《般若經》語之恰當的表示），「無
所住」即是客觀地說的無住心（空寂之體）；「而生其心」即是主
觀地說的心之無住著地呈現（知心無住），即空寂之體之妙用，此
亦就是靈知之知見。「心無住處」是客觀地說。「知心無住」是主
觀地說無住心之自知自照。「知心無住」之知不從外來，乃即是無
住心之靈知之用。此靈知之用反照其自己，即所謂「知心無住」，
即無住心之自知自照其自己爲空寂無住著也。故云：「今推到無住
處便立知。知心空寂，即是用處。」此作爲用處的「知」是「無知
而無不知」的知。故問「知不知？」（案：此問似當爲「知知
不？」）。答曰知。「知心無住」之知實是靈靈昭昭之知也，而亦
實是無知相之知也。何以故？所知無住，爲空寂之體，則能知之靈
知之用亦應是無住而空寂無相也。神會爲的要表說這個「知」，故
只答曰「知」，而實是「無知而無不知」亦即無知相之知也。

　　層層推問，此種表說有點繳繞。平說便顯明。《神會集》中神
會答拓拔開府書云：

　　　但莫作意，心自無物。即無物心，自性空寂。空寂體上，自
　　　有本智，謂知以爲照用。故《般若經》云：「應無所住而生
　　　其心。」「應無所住」，本寂之體。「而生其心」，本智之

用。

此「本智之用」即靈知也。立知立見即立靈知之知見。知是明徹，見是親自見到，照到，亦即證到。此是將《般若經》語分成體用（無住心空寂之體與「知心無住」之靈知之用），而所以如此分者，爲的要將靈知之用（本智之用）收於實體性的無住心上即如來藏自性清淨心上而爲依體之用也。而《般若經》語卻只是於無任何住著處生清淨心，此清淨心即般若心也。此並無所謂體用。神會這一分體用，便把無住心套入如來藏自性清淨心系統中，所謂「立如來禪」也。而亦因分體用，般若遂成爲實體性的般若而曰自性智，以無住心爲一有實體性意味的心故。有實體性意味的無住心即是空寂之體，故即是性。「自性智」即是從這空寂之體之自性上所發的智用也。由此言頓悟，即所謂「直顯心性」。此雖未始不可說，然與《般若經》異矣。

圭峰宗密說荷澤宗（神會居洛陽荷澤寺，故稱神會爲荷澤宗）爲「寂知指體，無念爲宗。」又稱之爲「直顯心性宗」。「寂知指體」言空寂之知是指體而說者。分別言之，無住心自性空寂是體，此體有本智之用是知。此知收于體上說，故曰空寂之知。全體是知用，全知用是體，故此空寂之知即是體也，亦曰「靈知眞性」。神會自說「三十餘年工夫唯在見字」。此見即「立知見」之見，「立見性」之見，即無住心所發之知見也。圭峰宗密已知「直顯心性宗」有二類，說第二類云：

　　諸法如夢，諸聖同說。故妄念本寂，塵境本空。空寂之心靈

知不昧。即此空寂之心是汝眞性。任迷任悟，心本自知。不藉緣生，不因境起。知之一字眾妙之門。由無始迷之，故妄執身心爲我，起貪瞋等念。若得善友開示，頓悟空寂之知。知且無念無形，誰爲我相人相？覺諸相空，心自無念。念起即覺，覺之即無。修行妙門唯在此也。故雖備修萬行，唯以無念爲宗。但得無念知見，則愛惡自然淡泊，悲智自然增明，罪業自然斷除，功行自然增進。既了諸相非相，自然無修之修。煩惱盡時，生死即絕。生滅滅已，寂照現前。應用無窮，名之爲佛。（《禪源諸詮集都序·卷二》）

此第二類「直顯心性宗」即相應神會禪而言也。（第一類見下）。圭峰宗密所學之禪即神會禪，其所謂禪教合一，即是以華嚴宗之「顯示眞心即性教」會神會禪之「直顯心性宗」也。

　　《神會集》中有云：

但自知本體寂靜，空無所有，亦無住著，等同虛空，無處不遍，即是諸佛眞如身。眞如是無念之體。以是義故，立無念爲宗。若見無念者，雖具見聞覺知，而常空寂；即戒定慧一時齊等，萬行俱備；即同如來知見，廣大深遠。

神會的這種就無住眞心立知見，不破言說，言說之時即是戒定慧，戒定慧一時齊等，萬行俱備，這亦可說是妙解妙行。但這妙解妙行是繫于直顯心性。「直顯」即頓悟，「心性」即靈知眞性。這乃是荊溪所說的「偏指淸淨眞如」──「唯眞心」。惟偏重在頓悟眞

心，而不甚重視此眞心之「不變隨緣隨緣不變」，即如來藏緣起之教說。此點，圭峰宗密已知之。他在《圓覺經大疏鈔・卷三》之下有云：

> 圓通見者，必須會前差別取捨等法，同一寂知之性，舉體隨緣，作種種門，方爲眞見。寂知如鏡之淨明，諸緣如能現影像。荷澤深意本來如此。但爲當時漸教大興，頓宗沈廢，務在對治之説，故唯宗無念，不立諸緣。

若如此說，則神會之頓悟禪，如來禪，即同《起信論》華嚴宗之唯眞心。頓悟者，直顯眞心之謂也。圓通者，「唯一眞心迴轉」之謂也。此一系統必須預設一超越的分解，分解以示一超越的眞心（靈知眞性）。就華嚴圓教說，是別教一乘圓教。就神會之頓悟禪說，是如來禪。但這是否能相應六祖惠能的精神呢？我看不無問題。以下試看惠能禪。

Ⅲ、當五祖于半夜三更爲惠能說《金剛經》，至「應無所住而生其心」時，「惠能言下大悟：一切萬法不離自性。遂啓祖言：何期自性本自淸淨！何期自性本不生滅！何期自性本自具足！何期自性本無動搖！何期自性能生萬法！祖知悟本性，謂惠能曰：不識本心，學法無益。若識自本心，見自本性，即名丈夫、天人師、佛。」（《六祖壇經・自序品第一》）。此是惠能悟法受法之始。這種一連串說了六句「何期自性」云云，此可名曰六自性句。這六句是什麼意義呢？我看他于「應無所住而生其心」言下大悟的便很不同于神會之悟解。「自性」即是自己的本性（自本性），即「本

來無一物」的空寂性:「菩提本無樹,明鏡亦非臺,本來無一物,何處惹塵埃?」但此空寂性必須通過「無所住而生其心」始能如如地呈現。「無所住而生其心」即是不住著于色聲香味觸法而生其心,即是般若心,清淨心,無念心。般若心呈現,空寂性始呈現。此仍是實相般若也。實相一相,所謂無相,即是如相。惠能並未就無住心把它分解成一個靈知真性,如神會之所為。無住心即般若心,非是就之分體用(空寂之體與靈知之用)而成真心即性。無任何住著之般若心照見空寂性,即所謂實相般若。空寂性本來無一物,而「般若非般若斯之謂般若」,則般若亦本來無一物。此之謂智如不二。不二而二,亦可說如如智與如如境。如如智即心,如如境即性。故五祖謂惠能曰:「不識本心,學法無益。若識自本心,見自本性,即名丈夫、天人師、佛。」此中所謂「本心」即無所住的般若心。所謂「本性」即空寂性。「若識自本心,見自本性,即名丈夫、天人師、佛」,即「直指本心,見性成佛」。必須直就著無念無住著的般若清淨心而無心始能見「本來無一物」的空寂性而成佛。「不識本心,學法無益」。蓋空言性,無益也。「無所住而生其心」是體現那空寂性者。于此,仍有心性之分。而性是綱主,心是緯用。故《壇經・決疑品第三》云:

> 心是地,性是王。王居心地上。性在王在,性去王無。性在,身心存;性去,身心壞。佛向性中作,莫向身外求。自性迷,即是眾生。自性覺,即是佛。

心是廣博的大地。念念住著即是生滅緣起的萬法。念念不住著,即

是般若。而性是主也（性是王）。心地之爲生滅法抑爲般若智是決定於自性（自己的本性）之或迷或悟。自性若迷，即是衆生，心地即是生滅住著之萬法。自性若悟（悟到了自己本性空寂），即是佛，而心地亦就是不捨不著之般若。（「自性覺」即是自性悟，對迷而言。這不是說靈知眞性之起覺，或眞心即性之本覺，不可誤想。）故云：「佛向性中作，莫向身外求。」此明言性是綱主也。因爲性是綱主（性是王），所以「性在，身心存；性去，身心壞。」有空寂性，則般若心呈現，如是，始有身心諸法，不壞假名而說諸法實相也。若無空寂性，則執著心呈現，一切諸法皆壞也。此須依《中論》「以有空義故，一切法得成」去了解，不可誤解爲「性起」。空寂性本無所謂起不起。起者在生滅心也。而般若心亦無所謂起不起，只是不捨不著，不壞假名而呈現其爲無心之心耳。此即所謂直就無念心見性而成佛。

然則如何了解「何期自性能生萬法」？此語不可看成是直述的指謂語，乃是本「以有空義故，一切法得成」而來的漫畫式的方便語。不壞假名而說諸法實相，實相豈離萬法而爲實相耶？因此，遂漫畫式地說自性含具萬法（自性本自具足），因含具而又方便地說爲「能生萬法」矣。生者具現之謂也。不離之謂具，「性在身心存」之謂現。因此具現，遂漫畫式地方便說爲生，實則其本身實無所謂生也。這不是實體性的靈知眞性、眞心即性之生起。《壇經·般若品第二》云：

善知識！菩提般若之智，世人本自有之。只緣心迷，不能自悟。須假大善知識，示導見性。〔案：見性，心不迷，始有

不住著之般若見空性。〕……

善知識！世人終日口念般若，不識自性般若，猶如説食不飽。口但説空，萬劫不得見性，終無有益。〔案：「自性般若」意即由見到自己的空寂本性而呈現出的無住著的本有般若智，此即名曰「自性般若」。此並非真心系統中的從靈知真性發的自性智或自性覺即真心本覺，如《起信論》與華嚴宗之所説。詞語相同，而語意來歷不同。極易誤會爲「真心本覺」。〕

善知識！摩訶般若波羅蜜是梵語，此言大智慧到彼岸。……何名摩訶？摩訶是大。心量廣大，猶如虛空，無有邊畔，亦無方圓大小，亦非青黃赤白，亦無上下長短，亦無嗔無喜，無是無非，無善無惡，無有頭尾。諸佛刹土盡同虛空。世人妙性本空，無有一法可得。〔案：此指般若空慧説。妙性即般若性。〕自性真空亦復如是。〔案：此指空寂性，即「性是王」之性，而説。〕

善知識！莫聞吾説空，便即著空。第一莫著空。若空心靜坐，即著無記空。

善知識！世界虛空，能含萬物色像。日月星宿，山河大地，泉源溪澗，草木叢林，惡人善人，惡法善法，天堂地獄，一切大海，須彌諸山，總在空中。世人性空，亦復如是。善知識！自性能含萬法是大。萬法在諸人性中。若見一切人，惡之與善，盡皆不取不捨，亦不染著，心如虛空，名之爲大，故曰摩訶。

善知識！迷人口説，智者心行。又有迷人，空心靜坐，百無

所思，自稱爲大。此一輩人，不可與語，爲邪見故。

善知識！心量廣大，遍周法界。用即了了分明，應用便知一切。一切即一，一即一切。去來自由，心體無滯，即是般若。

善知識！一切般若智皆從自性而生，不從外入，莫錯用意，名爲眞性自用。一眞一切眞。心量大事，不行小道。口莫終日說空，心中不修此行。恰似凡人自稱國王，終不可得。非吾弟子。

案：以上說摩訶般若之摩訶義，即大義。般若既即是智慧心，無住著的清淨心，即「大」即是此智慧心之心量廣大，猶如虛空，不爲任何相所限定，亦即無一法可得。此即是無相般若。無相般若因見到「自性眞空」而轉現，轉現而爲心之無住著；而心之無住著之般若心亦即所以證現那「自性眞空」者。但莫聽說空，便著空。「世界虛空能含萬物色像」。「世人性空亦復如是。自性能含萬法是大。萬法在諸人性中。若見一切人，惡之與善，盡皆不取不捨，亦不染著，心如虛空，名之爲大，故曰摩訶。」此並由客觀說的「自性眞空」來表明般若空慧之廣大。「自性眞空」含具萬法，如虛空之含萬物色像，故般若空慧亦因于一切不取不捨亦不染著而含具萬法。反過來亦可說正因般若空慧含具萬法（不壞假名而說諸法實相，含具是以不取不捨不著不壞而定），故客觀說的自性眞空亦含具萬法——其含具，客觀地說之，是依「以有空義故，一切法得成」而定，主觀地說之，是因般若空慧之不捨不著而定。般若空慧即是自性眞空之主觀地說。自性眞空即是般若空慧之客觀地說。故

常混合地于自性眞空說般若空慧，于般若空慧說自性眞空，而于兩
者俱說含具萬法。但于般若空慧可說大，而于自性眞空則無所謂大
小也。「何期自性能生萬法」，即是「自性能含萬法」之轉語，不
得有誤解。不但于自性眞空不能指謂地說生（生只是漫畫式地方便
說），即于般若空慧亦不能指謂地說生。生只是含具義，具現義。
如是，才能說「無生法忍」。

　　同樣，「一切般若智皆從自性而生，不從外入」，此亦莫錯
會。此是說一切般若智皆依自己的空寂本性，通過悟而轉現出，不
是從外面進來，故屢屢說心行自悟，莫徒口說。不心行，不自悟，
就是迷。迷則作爲地之心即是生滅念，而不是般若智，亦即是不見
自己的空寂的本性，而此空寂的本性亦在迷中。迷即是衆生，悟即
是佛。故此「般若智從自性生」不可理解爲從「靈知眞性、眞心即
性」而生起本智之用，如神會之所說。惠能無此分解的展示。他只
是敎人通過無念，直悟各人自己的本心（清淨般若空慧），見各人
自己的空寂本性以成佛。各人皆本有空寂的本性，故亦應本有菩提
般若之智。

　　〈般若品〉說「大」後，進而說般若云：

　　善知識！何名般若？般若者，唐言智慧也。一切處所，一切
　　時中，念念不愚，常行智慧，即是般若行。一念愚，即般若
　　絕。一念智，即般若生。世人愚迷，不見般若；口說般若，
　　心中常愚。常自言我修般若，念念說空，不識眞空。般若無
　　形相，智慧心即是。若作如是解，即名般若智。
　　何名波羅蜜？此是西國語，唐言到彼岸，解義離生滅。著

境、生滅起，如水有波浪，即是于此岸。離境、無生滅，如水常通流，即名爲彼岸，故號波羅蜜。

……

善知識！凡夫即佛，煩惱即菩提。前念迷即凡夫，後念悟即佛。前念著境即煩惱，後念離境即菩提。

……

善知識！我此法門，從一般若生八萬四千智慧。何以故？爲世人有八萬四千塵勞。若無塵勞，智慧常現，不離自性。悟此法者，即是無念，無憶無著，不起誑妄。用自真如性，以智慧觀照，于一切法不取不捨，即是見性成佛道。

善知識！若欲入甚深法界及般若三昧者，須修般若行。持誦《金剛般若經》即得見性。當知此經功德無量無邊。經中分明讚歎，莫能具說。此法門是最上乘，爲大智人說，爲上根人說。小根小智人聞，心生不信。……

……

善知識！不悟，即佛是眾生。一念悟時，眾生是佛。故知萬法盡在自心。何不從自心中，頓見真如本性？……

善知識！我于忍和尚處，一聞言下便悟，頓見真如本性。是以將此教法流行，令學道者，頓悟菩提，各自觀心，自見本性。……

善知識！智慧觀照，內外明徹，識自本心。若識本心，即本解脫。若得解脫，即是般若三昧。般若三昧即是無念。何名無念？若見一切法，心不染著，是爲無念。用即遍一切處，亦不著一切處。但淨本心，使六識出六門，于六塵中無染無

雜，來去自由，通用無滯，即是般若三昧，自在解脫，名無
念行。若百物不思，常令念絕，即是法縛，即名邊見。

案：以上明說依《金剛般若經》開最上乘法門，並說自己「于忍和
尚處，一聞言下便悟，頓見眞如本性。」此最上乘法門即是頓悟自
己本有般若菩提之智，頓見自己眞如本性（空寂的本性）。佛家凡
說萬法皆從心說，以「心如工畫師，造種種五陰」故。心即是萬
法，即是生滅，即是緣起。于此萬法念念著境即是迷，即是眾生。
此是順心造而心迷，即曰此岸。若于此萬法念念不著境，不執有自
性，因而不取不捨，亦不染不著，如水常通流，便是無念，便是般
若淨心，亦曰智慧心，此是順心造而悟，名爲彼岸。一悟，智慧心
呈現，則原初所造之萬法便爲智慧心所含具，以不取不捨故。不捨
即含具萬法而不無，不取即無一法可得而不有。不有即是般若空
慧，無相般若。不無即是不壞假名而說諸法實相。此智依自性眞空
（眞如本性）而起，由無念而實際呈現。故若頓悟自己本智慧心原
是清淨，即頓見自己眞如本性。此即所謂頓悟成佛：直指本心，見
性成佛。惠能禪（般若三昧）之精神根本是《般若經》之精神。他
並未就無住心分解成一個靈知眞性、眞心即性，如神會之所說。神
會禪是如來禪，惠能禪即是所謂祖師禪。他既未就無住心分解成一
個靈知眞性，眞心即性，他亦根本無由此眞性進而言其舉體隨緣之
圓通見，此圓通見是依「隨緣不變不變隨緣」而說者。故如來禪是
相應終別教的禪，息妄修心宗之神秀禪是相應始別教的禪，而惠能
禪則是相應圓教的禪，雖然他並無興趣展示于教相。依惠能，「萬
法盡在自心」，眞正生起萬法的是心，生滅心也。般若含具萬法，

因不捨不著故，實無所謂生起也。是即般若之作用的圓具（「用即遍一切處，亦不著一切處」）。「自性含具萬法」正由般若之含具萬法而證見。說「自性生萬法」是漫畫式的方便語。他的法門實仍是心是萬法；萬法無性，以空爲性；而般若空慧則是照見此空性者。這只是將《般若經》與空宗之精神收于自心上來，轉成存在地實踐地「直指本心見性成佛」之頓悟的祖師禪，非以如來藏眞心系統爲背景而來的如來禪。如來禪雖亦講頓悟，而不必眞能圓，蓋預設一超越的分解故。祖師禪的頓悟方是圓頓悟也。

試看〈懺悔品第六〉云：

> 何名清淨法身佛？世人性本清淨。萬法從自性生。思量一切惡事，即生惡行。思量一切善事，即生善行。如是諸法在自性中。如天常清，日月常明。爲浮雲蓋覆，上明下暗。忽遇風吹雲散，上下俱明，萬象皆現。世人性常浮游，如彼天雲。善知識！智如日，慧如月。智慧常明。于外著境，被妄念浮雲蓋覆，自性不得明朗。若遇善知識，聞眞正法，自除迷妄，內外明徹，于自性中萬法皆現。見性之人亦復如是。此名清淨法身佛。

案：由此段文中所舉「天常清，日月常明」之喻，即可知「自性生萬法」之生字是何意義。天與日月被浮雲蓋覆，乃不得映現萬象。此中天喻「自性眞空」，「眞如本性」；日月喻智慧。「世人性常浮游，如彼天雲」，即是自性在迷，被妄念浮雲蓋覆，不得明朗。自性不得明朗，其本有之般若菩提之智之常明亦不得朗現。常明之

智不得朗現，自不能見性，而性亦在迷而不得明朗。「性在，身心存；性去，身心壞。」自性眞空不得明朗，自然天昏地暗，一切皆壞。若智明朗現，自性明朗，則萬象皆現，一切身心諸法皆存而不壞：此即所謂「自性生萬法」，「萬法從自性生」之實意也。「生」者依之而有而現之謂也。其所示之關係只是形式的，非常籠統，可以套入于各種不同的系統，而意義皆不同，如套于儒家，道家，以及耶敎，皆不同。而在佛家，則只是「以有空義故，一切法得成」之意。此不得理解自性眞空爲一實體或本體，由之而生萬法也。故「自性生萬法」只是漫畫式的辭語，不得著實視之爲直陳的謂述語。故見到惠能此種語句而謂是一種實體性的本體生起論，則誤。天台宗性具亦復如此。《摩訶止觀》亦有「薆起即法性起，薆息即法性息」之語，此爲得視法性爲一種實體性的本體耶？此則吾已明之于前分。即使如《起信論》與華嚴宗，甚至再加上神會的如來禪，他們的靈知眞性，眞心即性，雖有實體性的意味，那是因爲將眞如空性吸收于眞心，成爲一條鞭的唯眞心，成爲眞心是王，而然。即使是如此，如要說眞心隨緣起染淨法，亦須加上無明阿賴耶始可能。不過因爲同是心，故說起現爲易耳。此種有實體性意味的眞心緣起論，吾人如果視之爲別敎，那亦是一時之權說，終可打散而歸于圓——打散必有其可以打散之故。如果就其爲權說而觀之，而不打散，則亦有其作用與意義：就佛敎內部說，它固較始別敎爲圓滿，亦易凸顯成佛可能底超越根據；就其與其他系統（在佛敎立場例如其他外道或被視爲世間道者）相觀摩而言，它亦可與其他實體性的實有之系統相出入，因可以相出入而可以相接引（例如《楞伽經》說佛說如來藏爲的接引彼懼怕談無我者），即不說相接引，

亦可以相觀摩，不必以其他系統爲全非。凡此，俱已見于前第二部《起信論》章末，當覆看。是則即使是《起信論》與華嚴宗亦不畢竟是一種實體性的本體生起論也。是故中國佛教之發展並未歪曲佛法之精神。此不可顢頇混用時下一般哲學中之詞語而混亂誤解也。

何名千百億化身？若不思萬法，性本如空。一念思量，名爲變化。思量惡事，化爲地獄。思量善事，化爲天堂。毒害化爲龍蛇，慈悲化爲菩薩。智慧化爲上界，愚癡化爲下方。自性變化甚多。迷人不能省覺，念念起惡，常行惡道。一念回善，智慧即生。此名自性化身佛。

案：自性眞空，眞如本性，本無所謂起不起，生不生。生起變化而成萬法，由于思量，而思量則是心識活動也。心識萬法不離空如（自性眞空），以如爲相，以如爲位，遂漫畫式地正表爲「自性生萬法」，「自性含具萬法」。于此萬法不捨不著，智慧心呈現，則自性明朗，即爲「法身佛」。法身不只是寡頭的空性，乃是含具著不捨不著而無生滅的萬法實相而爲功德聚。依自性眞空與般若空慧，解心無染，以此萬法爲法門而應化眾生，即爲「自性化身佛」。

何名圓滿報身？譬如一燈能除千年暗，一智能滅萬年愚。莫思向前，已過不可得。常思于後，念念圓明，自見本性。善惡雖殊，本性無二。無二之性名爲實性。于實性中不染善惡，此名圓滿報身佛。自性起一念惡，滅萬劫善因。自性起

一念善，得恆沙惡盡，直至無上菩提。念念自見，不失本
念，名爲報身。

善知識！從法身思量，即是化身佛。念念自性自見，即是報
身佛。

案：「自性起一念惡，起一念善」，語意當該爲「自性迷，起一念
之惡」，「自性悟，起一念善」。並非是自性本身可以起一念善，
又可以起一念惡也。此等語句皆是漫畫式的略辭。莫錯解。又，報
身即正報與依報。正報是相好，依報是國土（淨土、常寂光土），
皆不離般若與自性眞空。

又〈付囑品第十〉云：

自性能含萬法，名含藏識。若起思量，即是轉識。生六識，
出六門，見六塵，如是一十八界，皆從自性起用。自性若
邪，起十八邪。自性若正，起十八正。含惡用即眾生用，含
善用即佛用。

案：此又言「自性能含萬法，名含藏識」，即第八識。第八識即心
也，「心是地」之心。心生萬法含萬法，是「生」與「含」之實
義。心不離空，法不出如。「性是王」故，故以自性眞空作統綱，
遂說「自性能含萬法」，或「能生萬法」。在此說生與含是生與含
之虛義。實生實含只在含藏識，而自性亦即轉名爲含藏識。自性轉
名爲含藏識即自性之在迷。自性雖在迷，而畢竟仍是王，故云「自
性含萬法」。此恰似智者所說「點空說法，結四句相。……那得發

頭據阿黎耶出一切法？」（《法華玄義‧卷第五下》論別敎三法
處，前已引過。）惠能先於忍和尙處聞《般若經》「應無所住而生
其心」，言下大悟：「一切萬法不離自性」。此便是先「以不可得
空洗蕩封著。……此空豈不空於無明？無明若空，種子安在？淨諸
法已，點空說法，結四句相。」說「自性能生萬法，能含萬法」，
即是「點空說法」也。「點空說法」，爲要說法故，即說「自性名
爲含藏識」亦無不可，蓋轉名含藏識始能含萬法也。吾人必須在
「點空說法」之背景下，始能正確了解「自性能生萬法，能含萬
法」這些漫畫式的辭語，始能眞與六祖惠能之精神相應。若孤離地
表面地望文生義，把他所說的正表詞「自性」視爲一實體字，則大
悖。「一十八界皆從自性起用。自性若邪，起十八邪。自性若正，
起十八正。含惡用即衆生用。含善用即佛用。」這些漫畫式的辭語
皆應依「點空說法」去了解。若看成是對於「實體性的本體」之謂
述語句，皆誤。「自性」若看成是實體性的本體，而說其自身有所
謂正邪善惡，則它應是中性無記而可正可邪可善可惡之實體乎？此
顯是大悖。自性是空，是如，是寂，爲有所謂正邪善惡？然則所謂
「自性若邪，起十八邪」，意即自性若迷，則十八界皆邪用也。自
性在迷，自性不能正顯，不能恢復其爲自性，此即是自性在歪曲即
邪中也。「自性若正，起十八正」，意即自性若悟，則十八界皆正
用也。自性在悟，則自性明朗。此即是自性正顯而在正中也。正用
即善用，此是佛所用。邪用即惡用，此是衆生所用。十八界之用，
或正或邪，皆依自性之或迷或悟而起。此即所謂「自性能含萬法」
也。何以故？以「性是王」，以自性爲統綱故。正用是「性存身心
存」。邪用是「性去身心壞」。實則性無所謂存去，存去以迷悟而

言也。而身心諸法亦無所謂存壞，存壞以正邪而言也。此亦如孟子所謂「操則存，舍則亡」，心無所謂存亡，存亡以操舍而言也。

據以上疏解，顯然可以看出：惠能那些粗略的漫畫式的語句，除以天台圓教規範之，那不可能對之有恰當相應的了解。其所以爲粗略，那是因爲惠能全靠自悟，並無經院式的訓練，而亦無興趣於法相義理之經院式的分析，亦無興趣於教相之分判，但以有透脫靈活之心靈與悟解，故到說法時，出語雖質直平實，而終不甚嚴格也。然不以辭害意，以漫畫語視之，則亦可通其意而得其實。故若以天台圓教範域之，規正之，則可不至于迷失也。依惠能禪而起的「教外別傳」，實只能是教內的「教外別傳」。法登所謂「別之不可」，正謂此也。

以上所說大體是環繞「自性能生萬法」而作簡別。吾以爲這除以天台圓教「一念心即具十法界」來規範之，說明之，不能有善解。以下試就惠能所說的以無念爲宗，以無住爲本，以無相爲體，來看惠能之精神，更能見出其與天台圓教相應。

〈機緣品第七〉有云：

> 有僧舉臥輪禪偈云：
> 臥輪有伎倆，能斷百思想。對境心不起，菩提日日長。
> 師聞之曰：此偈未明心地。若依而行之，是加繫縛。因示一偈云：
> 惠能沒伎倆，不斷百思想。對境心數起，菩提作麼長？

案：此臥輪禪師蓋即看心，看淨，不動之類，屬息妄修心宗。彼自

以爲有伎倆，實則爲法所縛。「惠能沒伎倆，不斷百思想」，正是天台宗所特重之「不斷斷」。于百思想中無住無著，則是思而無思，此即是解脫。何必斷絕百思想，才增長菩提耶？此不但不能增長菩提，反而窒死菩提。此偈與當初對神秀上座而發之偈：「菩提本無樹，明鏡亦非臺，本來無一物，何處惹塵埃？」似相反而實相成，蓋同一精神也。「本來無一物」是一法不可得。「不斷百思想」是不壞假名而說諸法實相，三千宛然即空假中。此兩者是一也。「不斷百思想」與「不思善，不思惡，自在無礙」（〈懺悔品〉）亦無異也。

〈定慧品第四〉云：

> 善知識！于諸境上心不染，曰無念。于自念上，常離諸境，不于境上生心。若只百物不思，念盡除卻，一念絕即死，別處受生。是爲大錯。學道者思之！若不識法意，自錯猶可，更勸他人！自迷不見，猶謗佛經。所以立無念爲宗。
>
> 云何立無念爲宗？只緣口說見性，迷人于境上有念，念上便起邪見。一切塵勞妄想從此而生。自性本無一法可得。若有所得，妄說禍福，即是塵勞邪見。故此法門立無念爲宗。

案：此說「無念」是境界語，工夫語，不是存有論上的有無語。無念不是說「百物不思，念盡除卻」。故存有論地說，仍是有念，有思想，不斷念，不斷百思想。若是存有論地「念盡除卻」，這並不是清淨解脫，乃是斷見，邪見。「一念絕即死，別處受生」。此仍在生死中，云何得解脫？是以眞無念者，乃是于念而無念。「于

念」是存有論地有念也。「而無念」者,是工夫上的無執無著也。即所謂「于諸境上心不染」也,「于自念上常離諸境,不于境上生心」也。「不于境上生心」即是不于色上生心,不于聲香味觸法上生心,而是「無所住而生其心」,「以不住法住般若」。「無所住」即是無念。「而生其心」即是原初所不斷之百思想根本無所有,不可得,而被轉化,轉化而爲般若清淨心。念佛而于佛境上生心,即是有所住。有所住即非佛。念佛而不住于佛境,即是無念,即是佛。凡百思想皆是如此。「對境心數起」而不住于境,不于境上生心,即是于念而無念。對父母生孝心,而不住于孝境,不于孝境上生心,即是無念之眞孝。對聲色犬馬生心而不住于聲色犬馬之境,不于聲色犬馬之境上生心,亦是念而無念,即于聲色犬馬得解脫。此即《維摩詰經》所謂「不斷淫怒痴,亦不與俱。不壞于身,而隨一相。不滅痴愛,起于明脫。以五逆相而得解脫,亦不解不縛。」《諸法無行經》(亦讀《諸法本無經》)云:「貪欲即是道,恚痴亦復然。如是三法中,具一切佛法。」亦「不斷斷」之謂也。夫人有生命,有心,爲能滅卻而不令其起思想?起而不住著于境,不于境上生心,即是念而無念,不斷斷也。

　　無念本于無住,故復以無住爲本。〈定慧品第四〉解「無住」云:

> 無住者,人之本性于世間善惡好醜,乃至冤之與親,言語觸刺欺爭之事,並將爲空,不思酬害,念念之中不思前境。若前念今念後念,念念相續不斷,名爲繫縛。于諸法上念念不住,即無縛也。此是以無住爲本。

無念是宗旨，無住是所以實現此無念者。案敦煌本《壇經》說無住與此所說字面上有相違處，語意亦模稜。解說無念處亦有不同。敦煌本雖古，但不必佳。現行本或是根據敦煌本而修改者。關此，請參看印順《中國禪宗史》第八章第三節。

　　無念無住即是無相，故復以「無相」爲體。「無相者于相而無相」。現行本《壇經》說無相只此一句。敦煌本復有「外離一切相是無相。但能離相，性體清淨，是以無相爲體。」《般若經》言「實相一相，所謂無相。」一切法本來空如無相。只因識心染境起執，始有相。故《壇經》說無相懺悔，無相三歸戒。又說：「何名禪定？外離相爲禪，內不亂爲定。外若著相，內心即亂。外若離相，心即不亂。本性自淨自定，只爲見境思境即亂。若見諸境心不亂者，是眞定也。」（〈妙行品第五〉）。「眞定」即是無相禪。

〈定慧品第四〉又云：

> 善知識！一行三昧者，于一切處，行住坐臥，常行一直心是也。如《淨名經》云：「直心是道場，直心是淨土。」莫心行諂曲，口但說直，口說一行三昧，不行直心。但行直心，于一切法勿有執著。迷人著法相，執一行三昧，直言「坐不動妄不起」心即是一行三昧。作此解者，即同無情，卻是障道因緣。
>
> 善知識！道須通流，何以卻滯？心不住法，道即通流。心若住法，名爲自縛。若言「坐不動」是，只如舍利弗宴坐林中，卻被維摩詰訶。
>
> 善知識！又有人教坐，看心，觀淨，不動不起，從此置功。

迷人不會，便執成顚。如此者眾。如是相教，故知大錯。

「看心觀淨，不動不起」，即是有相禪。離一切相，不著一切相，直從自性空寂處直心而行，則一切皆還歸于無相：禪、戒、定、慧、懺悔，一是皆無相。此即是「一行三昧」。只此一行，別無餘行。此即是頓教禪。有相禪乃漸教禪，屬息妄修心宗也。「道須通流，何以卻滯？」心不住法，于相而無相，即通流之禪道也。無念無住是工夫，無相乃直稱空寂性體而言，故以無相爲體。無念無住正所以達此無相如相之自性眞空之體也。

　　如此無念無住無相，於日常生活中即事而眞，當下即是，既不須斷絕，亦不須隔絕，所謂不壞世間而證菩提，亦正是《般若經》「不壞假名而說諸法實相」，《維摩詰經》「除病不除法」之精神。推之而言「生死即涅槃，煩惱即菩提」，「通達惡際即是實際」，「無離文字說解脫」，「無增上慢者，淫怒癡性即是解脫」，則更爲警策壯闊。《壇經》簡易平直，未說至此。然實已函蘊此等理境，不待說不說也。後來「作用見性」亦正是「不斷百思想」之意耳。此種頓悟禪函著般若之作用的圓，而亦更恰合於天台宗一念三千之存有論的圓。此種性具圓教更能保證惠能的頓悟禪。圓必函頓，只言頓不必眞能至於圓也。若依天台教，則所謂「即心是佛」，心不是眞如心，而是煩惱心。「直指人心，見性成佛」，即直指此煩惱心當下即空假中，呈現空慧般若，見自性眞空以成佛也。荊溪言「唯心之言豈唯眞心？」知禮盛辯「一念三千」之一念非「一念清淨靈知」之一念，乃一念刹那心煩惱心之一念。智者大師自言「一念無明法性心」，非分解說的眞常心也。但是六祖門下

說到「即心是佛」，一般依如來藏眞心傳統，總易想成是眞心。而神會之如來禪正坐實此解說。此是預設一超越分解地說的眞心以爲性（靈知眞性），由直指此而言頓悟也。此種頓悟使「直指人心見性成佛」成爲重沓，蓋眞心即性也。直指眞心悟眞心，見眞心，使「見性」一語爲虛設而落空。此恐非《壇經》屢說「見性」一語之實義。

《壇經》未有如此之分解。如「僧法海……問曰：「即心即佛，願垂指諭。師曰：前念不生即心，後念不滅即佛。成一切相即心，離一切相即佛。」（〈機緣品〉）。此豈以眞心爲心耶？「成一切相即心」，顯是緣識心也。「離一切相即佛」，「於相而無相」即佛也。此亦如荆溪所云：「隨緣不變故爲性，不變隨緣故爲心。」（《止觀大意》）。不過一是心佛對言，一是心性對言。此種對言是分解地平說——平說心佛之意。但尙未顯出「即心即佛」之意。此須進一步更詭譎地示之。「前念不生即心」。平常以爲生起即心，「成一切相即心」。今說「前念不生即心」。蓋當體即空，雖有念而直證無生，雖生而不生，乃不生之生，此即是心也。此是通過觀行而說的心，心本如幻之心也。「後念不滅即佛」。通常以爲寂滅滅度是佛，離一切相即佛。今則說「後念不滅即佛」。離相而不壞相，相相宛然，此即是佛。前念心如幻，雖生而不生，故詭譎地說不生，而不生非斷也，即以非斷的不生示心。後念心如幻，雖滅而不滅，故詭譎地說不滅，而不滅非常也，即以非常的不滅示佛。滅而不滅，雖佛也而亦心。生而不生，雖心也而亦佛。不生不滅，非斷非常，故云「即心即佛」。此則更爲詭譎，更爲圓熟，非分解地悟顯眞心以爲佛也。

〈妙行品第五〉云：

> 此門坐禪元不著心，亦不著淨，亦不是不動。若言著心，心原是妄。知心如幻，故無所著也。若言著淨，人性本淨。由妄念故，蓋覆眞如。但無妄想，性自清淨。起心著淨，卻是淨妄。妄無處所，著者是妄。淨無形相，卻立淨相！言此工夫作此見者，障自本性，卻被淨縛。

案：此段文最顯明，最透徹。如是，則「即心即佛」之心非偏指眞心明矣。

圭峰宗密亦知「直顯心性宗」之禪有二類。其第二類即神會之如來禪，而可以與華嚴宗相會者，此見前錄。其第一類則如下：

> 即今能語言動作，貪瞋慈念，造善惡受苦樂等，即汝佛性。即此本來是佛，除此無別佛也。了此天眞自然，故不可起心修道。道即是心，不可將心還修于心。惡亦是心，不可將心還斷于心。不斷不修，任運自在，方名解脫。性如盧空，不增不減，何假添補？但隨時隨處息業養神，聖胎增長，顯發自然神妙。此即是爲眞悟眞修眞證也。

此第一類蓋即惠能禪，後來所謂祖師禪也。圭峰學禪于神會，故就神會說禪教合一，而以第二類爲最後者，卻不就惠能說禪，又只將此第一類列于前，而不知與何教相應。顯然華嚴宗只能與神會禪相應，不能與此第一類相應。然則此第一類直顯心性宗豈不于教方面

落空乎？

　　彼以教方面之唯識宗（密意依性說相教）配禪方面之「息妄修心宗」。以教方面之空宗（密意破相顯性教）配禪方面之「泯絕無寄宗」（牛頭禪）。以教方面之《起信論》華嚴宗（顯示真心即性教）配禪方面之「真顯心性宗」之第二類（神會禪），而于第一類則落空。彼固以「《華嚴》、《密嚴》、《圓覺》、《佛頂》、《勝鬘》、《如來藏》、《法華》、《涅槃》等四十餘部經，《寶性》、《佛性》、《起信》、《十地》、《法界》、《涅槃》等十五部論，雖或頓或漸不同，據所顯法體，皆屬此教〔顯示真心即性教〕，全同禪門第三直顯心性之宗。」（《禪源諸詮集都序・卷二》）。此說太籠統。不知天台宗只宗《法華》、《涅槃》並不宗其他經論如圭峰所列舉者。今皆籠統之以「真心即性教」。于法疏矣。而以「真心即性教」籠統禪門第三「真顯心性宗」之兩類，而真正與「真心即性教」相應者卻又只是神會禪（直顯心性宗之第二類），而惠能禪（直顯心性宗之第一類）則落空矣，蓋此並不與「真心即性教」相應也。是則恰當的比配當如下：

　　㈠密意依性說相教即始別教配息妄修心宗（神秀禪）。

　　㈡密意破相顯性教即通教配泯絕無寄宗（牛頭禪）。

　　㈢顯示真心即性教即終別教配直顯靈知真性宗（神會禪）。

　　㈣天台圓教配惠能禪，即圓悟禪或圓頓禪。

如此，則天台圓教不籠統渾淪于「真心即性教」，而惠能禪亦不落空也。惠能禪蓋實符合于天台圓教所謂性具（一念三千），以及法性與無明同體依而復即，三道即三德，乃至不斷斷也。以天台圓教範域之，則惠能禪之精神顯矣，而可不至于迷失，亦不至于有歧

解。反之，天台圓教之簡單化，禪行化，即是惠能禪之言下大悟「一切萬法不離自性」，直指人心見性成佛。此亦自然之序也。此乃《般若》與《法華》合一之簡單化，亦是圓教下的禪教合一。

　　惠能尊經重教。雖簡而不繁，略而不詳，然不抹殺。惟重在心悟，不徒口誦。彼之簡單化底本領甚大。如〈機緣品〉中法達問《法華》，智通問三身四智，志道問《涅槃》，彼皆能扼要講述，警策切當。然順其特重心悟，亦開後來所謂宗風。如〈機緣品〉中答行思，答懷讓，皆是不落知解言詮之機鋒。（不落階級，說似一物即不中）。故後來青原行思與南嶽懷讓兩系，號稱為禪宗之正宗者，便專重在「無心為道」一語之撥弄，亦即專重在「拈華微笑」這一主觀的領受。如是，「即心即佛」是教，「非心非佛」便是禪，「任汝非心非佛，我只管即心即佛」（大梅法常語）亦是禪，「佛之一字永不喜聞」（石頭門下丹霞天然語）亦是禪。隨之而來的揚眉瞬目，擎拳、豎拂，推倒禪床，踢翻淨瓶，畫圓相，撥虛空，棒打，口喝，斬蛇，殺貓，種種奇詭的姿態，都是順「無心為道」這一語而來。說穿了，即是「作用見性，當下即是」。亦不外老子「正言若反」之一語。根本還是《般若經》之「不捨不著」。打開《傳燈錄》一看，重重覆覆，盡是這同一格範。多說亦無益，只須如維摩詰之當下默然即可。凡此，本亦是應有之發展。說到真悟真修真證亦函著這一套。然專撥弄這一套以自成宗，以為這是上上宗乘，是教外別傳，不立文字，以與其他言教法者相對抗，這便無意義。這不但不是佛祖之所單傳，且亦不是惠能之精神。是故禪宗不能獨立地講也。彼等既專在種種奇詭的姿態處撥弄，不願說示，則吾人亦不須為之講說也。故本書判禪宗至此止。（作佛教史

者自可縷述。文士名士則喜取之以爲好玩。重敎法義理以及宗敎精神者，則說至此便足夠。其餘盡在不言中也。）

第二章
天台宗之文獻

1.智者：《摩訶止觀》。（此爲圓頓止觀，乃大師於荊州玉泉寺說己心中所行法門。章安記爲十卷。）

　荊溪：《止觀輔行傳弘決》。（疏釋《摩訶止觀》者。）

　　　　《止觀大意》。（總釋《摩訶止觀》之大意者。）

　　　　《止觀義例》。（總釋《摩訶止觀》立義之通例者。）

2.智者：《釋禪波羅蜜次第法門》。（此爲漸次止觀，簡稱《禪波羅蜜》。）

3.智者：《六妙門》。（此爲不定止觀。以數、隨、止、觀、還、淨、爲修禪六門。）

4.智者：《修習止觀坐禪法要》。（此爲小止觀，亦曰童蒙止觀。）

5.智者：《法華玄義》。（亦稱《妙玄》。）

　荊溪：《法華玄義釋籤》。

6.智者：《法華文句》。

　荊溪：《法華文句記》。（亦稱《妙樂》。蓋因荊溪居常州妙樂寺，人稱妙樂大師，以人名稱書也。）

7.智者：《維摩經玄義》。（今《大藏經》爲六卷，題曰《玄

疏》。「疏」字誤，當改爲「義」。因文中只明五重玄義故。宋初遵式列目爲五卷，稱曰《玄義》。此即爲晉王楊廣而撰之略本《玄義》。）

8.智者：《維摩經玄疏》。（今存於《續藏經》，題曰《維摩經文疏》。）

　荊溪：《維摩經略疏》。（此略智者《玄疏》而成。《玄疏》共二十八卷，當時不入藏。「其文彌廣」故後人亦曰《廣疏》。荊溪略爲十卷，故稱《略疏》。自此以後，廣本罕傳。）

　　　《維摩經玄疏記》。（亦稱《廣疏記》。遵式云：「《疏記》六卷，猶對《廣疏》。未暇治定，然師云亡。」然師者荊溪湛然也。《略疏》行而《記》廢。今只存上中下三卷，收於《續藏》。）

　智圓：《維摩經略疏垂裕記》。（此爲孤山智圓所作。雖山外家言，然荊溪《玄疏記》文多引存於此書。）

9.智者：《金光明經玄義》。

　知禮：《金光明經玄義拾遺記》。

10.智者：《金光明經文句》。

　知禮：《金光明經文句記》。

11.智者：《觀音玄義》。《觀音義疏》。

　知禮：《觀音玄義記》。《觀音義疏記》。

12.智者：《佛說觀無量壽佛經疏》。（此簡稱《觀經疏》。）

　知禮：《佛說觀無量壽佛經疏妙宗鈔》。（此簡稱《妙宗鈔》。）

13.智者：《四念處》。

14.智者：《四教義》。（此書原是大本《維摩經玄義》中說四教之六卷文。前列 7.《維摩經玄義》中說四教是攝此大本中者之要而成，故文多相似。蓋智者初撰大本《維摩經玄義》總有十卷。後爲晉王楊廣撰《淨名疏》（《維摩經玄疏》），又別製《略本玄義》，即前列之《維摩經玄義》也。製此略本時，將前大本《玄義》十卷分爲三部：四教六卷，四悉兩卷，三觀兩卷。後人又將四教六卷合爲四卷。諦觀撰《天台四教儀》。文末有云：「《淨名玄義》中四卷全判教相」。此所謂四卷即合四教六卷爲四卷之四卷也。此四教即全判教相，故後人又別題此四卷曰《四教義》。而四悉兩卷，三觀兩卷，則移於略本《玄義》中矣。然雖移置，而節略不淨，故此《四教義》猶存釋淨名玄義之痕迹，而文末復有辨體、明宗、顯用、判教相之略解，其文甚少。蓋此四卷本是大本《玄義》中之釋名文也。本是六卷，後人合爲四卷。今題名曰《四教義》，又開爲十二卷矣。）

灌頂：《天台八教大意》。

諦觀：《天台四教儀》。

15.灌頂：《大般涅槃經玄義》。

16.灌頂：《大般涅槃經疏》。

17.荊溪：《十不二門》。（此爲《法華玄義釋籤》中文，知禮特錄出之，並爲之作科判。）

知禮：《十不二門指要鈔》。（此即科判《十不二門》者。）

18.荊溪：《金剛錍》。（此書言「無情有性」。）

19.知禮：《釋「請觀音疏」中消伏三用》。（四明尊者《教行錄‧卷第二》。《請觀音疏》智者作。）

《對闡義鈔辨三用一十九問》。（四明尊者《教行錄‧卷二》。《闡義鈔》，孤山智圓作。知禮辯破之，謂其不明理毒性惡。）

《天台教與起信論融會章》。（四明尊者《教行錄‧卷第二》。）

《別理隨緣二十問》。（四明尊者《教行錄‧卷第三》。）

《四明十義書》。（此為與山外諸家往覆辯難之結集。）

20.可觀：《山家義苑》。（南宋雲間沙門可觀述。）

《竹庵草錄》。

21.法登：《圓頓宗眼》。（南宋四明沙門法登述。）

《議中興教觀》。

22.宗印：《北峰教義》。（南宋宗印述。）

23.善月：《山家緒餘集》。（南宋四明沙門　庭善月述。）

24.虎溪：《天台傳佛心印記》。（元虎溪沙門懷則述。）

傳燈：《天台傳佛心印記註》。（明幽溪沙門傳燈註。）

25.傳燈：《性善惡論》。（明傳燈著。）

26.《四教儀註彙補輔宏記》。（此書是重重疊疊註釋諦觀《天台四教儀》者。元末南天竺沙門蒙潤集註。《輔宏記》則失作者名。清比丘示三氏性權彙補《輔宏記》。清居士錢伊庵則又校訂而備補之，其備補之文列于性權彙補文下。有

《註》，有《記》，有《補》，有《備》，重重叠叠，大抵鈔錄智者荊溪等之文獻。雖無多大價值，亦足示滿清一朝之紹述天台者。讀《四教儀》而不詳者，覽此可以詳之，亦有取焉。）

附論：關于《大乘止觀法門》

此書載于《大藏經》，署名爲慧思作，題下記曰「思大禪師曲示心要」。慧思爲智者大師的「受法師」。馮友蘭《哲學史》即依據此書述天台宗。自此以後，一般坊間流行作品涉及此者亦多如此。但馮書述天台宗時有注云：陳寅恪先生疑此書爲習華嚴者之所僞託。是則陳寅恪已見到此書不足以代表天台，但未見其詳證。馮書亦只附注如此提到，亦未確信陳氏之見。是則馮氏于天台教義根本無所知也。假定天台文獻無有存者，或稍有存者而不詳，則依據此書述天台教猶可諒解。今天台文獻旣詳且富，俱載《大藏經》，而猶依據此書述天台，則不可諒也。此見中國學術界之陋。設能稍讀天台文獻，或稍有一點歷史知識，何至以此書代表天台？縱使此書眞是慧思所作，則亦應是南嶽教，而非天台教。但慧思自得智顗（智者大師）後，法付智顗，即居南嶽，未聞開宗立教。開宗立教而成爲天台宗者完全在智顗一人。故只有天台教，而無南嶽教。而智顗之思路亦完全不同于《大乘止觀法門》。是故此書不足以代表天台宗也。

案：此書開頭載有朱頔序云：

嗟夫斯教雖大顯示啓來者，而人世未之普見。流于海外，逮
五百年。咸平中，日本國僧寂照以斯教航海而來，復歸聖
朝。天禧四年夏四月，靈隱山天竺教主遵式將示。生生之佛
種，咸成上上之勝緣。乃俥刻其文，又復以序爲請。

朱頔的官銜是「兩浙路勸農使、兼提點刑獄公事、朝奉大夫行尙書
度支員外郎、護軍借紫」。他出資刻文，並作序。又有天竺教主遵
式序云：

憶斯文也，歲月邈遠，因韜晦于海外。道將復行也，果咸平
三祀，日本國圓通大師寂照，錫背扶桑，杯汎諸夏。〔案劉
宋時有高僧杯度者，不知其姓名，常乘木杯度水，因以爲
名。此言「杯汎」即本杯度而言也。〕既登鄮嶺，解篋出
卷。天竺沙門遵式首而得之。度支外郎朱公 冠首序，出俸
錢模板，廣而行之。

案：咸平、天禧、俱宋眞宗年號。是則此書是由日僧寂照從日本帶
來，先交遵式。遵式復請朱頔出資刻文，遂得流行。宋眞宗以前根
本無一人得見也。慧思是南北朝陳時人。彼作此書，當時竟無刻
本，智者大師又無一字提及，根本對此無所知，此亦怪事。不知何
故竟流傳海外逮五百年。宋眞宗凡五改元。開始於咸平共六年，改
元景德共四年，改元大中祥符共九年，改元天禧共五年，最後改元
乾興只一年，即入仁宗朝。此書自咸平三年由日僧帶來，至天禧四
年始出版。從咸平三年到天禧四年，相距凡二十年。然而四明尊者

知禮撰《十不二門指要鈔》，書成時是在眞宗景德元年。此時此書尚未刻版也。此書既已由海外歸來，爲何交遵式，不交知禮？即遵式首得之，爲何不交知禮一閱？遵式與知禮是師兄弟，俱是寶雲義通之弟子。知禮長遵式五歲。（遵式生于宋太祖乾德三年，終仁宗明道元年，壽六十九。知禮生于宋太祖建隆元年，終仁宗天聖六年，壽亦六十九。太祖建隆共三年，即改元乾德。式于乾德三年生，故比知禮少五歲。）知禮主延慶道場，中興天台，時稱四明尊者。遵式建靈山法席，崎立解行，世號天竺懺主（主靈隱寺）。知禮中興天台，是繼祖正宗。其《指要鈔》一方固弘荊溪，一方亦隱斥山外。其《十義書》正是與山外諸家往復辯論之結集，此結集成于景德三年臘月。是則此兩書成時，正是《大乘止觀法門》已由日本歸來而尚未刻文之時。時在盛辯山外，遵式何不交知禮一閱？蓋此書既署爲慧思作，可大有助于山外家也。此書以《起信論》爲底據，而山外諸家亦正以華嚴宗之思路講天台。山外諸家正可藉此書以慧思壓智顗。但遵式似乎亦未將此書交山外諸家閱。遵式未參加知禮與山外諸家間之辯論。但他爲《指要鈔》作序，亦知《指要鈔》之特點與價值。他似並非贊助山外者。他既爲《大乘止觀法門》作序，並不以爲僞託，其態度（如此序爲眞）似是慧思歸慧思，天台歸天台者。《大乘止觀法門》于天禧四年刻文出版，此時知禮猶健在，當閱及此書。但知禮此後仍無一語道及，既未駁斥，亦未提及。如果眞有此書忽然自海外歸來，他似亦是持慧思歸慧思天台歸天台之態度者。如果知禮與遵式當時皆不以爲僞，則吾人今日似亦不容易逕視之爲僞託之書也。

　　但此書畢竟難言。吾人今日亦不能逕視之即爲慧思所作。此書

文字相當熟練，但輕淺，不古樸；又很有條理，系統整然，初學最易讀，但抒義多不諦當，既不合《起信論》，亦不合華嚴宗，根本處似未透徹，引經論多隨意滑轉。以如此系統整然，略具一小規模之教義，若真為慧思所作，而智者竟不知之，不曾一語道及，此乃不可思議者。梁陳隋是佛教鼎盛之時，當時又無法難，而此書若真為慧思所作，竟未刻文流行，不得使其得意弟子一見，此亦不可思議者。慧思既肯筆之于書，文字顯教當無秘而不宣之理。智者若非叛教，亦當無不承受之理。當時既無法難，竟不流行于師弟之間，而無端竟潛流于海外，韜晦于日本，此亦不可思議者。據此外迹，不易視為慧思作也。

關于慧思與智者之關係，章安灌頂記云：「行法華經懺，發陀羅尼，代受法師講金字般若。」（《摩訶止觀・卷第一上》，緣起中語）。荊溪湛然《止觀輔行傳弘決・卷第一之一》疏解此三語云：

「行法華經懺，發陀羅尼」者，習律藏已，詣大賢山持《法華經》。宿緣所熏，常好禪悅。快快江東，無足可問。聞光州大蘇山慧思禪師，遙餐風德，如饑渴矣。其地既是陳齊邊境，兵刃所衝。重法輕生，涉險而去。思初見，笑曰：「昔共靈山聽《法華經》，宿緣所追，今復來矣。」即示普賢道場，行法華三昧。經二七日行道，誦經，至〈藥王品〉諸佛同讚藥王菩薩言「是真精進，真法供養」，豁然入定，照了《法華》。將證白師，師曰：「非爾不證，非我不識。所發定者，法華三昧前方便也。所發持者，初旋陀羅尼。縱令文

字法師千群萬衆，尋汝之辯不能窮矣，于説法人中最爲第
一。」

「代受法師」等者，即指南岳爲「受法師」。南岳造金字
《大品經》〔《大品般若經》〕竟，自開玄義，命令代講。
于是，智方日月，辯類懸河。卷舒稱會，有理存焉。唯三三
昧〔空三昧、無作三昧、無相三昧〕，三觀智，用以諮審，
餘並自裁。思曰：「可謂法付法臣，法王無事者也。」時慧
曠律師亦在會坐。思曰：「律師嘗聽賢子講耶？」曠曰：
「禪師所生，非曠子也。」思曰：「思亦無功，《法華》力
耳。」

據此，則慧思與智者之關係乃以《法華經》爲樞紐。他們二人前生
同在靈山法華會上聽佛説《法華》，這是「宿緣」。今生相會仍以
「行法華三昧」爲入手。此荆溪所謂「以《法華》爲宗骨」也。不
但「行法華三昧」，且仍稟承《般若》之傳統。慧思造金字《般
若》，自開玄義，命智者代講。此荆溪所謂「以《大品》爲觀法」
也。「法付法臣，法王無事」。慧思所付之法不過《般若》與《法
華》，不曾以《大乘止觀法門》付智者也。此後者是以《起信論》
爲宗骨，以唯識宗之三性三無性爲觀法。（順三性三無性講止講
觀）。此則學脈全異也。章安灌頂是智者大師直接弟子。智者所有
作品，除《維摩經玄義》爲自作外，餘皆章安筆錄。荆溪是唐初復
興天台者。天台宗人自述其祖師之關係如此，當可憑信。
　《景德傳燈錄》所記與荆溪所述大同小異：

〔師〕以道俗所施，造金字《般若》、《法華經》。時眾請師講二經，隨文發解。復命門人智顗代講。至「一心具萬行」，有疑請決。師曰：「汝所疑，乃《大品》次第意耳，未是《法華》圓頓旨也。吾昔于夏中一念頓發，諸法見前。吾既身證，不勞致疑。顗即諮受《法華》行三七日得悟。」（《傳燈錄‧卷二十七》思禪師）。

據此，則慧思之觀念更切于天台之一念三千。《大品般若經》之「一心具萬行」尚是「次第意」，《法華》之百界千如，一千三千，方是「圓頓旨」。此已由慧思所親證。顗之「諮受」，即受此「法華三昧」行也。

《傳燈錄》同卷又記智顗云：

陳乾明元年謁光州大蘇山慧思禪師。思一見乃謂曰：「昔靈鷲同聽《法華經》，今復來矣。」即示以普賢道場，說四安樂行。師入觀三七日，身心豁然，定慧融會，宿通潛發，唯自明了。以所悟白思。思曰：「非汝弗證，非我莫識。此乃法華三昧前方便、初旋陀羅尼也。縱令文字之師千萬，不能窮汝之辯。汝可傳燈，莫作最後斷佛種人。」

此與荊溪所述大同小異。

關于慧思的著述，《傳燈錄》記云：「凡有著述，皆口授，無所刪改。撰《四十二字門》兩卷，《無諍行門》兩卷，《釋論玄》，《隨自意》，《安樂行》，《次第禪要》，《三智觀門》，

等五部，各一卷，並行于世。」此中無《大乘止觀法門》。又所云五部各一卷，若照五部說，則《隨自意》，《安樂行》，爲兩書，實則當爲一書，即《隨自意安樂行》。如是不得說五部，但四部耳。《傳燈錄》所列者，今大藏經中只存有《法華經安樂行義》及《諸法無諍三昧法門》。前者當即《傳燈錄》所記列的《隨自意安樂行》，後者當即其所列的《無諍行門》。「安樂行」一詞出自《法華經·安樂行品》。荊溪記天台九師亦云「第八諱慧思，多用隨自意安樂行」《止觀輔行傳弘決·卷一之一》。智者《摩訶止觀》亦提到「隨自意」之修禪工夫。（行住坐臥皆無不可，名「隨自意」。隨自意爲形容詞，不得爲獨立一書）。此承其師而言也。關于《次第禪要》，智者亦有《次第禪門》（《釋禪波羅蜜次第法門》），此亦師資相承也。關于《三智觀門》，智者《摩訶止觀》言三智三觀三諦，此是天台宗之基本義，承《般若經》及龍樹而來也。荊溪記智者「唯三三昧，三觀智，用以諮審，餘並自裁」。是則三智三觀初亦是師資相承也。關于《釋論玄》，當即是關於《大智度論》（此亦稱《釋論》）之玄義。荊溪記「南岳造金字《大品經》竟，自開玄義，命令代講」。則所謂《釋論玄》亦可有也。是則其著述大體可表出天台宗之師資相承。唯以《起信論》爲底據而具系統性的《大乘止觀法門》卻不曾爲智者所承受，亦不爲天台宗人所提及，故不易視爲慧思作也。

　　慧思亦講如來藏，但此並不表示即能作以《起信論》爲底據的《大乘止觀法門》。如《法華經安樂行義》云：

　　一切眾生具足法身藏，與佛一無異。如《佛藏經》中説三十

二相，八十種好，湛然清淨。眾生但以亂心惑障，六情暗
濁，法身不現。如鏡塵垢，面像不現。

其中又有偈云：

云何名一乘？謂一切眾生，皆以如來藏、畢竟恆安樂。亦如
師子吼、《涅槃》中問佛世尊：實性義，爲一爲非一？佛答
師子吼：亦一亦非一，非一非非一。云何名爲一？謂一切眾
生、皆是一乘故。云何名非一？非是法數故〔案：此句依
《涅槃經》當爲「說三乘故」。依智者《法華玄義・卷第五
下》言三法妙處所引當爲「如是數法故」。〕云何非非一？
數與及非數、皆不可得故。是名眾生義。

其中又云：

男女等身本從一念無明不了妄念心生。此妄念之心猶如虛
空。身如夢如影，如焰如花，亦如空華，求不可得。

此解安樂行亦不是依《法華經・安樂行品》原經語而說。
　　《諸法無諍三昧法門・卷上》云：

若無淨戒禪智慧，如來藏身不可見。如金礦中有眞金，因緣
不具金不現。眾生雖有如來藏，不修戒定則不見。淨戒禪智
具六度，清淨法身乃顯現。淨妙眞金和水銀，能塗世間種種

像。如來藏金和禪定，法身神通應現住。

如來藏爲秘密藏，亦曰法身藏。慧思亦就此法身藏而言「本土」。
《法華經‧卷四見寶品塔第十一》有三變土田之說。在三變中，皆
有「移諸天人置於他土」之語。如

> 爾時十方諸佛各告眾菩薩言：善男子！我今應往娑婆世界釋
> 迦牟尼佛所，並供養多寶如來寶塔。時娑婆世界即變清淨。
> 琉璃爲地，寶樹莊嚴。黃金爲繩以界八道。無諸聚落村營城
> 邑、大海江河山川林藪。燒大寶香。曼陀羅華徧布其地。以
> 寶網慢羅覆其上，懸諸寶鈴。唯留**此會衆**，移諸天人置於他
> 土。……
> 時釋迦牟尼佛欲容受所分身諸佛故，八方各**更變**二百萬億那
> 由他國，皆令清淨。無有地獄餓鬼畜生及阿修羅，又**移諸天
> 人置於他土**。所化之國亦以琉璃爲地，寶樹莊嚴。云云。
> 釋迦牟尼佛爲諸佛當來坐故，復於八方各**更變**二百萬億那由
> 他國，皆令清淨。無有地獄餓鬼畜生及阿修羅，又**移諸天人
> 置於他土**。所化之國亦以琉璃爲地，寶樹莊嚴。云云。

此即所謂三變土田。在此莊嚴清淨土田中，只有諸佛菩薩（「唯留
此會衆」），「無有地獄餓鬼畜生及阿修羅，又移諸天人置於他
土」，意即把天人也搬出去，讓他們住於另一地方（他土），不讓
他們留住在此。「置於他土」，此「他土」是什麼地方，經未明
言。

慧思解云：

> 「他土」之音凡有二義。一者本土，是如來藏。一切眾生不
> 能解故，貪善惡業，輪迴六趣。二者一切眾生無量劫來，常
> 在六趣，輪迴不離，如己舍宅，亦名本土。（《諸法無諍三
> 昧法門·卷下》）。

他把這「他土」解爲「本土」，此意解耳。依慧思，本土有二義，
一是以如來藏爲本土，此是一切眾生之超越的本土，亦可曰純智本
土。二是舍宅本土，此如洞窟，此即生死本土，亦可曰感性本土。
此解恐不必是經意。經只說把天人也請出去，讓他們住在另一地
方，不讓他們住在此所化之莊嚴國土中。天人各如其爲眾生之身分
亦有其所應有之依報（國土），當其一旦朗現如來藏時，他們亦可
居清淨國土。此是其真正之「本土」也。以如來藏爲本土，是法、
報、化三身合一說。慧思之解乃意解耳。

《諸法無諍三昧法門·卷下》又有云：

> 天人阿修羅等薄福德故，不能感見三變座席〔即〈見寶塔
> 品〉三變國土〕，復不感聞本無如教甚深妙聲。是本無
> 如、如來如，一如無二如，本末究竟等，唯佛與佛乃能知
> 之。

如來藏，秘密藏，法身藏，乃一般所雅言，不因此即可斷定《大乘
止觀法門》爲慧思所作也。慧思是陳人。《勝鬘夫人經》劉宋時即

譯出，他自不能不讀。《涅槃經》亦講如來藏。《法華經》亦有
「秘藏」，「秘密如來之藏」之語。不因講如來藏即能作《大乘止
觀法門》也。又，慧思雖講如來藏，但大體據經，而未引及《起信
論》。《起信論》是梁陳間出品，署名爲馬鳴造，梁眞諦譯，一般
公認爲僞託。慧思是否及見，亦成問題，即曾見及，是否能運用之
如此其熟練，如《大乘止觀法門》之所表現者，亦大成問題。故不
因其講如來藏，即謂其能作《大乘止觀法門》也。即開天台宗之智
者大師亦非不講如來藏，唯不依「如來藏緣起」以建立系統耳。智
者述古，涉及唯識學方面，只提《地論》《攝論》，從未引及《起
信論》。彼於《摩訶止觀》中言「六即」之「理即」云：

> 「理即」者一念心即如來藏理。如故即空，藏故即假，理故
> 即中。三智一心中具，不可思議，如上說。三諦一諦，非三
> 非一。一色一香，一切法，一切心，亦復如是。是名理即是
> 菩提心，亦是理即止觀。即寂名止，即照名觀。

此即一念三千之圓教也。「一念心」者一念刹那心、煩惱心也。亦
名「一念無明法性心」。此一念心即潛伏著一如來藏。隱名如來
藏，顯名法身。理即佛者，一切衆生理上即是佛，特未顯耳。亦可
以說只隱伏地具有一佛性。此如來藏佛性理，天台家並不先分解地
把它視爲如來藏自性清淨心以爲一切法之所依止，如《起信論》及
華嚴宗之所爲。乃是即就一念無明法性心（煩惱心），依煩惱即菩
提之方式，通過圓頓止觀，把它詭譎地朗現之。此一思路完全不同
於《起信論》與華嚴宗。若如後者所爲，乃是荊溪所謂「偏指清淨

眞如心」，定招「緣理斷九」之譏。此則爲別教，非眞圓教也。荆
溪《金剛錍》有云：「夫唯心之言豈唯眞心」？故自「一念三千」
立圓教也。此一念心潛伏地即是一如來藏，即所謂「如來藏理」。
客觀地言之，（就「理即」而言爲客觀地言），「如故即空」，反
過來就「即空」說如也。「藏故即假」，反過來就「即假」說藏也
（假即三千世間法）。此即空即假之如來藏同時即是中：中是圓實
地說，空假是方便地權說。故即以中代表這「理即」上的如來藏，
即成「如來藏理」，亦即是以「中道第一義空」爲理也。故云「理
故即中」，反過來，就「即中」說理也。此「理」是客觀地實說。
「理即」之理則有虛實兩義。「理上即是佛」是理之虛義，意即原
則義，或本質義。理上即是佛不是空說，乃客觀地實有其理，此即
是中道第一義空理，即作爲佛性之中理也。一切衆生皆原則上即是
一中理佛，或，原則上皆以中道實理爲佛性也。即依此實義的中理
而說爲「理即佛」也。意即依此中理，他原則上即是佛。實義的理
招虛義的理，虛義的理呼應那實義的理。下說「三諦一諦，非三非
一」，「三智一心中具，不可思議」，云云，皆是客觀地言之也。
故云「是名理即是菩提心，亦是理即止觀」。

　　天台宗旣非「阿賴耶緣起」之系統，亦非「如來藏緣起」之系
統。它乃是「從無住本立一切法」，一念三千之圓具系統也。它原
則上不走分解的路，而乃是依「法性即無明，法性無住，無明即法
性，無明無住」，這詭譎的方式，出之也。如此，方爲眞圓教。凡
走分解之路者皆非眞圓教也。奘傳唯識是阿賴耶緣起，此爲始別
教，固非圓教；即言如來藏緣起之《起信論》亦只是終別教，而非
圓教；即依《起信論》而建立之華嚴宗亦只是別教一乘圓教（此中

之別教與《起信論》爲別教之別教不同，其意是專就十佛法身說一乘圓教），非眞圓教，此乃「性起」系統，非「性具」系統。何以故？以彼「偏指清淨眞如」，「唯眞心」，「緣理斷九」故也。

智者《摩訶止觀》破阿賴耶緣起與如來藏緣起云：

> 《地》人云：一切解惑眞妄依持法性，法性持眞妄，眞妄依法性也。《攝大乘》云：法性不爲惑所染，不爲眞所淨，故法性非依持，言依持者阿黎耶是也。無沒無明盛持一切種子。若從《地》師，則心具一切法。若從《攝》師，則緣具一切法。此兩師各據一邊。〔此言《地》師指《地論》師南道派慧光系主眞如依持者而言。北道派道寵系主賴耶依持，此近《攝論》師。此皆是唯識學之分解地說。賴耶依持者是心理學的分解。眞如依持者是超越的分解。前者是阿賴耶緣起，後者是如來藏緣起。〕
>
> 若法性生一切法者，法性非心非緣，非心故而心生一切法者，非緣故亦應緣生一切法，何得獨言法性是眞妄依持耶？若言法性非依持，黎耶是依持，離法性外，別有黎耶依持，則不關法性。若法性不離黎耶，黎耶依持即是法性依持，何得獨言黎耶是依持？又違經。經〔《大涅槃經》〕言：「非內非外，亦非中間，亦不常自有。」又違龍樹。龍樹云：「諸法不自生，亦不從他生，不共不無因」〔《中論》〕。更就譬檢。爲當依心故有夢？依眠故有夢？眠法合心故有夢？離心離眠故有夢？若依心有夢者，不眠應有夢。若依眠有夢者，死人如眠應有夢！若眠心兩合而有夢者，眠人那有

不夢時？又眠心各有夢，合可有夢。各既無夢，合不應有。若離心離眠而有夢者，虛空離二，應常有夢！四句求夢尚不可得，云何於眠夢見一切事？心喻法性，夢喻黎耶。云何偏據法性黎耶生一切法？

此即依《大經》與龍樹立言，不走唯識學之分解的路也。然而三千假名法仍然宛在。此三千法，既不依阿賴耶說明之，亦不依如來藏清淨心（真如心，法性心）說明之，乃即就一念心之即具三千不說明地說明之。（「不說明地」者不分解地拉成一縱貫系統以明之也。「說明之」者，不縱不橫，詭譎地即具明之也。）如云：

夫一心具十法界，一法界又具十法界，百法界。一界具三十種世間，百法界即具三千種世間。此三千在一念心。若無心而已。介爾有心，即具三千。亦不言一心在前，一切法在後。亦不言一切法在前，一心在後。例如八相遷物，物在相前，物不被遷；相在物前，亦不被遷。前亦不可，後亦不可。祇物論相遷，祇相遷論物。今心亦如是。若從心生一切法者，此則是縱。若心一時含一切法者，此則是橫。縱亦不可，橫亦不可。祇心是一切法，一切法是心故。非縱非橫，非一非異。玄妙深絕，非識所識，非言所言。所以稱爲不可思議境，意在于此。
問：心起必託緣，爲心具三千法？爲緣具？爲共具？爲離具？若心具者，心起不用緣。若緣具者，緣具不關心。若共具者，未共各無，共時安有？若離具者，既離心離緣，那忽

心具？四句尚不可得，云何具三千法耶？

〔下破《地》人《攝》人，見上錄，略〕。

當知四句求心不可得，求三千法亦不可得。既縱橫四句生三千法不可得者，應從「一念心滅」生三千法耶？「心滅」尚不能生一法，云何能生三千法耶？若從「心亦滅亦不滅」生三千法者，「亦滅亦不滅」其性相違，猶如水火，二俱不立，云何能生三千法耶？若謂「心非滅非不滅」生三千法者，「非滅非不滅」非能非所，云何能所生三千法耶？〔意即云何成為能所，有能生所生，因而生三千法耶？〕亦縱亦橫求三千法不可得，非縱非橫求三千法亦不可得。言語道斷，心行處滅，故名不可思議境。《大經》云：「生生不可說，生不生不可說，不生生不可說，不生不生不可說。」即此義也。當知第一義中，一法不可得，況三千法？世諦中一心尚具無量法，況三千耶？如佛告德女：無明內有不？不也。外有不？不也。內外有不？不也。非內非外有不？不也。佛言：如是有。龍樹云：不自不他，不共，不無因生。《大經》云：生生不可說，乃至不生不生不可說。有因緣故，亦可得說。謂四悉檀因緣也。雖四句冥寂，慈悲憐愍于無名相中假名相說。

「無名相中假名相說」，如是，乃方便權說一念心即具三千法。此雖是方便權說，亦不同于彼方便權說阿賴耶緣起與如來藏緣起者。一切系統（敎言）俱是方便權說，然方便權說之思路亦各異，此所以有判敎。依《大經》「生生不可說，乃至不生不生不可說」，以

及龍樹「不自，不他，不共，不無因」之思路，方便權說「一念三千」，乃是圓具系統之圓教權說，而阿賴耶緣起與如來藏緣起之分解地權說則非圓教也。此種判教，獨標圓具，俱是智者所開演，非慧思所預立。此所以慧思預記智者「說法人中最爲第一」，又說「法付法臣，法王無事」也。

然而《大乘止觀法門》卻是完全不同之另一思路。如眞爲慧思所作，則是法王並非「無事」，乃是煞有介事；並非「法付法臣」，乃是獨有法教。如眞爲慧思所作，當不是與智者爭勝，因智者爲後起故。縱非爭勝，亦是別有一套尚未付也，而智者亦無緣得聞也。此似不近情理。

《大乘止觀法門》以《起信論》爲底據，此大體是屬於「如來藏緣起」者。然縱使如此，亦多有不諦處。如《起信論》言如來藏自性清淨心，由此眞心開二門：一生滅門，二眞如門。生滅門是由阿賴耶識之引進而起現，所謂無明風動，不覺一念，遂憑依此眞心而有生滅流轉（生滅與不生滅和合，不一不異，名爲阿賴耶識），並不言此眞心體備染淨二性，起染淨二事也。而《大乘止觀法門》則言如來藏體備染淨二性，起染淨二事。直言此眞心有兩種性能，能起兩種事用，此大誤也。說得如此死煞，如何可轉染爲淨？雖有種種辯解，總歸繳繞。《勝鬘夫人經》只說此眞心「不染而染，難可了知」，並不說此眞心具染淨二性也。賢首說此眞心「隨緣不變，不變隨緣」，隨染淨緣起染淨事，並不說此眞心體具染淨二性也。《楞伽經》說如來藏是善不善因，並未把此因即定死爲染淨二性也。又，《起信論》言不空如來藏是就無量無漏清淨功德說，並不說體具染淨二性，能起染淨二事，爲不空也。然而《大乘止觀法

門》則由「體具染淨二法以明不空」，此又大誤也（彼解云「具足染法者就中復有二種差別：一明具足染性，二明具足染事」。）彼如此說，或可類比天台宗之「性惡」。然智者說性惡是就「法門不改」說，並不說法性心具惡性起惡事也。三千法門本有淨善法門（如二乘菩薩佛），與穢惡法門（如六道衆生法）。惡是就穢惡法門說。「性惡」者言性德上本有此穢惡法門也。無論是念具三千，或智具三千，善惡法門一不可改。故成佛乃具九法界而成佛。並不云佛性心具染淨二性起染淨二事也。故知禮云：「圓家斷證迷悟但約染淨論之，不約善惡淨穢說也」。（《十不二門指要鈔》釋「一念」處）。「約染淨論之」之染淨是主觀地說者。執即染，不執即淨。執染則迷，不執不染爲淨，此即是悟。「善惡淨穢」是客觀地就「法門不改」說。此則分別的甚清楚。故性惡者並非謂解心具惡性起惡事也。「解心無染」，而不妨以穢惡法門度衆生。無明可斷，而法門不可斷也。以不可斷，故云「性德惡」。此亦「去病不去法」之意耳。

是則《大乘止觀法門》兩不著邊，旣不合《起信論》與華嚴宗之「性起」，亦不合天台宗之「性具」，由於根本處未透故也。

或可云慧思所見本即如此。若然，則思大禪師根本有問題。吾意慧思不應如此顢頇也。若云非慧思所作，試問當屬誰作？此亦難斷言。當不屬於習華嚴宗者之所爲。因華嚴宗赫赫顯學，習華嚴宗者，屬華嚴宗而已矣，用不著僞託慧思之名也。抑或僞託之用以模糊天台宗之宗旨者乎？此難定也。又不像是天台宗內山外諸家之所爲。因此書從日本歸來而尚未刻文之時，正是知禮與山外諸家早已開始爭辯之時。此時，此書旣尚未刻文，山外諸家當不及見。彼等

亦未提此書，亦不易在此時造作此書也。此或是於天台華嚴兩不
屬，文字相當熟練，而於經論義理不透徹者之所爲，爲之以融會天
台華嚴乎？爲之於知禮爭辯之時乎？抑在後乎？抑早已爲之乎？遵
式爲之作序，明言自日本歸來。堂堂遵式不至有誑言也。然又焉知
遵式之序不是假託者乎？種種疑難，難可斷定，亦無從考證。然不
能依此書講天台，此則可斷言也。

第三章
天台宗之衰微與中興

天台宗之傳授如下：

龍樹……→北齊慧文→南岳慧思→天台智顗→章安灌頂→縉雲
智威→東陽慧威→左溪玄朗→荊溪湛然→興道道邃→至行廣修
→正定物外→妙說元琇→高論清竦→螺溪義寂→寶雲義通→知
禮〔賜號法智，稱四明尊者〕：共十七世。

據此傳授表，天台宗自智者開宗，遠紹印度之龍樹，近承本土
之慧文與慧思。灌頂而後，歷三世而得荊溪湛然。荊溪是盛唐時
人，去智者猶未甚遠。唯識宗，華嚴宗，以及禪宗，俱在初唐盛唐
時興起壯大。荊溪疏釋智者之作品，一方弘揚本宗，一方精簡別
圓。知禮《十不二門指要鈔》中有云：「此宗，若非荊溪精簡，圓
義永沈。」其精簡別圓者，主要是對華嚴宗而發。荊溪稍後于賢
首，而年長于清涼澄觀。澄觀初學于荊溪，後轉而弘華嚴，成為華
嚴宗之四祖。華嚴宗承《地論》師，《攝論》師，及《起信論》，
早期之唯識學，以如來藏自性清淨心為中心，對抗玄奘所傳之唯識
宗，所謂新法相宗，以阿賴耶為中心，吾亦名之曰後期唯識學。
（前後期以中國吸收之經過為準）。華嚴宗不滿于奘傳之唯識，然
而對于天台卻極尊重。雖名之曰同教一乘圓教，名自宗曰別教一乘

圓教，然而對于天台卻無意貶視；而荊溪之精簡卻在指出華嚴宗爲緣理斷九，偏指清淨眞如，此即示並非眞圓。而華嚴宗之所以終爲性起系統，而非性具系統，蓋以其承唯識學而發展，固應有此限制也。故知禮于〈天台敎與起信論融會章〉一文中有云：「菩薩弘敎，各逗機宜。蓋是一類之機，宜聞一途之說，未必四依〔賢首位繼四依〕有不了也。」是則兩家互相尊重，而極圓竟在天台。是則華嚴與天台在當時佛敎界乃居于中國佛學之正宗地位，而天台復是正宗中之正宗也。奘傳唯識雖亟思復印度原來之舊，亦無法與此二宗相對抗，蓋印度原來之舊不必即爲了義也。是故唯識宗自玄奘開始，兩傳而衰。玄奘盛揚唯識，荊溪自不能無所聞，然而唯識敎義絲毫不能影響于天台已有之判敎，亦不得謂天台宗師竟不解唯識之奧秘也。「識」之一字在佛家義理中自居重要之地位，然而唯識宗之敎義究未至極，此爲一般所公認。天台判之爲別敎，而視之爲界外一途法門，實則只是吾所說之始別敎。華嚴則判之爲始敎。此非故意貶視之也，理上自應如此。雖即龍樹之空宗，天台亦仍判之屬通敎，華嚴亦視之爲始敎，然而不礙天台承之而前進。是則華嚴雖判唯識爲始敎，亦不礙其承續之而進前。蓋自《地論》師、《攝論》師、以及《起信論》，即已不以阿賴耶爲最後依止矣。

唯識宗兩傳而衰，華嚴宗五傳至圭峰宗密而衰。而天台宗自荊溪而後，亦歷世無顯達者。至唐末五代時，傳至螺溪義寂，始有復興之機緣。自唯識、華嚴、與天台衰微後，唯禪宗與大唐共終始，成爲時代之顯學。此固由于中國人之好簡易，亦由于吸收佛敎吸收至天台華嚴而極，固不易再有新波瀾。新波瀾者唯在禪宗耳。此其所以獨爲時代之寵兒也。然而此仍不礙天台華嚴爲佛敎之正宗，而

天台又爲正宗之正宗也。蓋因禪宗雖自言「教外別傳」，而不知「別之不可」也。

天台宗于唐末五代時復興之機緣始于吳越忠懿王之閱《永嘉集》。高麗僧諦觀撰《天台四教儀》。明萬曆沙門智覺校梓《四教儀》緣起云：

> 宋修僧史，僧統〔官名〕贊寧通惠〔法號〕錄云：唐末，吳越錢忠懿王治國之暇，究心內典。因閱《永嘉集》有「同除四住，此處爲齊，若伏無明，三藏則劣」之句不曉，問于雲居韶國師。乃云：天台國清寺有寂法師，善弘教法，必解此語。王召法師至，詰焉。法師曰：此天台智者大師《妙玄》中文。時遭安史兵殘，近則會昌焚毀。中國教藏殘闕殆盡。今惟海東高麗闡教方盛，全書在彼。王聞之，慨然即爲遣國書，贄幣使高麗，求取一家章疏。高麗國君乃勑僧曰諦觀者報聘，以天台教部還歸于我。觀既至，就稟學寂公，于螺溪終焉。大教至是重昌矣。

案此中吳越錢忠懿王即吳越王錢鏐後最末一王錢俶也。嗣王位後，稱錢忠懿王。《永嘉集》乃永嘉玄覺撰。玄覺精天台止觀法門，後至曹溪求證于禪宗六祖惠能（見《壇經》）。「同除四住」四語見《法華玄義・卷第五上》（覆看前第一分第四章第七節）。雲居韶國師。即天台山雲居道場德韶禪師。德韶爲禪宗法眼宗清涼文益之法嗣。時爲吳越忠懿王之國師，故曰韶國師。德韶乃禪宗之禪師，自不甚了天台教義，故介紹寂法師于忠懿王。寂法師者即天台山螺

溪院羲寂法師也，後為天台宗之十五祖。當時中國敎藏經會昌（唐
武宗年號）法難，殘缺殆盡。天台章疏亦不能免。幸保全于高麗。
羲寂言之于忠懿王。王遣使使高麗取天台章疏，德韶國師與有力
焉。

《傳燈錄·卷二十五》記天台韶國師有云：

> 初止白沙時，吳越忠懿王以國王子剌臺州，嚮師之名，延請
> 問道。師謂曰：他日爲霸王，無忘佛恩。漢乾祐元年戊申，
> 王嗣國位，遣使迎之，申弟子之禮。有傳天台智者敎羲寂者
> 屢言于師曰：智者之敎年祀寖遠，應多散落。今新羅國，其
> 本甚備。自非和尚慈力，其孰能致之乎？師于是聞于忠懿
> 王。王遣使及齎師之書，往彼國繕寫，備足而迴。迄今盛行
> 于世矣。

是則因忠懿王之閱《永嘉集》，羲寂遂敦促德韶國師勸王遣使往高
麗求取天台章疏。高麗則遣僧諦觀來報聘。諦觀來中國後，就裏學
于寂公，于螺溪終焉。《天台四敎儀》即彼所撰也。

吳越忠懿王于五代漢乾祐元年嗣王位。五代漢以前爲晉。石晉
天福中有僧曰義通已來自高麗，學于羲寂，此即寶雲義通也。寶雲
即明州之寶雲寺。義通繼承羲寂而爲天台宗之十六祖。義通傳弘于
明州之寶雲寺，法席大開，得二神足而起家。一曰知禮（宋眞宗賜
號法智），二曰遵式（慈雲法師）。知禮者即天台宗之十七祖，號
稱四明尊者，中興天台敎者也。是則天台敎之中興，高麗方面頗有
重大之關係。文獻取之于彼，義通與諦觀又皆是高麗人。以機緣

言，始于五代時錢忠懿王之閱《永嘉集》；以完成言，則成于北宋
初年之知禮。北宋開國，佛教方面即有一大哲人應運而生，所謂
「江山代有人才出，各領風騷數百年」，誠不虛也。雖是中興，而
非新創，然而重複即創造，此種中興要亦非有精湛學思者不能辦。

知禮之中興天台有二義：一、盛闡智者與荊溪之原義，二、辯
破山外諸家之謬誤。由此遮表二義，天台教義乃得重明。

所謂辯破山外諸家之謬誤者，蓋因天台久經衰微，章疏不備。
雖由高麗取還中國，而久生難熟，故讀者一時不能明也。因此，當
時天台宗方面，其鑽研弘揚自家教義者，多不自覺襲取華嚴之思
路，尤其圭峰宗密之思路，以釋天台。此在當時被斥為山外，蓋示
非天台之正宗也。此輩人文獻不熟，義理不精，不能簡別同異，知
禮力辯破之，斥之為「墜陷本宗」。因此，遂有山家山外之爭辯。
而因此爭辯，天台教義得以重明，而知禮亦遂得而成為正宗焉。

宋法登有〈議中興教觀〉一文，如下：

> 山家教觀傳來久矣。大小部帙，典型尚在。獨稱四明法師中
> 興者，其故何哉？曰：典型雖在，而迷者異見由乎山外一家
> 妄生穿鑿，稟承既謬，見解復差，致一家教觀日就陸沈矣。
> 古人所謂道若懸絲而引石，是此之謂與？賴有四明法師而中
> 興之，使一家教觀大概于時，人到于今咸受其賜也。
> 嘗竊疑之，舉世皆謂四明中興天台教觀，而不知所謂中興
> 也。未審中興之說如何定耶？請試陳之。
> 或謂四明事理，三千總別，生身尊特，此等莫非中興之說
> 乎？今謂不然。應知四明中興之道，非天竺慈雲法師孰能知

之？〔案：遵式住靈隱寺，建靈山法席，峙立解行，時號天竺懺主。〕，彼〈指要序〉〔遵式爲知禮《十不二門指要鈔》作序〕云：「教門權實今時同昧者，于茲判矣，別理隨緣其類也。觀道所託連代共迷者，於茲見矣，《指要》所以其立也。」大哉天竺之言，斷可信矣。是即《指要鈔》中立「別理隨緣」，乃中興一家圓頓之教，「立陰觀妄」顯一家境觀之道。只此二說乃中興教觀之主意也。後人不知其要，委有指陳，謂能傳四明中興之道者遠矣。

疑曰：以何義故，以「別理隨緣」之說是中興教耶？以山外一派宗天台者，咸謂賢首之宗大乘終教所說「隨緣」正同今家圓教隨緣之義，擠陷本宗圓頓之談，齊彼終教。況彼更有頓圓教，則使今宗抗折百家，超過諸說之談，居彼下矣。四明「從明」從而闢之〔案：「從明」二字疑衍，當刪〕，以彼大乘終教隨緣正同今家別義，又格彼頓教圓教既不談具，即義不成，亦是今家別義，方顯今家所說圓頓談即談具，超過諸說。四明所謂「只一具字彌顯今宗」，中興其教不在茲乎？

所以中興觀者，亦由山外之宗不曉《止觀》觀境之旨，卻以一念而爲眞心，不立陰境。四明斥云：「大失宗旨」。所以特立陰妄而爲所觀，顯于妙理。故曰：「指介爾之心爲事理解行之要」。豈非中興境觀之說手？

得此意己，方可與論中興教觀之說。其如三諦，事理，三千總別，有相無相，二境三觀，三身壽量，播在章記，從而可知。寄語學者，宜宗思之。稟承教觀，須識源流，不可望風

而已。

案：中興教觀即知禮能重新了解天台原有之教門權實之理論以及關於觀法之理論，亦即能重新了解天台教義之真實意義也。關於教門權實之理論，集中於「別理隨緣」而論之。關於觀法之理論，則集中於「一念心」而論之。所謂「別理隨緣」者，意即別教真如理有隨緣義也。所謂「一念心」者，意即「一念無明法性心」，即刹那心，煩惱心，以此為所觀之陰境也；一念心並非真如心也。此後一點原是智者原有之義，《摩訶止觀》有明文，而山外諸家不解祖典，反以「一念」為真心，此以華嚴宗之真常心（真如心）解「一念」也。知禮《指要鈔》嚴加駁斥，此所以中興天台觀法也。關於前一點，智者時華嚴宗尚未出現，亦由於智者對於如來藏緣起與阿賴耶緣起之不同未能正視，彼雖時常駁斥真如依持與賴耶依持，然只就《地論》師與《攝論》師之說而依《中論》之四句觀法作詭譎地責斥，未能分解地正視《地論》師與《攝論》師之並無大異，以及真正的如來藏緣起與阿賴耶緣起之確有不同，此或由於此兩系統在當時尚未彰顯，地人攝人之傳述有所不盡以及多所渾淪，《起信論》尚未大顯於世，或已出世，而彼未能多與正視，然無論如何，彼對此兩系統之差異，未能分解地予以正視，則是事實，因此之故，智者章疏中無「別理隨緣」之簡別。而荊溪時，《起信論》已大顯，唯識宗之本義已由玄奘之傳述而大明，華嚴宗已成立，而《地論》師與《攝論》師以及《起信論》已合流，其顏色總與唯識宗（新法相宗）有不同，是故賢首盛辨如來藏緣起與阿賴耶緣起兩者之不同，以及凝然真如與隨緣不變之真如之不同。「隨緣不變，

不變隨緣」，乃賢首之語。荊溪精簡別圓，主要是對華嚴而發，當無不知「別理隨緣」之理。是則知禮雖明說此語，然並非其新發見，不過能知華嚴判教之實耳。華嚴宗以《起信論》為其理論之根據。「不變隨緣，隨緣不變」是就真如心說。真如心亦即真如理，真如空理與真常心是一也。此亦曰真實性，此真實性即玄奘所譯之「圓成實性」，然早期真諦即譯曰真實性。在奘傳唯識宗，此真實性（圓成實性）只是真如空理，是智之相分，只可說真如理，不可說真如心，真心與空理並非是一。但《起信論》以如來藏自性清淨心為最後依止，故真如心即真如理，真心與空理是一。華嚴宗即繼承此義而說真實性（真如心）有隨緣與不變二義，因此，遂有「隨緣不變，不變隨緣」之兩語。故當其說真如或真如理時實指此真如心而言也。天台家如此說之時，亦如此。非復唯識宗中之真如空理也。在奘傳唯識中，真如只是空理，是所，是相分，**既不能熏**，亦**不受熏**，因此，只有不變義，並無隨緣義，即，並不能隨染淨緣起染淨法，即，並不能言「性起」也。因此，華嚴宗說此種真如只是「凝然真如」。但華嚴宗既依《起信論》以真常心為真實性，則自能說此真實性雖真常不變而又隨染淨緣起染淨法。此即所謂如來藏緣起，華嚴宗亦曰性起。然而唯識宗則只講阿賴耶緣起，認為真如空理並不能緣起。因此，華嚴宗判唯識宗為大乘始教，判《起信論》為大乘終教。終教真實性有隨緣義，而始教真如理並無隨緣義。始教者相當于天台之通教，但天台只以空宗為通教，唯識宗仍屬別教，故吾以始別教名之，終教者即天台之別教，但依天台則當曰終別教。因此，知禮說「別理隨緣」乃恰合華嚴宗判教之原義。然而山外諸家既不解自家祖師之判教，亦不解華嚴宗之判教，乃謂

唯識宗之眞如不隨緣相當于天台之別敎，此可不誤，蓋天台視唯識宗亦爲別敎故；而《起信論》之眞如隨緣乃相當于天台之圓敎，此則不但大混亂，而且竟以自家之圓敎齊彼終敎，眞所謂「擠陷本宗」也。

彼輩或看到荆溪《止觀大意》有「隨緣不變故爲性，不變隨緣故爲心」之語，《金剛錍》有「眞如是萬法，由隨緣故，萬法是眞如，由不變故」之語，遂以爲法藏賢首以不變隨緣二義釋《大乘起信論》之眞常心正同天台之圓敎。殊不知荆溪說不變隨緣，辭語雖借之于賢首，而抒義完全不同于賢首。賢首以之說《起信論》是終敎，而荆溪則借用之說圓敎。同一隨緣，而有別圓之不同。故知禮依之說「別理隨緣」也。別理亦可有隨緣義，但不必是圓敎。那得一見隨緣便以爲是圓敎耶？關此，知禮詳駁之于《指要鈔》中，吾亦有較詳之案語，可覆看。

賢首視《起信論》爲大乘終敎，即示彼尙有「別敎乘圓敎」，乃高于終敎者。然自天台家觀之，彼之別敎一乘圓敎「**既不談具，即義不成，亦是今家別義**」。賢首說「別敎一乘圓敎」，此中之「別敎」意指固不同于天台所說之「別敎」。天台說別敎是專指菩薩道說，不共小乘，故非通敎，曲徑紆迴，故非圓敎。賢首說「別敎一乘」是專指毗盧遮那佛法身說，不共九界。然自天台家觀之，「既不談具，即義不成」，即，不即九界而爲佛，乃緣理斷九而爲佛，此雖是高，而未臻圓境，故仍是別敎之佛也。天台圓敎爲「同敎一乘圓敎」，此乃賢首所明說者。實則眞正圓敎唯在此「同敎一乘圓敎」也。眞圓始眞高，別敎一乘之高既不圓，即非眞高，乃是權高也。若如山外諸家所解，彼之終敎即同天台圓敎，則彼尙有圓

教，豈非更高于天台乎？天台之圓居彼之下，求與之齊尚不可得，焉能爲究竟圓實乎？

是故山外諸家既不解天台之判敎，亦不解華嚴宗之判教，而卻不自覺以華嚴宗之思路理解天台。知禮從而闢之，使天台敎觀得以復明。法登集中于兩點以明知禮中興天台判教之實以及中興天台境觀之實，甚爲扼要，可使學者得一清楚之眉目。至于其他諸說俱是精解荊溪之原義，可隨原文之順通而得之也。如法登所列舉者，如「三諦、事理，三千總別，有相無相，二境三觀，三身壽量」等，盡見于《指要鈔》與《妙宗鈔》，山外諸家多有誤解。三諦是就三千法即空假中而爲三諦，非指眞常心爲空中，以緣起假法爲俗諦，如淨覺之所說。事理，事是就事造三千說，理是就理具三千說，非以眞心爲理，以隨緣爲事也。山外諸家大抵以華嚴宗思路去想，故非天台義也。「三千總別」是指解荊溪《十不二門》之「色心不二門」說。依知禮，「約理明總別，本具三千爲別，刹那一念爲總。」約事明總別，則「變造三千爲別，刹那一念爲總。」是則有理具三千，有事造三千。無論理具事造，皆是就三千說別，就一念說總，非以眞如理（眞常心）爲總，以緣起事爲別也。此後者是山外之說。知禮之解合荊溪原義。「有相無相」，知禮說寂光有相，而淨覺說寂光無相。此見《妙宗鈔》。「二境三觀」當是指雙重能所說。「一念心」爲所觀破之陰境，此是基層陰境。通過三觀了達其即空即假即中，互融互具即爲「不思議妙境」。「不思議境對觀智邊**不分而分**，名所觀境」。此所觀境爲高一層之妙境，與基層陰境不同也。不分而分之不思議境與觀智，此兩者亦可**分而不分**，對所破之陰境皆名能觀。此即所謂雙重能所也。第一重能所，是不思

議境與觀智為能所。第二重能所是不思議境與觀智分而不分對所破
之陰境俱為能觀，而所破之陰境為所。知禮于《指要鈔》中舉譬
云：「如器諸淳樸，豈單用槌而無砧耶？故知槌砧自分能所，若望
淳樸，皆屬能也。」「槌砧自分能所」即喻**不分而分**之不思議境與
觀智為能所。「若望淳樸皆屬能也」即喻不思議境與觀智**分而不分**
對所破陰境俱為能也。就此兩重能所說「二境三觀」。二境者陰境
與不思議境也。三觀者在此二境上俱用三觀觀之也。唯觀陰境是破
執，觀不思議境是智如不二之一體呈現也。故說「二境三觀」不如
說「雙重能所」為明確。蓋知禮說此義即在對治山外諸家以真如理
釋「一念」，並以真如理或真常心為不思議妙境也。依天台原義，
一念是剎那心，煩惱心，是陰境，是淳樸，不得以真如理或真常心
釋之。三觀了達之，一念三千俱為不思議妙境，非以分解地說的真
如理或真常心為不思議妙境也。此雙重能所亦是知禮破山外之重要
觀念。今說二境三觀，則泛而不切，顏色不顯。蓋實相觀與唯識觀
亦可說二境三觀。《指要鈔》云：「實相觀者，即于識心體其空
寂，三千宛然即空假中。唯識觀者，照于起心變造十界，即空假
中。」荊溪《止觀義例》云：「夫觀心法有理有事。從理，則唯達
法性，更無餘途。從事，則專照起心，四性叵得。亦名本末相映，
事理不二。」是則實相觀者即觀理具三千也。唯識觀者即觀事造三
千也。此亦是「二境三觀」。此雖與「雙重能所」義相連，俱破山
外之以真常心為不思議境，然只說「二境三觀」則泛也。人不知究
何所指。至于「三身壽量」即「生身尊特」義。依知禮《妙宗鈔》
佛丈六生身即尊特。即劣顯勝，相相尊特。一相不為少，無量相不

為多。是以生身與尊特之分依「真中感應」而辨，不依「相之多少」而分。此是辯破後山外淨覺者，見另章。

附錄一
知禮：〈別理隨緣二十問〉

〔四明尊者《教行錄·卷第三》〕

有當宗學者問余曰：仁于《指要鈔》中立別教真如有隨緣義耶？余曰：然。客曰：且如法藏師著疏釋《起信論》，專立真如具不變隨緣二義，乃云：「不變即隨緣，隨緣即不變」，仍于彼五教中屬乎終教，亦兼頓教，而對破唯識宗談真如之理唯論不變，不說隨緣。審究**唯識**正是**今家別教**。彼終頓二教所明不變隨緣乃是**今家圓教**之理。仁那云「別理隨緣」耶？

余語曰：藏師約何義判唯識所談真如不隨緣耶？

客曰：《起信疏》云：「唯識宗只以**業相**為諸法生起之本。彼之真如**無覺無知**，**凝然不變**，不許隨緣，但說八識生滅。縱轉成**四智**，亦唯是有為，不得即理。故詮法分齊唯齊業相。」

余曰：灼然！若云真如性有覺知，則可熏變，乃說隨緣。既唯**頑騃**，乃**不受熏**。既不受熏，安能隨緣變造諸法？因詰之曰：別教真如無覺知耶？若無覺知，何故得名佛性？故《輔行》云：「今家教門所明**中道**唯有二義：一離斷常，屬前二教；二者**佛性**，屬後二教。」別教中道既名佛性，佛非覺義耶？若中道頑騃，本無覺知，焉是大覺果人之性？況性以不改為義。若因無覺義，至果方有，此則改轉，那名性耶？又，《妙樂》云：「凡別教中立佛果者有其三意：一者以理性為佛界，二者以果頭為佛界〔案：修因得果，果在因之上，故謂為果頭，與果上同，即果佛也〕，三者以初地去分名佛界。」別教既立佛界，豈有頑騃之佛耶？藏《疏》既約真如無覺

知故凝然，凝然故不隨緣。別理既有覺知，驗非凝然。即非凝然，那不隨緣耶？

客遭此詰，兀然失措。余乃語曰：子既不知所以，安得妄有破立？余既憫其無知，乃立數十問，徵其謬破立者，令少知別理有隨緣義。客曰：願聞。

案：智者本亦視唯識宗為別教，不過視之為「界外一途法門，非通方法門。」知禮亦知之。據下附錄二〈天台教與《起信論》融會章〉，知禮說「須知若凝然，若隨緣，但據帶方便義邊，皆屬別教。」是則別教有兩型態。凝然者不隨緣，唯識宗是也。隨緣者唯真心，《起信論》與華嚴宗是也。山外諸家視別理不隨緣非必定非，蓋指唯識宗而言也。唯不知別理亦有隨緣者，而視隨緣者為圓教，則誤。智者未判及凝然與隨緣，蓋因智者時《起信論》未大顯故，又因其所理解之唯識學為真諦之所傳，不甚能分別阿賴耶系統與如來藏真心系統之不同。然無論如何，即使是真心隨緣者，彼亦不視之為圓教。是則為山外諸家所不知。後來荊溪說別教大抵皆就隨緣者說。然不隨緣者亦別教也。故吾借用華嚴宗始教終教之始終兩字將別教分為始別教與終別教。如是則清楚矣。

一問

藏《疏》既云：「唯識宗齊于業相以為諸法生起之本，故彼真如不說隨緣。」荊溪既立別教「真如在迷，能生九界」，則以真如為生法本，乃永異業相為生法本，安云別理不隨緣耶？〔案：山外所以反對「別理隨緣」者，蓋因就唯識宗言別教而以隨緣者為圓教也。其錯誤是在以隨緣為圓教。若點明有兩種別教，則別理有不隨緣者，亦有隨緣者，不須如此兩兩對翻也。〕

二問

藏《疏》又云：「唯識宗未明業相等與眞如同以一心爲源，故說眞如無覺知，凝然不變，不許隨緣。」荊溪旣釋「別教根塵一念爲迷解本」，云：「理性如來爲善惡本」，豈非業相等與眞如同以一心爲生法之源耶？旣爾，安云別理不隨緣耶？

三問

藏《疏》旣云：「唯識宗但說八識生滅。縱轉成四智，亦唯是有爲，不得即理。」荊溪旣立別理名爲佛性，豈是轉八識成四智耶？別理旣是佛性，即隨淨緣成於果佛。那云不隨緣耶？

四問

藏《疏》五教旣皆不立理具三千，但就不變隨緣立終頓圓三教，請子委陳三教之理隨緣之相。若無異相，安立三教？若有異相，便請細說。

五問

藏《疏》圓教旣未談理性本具諸法，與今家圓教得泯濟否？彼圓望今圓尚自天殊，安云終教之理與今圓等？

六問

藏《疏》不談理具諸法，爲知而不談，爲不知耶？若知而不談者，則有隱覆深義之過。若元不知者，則不善談圓，安得與今圓同？彼圓尚不同今圓，況終教耶？

七問

藏《疏》旣未談理具諸法，是則一理隨緣變作諸法，則非無作。若不成無作，何得同今圓耶？

八問

藏《疏》圓教談事事無礙，主伴重重，似今色香中道，諸法趣色，等義。與而論之，似今圓教。彼終教不變隨緣得作此說否？若說事事無礙，乃是彼圓，非終教也。若未得然者，尚望彼圓不及，安齊今圓耶？

九問

彼終教不變隨緣，與《金錍》所明不變隨緣，同耶異耶？若異，則非今圓。若同，《金錍》明「真如是萬法，由隨緣故，萬法是真如，由不變故」，約此二義，立無情有佛性也。終教雖立隨緣不變，而云「在有情得名佛性，在無情但名法性，不名佛性」。既分二派，徒云不變，正是變也。既違《金錍》，那名圓理？須知權教有名無義，以有佛性之言約解約理說故。約解約理，尚未云遍，非權是何？〔案：此問是以無情有性無性來分判兩家「不變隨緣」之不同。實則不須如此說。荊溪於《金剛錍》中說不變隨緣是依無明法性心之即具而言，終說教不變隨緣是就真心隨染淨緣起現染淨法而說。前者為圓教，後者為別教。只須如此分判即可，不須涉及無情有性無性也。蓋荊溪說「無情有性」是只就三因俱遍而言；而此種「遍」並不真能建立草木瓦石亦可修行而成佛也。是則其所說草木瓦石亦有佛性，此佛性義與普通所說「一切眾生有佛性」之佛性義不同。如果佛性義不同，則一名之為佛性，一不名之為佛性，亦未嘗不可也。關此，詳見前第一部〈涅槃佛性章〉以及第三部第一分第三章末節。〕

十問

《金錍》云：「客曰：何故權教不說緣了二因遍耶？余曰：眾生無始計我我所，從所計示，未應說遍。《涅槃經》中帶權說實，

故得以空譬正，未譬緣了。若教一向權。則三因俱局。如別初心，聞正亦局。藏性理性一切俱然。所以博地聞無情無。依迷示迷，云能造是。〔說能造者是佛性〕。附權立性，云所造非。〔說所造者非佛性〕。」〔原注：上皆《金錍》不移一字。〕二因不遍，尚云帶權。正局有情，的屬別〔教〕。〔原脫「教」字，當補。〕終教既爾，那執是圓？

十一問

藏《疏》明判賴耶為生法之本，故名分教〔案：亦曰始教〕，則顯真如為生法本，乃名終教。子今既信「別理無住，能造諸法」，若不隨緣，安能造法耶？〔案：對方之信「別理無住，能造諸法」，恐亦不解。見下十五問。〕

十二問

他宗皆不云「無住」。子今曲解所依法性可覆為無住。縱子作此曲解，只如終教真隨妄轉，造立諸法，是「可覆」義否？若不可覆，所造諸法得云一多相入，事事無礙否？若爾，何異彼圓？若不爾者，非覆是何？豈真如理性不自在耶？當知終教「但理」，以無住故，不可守佛界之性；為妄扼覆，壓作九界，正當可覆義。稟此教者，雖信真如變造諸法，未知事事當處圓融，以此教未詮理性頓具諸法故。若稟今圓者，既知性德本具諸法，雖隨無明變造，乃**作而無作**。以本具故，事既即理故，法法圓常，遍收諸法，無非法界。終教所詮既其不爾，那得齊今圓教耶？〔案：關于「無住」，請覆看前第一分第二章「從無住本立一切法」。〕

十三問

終教說真如是本覺，別教說真如是佛性。性非本耶？佛非覺

耶？名義既齊，安得不同？

十四問

唯識宗說：眞如無覺知，故不能迷。終敎談眞如有覺知，故能迷。能迷故能悟，故立隨緣。別理旣有覺知，那不能爾耶？若能者，那不隨緣？

十五問

子云：「別理無住，能造諸法，只是理能造事，乃偏一之義」者，豈非但有隨緣義，無不變義？〔意言如子所說，這豈非只成有隨緣義無不變義？這如何可通？故有下文之駁斥。〕子元不知「不變」則終敎分敎同詮，「隨緣」則獨在終敎。故明不變，未必隨緣。〔案：此如唯識宗〕。若說隨緣，必有不變，以是眞如性隨緣故。若隨緣時改變，則不名性也。〔案：對方原文不存，不知其所說「偏一之義」究是何意。就知禮之發問以及駁斥之語脈而觀之，其意似是若說「別理無住能造諸法」，則只成隨緣義，而喪失不變義。此是對方之設難。何以有此設難？蓋對方以唯識宗爲別敎。此別敎之眞如理乃凝然眞如，本無隨緣義。因此，遂設難云：若如汝〔知禮〕所說，別理有隨緣義，則「只是理能造事，乃偏一之義。」「偏一」者，即只成隨緣義，而無不變義。何以如此？蓋因唯識宗之眞如理本不能隨緣造諸法。如隨緣造諸法，則雖說理能造事，而此時之理已不是理，而成爲阿賴耶矣。是則改變其自性，故隨緣而無不變矣。但知禮說別理是就終敎說，本是不變與隨緣兩義俱備者。如就始敎〔分敎即唯識宗〕說，則本無隨緣義，只有不變義。故云：「不變則終敎分敎同詮，隨緣則獨在終敎。」對方以別敎當分敎，故設難云：你若說這種別理有隨緣義，便喪失其不變

義，汝何能說不變隨緣兩義俱備？兩義俱備是今家圓教，汝何說是別教？兩方別理所指不同，故有此對方之設難。對方之誤一在以賢首所說之分教爲天台之別教，只知不隨緣者爲別教，一在以賢首所說之終教爲天台之圓教，而不知終教雖有不變隨緣兩義，而不即是圓教也。下十六問即簡之。〕

十六問

子云：「別教云不即，終教說即，爲不同」者，蓋子迷名，全不究理。以彼不談**性具九界**，乃是**但理隨緣作九**。若斷無明，**九界須壞**。若九界即是眞如理者，〔原注：《大意》與《止觀》皆以是義釋「即」，如云「初心是，後心是」等〕，何須除九？豈非九界定能障理耶？〔案：此指終教說〕。若謂不然，終教還說九界皆是法界，一一遍收否？若說，與彼圓何別？若不說者，安稱「即」耶？況彼圓既未談**性具三千**，雖說一一遍收，尚**未有遍收**。所以若比今圓，不成「即」義。況終教耶？〔案：此駁斥對方「終教說即」之語，以明終教雖有隨緣義，無「即」義，故非今家圓教。子以爲彼之終教相當於今家圓教者誤也。不但彼之終教無即」義，即彼圓教亦不成「即」。至於對方所謂「別教云不即」，此中之別教乃指唯識宗而言，非知禮心目中之別教也。知禮說別教是就彼之終教說。〕

十七問

子云：「性具九界，不得云差別」者，蓋未知理中自有「立一切法」義也。故《妙樂》云：「理則性德緣了」等。又，若謂「性具諸法，不名差別」者，何故《妙經疏》〔《法華經文句·卷第七上》〕云：「若知地具桃李，即識實中有權，解無差別即是差別。

若知桃李堅相，即識權中有實，解差別即無差別。」既以「地具桃李」爲權，此權名爲差別，豈非性具九界得稱差別耶？

十八問

《止觀》「別敎一念心爲迷解本」，引《楞伽》「理性如來藏爲善不善因」。子意味：「此句若證終敎，則是隨緣義，若證別敎，則非隨緣義」者，且今引文略。彼經具云：「七識不流轉，不作苦樂因〔原注：無明體空〕。如來藏爲善不善因，若生若滅，受苦樂，與因俱。〔原注：眞如成事。〕」既能爲因，又即生滅，此文如何作不隨緣解耶？若謂不引「生滅」等文，則非隨緣者，且唯識宗中可云眞如爲善惡因否？又，次文〔《止觀》次文〕以《大論》池水喻，此如何通？故云：「如大池水，象入則濁，珠入則淸。當知池水爲淸濁本，珠象則爲淸濁之緣。」今問：池水還隨此二緣爲淸濁否？若隨者，如何作不隨緣解耶？〔案：對方以賢首所說之終敎爲天台之圓敎，以賢首所說之始敎爲天台之別敎，故云《楞伽》語「若證終敎，則是隨緣義。若證別敎，則非隨緣義。」可是《止觀》明就「別敎一念心爲迷解本」而引《楞伽》語。此中之別敎即相當於賢首所說之終敎，不會是始敎（唯識宗）也，即根本不會引《楞伽》證唯識宗也。故知禮云：「且唯識宗中可云眞如爲善惡因否？」又，賢首所說之終敎亦決不會是天台所說之圓敎。終敎雖有隨緣義，的然只是別敎，對方只以唯識宗，賢首所說之始敎（分敎），爲別敎，而不知尚有隨緣者亦別敎，故誤。〕

十九問

《輔行》釋別敎發心云：「煩惱之中有如來藏。凡夫生盲，常與藏俱，而不知見，故流轉生死，卻爲藏害。」且別敎菩薩既見衆

生如是，故發心，豈可云「眞如不隨緣」耶？

二十問

子云：「《指要》爲破安國師立問故，特立別理隨緣」者，蓋子不解安國問意，致茲謬說。如彼問云：「別教眞如不隨緣，《起信》眞如能隨緣，未審《起信》爲別爲圓？若別，文且相違。若圓，乖彼藏《疏》。」且初云隨緣不隨緣者，蓋爲泛學者妄謂別教不談隨緣，《起信》乃說隨緣，故順常情，而爲問端。既共知《起信》談於眞如隨緣，故定之曰：「未審此隨緣義是別是圓」？蓋泛學之者不知眞如隨緣通於兩教故。茲雙定後，正難云：「若謂《起信》是別，且違《論》文。以《論》文一心攝世出世法及相大，明具無量性功德，是本具千如故；又十住八相是圓教分眞，任運垂應，是圓位故。若定判屬別，則違《論》此文也。若定判屬圓，則乖藏《疏》。以《疏》不約心具百界爲攝世出世法，及無量性功德不約性善性惡釋之；又十住八相不說分眞而辨，乃云是伏見思住，願力神通而作故。若判屬圓，則違《疏》中此等義故。」子今若執安國定判終教是今圓者，何故正難云：「若圓，乖彼藏《疏》」？藏《疏》正用終教釋乎《起信》。若終教是圓者，作圓說之，恰順藏《疏》，那云「若圓乖彼藏《疏》」耶？

附錄二

知禮：〈天台教與《起信論》融會章〉

〔四明尊者《教行錄·卷第二》〕

有客忽問余曰：《起信論》於天台四教攝屬何耶？

余偶對曰：《起信論》是唐朝藏法師製《疏》申通，天台不見文句解釋。此乃各是一家製作，難可和會。

客乃動容問曰：聞天台一宗最能融會，如云「以五時八教判釋東流一代聖教，罄無不盡」，此語何爲？

余乃立理對曰：只恐不許天台融會。若信天台攝屬容有其理，則《起信》攝屬何難？亦乃自見諸家妍醜。今試爲先將教攝《論》，次爲以教會《疏》。

且夫此《論》宗《百洛叉經》，而首題大乘，則理合通於衍門三教。故天台《淨名玄義》云：「《佛性唯識》等論通申大乘三教。」《唯識》尚具三教，《起信》何不具三？況與《佛性》大同小異。

今且於《論》初後，攝略教文，以對三教。《論》以一心爲宗，乃云：總攝世出世法。此則正在圓門，亦兼餘二。眞如門有離言依言，空不空義，則三教之理明焉。生滅門明初發心性，能少分見於法身，八相成道。〔原注：《涅槃》云：「十住能少分見法身，見不了了。」天台判爲圓位。《妙樂》云：「唯《華嚴》《起信》明初住八相最爲顯著。」〕豈非圓位耶？次第翻九相，豈非別位耶？八地得無功用道，豈非通教被接之位耶？略引此文，諸可悉例。

客曰：藏師製《疏》，分齊如何？

對曰：賢首立義，望于天台，乃是別教一途之說，未是通方別教。何者？別有教道證道，彼則唯論教道。別有四門被機，彼乃只論雙。亦別有自他橫豎，彼乃獨論自行豎入。別有多義，彼所不云。未是別教通方，蓋是一途之說。

客乃難曰：彼《疏》「隨緣不變」為宗，天台亦以隨緣不變證於三因體遍。乃是圓意，何言別耶？

余曰：藏師雖用圓名，而成別義。何者？彼云：「真如隨緣作一切法，而真如體性常不變」，卻謬引《釋論》云：「無情唯有法性，而無佛性」。此則名雖在圓，而義成別。

客曰：別明「凝然」為理，今以「隨緣真如」而為別理，此據何文？

余返曰：別理隨緣，其文稍顯。凝然為理，出自何文？

客曰：此宗講者皆有此言，而未見文疏所出。

余曰：盛將「隨緣」與「凝然」二理簡於性相二宗，此乃出自賢首，天台未見此文。據理，「隨緣」未為圓極。彼宗尚自判終教，未及於圓。豈天台之圓同彼之終？須知若**凝然**，若**隨緣**，但據帶方便義邊，皆屬**別教**。

客曰：天台立別理隨緣，文據如何？

對曰：《止觀》立別教發心境云：「只觀根塵一念為迷解本」，記別「如來藏為善不善因」。《妙樂》云：「別教從無住本立一切法」，乃云：「無明覆理，能覆所覆俱名無住」；又云：「真如在迷，生一切法」；又云：「無明為因，能生九界，必須法性為緣。」文證若此，足可依憑。〔案：此種文證所說別教是就以

如來藏爲最後依止之終別教說，不就以阿賴耶爲依止之始別教說。〕

客曰：《疏》義在別，此則已明。《論》具三教，更冀剖析。

余曰：儻有微礙，盡望陳述。

客曰：真如門屬理，具三教可然。生滅門論於地、住、修、證，須依一轍：別則始終俱別，圓則初後俱圓。如何三教位次並陳？

對曰：此論宗經，既多明理，是故非一。理既不一，依位修證，如何一途？如《華嚴經》明圓初住，乃云：「初發心時，便成正覺」等。後明地位，卻云：「八地得無功用道」。又《仁王》一偈頌中「三賢十聖住果報」，在圓；十四般若爲別；五忍〔《仁王經》所說菩薩之位〕屬通。此一兩經明位尚爾，況此《論》宗《百洛叉經》，豈可止有一翻地位？文中缺於三藏位者，既以大乘標題，只可唯明衍教。

客曰：且如賢首學通性相，位繼四依，因何釋義全下天台？

余曰：菩薩弘教，各逗機宜。蓋是一類之機，宜聞一途之說。所以作此申通，未必四依有不了也。

客曰：既各擅一美，各逗機宜，何須彼此攝屬？

對曰：即知二宗各逗機宜，何須致問？既令攝屬，如上所陳。若論被機，不須和會。

客乃唯唯而退。

第四章
天台宗之分為山家與山外

　　天台宗山家山外之分乃起于知禮時智者《金光明經玄義》有廣略二本並行于世。錢唐慈光晤恩製《發揮記》，專解略本，謂廣本有十法觀心，乃後人擅添爾。彼有二弟子，即錢唐奉先源清與嘉禾靈光洪敏，共構難辭，造二十條，輔成師義，共廢廣本。四明尊者知禮作《扶宗釋難》（案此文收入《續藏經》第九十五冊《四明仁岳異說叢書》），專救廣本十種觀心，兼斥不解發軫揀境之非，觀成歷法之失。錢唐梵天慶昭，孤山碼磁智圓，皆奉先源清之門學也，乃撰《辨訛》，驗《釋難》之非，救《發揮》之得。知禮撰《問疑書》詰之，慶昭有《答疑書》之復。知禮復有《詰難書》之徵，而慶昭構五義以答。知禮復作《問疑書》之責，慶昭稽留逾年而無答。知禮復有《覆問書》之催答。慶昭始有最後之《釋難》，翻成不腆之文矣。（不腆猶不善。《禮記‧郊特牲》：「幣必誠，辭無不腆。」）往復各五，帛綿歷七年。此番辯論，慶昭是失敗者。「前後五番墮負，四番轉計。」墮負即失敗，轉計即一經詰難，便滑轉論點。中間又有逾年而無答。可見其于天台文獻及義理之不熟。

　　此番爭論實不單是《金光明經玄義》十法觀心一段文之有無問

題，乃根本是于天台圓教了解不了解之問題。知禮實得天台宗之本義，故當屬于「山家」。山家者，經過此番辯論後出現之詞也。此示爲天台宗之正宗。智者晚年住天台山，故世以天台號其宗。「山家」之山指天台山而言。山家猶言天台家門之內者也。「山外」者言天臺家門以外者，示其爲天台宗之外道、異端、或旁門也。宋志磐《佛祖統紀・卷十》于「旁出世家」中《慶昭傳》云：「四明之學者始指恩、清、昭、圓之學稱爲山外，蓋貶之之辭云。」

知禮將此番辯論中雙方之文攢結成集，立十義以問慶昭，故此攢結之集即名曰《十義書》。十義者，

一、不解能觀之法。

二、不識所觀之心。

三、不分內外二境。

四、不辨事理二造。

五、不曉觀法之功。

六、不體心法之難。

七、不知觀心之位。

八、不會觀心之意。

九、不善銷文。

十、不閑究理。

十義乃就往復辯論所涉及之論點而立者。辯論時。須扣緊對方原文而辯，不免支離煩瑣。若非雙方原料全部擺出，一一對應，難知其曲折之詳。今此《十義書》乃是知禮所攢結，其于對方論點只是引述，原文已不存，論辯之文又多糾結難解，故吾人亦不須再事董理也。現在只作一歷史性的文獻看亦可。好在其辯駁山外之大意大體

不出《指要鈔》之所說。《指要鈔》凡有辨斥者皆隱指山外而言，此則正面辯說，易得眉目也。《指要鈔》成于宋眞宗景德元年《十義書》則成于景德三年臘月。前後五番辯論，緜歷七年，則《指要鈔》雖早于《十義書》二年，亦在辯論後所寫也。故吾人可以《指要鈔》爲正式經典性的成熟之作，有代表性，而《十義書》則只是一歷史性的爭辯文件，不必據《十義書》始可知山外之所以爲山外也。

山外之所以爲山外，即在以華嚴宗之思路講天台，視「介爾一念」爲眞心。此是根本差謬處。山外諸家自居爲天台宗，然不解天台之基本思路，此其于天台之基本文獻未讀通也。根本觀念已差，而于一家文獻又不精熟，故于辯論中自有許多差謬處，未能如知禮之絲絲入扣，左右逢源也。其爲「墮負」自甚顯然。

知禮駁斥山外甚嚴，步步窮追，毫不放鬆。蓋以其自居天台而又不合天台宗旨，易造成混亂故。彼等若直轉入華嚴，則亦無所謂外。知禮于華嚴，只視之爲別教，並不駁斥。精簡別圓，自荊溪而已然。謂別教「緣理斷九」，「偏指清淨眞如」，亦荊溪所屢說。知禮並無新說，只能諦解智者與荊溪之本義而印持之耳。山外諸家于此無所知，此甚可怪。如此顯文，能謂不見乎？見之而仍持「一念」爲眞心，則其不解智者與荊溪之思路與語意蓋甚顯。華嚴宗本《起信論》言眞常心，其思路爲分解的，其所成者爲「別教一乘圓教」，此爲賢首之所自判。此思路較易把握，通常最易如此思入。山外諸家亦不自覺流入此思路，然以之講天台則悖。人或謂山外之思路亦非無理。自然有理，其理即華嚴宗之思理。然自居于天台，則無理。又或謂天台之義理亦有可以向山外發展者，此則甚非。蓋

亦不明山外之差謬根本處即在以華嚴宗之思路講天台也。若謂天台可以發展至華嚴，天台家能首肯乎？天台判圓別，若謂天台教義可以發展至山外，則是天台自退而爲別教矣。此是「墜陷」，不是發展。若謂華嚴宗再經消化，以即具方式出之，便可進而爲天台，此則其可矣。亦猶就天台再進而從事禪悟頓現，不立文字，便是所謂拈華微笑以心傳心之禪宗——只此是禪，更無開端別起，另有一教外別傳之禪（別之不可）。如此說之，皆合自然之序者。山外諸家于天台爲背離，于華嚴爲不徹（稍知之而不詳），兩不著邊，此其所以爲外也。其目的果何在乎？將弘天台乎？將弘華嚴乎？將天台華嚴一爐而冶之乎？未有鮮明的見也。亦混亂而已矣！

知禮復有弟子曰淨覺仁岳，在知禮門下十餘年，後亦背叛。此爲後山外。蓋亦頭腦不清，不解天台之思路者也。雖在知禮門下十餘年，亦只是學語，其師之義理未能進入其生命中也。

知禮《十不二門指要鈔》中有「別理隨緣」之義。「永嘉繼齊（梵天慶昭門人）立指濫以難之，謂不變隨緣是**今家圓教**之理，別理豈有隨緣？師（知禮）乃垂**二十問**以祛其蔽。天台元穎復立《徵決》以代齊師之答，而嘉禾子玄亦立《隨緣撲》以助齊、穎。時仁岳居座下，述法智（知禮）義，立十門折難，總破三師。人謂淨覺（仁岳）禦侮之功居多。」（《佛祖統紀·卷八知禮紀》）。（案：淨覺仁岳《別理隨緣十門析（釋）難書》收入《續藏經》第九十五冊《四明仁岳異說叢書》。）

知禮「述，〈消伏三用〉章，對孤山智圓《闡義鈔》不知性惡是理毒義。有咸潤者（亦慶昭門人）述籤疑，以三種消伏俱約圓論。淨覺引《疏》義歷四教十法界以除三障，述止疑以扶師義。」

（同上）。（案：淨覺止疑書亦收入《續藏經》第九十五冊《四明仁岳異說叢書》。）

知禮復有《觀無量壽佛經疏妙宗鈔》「梵天慶昭門人咸潤述《指瑕》以非《妙宗》，且固執獨頭之色不具三千等義，蓋昭、圓之餘波也。淨覺爲述《抉膜》以示色心不二之旨，且評它師昧于究竟蝮蠆六即之義。」（同上）。（案：淨覺抉膜書亦收入《續藏經》第九十五冊同上。）

據以上三端，則知淨覺亦曾助師扶持天台正義。然無眞知，只是學語，故一旦不合，便即背叛。「一日，淨覺與廣智辯觀心觀佛，求決於師。師示以約心觀佛之談，謂據乎心性觀彼依正（案：此義見《妙宗鈔》）。淨覺不說而去。旣而盡背所宗，述《三身壽量解》並別立難辭，請潛修前《鈔》（案：即《妙宗鈔》），不使外聞。師慮其爲後世異說之患，乃加料簡十三科以斥之（案：此即《妙宗鈔》末關於生身尊特之十三問答）。淨覺時在天竺（遵式住處），上《十諫書》謂父有諍子，則身不陷于不義。師復作《解謗》謂《十諫》乃成增減二謗。淨覺復述《雪謗》，謂錯用權實以判勝劣。師時在疾，令門人讀之，爲之太息。旣逼歸寂，遂不復辯。後有希最，即廣智之子，法智（知禮）之孫，述《評謗》以辨之。淨覺時尚無恙，見之曰：四明之說其遂行乎？」（《佛祖統紀·卷八知禮紀》）。（案：淨覺《十諫書》、知禮《解謗書》、淨覺《雪謗書》，俱收入《續藏經》第九十五冊同上。）

淨覺仁岳之背叛，名曰後山外。晤恩、源清、慶昭、智圓等則爲前山外。自希最繼承知禮作評謗以後，至南宋雲間沙門可觀有《山家義苑》二卷，其上卷即破仁岳者。南宋宗印有《北峰教義》

一卷，亦辨破仁岳者。又南宋四明沙門柏庭善月有《山家緒餘集》三卷，亦紹述知禮辨山外諸家者。

下屆元虎溪沙門懷則述《天台傳佛心印記》，而明末傳燈爲之註，題曰《天台傳佛心印記註》。傳燈（天台山幽谿沙門）本人復著有《性善惡論》六卷。此皆紹述荊溪與知禮而維繫天台於不墜者。

以上所述俱見影印《續藏經》第一〇一冊。

虎溪《天台傳佛心印記》有云：「傳至于四明，荊溪未記者記之，四三昧難行者悉行之。中興此道，如大明在天，不可掩也。」

《佛祖統紀・知禮紀》贊曰：

> 唐之末造，天下喪亂，臺宗典籍流散海東。當是時爲其學者，至有兼講華嚴以資說飾，暨宋龍興，此道尚晦。螺溪、寶雲之際，遺文復還。雖講演稍聞，而曲見之士氣習未移。故恩、清〔晤恩與源清〕兼業於前，昭、圓〔慶昭與智圓〕異議于後；齊、潤〔繼齊與咸潤〕以他黨而外侮，淨覺以吾子而內叛。皆足以淆亂法門；壅塞祖道。四明法智以上聖之才，當中興之運，東征西伐，爾清教海。功業之盛，可得而思。是以立陰觀妄，別理隨緣，究竟蛣蜣，理毒性惡，唯色唯心之旨，觀心觀佛之談，三雙之論佛身〔權貴二理，空中二觀，事業二識，爲三雙，見《妙宗鈔》論生身尊特處〕，即具之論經體，《十不二門》之指要，十種三法之觀心，判實判權，說修說性，凡章安、荊溪未暇結顯諸深法門，悉表而出之，以爲駕馭群雄之策，付託諸子之計。自荊溪而來，

九世二百年矣。弘法傳道，何世無之？備眾體而集大成，關異端而隆正統，唯法智一師耳。是宜陪位列祖，稱爲中興，用見後學歸宗之意。今淛〔浙〕河東西，號爲教黌者，莫不一遵四明之道。回視山外諸師固已無噍類矣。然則法運無窮之擊，其有在於是乎？

案：當時山外如此之多，其所以爲外者，大體是參雜之以華嚴宗之思路以講天台。此可見華嚴思路之易入，而天台思路之難了。知禮東征西伐，一一廓清，其勁力可謂強矣。志磐乃宗天台者。彼依《史記》體例作《佛祖統紀》護法統亦如爭政統也。

　　吾人若細讀智者與荊溪之章疏，則知知禮諦解不差。惟此一大系統把握不易，非若華嚴宗之易入。若貫通觀之，則知此一圓教系統實具一特別之勁道，具有深絕之智慧。其消化經教，立言抒義，實爲高一層者，爲其他宗派所不及。勿以爲華嚴宗爲後起，便視之爲最高之綜和；亦勿以爲天台宗爲先出，便視之爲尚不圓備也。天台固先出，然亦係最後者。其爲圓教是眞圓教。圓教之所以爲圓，固有其獨特之模式，非隨便說圓便是圓也。天台智者大師於此得之矣，其他談圓者則未得。故圓教若眞是圓，則只有一，並無二三。是故圓與非圓有一本質之差異，天台與華嚴有一本質之差異。此即分解的方式與詭譎的方式之差異也。吾人若貫通《地論》師，《攝論》師，《起信論》以及賢首之《一乘教義分齊章》，而綜觀之，則知華嚴宗之思路亦甚清楚，此即超越分解之思路。奘傳唯識是經驗分解（心理分解）之思路，此必昇至超越分解而後止。而天台則不走超越分解之思路，乃是「即具」之詭譎的思路。此顯然是消化

一切分解，依一獨特之心靈，而圓成者。如此對顯，則眉目朗然。
奈何山外諸家，幾經辯駁仍不醒悟！賢首固自知之，不相濫也，亦
不相凌駕。是以若無天台之勁道，則弘華嚴其可矣。知禮〈天台教
與起信論融會章〉有云：「客曰：且如賢首學通性相，位繼四依，
因何釋義全下天台？余曰：菩薩弘教，各逗機宜。蓋是一類之機，
宜聞一途之說。所以作此申通，未必四依有不了也。」此言可謂雅
正。機宜既殊，義理隨之。故分解之路走至華嚴而極。若再進圓，
則已有天台，不必再說。賢首至此而止，「未必四依有不了也」，
分解之路限之也。當然賢首未必自覺；其於自家「別教一乘」以及
天台之「同教一乘」雖隨文委簡，然于別之與同之殊義究亦未能至
乎精簡；其語意似只顯自家之高，而未遑正視「同教一乘」之圓；
其於「同教一乘」之同雖無貶視意，然亦未能盡其實。然既經荊溪
之精簡，則說「賢首釋義全下天台」亦無不可。而吾人今日客觀觀
之，亦見出實可如此說。是故吾人可說：由「分解的」可前進至於
「即具」之詭譎的，然不能說：由「即具」之詭譎的可再向前發展
而至於分解的。「即具」的當然預設那些分解的，然而已消化而越
過之，是以不能再說由「即具的」向前發展而至於分解的。此即所
謂權實之別也。分別看，那些「分解的」是權。消化後而融於圓實
中，則即權即實，當處絕對，即實即權，一法不廢：此方是眞圓
實。開權顯實，會三歸一，此猶是分解地示之也。賢首固亦說「別
教一乘是稱法本教，非逐機末教」，然不由即具而立，乃由分解而
示，是即未能至於眞圓實，猶待消化也，故仍是權說。依此而言，
吾人可自理上斷定：分解之路走至華嚴而極，若再前進，則已有天
台，不必再說。此是吾人替賢首說自處之道，亦給知禮「未必四依

有不了」一語作客觀的解釋，不管賢首自覺或不自覺，願意或不願意。

依此，華嚴別敎一乘圓敎非不可講，但必須知其限制。至若自居天台，而以華嚴飾說，則是頭腦不淸，混亂義法，是故知禮必嚴斥之。搖擺于兩者之間而有取捨或折中以爲此是兩者之綜和者，皆兩不明徹之類也。

以上意思復可藉龍樹「無諍」義以表示之。圓敎只有一，無二無三。因此，吾人亦可說「圓敎無諍」。圓敎乃實說，非權說。實則無諍。龍樹《大智度論・第一卷》開端明佛說《般若波羅蜜經》之緣起中，最後有云：

> 復次，有二種說法，一者諍處，二者不諍處。諍處如餘經中已說。今欲說無諍處故，說《般若波羅蜜經》。有相無相，有物無物，有依無依，有對無對，有上無上，世界非世界，如是等二種法門亦如是。問曰：佛大慈悲心，但應說無諍法，何以說諍法？答曰：無諍法皆是無相，常寂滅、不可說。今說布施等及無常、苦、空等諸法，皆爲寂滅，無戲論故。利根者知佛意，不起諍。鈍根者不知佛意，取相著心起諍，故名諍。此《般若波羅蜜經》，諸法畢竟空故，無諍處。若畢竟空可得可諍者，不名畢竟空。畢竟空，有無二事皆滅故，是故《般若波羅蜜經》無諍處。

案：無戲論，故無諍處；畢竟空，故無諍處；無所得，不可得，故無諍處。此是依般若之爲作用的圓而說。此似只答無諍處，尙未答

何以于餘經說諍法。取相執著，則有諍處。佛無執著，何以于餘經
亦說諍法？吾人可答曰：凡正面分解地說者皆有可諍處。《般若
經》有一特色，即融通淘汰，皆歸無相。此即是無戲論、畢竟空、
不可得之作用的圓。但佛不能不說法立教。凡是分解地有所說有所
立者皆可起諍。佛既無執無著，而又必須分解地有所說有所立，則
知凡分解地有所說有所立者皆是方便權說，權假施設。藏通別三教
皆是方便權說，故皆可起諍。此亦是「行則影從，言則響隨」之意
也。消此可諍而歸于無諍有兩方式：一是**般若之融通淘汰皆歸無
相**。但此是**作用的圓**，尚不是存有論的圓，是故須有另一方式。此
即二、**存有論的「即具」之圓**，此即是藏通別圓之圓。般若之作用
的圓，如龍樹繼上文復云：

> 復次，餘經中多以三種門說諸法，所謂善門，不善門，無記
> 門。今欲說非善門，非不善門，非無記門，諸法相故，說
> 《摩訶般若波羅蜜經》。學法，無學法，非學非無學法；見
> 諦斷法，思惟斷法，無斷法；可見有對，不可見有對，不可
> 見無對；上、中、下法；小、大、無量法：如是等三法門亦
> 如是。
>
> 復次，餘經中隨聲聞法說四念處。於是比丘觀內身三十六
> 物，除欲貪病。如是觀外身，觀內外身。今欲以異法門說四
> 念處，故說《般若波羅蜜經》。如所說菩薩觀內身，于身不
> 生覺觀，不得身，以無所故。如是觀外身，觀內外身，于身
> 不生覺觀，不得身，以無所得故。于身念處中觀身，而不生
> 覺觀，是事甚難。三念處亦如是。四正勤，四如意足，四

禪，四諦，如是等種種四法門亦如是。

復次，餘經中佛説五衆無常、苦、空、無我相。今欲以**異法**
門説五衆故，説《般若波羅蜜經》。如佛告須菩提：菩薩色
是常行，不行般若波羅蜜；受想行識是常行，不行般若波羅
蜜；色無常行，不行般若波羅蜜；受想行識無常行，不行般
若波羅蜜。五受衆，五道，如是等種種五法亦如是。餘六七
八等，乃至無量門等種種法門亦如是。

據此，凡分解地以三門説法，或以四門説法，或以五門説法，或以
六門七門八門，乃至無量門説法，皆有可諍處。惟般若經則以「異
法門」説，故無可諍處。所謂「異法門」即是于任何正面分解説的
法皆不執不著，亦不捨不壞，一是皆以般若空慧融通而淘汰之。所
謂「融通」者，皆會歸爲摩訶衍（大乘）是。所謂「淘汰」者，以
空慧水蕩其執情是。無所得，無戲論，故不可諍。此即是般若智之
作用的圓實也。

　　不但是三門四門等之分解地説者可以融通淘汰之，即阿賴耶緣
起與如來藏緣起之分解地説者亦同樣可以用般若空慧融通淘汰之。
因爲這些分解的説法同樣有可諍處。不過對此作融通淘汰不見于
《大般若經》，而卻見之于智者之《摩訶止觀》，智者同樣可以用
般若無諍之方式融通而淘汰之。此種融通淘汰同樣亦是般若之作用
的圓。但在此作用的圓中即含有一存有論的「即具」之圓，因爲這
是附于阿賴耶或如來藏而説故。而此即具之圓既非阿賴耶緣起，亦
非如來藏緣起，因爲這些都是分解地説故；而乃是「一念無明法性
心」之即具，此即「從無住本立一切法」，此乃是詭譎地即具地圓

說者。此種即具地圓說者既是般若之作用的圓，亦是存有論的圓。至此圓教，則亦無諍。開權顯實，一切皆實故；一法不可得而又不捨不壞存有論地即具一切法，平等如如，無戲論故。明乎此，則圓教只有一，無二無三。若知此義，則山外之「兼講華嚴以資說飾」，其未得天台圓教之肯要甚顯。

附錄一

知禮：〈釋《請觀音疏》中消伏三用〉

〔四明尊者，《教行錄·卷第二》〕

叙

消伏神咒修行要道，功用難思。吾祖發揮，今人受賜。《疏》文既簡，讀者多迷。〔案：智者著有《請觀音經疏》一卷〕。惟冠攝一經，實消伏三用〔案：《請觀音經》具云《請觀音菩薩消伏毒害陀羅尼咒經》〕。儻釋之不當，修者何依？今附本宗，略評此義。敢言益物？聊軌自心。時皇宋天禧元年，丁巳歲，十月既望敘。

《疏》云：

用即爲三：一事，二行，三理。事者，虎狼刀劍等也。行者，五住煩惱也。理者，法界無礙，無染而染，即理性之毒也。

釋曰：

「用即爲三」，標三用也。

「一事」等者，列三用也。中道總持，被十種行者。修之不同，乃成三種消伏之用。觀音分證之法遍於一切衆生之心；隨乎功行親疏，致使力用差別。如《起信論》明佛菩薩用，並就衆生事識業識辨之。以良醫妙藥，狂子服之，乃彰功用也。應知三種毒害，

捨旁從正，受名不同。如《普門別行疏》分別火難等相：報火至初禪，豈此下諸有全無業、惑？蓋「苦報」為正也。業火至有頂，豈三界無「惑報」？以「業」為正也。煩惱火通四教，豈三乘人全無「業報」？以煩惱〔惑〕為正也。〔案：惑、業、苦為三道，分別火難等相，捨旁從正，受名不同。有偏就苦報說，有偏就業報說，有偏就惑報說。惑即無明三惑也。煩惱火即就惑言。〕今**事毒**在欲界，此約果報，故受事名。**行毒**從色界，盡別教教道，以不即理故，別受行名。**理毒**唯圓，以談即故也。蓋煩惱中分即不即異，故名行名理不同。若分別相，從正受名，與彼不異（與彼說火難者不異）。所消毒害既爾，能消三用可知。

《疏》中「事者」，牒「事消伏用」也。「虎狼刀劍等」者，所消伏毒害也。蓋果報行人，為免現在刀虎等難，多用散心持名誦咒。修因戒善者，亦免未來果報刀等。約此人明能消所消，一往屬事。

「行者」者，牒「行消伏用」也。「五住煩惱」者，所消伏毒害也。雖不出能消之相，應以所消顯之。五住煩惱，非三觀不消。但此三觀攝兩二乘〔藏教二乘及通教二乘〕及三菩薩〔藏教菩薩通教菩薩及別教菩薩〕。修因禪定者亦伏八地之愛。此等行人，雖能伏斷煩惱，而皆不即法性。如別教道，縱知能造之心體是佛性，而**謂無明自在**，以不聞**本性具惡法門**故，非即理之惑。別人尚爾，前教可知。故此等人消毒害既當**自住**，能消之觀全是別修。是則四諦俱非無作，故能消所消皆名為行也。〔案：自住他住，請覆看從無住本立一切法。〕

「理者」者，牒「理消伏用」也。「法界無礙，無染而染，即

理性之毒也」者，所消伏也。雖不出能消之相，應以所消顯之。且明所消者，「法界」是所迷之理，「無礙」是受熏之德。所迷本淨，故「無染」；受熏變造，故「而染」。全三德而成三障，故曰「即理性之毒」。〔案：法身、般若、解脫爲三德。業障、煩惱障、報障爲三障。〕

然**即理**之談，難得其意。須以**具不具簡**，方見**即不即殊**。何者？若**所迷法界不具三障**，染故有于三障，縱說一性隨緣，亦乃**惑染自住**，**毒害有作**。以反本時，三障須破，**即義不成**，不名**即理性之毒**，屬前別敎，等名爲行毒也。若所**迷法界本具三障**，染故**現於三障**，此則**惑染依他**，**毒害無作**。以復本時，染、毒宛然，方成**即義**，是故名爲**即理性之毒**的屬**圓敎**也。故荊溪釋「無明依他」義云：「此同體依，依而復即。」〔《維摩經玄疏記》〕。故知**體具三障**，**起三障用**，**用還依體**，**與體不二**，**此依方即**。並由**理具**，方有事用，斯是**圓乘**。若不談具，乃名別敎。是即由**性惡**故，方論**即理之毒**也。

能消伏用者，所消之毒既**即理性**，能消之用豈不**即理**？斯乃**理慧**、**理定**、爲能消能伏也。復應了知理消伏用**體是性惡**，方得初心即修中觀。故荊溪云：「忽都未聞**性惡**之名，安能信有**性德之行**？」〔《法華文句記·卷第七下》〕。性德非理耶？行非消伏用耶？欲明**理消之用**，要知**性惡之功**。何者？以初心人皆用見思王數爲發觀之始。〔案：見是見惑，思是思惑，王是見惑思惑之首，數則是其枝末，此類比心王心數而說。心數亦曰心所。〕前之三敎不談**性惡**，故此王數不能**即性**。既不即性，故須**別緣眞中二理破此王數**。〔案：此即所謂「緣理斷九」也。「眞中二理」意謂眞如心中

空理與中道理也。緣空理破惑王，緣中道理破惑數。〕既有**能緣所緣，能破所破**，故**毒害**、**消伏**、俱受**行名**。若圓頓教，既詮**性惡**，則見思王數乃**即性之毒**。毒既即性，故只以**此毒為能消伏**。既以毒為能消，則**當處絕對**，誰云**能破所破**？有何**能緣所緣**？**毒害即中，諸法趣毒。遮照相即，言慮莫窮**。故荊溪云：「非但所觀無明法性**體性不二**，能觀觀智**即無明是**。」〔出處待查〕。若非理毒，焉即**能觀**？〔自所觀而言，無明即法性，法性即無明。自能觀而言，無明即觀智，觀智即無明。〕故一心三觀，圓頓十乘，更非別修，皆理消伏用也。

應知三用，得前前者，不得後後，得後後者，必具前前。且約誦咒為事辨之。

如散心誦者，未修禪慧，則唯**得事**，不名**行**、**理**。若三教人等，如優波斯那，聞六字已，但觀心脈及四大實際，得阿羅漢。此是但修消伏觀行。既不兼口誦，則獨受**行名**。或有不捨口誦而修三教觀法，此乃誦全成觀。雖兼事用，而須從勝，皆名行消伏也，但不名理耳。若圓教人，如釋迦因地聞此章句，即便數息，住首楞嚴，則專**理用**也。若云過去得聞此句，受持誦讀，則兼**事用**。若觀芭蕉幻化以為助道，則兼**行用**。雖兼**事**、**行**，既約**圓修**，無不**即性**，故須從勝，皆名**理消伏**也。

又此三用消伏不定。自有以事消惑，自有以行消報〔苦報〕。有修事、行，而能悟理。有修理用，但消業報。文中但出所消三種之毒，不釋能消三種之用，蓋有對消互消之意，不可卒備。此令說者準義示之。況不獨此中，諸文皆簡。儻迷**山家**教觀深旨，此

《疏》敷揚，誠爲不易。今輒解此文，多有疎遺。庶幾達人許爲刊正云耳。

附錄二
知禮：〈對《闡義鈔》辨三用一十九問〉

〔四明尊者《教行錄・卷第二》〕

叙

孤山〔智圓〕法師、吾宗之先覺者也。著《闡義鈔》解《請觀音疏》于中發明消伏三用，義亦詳矣。而於一家教觀大旨尚復差忒，予切陋之。於是設問一十九章，徵問是否，俾諸學者于茲法義不爲異端所惑云。天禧紀元十月一日，四明知禮敘。

一問

約事約行，二種毒害，爲理性本具隨緣發現耶？爲理性本無因迷始有耶？因迷始有，非今圓義。本具隨緣，能隨之體非性惡耶？〔案：事上行上二種毒害是一念無明法性心所本具，亦即在迷之法性所本具，但隨緣而起現，因此，作而無作。既「作而無作」，所謂「毒害無作」，則隨緣起現者，其體即是性惡，即是在迷之法性體上所本具之惡法門。此等本具之惡法門，隨緣起現而爲**虎狼刀劍**，成爲事毒害，而約事消之，則即爲**事消伏用**。若起現而爲**五住煩惱**，成爲行毒害，而約行消之，則即成爲**行消伏用**。此兩種消伏皆是權說，非圓實說。然其所消伏者其體本亦是性惡也。〕

二問

據何顯文，約何了義，理性毒害非性惡耶？〔案：從理性上所說的毒害即是理性上所本具之惡法門。此唯約圓說。〕

三問

理性毒害是無明耶？非無明耶？若謂是者，則與約行全同。若謂非者，又非性惡，五住之外別有體耶？〔案：理性毒害若即是無明，則與約行說者全同，何得復立理消伏用？若說不即是無明，則當即是性惡法門。若云不即是性惡法門，又不即是無明，則理消伏是什麼呢？豈是五住煩惱之外別有一體耶？依天台，無明無住，即是法性，法性無住，即是無明，非五住煩惱之外別有一自住之體。只是約理言之，即爲**性惡**；約行言之，即爲煩惱；約事言之，即爲**虎狼刀劍**。理毒既就性惡言，若圓修，則通達惡際即是**實際**，諸法趣毒，毒而無毒，即是理消伏。若全迷不覺，**則性惡卽毒**，此即成爲**理毒**。荊溪所謂「三千在理同名無明」者是也。既「同名無明」，則不但**性惡法門**是**毒**，即**性善法門**亦是**毒**也。今說毒害，爲易明故，偏就性惡說耳。實則說理毒之基本意義端在「性具」一義耳。〕

四問

行毒理毒若無別相，何故疏家特分三用耶？

五問

《鈔》云：「修一心三觀，破五住惑，即約行消伏毒害。」至釋理毒，何故復云：「今觀諸法唯心，染體悉淨，即神咒治理性之毒。」？此之二解，能治所治，約行約理，在修在性，異相如何？〔案：此問，孤山智圓並答不出。蓋彼所謂唯心是唯眞心。既唯眞心，則理爲能治，惑染爲所治。惑染隨緣起現，主觀之染與客觀之惡法門無別，並非本具，如是，則理之能治治所治與約行說者無以異。既無以異，則全**屬于修**，而非**在性**。如是，則無「**修性不二**」

之旨。〕

六問

《鈔》釋「無礙，無染而染」云：「法性之與無明，遍造諸法，名之為染〔案：此是荊溪染淨不二門語〕。染故，即有事中之毒及約行之毒也。」作此解者，無染之染全屬事、行毒害明矣。那釋理性毒害復指此耶？理若不是毒害，性惡法門**至果永斷**耶？三毒化事**作意方有**耶？〔案依華嚴宗之思路，確是如此，此即所謂「緣理斷九」，三毒化事自是「作意而有」。智者及荊溪早已明言，而山外諸家始終不明何耶？〕

七問

《鈔》中特陳「理毒非性惡」者，為顯思議耶？為顯不思議耶？若謂思議，非今所論。若不思議，一體三用那忽永殊？毒害之義唯屬事、行，理性本無耶？〔案：依智圓之解，只成二用，理用徒成虛名，無獨立意義。〕

八問

《鈔》釋理毒何以都不陳理之相，便云：「今觀諸法唯心，染體悉淨，即神咒治理毒也」？此語為釋理性所消伏耶？為解理性能消伏耶？若解所消，理毒為指染體耶？為指染用耶？若指染用，必是五住，自屬約行矣。若指染體，又非性惡，一家所談性惡法門擬指何物耶？

九問：

《鈔》曰：「或謂性惡是理毒者，毒義雖成，消義全闕。若無消義，安稱用耶？」詰曰：一家**圓**談，若許理毒即性惡義，那得復云「**消義全闕**」？若爾，荊溪何故云：「忽都未聞**性惡之名**，安能

信有**性德之行**」耶？然不知理毒即性惡者，何異「都不聞」耶？縱
許理毒爲性惡已，那又責云「消義全闕」？此乃雖聞，而不解矣。
且荊溪之意唯恐不聞性惡則無性德之行，今何反此耶？如斯述作，
莫成壞己宗途否？莫成翳人眼目否？若謂不然，恭請三復斯文，探
賾大旨，細爲答釋。〔案：此問極爲顯豁而猛利。唯「毒義雖成，
消義全闕」之疑須予解釋。依智圓，「諸法唯心，染體悉淨，即神
咒治理毒」。「染體悉淨」即眞常心也。眞心爲無明所染，即成理
性眞心之毒。是則理毒同于五住煩惱，與約行說者無以異，理毒徒
成虛設。眞心爲能治，惑染爲所治。既有能治所治，能破所破，故
毒害與消伏俱受行名。此仍是**緣理斷九**之思路，非圓敎也。依知
禮，理毒即性惡。有性惡，始有性德之行。「性德非理耶？行非消
伏用耶？欲明**理消之用**，要知**性惡之功**。」（見前附錄一、釋「理
消伏用」處）。然則智圓何以說「性惡是理毒者，毒義雖成，消義
全闕」？其意蓋是誰來作消伏呢？能所關係不顯，故有此疑也。依
荊溪，有性惡，始有性德之行。依知禮，此性德之行即是理消伏，
故理毒即是性惡。然則「性德之行」如何解釋？知禮云：「若圓頓
敎，既詮性惡，則見思王數乃即性之毒。毒既即性，故只以**此毒**爲
能消伏。既以毒爲能消，則**當處絕對**，誰云**能破所破**？有何**能緣所
緣**？**毒害即中，諸法趣毒**。」此即是理消伏，何言「消義全闕」？
然「只以此毒爲能消伏」，語頗難解，此固非智圓唯眞心之思路所
能知也。「只以此毒爲能消伏」並非以毒攻毒之意，乃是即于毒害
之處而以觀達通之，則「毒害即中，諸法趣毒」，亦即「當處絕
對」也。「毒害即中」即「一色一香無非中道」之義，亦即「通達
惡際即是實際」之義。若非「一心三觀」，焉能「毒害即中」？又

爲能「遮照相即，言慮莫窮」？遮是遮其迷毒，是「除病」；照是照其實相，相相宛然，是「不除法」。是以分解示之，眞正的「能消伏」仍在止觀。惟通達已，則智如不分，全智趣毒法之如，全毒法之如趣智；亦得言**泯智而歸毒法之如，泯毒法之如而歸智**；亦得言**智寂三昧**，亦得言**毒寂三昧**。智者《四念處》有云：「如如之境即如如之智，智即是境。說智及智處，皆名爲般若。亦例云：說處及處智，皆名爲所諦。是非境之境，而言爲境；非智之智，而言爲智。亦名心寂三昧，亦名色寂三昧。亦是明心三昧，亦是明色三昧。」如是，則能所歸一，即是「當處絕對」，即是「毒害即中，諸法趣毒」。所消伏之毒即是能消伏之用。法性即無明，即是理毒性惡，是所消伏。無明即法性，即是理消伏，是能消伏。只此一毒害，因無明與法性之體同相即，它本身是所亦就是能。此是在色寂三昧中客觀地就「毒害即中」之實相法體而說也。所消伏在此，能消伏亦在此。性惡是理毒，「三千在理，同名無明」也。即就性惡而圓達之，則一一性德之惡法門皆成性德之行，未曾增加一毫，是即爲「理消伏用」，此即「三千果成，咸稱常樂」也。「三千無改，無明即明。三千並常，俱體俱用。」（以上俱荊溪語）。「**理具三千，俱名爲體。變造三千**（作而無作），俱名爲用。」（知禮解語）。是則「三千在理，同名無明」爲體，非以**眞常心爲體**也。「三千果成，咸稱常樂」爲用（此是智造之淨用，亦可有識造之染用，此即衆生），非以**眞常心隨緣爲用**也。如將以上荊溪諸語謹記于心，則知理毒是就性惡言（其實亦即是就「三千在理」而言）爲不誤也。惟知禮直說「只以此毒爲能消伏」，則語嫌陡截，未能顯出此中之曲折，故有似難解。實則彼言「**當處絕對**」，「**毒害卽**

中」，即已顯出此中之曲折跌宕矣。「以毒爲能消」是**詭譎迴環語**，非指謂**陳述語**。故云「雖不出**能消**之相，應以**所消**顯之。」是即由所消顯能消也。而「理毒唯圓，以談即故也」，故遂有「只以此毒爲能消伏」之陡截語。能消之觀智旣**即于此毒**，則**無二無別**也。旣無二無別，則**毒而無毒**矣，此即**已消伏矣**。是故當說「只以此毒爲能消伏」時，則毒已無毒矣。毒已無毒，則乃即是毒之即于觀智也。毒之即于觀智「是非境之境而言爲境，非智之智而言爲智」。唯當毒即于觀智，始能說「只以此毒爲能消伏」。得此意已，則亦可說一切事毒事消，一切行毒行消，皆是**當處絕對**，皆是**性德之行**。此即「不思議一體三用」。惟若分別示之，則「捨傍從正，受名不同」，始有三毒三用之分屬：「事毒在欲界，此約果報，故受**事名**；行毒從色界，盡別敎敎道，以不即理故，別受行名；理毒唯圓，以談即故也。」〕

十問

《鈔》指：「約行是約智斷。智即能斷，斷即所斷。五住斷處名消行毒，謂異理毒」者，詰曰：智即能斷，斷即所斷，更無別體，即指五住對能斷智，名行消耶？「斷若無體，此即滅無之斷」〔案此兩句爲衍文〕。爲此所斷自**有常體**，指修即性爲所斷惑，名行消耶？斷若**無體**，此即滅無之斷，與小何殊？斷若**有體**，行毒消處還具理性之毒否？若非理毒，指何爲**體**而論**圓斷**耶？應指別**清淨眞如**耶？衆生因心但有**修惡**，無性惡耶？〔案：依智圓，行消伏用所消伏之五住煩惱自無別體，本非本具之性惡，故智斷之斷即是滅無之斷，因此，修亦不即性，修德不通性德，修性不二之旨廢。因此，「衆生因心」但有後天緣修上之惡，並無本具之性惡，此即因

地亦不圓也。若所消伏之五住煩惱本自有體，則行消之修本是性德之行，更無外加，而行毒消處，本還具理性之毒，即就**理毒體**說圓斷也。今否認理毒即性惡，「指何爲體而論圓斷」？「應指別清淨眞如耶」？智圓必答曰：是也。蓋山外諸師本以別教所偏指之清淨眞如爲體也。但此種體用非荆溪所說之體用義。正因此處不明，故對于理毒無善解也。是即根本不解山家「性惡」之旨也。〕

十一問

理性若無消伏義者，約敎、行、理，別釋此題。敎行名經，有消伏義。約理名經，必可全廢耶？若可廢者，何名別釋體中理經耶？若不可廢，那忽簡云「毒義雖成，消義全闕」耶？

十二問

理性消伏爲約修明？爲約性辨？若約修者，不出約行消伏。若約理性，理**自消伏**。那云「今觀諸法唯心，染體」等耶？「今觀」之言修耶性耶？

十三問

理消伏義，《鈔》自簡云：「是則惑性相待，非關智斷。」今詰曰：理消伏義既云非關約行智斷，爲指理境非關智斷耶？爲約迷事非關智斷耶？爲據性德之行非關智斷耶？爲並約四義非關智斷耶？

十四問

理性若無消伏義者，約行消伏都非**性起**耶？〔案：此言性起是由性具而起，非華嚴宗之性起。〕若然，大師那云：「今原性德種子，若悲心智慧莊嚴，顯出眞身，皆了因爲種子；若慈心福德莊嚴，顯出應身，皆緣因爲種子」？〔案：此撮智者《觀音玄義・卷

上》釋緣了中語〕。今文約行消義，非**悲智莊嚴**耶？約行伏義，非
慈福莊嚴耶？若無**本性種子**，如何顯示**約行圓修**耶？

　　十五問

　　《鈔》云：「惑性相待，非關智斷，名消理毒」者，爲約本
淨，不染五住，名理消耶？爲約觀智，照理忘惑，名理消耶？若云
本淨不染都未涉修者，那云「今觀諸法唯心，染體悉淨，名治理
毒」耶？若云惑性相待，推惑即性，名消理毒者，此即約行推檢入
空，顯是**修成**，何謂**約理**？荊溪那云「理則性德緣了」？那云「本
自二空即性德義」耶？

　　十六問

　　若云「毒義雖成，消義全闕」者，今家應不合云：「原乎因果
根本即是性德緣了，此之性德本自有之，非適今也。」〔案：此亦
智者《觀音玄義・卷上》釋緣了語〕。性德了因非**理消義**耶？性德
緣因非（理）**伏義**耶？〔案：當補「理」字〕。

　　十七問

　　若云「惑性相待，非關智斷行消義」者，此則**修性理殊**，智斷
體別，大師那云：「始則起自了因，終則菩提大智，始則起自緣
因，終則涅槃斷德」？〔案：此亦《觀音玄義・卷上》釋緣了
語〕。如何特陳「惑性相待，名理消毒，非關約行智斷義」耶？性
德了因非**智體**耶？性德緣因非**斷體**耶？

　　十八問

　　《鈔》云：「惑性相待，名消理毒」者，此對惑之性爲修德境
耶？性德境耶？若云修境，則約所起，對理自具，而爲研覈，成消
伏義，亦但**屬修約行**明矣，若云性境，法性自爾，非作所成，此性

對惑名消理毒者，能對「性」既云「消義全闕」，應取「但中」之理爲能對性耶？應取「清淨眞如」爲能對性耶？〔案：「能對性」猶云能對之性。性爲能對，惑爲所對。〕

十九問

《鈔》云：「或謂性惡是理毒者，毒義雖成，消義全闕。若有，應破性惡」者，詰曰：若爾，《輔行》那云：「又此理具變爲修具，一一修具無非理具，令識修具全是理具，乃達理具即空即中」？此之理具既即空中，亦莫破**性惡法門**耶？大師云：「修德相貌在性德中」，此即亦斷**性惡**耶？理具空中舉修德相貌，豈非今約**理消伏義**乎？

予謂若憑《鈔》語，一家所宣**性德法門**都成無用，圓修智行俱成**有作**。何哉？以謂理具諸行應破**性惡法門**故。若言「性惡理毒消義全闕」，則顯同**緣了始有**，奈何修德非圓融也？夫如是，則**修性之說傾矣，圓頓之道廢矣**！述作裨贊宗乘，那忽特違大義耶？

第五章
辨後山外之淨覺

　　知禮《十義書》是辨破晤恩、源清、慶昭、智圓者。其對《闡義鈔》辨三用發一十九問，是對孤山智圓而發。其〈別理隨緣二十問〉是對慶昭門人永嘉繼齊而發。此等山外諸師，吾人名之曰前山外。淨覺仁岳居知禮門下十餘年，當時亦曾助其師辯論別理隨緣問題與消伏三用問題，並辨破慶昭門人咸潤之非《妙宗鈔》述色心不二之旨以示之，且評他師昧于究竟蝮蠆六即之義。然彼實不能領納其師之義解，亦只是學語而已。故一旦因與廣智辨觀心觀佛問題，求決于師，師示以約心觀佛之談，謂據乎心性觀彼依正，便不悅而去，盡背所宗。當初爲《妙宗鈔》辯護，今則請其師「潛修前鈔，不使外聞」。師徒二人遂有《十諫》，《解謗》，《雪謗》之往覆辨論。此不只是《妙宗鈔》中三身壽量問題，乃關乎山家之全部義理。彼初斥咸潤不明色心不二之旨，實則彼之不明亦同于咸潤也。彼初斥他師昧于究竟蝮蠆六即之義，實則彼亦昧而不解也。然則理毒性惡，一念三千，三諦，事理，修性，體用，等義，彼皆未能有諦解也。彼之背叛，其思路仍與前山外同，仍歸于華嚴宗之思路。其作品《十諫》與《雪謗》收入《續藏經》第九十五冊《四明仁岳異說叢書》。然吾人經由南宋可觀《山家義苑》及南宋宗印《北峰

教義》之辨破，亦可知其思路之所在。下分三端述之。一、究竟蛣
蜣義；二、二鳥雙遊，生身即尊特義；三、一念三千義。

一、究竟蛣蜣

南宋竹庵可觀《竹庵草錄》卷終附《跋六即頌》云：

佛許六即辨，蛣蜣何不通？知一不知二，失西還失東。
三千若果成，一切皆常樂。蛣蜣不究竟，諸佛斷性惡。

右六即二頌，乃在昔南屏梵臻法師，親承四明尊者，贊述
《十六觀疏妙宗鈔》建立圓宗，引用《大般涅槃》〔卷一〕
聲光召眾五十二類，下至蛣蜣〔經原文為蜣蜋蝮蠍〕，為于
諸法趣舉微劣一法，以點示之。與夫荊溪《金錍》「阿鼻依
正全處極聖之自心」，宛如符契。深得天台大師《摩訶止
觀》圓觀諸法皆云「六即」觀的意旨，已盡之矣。切恐惜乎
後裔不聞，輒附《草錄》，庶幾傳遠。

案：「蛣蜣究竟」乃以「六即」義說蛣蜣微劣之物，與荊溪「無情
有性」同其旨趣，亦恰如莊子所謂「道在螻蟻」也。淨覺，當其在
知禮門下時，斥他師昧于究竟蝮蠆六即之義，然及其背離時，復又
反對蛣蜣蝮蠆可說六即。當然蛣蜣蝮蠆並不會自覺地作修行工夫，
即，並無緣了二因佛性以自覺地體現其緣了二性之過程。故客觀地
就蛣蜣蝮蠆乃至草木瓦石之為個體物說，說其不可以六即判，亦未

嘗不可。故法藏賢首說：于無情只可說法性，不可說佛性。並以爲
《大智度論》（亦稱《釋論》）有此語，彼引之以爲證也。荊溪則
云：委讀《智論》並無此語。（詳見《金剛錍》）。故天台家自荊
溪後皆以爲賢首謬引也。縱使是謬引，客觀地說「無情唯有法性而
無佛性」，亦未嘗不可說。無佛性者主要地是無緣了二佛性也。荊
溪說「無情有性」，亦只是據「三因體遍」而說圓敎，並非客觀地
肯斷草木瓦石亦有緣了佛性，能自覺地修證成佛。是則說無情有性
不過是說「阿鼻依正全處極聖之自心」，此乃心外無法之意；此亦
不過是說我之三因佛性皆遍滿一切也：我之了因佛性滿是智德滿，
我之智德是帶著三千法而爲智德，是即了因佛性遍及一切也，一切
微劣之物亦皆在了因智德中呈現；我之緣因佛性滿是斷德滿，我之
斷德是帶著三千法而爲斷德，是即緣因佛性遍及一切也，一切微劣
之物亦皆在緣因斷德中呈現；我之正因佛性滿是法身顯現，我之法
身是帶著三千法而爲法身，亦即三身爲一之法身，是即正因佛性遍
及一切也，一切微劣之物亦皆在正因佛性之顯爲法身中呈現。但是
此種遍及只是主觀地圓滿境界，把一切皆帶進三因佛性中，亦即使
一切皆登一眞法界。荊溪即依此義說「無情有性」。如是，「無情
有性」其意是一切皆涵潤於三因佛性中。然此義卻並不函著說：此
三因佛性亦能客觀地即是草木瓦石之性，彼草木瓦石亦能體現之而
成佛。如是，彼說「無情有性」，與一般說「一切衆生皆有佛性，
皆可成佛」中之佛性，意義並不相同。如是，說無情有性可，說無
情無性亦可。然，雖有此兩可，若必反對「無情有性」之說，是即
無異於反對天台之圓敎，而歸於華嚴之別敎。無情有性只是說三因
滿現而遍及一切一切皆登一眞法界之主觀圓滿境界。於此圓滿境界

中不分而分，亦可以說無情無性，言乎無情之物並不能自具緣了修證以成佛也；然分而不分，亦可以說無情有性，言乎無情之物一起皆登一眞法界，皆只是三因佛性之體之所挺立也。無情有性既如此，則蚯蟻究竟亦如此。既一切皆隨吾之三因佛性之體現過程而昇登一眞法界，則即可依吾之體現過程而以六即判之：直接地是判吾之體現過程，間接地是判彼微劣之物也。吾之體現過程，如開始於「理即」，則蚯蟻亦是「理即位」中之蚯蟻。吾之生命雖是理具三因佛性，實則是全體在迷。吾之生命既全體在迷，則理上之三因佛性之所遍及者亦是在迷中而並未透明也。此即是「理即蚯蟻」。如吾之體現過程已由「名字即」，而進至「觀行即」與「相似即」，則彼蚯蟻亦隨而在「觀行即」與「相似即」中而逐步透明。如吾已進至「分眞即」，則彼之蚯蟻亦隨而在「分眞即」中而逐步透明，逐步歸眞。如吾已進至「究竟即」，則彼之蚯蟻亦隨而在「究竟即」中而通體透明全部歸眞，此即「究竟蚯蟻」。成佛既即九法界而成佛，則在如是之成佛中，九法界亦一起皆登佛界。究竟蚯蟻，即蚯蟻亦登佛界也。既皆登佛界，則即皆在三因佛性中，如是，遂方便說爲無情亦有性（無情之物亦有佛性佛格）。

　　南宋宗印撰《北峰教義》一卷，中以十義辨駁淨覺之異見，扶持四明之正說。其中第十「判六即」，亦分四明正說與淨覺異見。文如下：

　　　　〔初〕、四明正說，分四：

　　　　　　初、三千六即。

　　　　　　二、六即能所。

　　三、名義分對。

　　四、點會蛣蜣。

初，三千六即。圓人修證，心外無境。三千遍攝，一法不遺。從略'，以十界言之。全迷，則十界皆名「理即」。聞名，則十界皆名「名字」。乃至究竟，則十皆「究竟」。《光明記》云：「全迷則曰理性十界」等。以至《指要》、《解謗》引證「三千在理，同名無明，三千果成，咸稱常樂。」是知十界三千無不「六即」，大體可知。若不如此，乃別教也。

二、六即能所者，四明《指要》則曰：「凡言諸法即理者，全用即體，方可言即。」又，《妙宗》云：「六種即名皆是事理體不二義。而迷逆事與其覺理未始暫乖，故名即佛。又，障即佛，其名猶通，以後五人皆云三德即是佛故。」四明之義，以事用諸法爲能即，理體諸法爲所即。德障言之，三障爲能即，三德爲所即。並合祖師諸文，今不備引。略明二義：一、通論，事造三障諸法爲能即，以皆理具無不即故。二、別論，事中一念自心爲能即，以從近要，易成觀故。此皆四明宗旨，云云。諸文處處有此兩義，更不引證。而草菴諸師局唯一念，違大義也。〔案：道因自號草庵《佛祖統紀》列于雜傳中，南宋初年時人。〕

三、名義分對。然六即之義，「事異故六，理同故即」，還可分對理事兩種三千否？答：先達並以「事異故六」對事造三千，「理同故即」對理造三千。今則不然。「即」，約法體是同。「六」，約情智高下六位事用。法體全體即理，故

云「理同故即」。六位情智迷悟、所見事異，故云「事異故六」。是則事理兩種三千是法體，並對「理同故即」。「事異故六」乃情智高下，修證有差，非關三千法體有異。若以兩種三千所收，卻不妨六位高下是事造所收，但不可直將兩種三千對「事異故六，理同故即」也。

《指要》上云：「事異故六，理一故即。應知圓教明理已具三千，而皆性不可變。（原注：理同故即）。約事，乃論迷解、真似，因果有殊。（原注：事異故六）。」四明意謂荊溪釋「生死即涅槃」之流，而云「理同故即」。蓋由生死之法圓理本具，性不可改，故云「理同故即」。若從人說，則迷悟因果隱顯事殊，故云「事異故六」。仍引「三千在理同名無明，三千果成咸稱常樂」。從人迷悟，無明常樂事殊，證「事異故六」。「三千無改，無明即明。三千並常，俱體俱用。」約法只一三千，迷悟不改，並皆圓常，俱體俱用，證「理同故即」。是則迷悟緣起事殊，皆三千之體起妙用。法體事理雖迷悟因果，而常一不改。嘗試料之，約法體凡聖之事理，「理同故即」。從人心迷悟之所見，「事異故六」。如《妙宗》上云：「六種即名皆是事理體不二義，而事有逆順。名字等五是順修事。唯理性一，純逆修事。此逆順事與本覺理，體皆不二。」約法，事理體同故也。「其逆順名自何而立？以知不二，事皆合理，名之為順。其不知者，事皆違理，故名為逆。名字等五，若淺若深，皆知皆順。若初理即，唯迷唯逆。」從人所見，事異故也。四明每云「迷悟體用不二」。準例應云：應知圓家六即高下但約迷

悟論之，不約事理體用説也。《指要》云：「約事乃論迷解真似因果」者，迷則迷兩種三千，悟則悟兩種三千，真則真證兩種三千，似則似證兩種三千，因則兩種三千俱因，果則兩種三千俱在果也。故荊溪云：「染淨既分，如位須辨。」而「衆生有迷中事理，諸佛有悟中事理」焉。

四、點會蛣蜣。四明《妙宗》示十界六即，以至蛣蜣亦皆六即。諸師異見各有章藻，置而不論。今之所見全同《草庵錄》蛣蜣一篇。不能委示，但陳梗概。須知四明蛣蜣六即者，以圓人修證，了理具十界三千故也。若唯于佛以説六即，則不了圓具法界之全體。然又須知蛣蜣六即，正約事論。以事全理具，故事能即。《妙宗》之文有二段：初、示十界六即相，二、出十界六即義，以論十界皆理性故也。若非理具，如何可即？解謗之文亦然。但自尋之，當自深信正是唯心觀體之説，更不多言。〔案：《妙宗鈔》釋六即文，甚精詳，讀者可參看。解謗之文以及淨覺十諫與雪謗俱收入《續藏經》第九十五冊《四明仁岳異説叢書》。〕

〔二〕、淨覺異見。《雜編》〔《義學雜編》亦稱《義編》無留存〕有三節。

初、分對名義：謂空中之理同，故即也。即假之事異，故六也。假事爲能即，空中之理爲所即。

評曰：《止觀大意》云：理同故即，如生死即涅槃之流，必該煩惱即菩提，結業即解脱，乃至三道即三德，何嘗專以空中之理同是所即，俗諦之事異是能即耶？〔案：依天台本義，一念無明法性心即具三千，此種「即具」亦曰理具，中

道實相理即具三千也；亦曰性具，迷中之法性即具三千也；
亦曰圓具，如此之具是圓具也。此示三千法皆本有之法，即
此本有而曰性德。從本有或性德而言理具。理具須待事造，
事造本乎理具。同一三千，自具而言，曰理性三千；自變現
而言，曰事造三千。事造本乎理具，則作而無作，故事造三
千，即是理性三千之任運而現，此即爲三千法體無改。依此
法體無改而言「理同」，言不管是理性三千或事造三千，其
法體皆同屬本有，一不可改，其爲性德之理同也。依此性德
之理同，故言「即」。理三千與事三千相即，只是同一性德
三千也。自理三千而言性，自事三千而言修，則修性相即，
亦不二也。自理三千而言體（理具三千俱名爲體），自事三
千而言用（變造三千俱名爲用），則體用相即，亦不二也。
自理三千而言因（三千在理同名無明），自事三千而言果
（三千果成咸稱常樂），則因果相即，亦不二也。有此種種
相即不二，故言「即」。「六即」之六是就修證者之「情智
高下，修證有差」而言，此屬于主觀工夫事，非關客觀法體
事。修證工夫亦屬于事。「情智高下，修證有差」，即是修
證工夫之事有異。因此等事有差異，故以六位判之，此即所
謂「事異故六」也。修證工夫之事雖有差異，然此差異之事
旣屬事造三千，則其法體又同屬本有，同屬性德之理具三
千，故于每步差異又皆可說「即」，故有六即，此即所謂
「理同故即」也。如「理即佛」，此是客觀地純自理具三千
之在其自己而言也，主觀的自覺尚未參與在內。故對自覺而
言，「三千在理同名無明」，亦即全在迷中。然客觀地言

之，此全在迷中之法體與悟後者無殊，故先客觀地就此法體本身說此即是佛，此「即是」即是從理上說的「即是」，亦即每一衆生皆潛在地是佛也。「名字即佛」，此是主觀自覺開始參與那性德本有者。縱使只聞一佛性名，亦甚好。此一佛性名是圓佛名。此一圓佛名即已具備一切性德法，故「名字即佛」也。至「觀行即佛」，則觀行中一切事法皆是性德本有之法，故觀行即佛也。至「相似即佛」，則六根清淨，肉眼即具天眼、慧眼、法眼、佛眼所見之相似法，故「相似即佛」也。「分眞即佛」，則破一分無明，證一分清淨本有性德之法，故「分眞即佛」也。「究竟即佛」，則「三千果成咸稱常樂」也，即全體在迷之理具三千通體透明而爲清淨的事造三千也，此即荊溪所謂「衆生但理，諸佛得事」也。六即位，大抵前五位，主觀地言之，皆有欠缺，然客觀地言之，亦皆因法體理同而能即。即以此客觀之能即誘導彼有欠缺者之精進不已，至究竟即而後止。至究竟即佛，則主觀工夫無欠缺，而客觀之即所示現的客觀圓滿亦全體朗現，此即爲主觀圓滿與客觀圓滿之同一。此一即具系統，由智者一念三千開始，復由荊溪開爲十不二門完成，淨覺完全未把握住。彼以由分解而顯的眞常心爲體，以隨緣爲用。因此，解「理同故即」，以就眞常心說的即空即中之眞諦爲理，爲所即，隨緣起現的假名法爲事，爲能即。此能即之事爲俗諦，由此俗諦之事異故六。以三諦分事理，不但未解天台說事理之分際，且並三諦亦喪失其原意。此一思路完全是華嚴宗之思路，山外諸家大抵皆然，淨覺復流于此也。宗印評語簡

略，故疏之如上。〕

二、揀判即具：謂即，約事理體一；具，約體備萬德。

評曰：如此名義，若在四明正宗，用之甚妙。若淨覺以三諦分事理，則違一家諸文，不可承用。評破如前。〔案：辭語相似，人多混而不明，實則似之而非。〕

三、徵辨蚑蜒。先徵問。他云：「一家明理即具三千，乃至蚑蜒蝮蠆，皆須六即辨其先後。」是義然乎？答：何謂其然乎？是大不然也！六即之名本為揀濫。蚑蜒蝮蠆，畜趣微物，迷逆之號，固無叨濫，何用六即？良為他見《涅槃》四分，立此六即。

評曰：《金錍》云：「阿鼻依正全處極聖之自心」。豈非四趣究竟即耶？畜趣微物不明六即者，「圓觀諸法，皆云六即」，如何消之？所云四明例《涅槃疏》四分，立蚑蜒六即者，大不然也。須知《涅槃疏》列眾，自云：「直三歸者，名無分優婆塞。若一若二，名少分。若三若四，名多分。若具持五，名滿分。」乃至云：「蚑蜒蝮蠆，義復如何？答：夫一善法即有四分，例一惡法亦復如是。未見明文，置而不論。且就權言之。小菩薩所作是無分蚑蜒。初地初住所作，是少分。乃至十地十住等所作，是多分。如來所作，是滿分。是故得有權實之眾。實召權請，故稱召請。」〔原注：「疏一十六」。案此注不明。今查此文見《涅槃經疏‧卷第二序品下》。〕《指歸》釋曰：例一惡法者，暹記云：若約惡為四分者，若惡冥伏，名無分。一業作惡，名少分。二業作惡，名多分。三業俱作，名滿分。今謂：《疏》文既約持

五戒以明四分，今約惡論，應以破五戒爲四分。所謂五戒俱持，名無分惡。破一，名少分惡。餘例可知。」此蛣蜣對惡之四分，多從權釋，少出實義。與今六即據實，不可會。雖權可會文，意亦別，不必會也。《妙宗》不引，必有深意。凡百教者，須考本文，不可望聲釋義。自古紛紛之說，只以本文破之。

以上爲《北峰教義》「判六即」文，明淨覺之非。又，南宋四明沙門柏庭善月《山家緒餘集》卷中有論「六即餘義」一段，亦善發揮四明宗旨，如下：

六即之義無它難者。唯四明有所謂「究竟蛣蜣」之說，頗形議論，號爲難明。蓋其說曰：「蛣蜣名相至究竟者，此明理性具十界也。既皆性具，性必常住，無非法界。」等。又曰：「蛣蜣六即，則約豎明即。」（原注：《妙宗》文旨大同云云。）斯說也，言不由乎蹈襲，理特示乎高深，其爲一時惑耳驚心也宜矣。蓋亦嘗曰：「解一千從，迷一萬惑。」〔案：此知禮《指要鈔》中語〕。則其惑此理者常多，解此理者常少，是無足怪者。逮至于今，習聞其說，雖不以爲驚疑，而昧者尚眾。間有一二說者，亦多不得其旨，猶常論而已，又何足以發明其奧旨乎？故今贊者毀者，彼不信者，一皆置之，是不足與謬擾論也，直示其意焉耳。〔案：「謬擾」即《莊子》「謬悠之口」之謬悠。〕

意者在此而不在彼。何謂也？曰：理性十界，此也。蛣蜣名

相，彼也。故向文云云。又曰：「以論十界皆理性故，無非法界，一一不改。」又曰：「圓家明理已具三千，而皆性不可變」等。是知蛣蜣名相意在理性十界故也。

夫所謂性具十界者，無別有法，即今世出世間、究竟果覺、三乘、六道、一切假實、依正、色心，皆理性所具，亦理性所即，一一當體無非法界。法界無外，不出一性、性必常住，性必不改，必融攝，必周遍，是之謂理性十界，亦曰事理三千。始自理即，終至究竟，雖有迷悟眞似因果之殊，莫不即此之法。即故，始終不二，無有增減。豈非十界皆論六即，六即皆具十界？既具十界，則地獄色心皆性具矣。既皆六即，則蛣蜣名相至究竟矣。若然者，所謂究竟蛣蜣，蛣蜣究竟，理固有之，不爲過論也。然而人聞「圓論諸法皆辨六即」則信，聞「三千果成咸稱常樂」則信，聞「諸佛不斷性惡」則信，至於聞「究竟蛣蜣」，則紛然疑然不信矣。此所謂敬帝釋而慢憍尸迦，甚乎不知類也。又復須知，一家圓說，不以十界而分迷悟，乃約情智論之。所以迷則俱迷，十界三千皆迷也。悟則俱悟，十界三千皆悟也。剋論此法界，且有定迷定悟乎哉？由是言之，迷悟在人，而此法未嘗迷，未嘗悟也。既無迷悟，則無染淨。無染淨故，一性平等。平等故遍攝，遍攝故無礙，無礙則融，融則妙，妙則離四句，絕百非，言語道斷，心行處滅。此究竟蛣蜣之說于是所以得也。

「而不在彼」，何也？以昔之論者，不知出此，乃唯彼之求。纔說蛣蜣之名，便向丸糞上計。由是，滯以名相，拘以

情見。在我者尚不能虛其情，於彼者又豈能達其道？爲是弊故，而革之也。革之云者，非有二法之謂也。遮其情而已矣。其情若亡，則究竟蛣蜣當體全是，亦無彼此可得也。

要之，祖文言必有趣。不向言趣意外求之，徒以情想，分別語言文字，而議其道者，是猶適楚而北其轅，豈不愈去而愈遠乎？

或曰：南屏二頌發明此旨，其說如何？曰：此據門庭規矩之論盡可，其如遮情絕想，則未敢聞命。或又曰：近代有言曰，如來終日與蛣蜣同，蛣蜣終日與如來異，其說可否？曰：是正坐分別中。若論此旨，不分同異可也。然則事異理同，如何？曰：事異理同，正不分同異。若然，今究竟蛣蜣理同耶？事異耶？曰：苟得向意，不勞此問也。雖然，其如文何？文曰：「理性十界」，而又曰：「約豎論即」，何也？曰：是各據一端爾。合而言之，方盡其旨。

或者又曰：「究竟蛣蜣」既聞命矣，「滿分蝮蠆」，義復雲何？曰：彼之滿分既約權行，是如來普現色身也。此之蛣蜣，既論究竟，即佛界之性惡也。然性惡本也，普現色身迹也。本迹雖殊，其理同也。故曰：諸佛若斷性惡，普現色身從何而立？蓋其理甚明。因論蛣蜣，故寄或者之問於此。

以上是關於「究竟蛣蜣」之文獻，其意實無殊於「無情有性」，而淨覺不解何耶？其所以不解，亦因其依華嚴宗之思路講天台，故凡名義對當皆與山家相違也。可觀，宗印，善月，皆南宋時人，去知禮已近百年。彼等皆稟承知禮之精簡而破淨覺。

二、二鳥雙遊：生身即尊特

南宋竹庵可觀《山家義苑‧卷上雙遊篇》論「生身尊特」云：

雙遊本出《大經‧鳥喻品》中。疏解難會。諸文遍用以示圓即。從來講家少有說者。相傳唯永嘉諸前輩多示說之，但少有義章。予嘗苦心斯文，今輒考論，聊分爲二。初辨兩家各據，次明二用元意。初科又開爲二。初敘兩家所說，次評兩家所見。

初敘者，先敘淨覺于《十諫》中因四明《妙宗》云：「一家所判丈六尊特不定約相多少分之，剋就眞中感應而辨。」四明既約此辨，生身尊特不須現起高大，只就丈六生身示現尊特，如常所說。淨覺諫云：「應有權實，相有優降。應同居，正用生身。應方便、實報，正用尊特。圓人了知只一法體起二應用。用即體故，一相匝得。體即用故，諸相宛然。大師尚說蚖蛇名相至于究竟，何緣定以生身名相須是尊特名相耶？常無常二用，二鳥雙遊，如何分別？」淨覺意謂對同居，無常生身，對方便、實報，常身尊特。如此相對，方可分別二用。若生身即是尊特，則不可分別二用也。此是淨覺所說。

其次，四明于《解謗》中，引《本疏》所解云：「事理、中邊、非二中而二中，此之三番收二用盡。若身若土，若人若法，一一無不具足二用，互遍互收。」乃至云：「學者應

知，但得無常，則失常用。得常用者，二用雙融。若也不依時教明之，但逐現起身相辨者，則圓妙二用義永沈矣。」四明此意，遍示一切諸法無不具二用之義，生身即尊特也。此是四明所說。

次評者，只一《大經》二鳥雙遊，常無常二用，兩家雖建立如矢石相違，然無不引而用之者，良由兩家所見不同。淨覺但取分別而說，全失二用相即。今問《大經》二用，以二鳥雙遊喻之，爲取分別，爲取相即？本爲明二用相即，而反取分別者，故知淨覺失意尤甚。總而言之，分別可以。若其相即，正違自所建立。奪而言之，分別亦失。何也？雖分別二用，二用當處一體相即，不同偏教。四明生身即尊特，正得二用元意。雙遊正喻相即。

須更議論者，如四明生身即尊特，此是無常即常。若常即無常，還可說尊特即生身否？若云可以，不聞此說。況復方便實報所現之身如何倒即同居生身？若云不可相即論之，合作此說何也？生身即尊特，是無常即常。自合常即無常，尊特即生身。又復四明兩種尊特。示現尊特，可以說無常即常。現起尊特，如何可以作相即之說？此似難會，未審如何可以四明之說婉順雙遊相即之義？此義俟下明之。

次明二用元意，又開爲二：初出二用之文，次明二用之義。初出文者，先出《經》、《疏》後定法、喻。

經文正如《釋籤》所引《大經・鳥喻品》云：「善男子！鳥有二種，一名迦鄰提，二名鴛鴦。遊止共俱，不相捨離。」經中設此喻者，蓋爲答前迦葉所問「云何共聖行」故。

〔案：《大經‧卷三壽命品第一之三》迦葉于佛前說偈問
曰：「云何共聖行，如娑羅娑鳥。迦鄰提，日月，太白與歲
星？」〈鳥喻品〉是南本《大經》中所分之品名，北本屬
〈卷八如來性品第四之五〉。此鳥喻之文與迦葉之偈問相距
甚遠。〕又如《經》〔〈鳥喻品〉〕云：「隨有眾生應受化
處，如來于中示現受生。雖現受生，而實無生。是故如來明
常住法。如迦鄰提，鴛鴦。」此乃略出《經》文。

其次《疏》文者，亦正如《釋籤》所引：「今言雙遊者，生
死涅槃中俱有常無常。在下在高，雙遊並息。事理相即；二
即中，中即二；非二中而二中。事理雌雄義並成。」〔案：
此是荊溪略引〕。若據本《疏》應云：「生死具常無常，涅
槃亦爾。在下在高，雙遊並息。即事而理，即理而事。二諦
即中，中即二諦。非二中而二中。是則雙遊義成，雌雄亦
成。事理雙遊，其義既成，名字、觀行，乃至究竟，雙遊皆
成。橫豎具足，無有缺減。」〔案：此是章安經疏原文，見
《涅槃經疏‧卷第十二鳥喻品》〕。已上略出《疏》文。

定法、喻者，《經》中能喻是二鳥雙遊之事，所喻之法是
「共聖行」。若喻「共聖行」者，是菩薩所修，此則稍局，
局所修行。如四明所說：「若身若土，若人若法，一一無不
具足二用，互遍互相」，此則甚通，通一切法。當知《經》
文雖局，喻共聖行，然而雙遊之義，其義復通，遍攝一切。
以「非常非無常」之體，其體遍攝故。故一切法能常能無常
也。

其次，明二用之義，又開為二；初評舊，二明今。

評舊者，如昔人義章有二義。一者生死涅槃相對，二者雙遊並息相對。初義者，以涅槃是事即理，生死是理即事。涅槃理中具乎二用，此是約事理相對。其餘中邊、亡照，二義亦然。次，雙遊並息相對者，以雙遊對事。與上二邊及「而二中」。並息是二用歸體，對理，二即中，及「非二中」。昔人作此說者，略有二失。一者，濫古師所解，二者失雙遊元意。如古師解，章安破云：「一鳥窮下之生死，一鳥窮高之涅槃。昇沉永乖，雙遊何在？」既指涅槃是理，生死是事，正當一鳥窮高，一鳥窮下。雙遊不成，正爲章安所破。既窮高下，遂失雙遊元意。雙遊本喻一體相即，如何以生死涅槃相對以爲雙遊？又復章安三番並云二用，卻以「二諦即中」及「非二中」爲並息歸體，此當拆二用，一半歸體，則二用不成。〔案：此所謂「昔人」即淨覺之類也。古師已有此解，已爲章安所破。淨覺何不察耶？又生死涅槃相對，正是荊溪所謂異體自住，屬別敎義，淨覺何一無所知耶？彼對于其祖師之文獻義理如此不熟，而又曉曉與其師爭辯，眞所謂不自量也。〕

其次，明今者又開爲二；初正明，二釋疑。

正明又開五義：初高下，二事理，三遊息，四橫豎，五凡聖。

初義者，如《疏》云：「生死具有常無常，涅槃亦爾。在下在高，雙遊並息。」此之生死涅槃如何分之？不出迷悟。如來在悟，所得涅槃爲高。眾生在迷，所有生死爲下。以由《經》正談三德涅槃乃是如來所得之果。此之所得所證之

果，三德妙理，本非別法，全指眾生生死三道當體即是。
〔案：惑、業、苦為三道，法身、般若、解脫為三德〕。然
則生死涅槃既迷悟不同，如何見當體相即？當知所以體即
者，良由各具常無常二用故。以高下明之，乃成各具。若約
事用之義，雖則各具，二用體同。強分迷悟，本無差別。此
則三法理體無差。如此明其高下，始見雙遊最初本體。
〔案：法性無明體同故即。悟則見法性證三德，迷則處生死
為三道。迷悟自主觀修證說，三道即三德自客觀法體說。知
禮云：「圓家迷悟斷證但約染淨論之，不約善惡淨穢說
也。」（《指要鈔》）。善惡淨穢指客觀法門說，迷悟斷證
是指主觀實踐說。迷為染，為情執。悟為淨，為智斷。〕
第二，事理者，如《疏》云：「即事而理，即理而事。二諦
即中，中即二諦〔空假二諦〕。非二中而二中。是則雙遊義
成，雌雄亦成。」然此事理如何分之？當知事即「事造三
千」，理即「理造三千」。〔荊溪《止觀輔行傳弘決・卷第
五之三》釋心造云：「心造有二種：一者約理，造即是具，
二者約事，即三世變造等。」〕既便是事理二造，如《淨名
記》〔荊溪《維摩經玄疏記》〕所示：「事暗非暗，理明非
明。雖即事理位殊，亦曰事理不相妨礙。由因雙遊成果雙遊
故也。行於非道，理亦如是。故得證向雙遊句已，則三千世
間皆名非道，所示癡愛不離空中。明暗理同，方名佛道。」
以此文言之，豈非荊溪以二造便是雙遊事理之義？是故當知
只一三千，在高在下，雙遊並息。即四明所謂互遍互收，乃
成互具。二用即事理二造三千。二造即是三諦，故有次番

「二諦即中，中即二諦」。生死涅槃，一切諸法，一一無非即三諦故。一一具故，故有事理二造三千。中邊既即，一體不二，一亦不立，是故第三一番有亡照也。三諦俱亡，故「非二中」。雖亡而照，三諦俱照，故「而二中」。事理後，有此二番者，不出中邊、亡照。雖有三番，只是事理三諦三千。中邊亡照只是釋成事理法體。如此三諦俱亡俱照，便同《輔行》云：「三諦無形，俱不可見，」此即俱亡；然後俱照云：「然即假法，可寄事辨。即此假法即空即中。空中二體，二無二也。心性不動，假立中名。亡泯三千，假立空稱。雖亡而存，假立假號。」此文便同雙遊中「非二中而二中」一番。如此二用，方見即一切法，遍一切處，無法不然，無法不可。何以故？不出三千三諦故。

第三，遊息者，遊即雙遊，息即並息。如《疏》云：「在下在高，雙遊並息。」然此事理常無常法如何論于遊息？當知若約事理相對以論相即，于能常能無常點示相即，謂之雙遊，以雙遊只是相即。《淨名記》云：「理事相即，故曰雙遊。」又云：「事理相即，義不相妨。」又云：「雙遊之言必相即故。」故知雙遊只是相即。在喻謂之雙遊，在法謂之相即。若乃並息者，雙遊既約相即，並息便可知之。此約一體而論。二鳥並息以喻事理一體。大抵約**一法**論之，故喻之以**並息**。約**二法**論之，故喻之以**雙遊**。雖有二鳥，而遊息未嘗不俱。巧喻事理一體相即，其妙如此。此如章安云：「第一義者，非常無常，故無差別。若二鳥雙遊，明其二用。二鳥俱息，明其雙寂。即用而寂，寂滅爲樂。」是《大涅槃》

文中，既以第一義大涅槃以論雙息，豈非一法而論並息？若得此意，中道之理同名爲用，便自可會。

第四，橫豎者，如《疏》云：「橫豎具足，無有缺減。」如何辨于橫豎？當知橫則約法也，豎則約人也。以由三番一體相即，生死涅槃更無差別。如何揀之？所以須約橫豎。今家凡論諸大乘經生死即涅槃處，一言即者，不可不揀，便有六即，故須約人。若以六即揀之，如荆溪所謂「豈可障智無明猶存不破，而得名爲明暗相即？」故修觀者，理亦相即，豈可一向推功上人？當知約橫論豎，一一具足。約豎論橫，無有缺減。如此，則約法橫論，雖乃雙遊並息，約人豎辨，不妨在下在高。又復橫者，只是「理同故即」。豎者，只是「事異故六」。橫豎義不相妨，事理未嘗暫異。故荆溪云：「深符圓旨，永離衆過。」良由于此。

第五，凡聖者，如《疏》云：「此中備有凡凡共行，凡聖共行，非凡非聖共行，約人法分別俱成。」然則上約豎明，已屬約位之義，今來何得又約凡聖？當知經中鳥喻，正答「云何共聖行」之問。既約雙遊並息以明共行，所以須論「凡聖共」等。須知此之「非凡非聖」者，即上所謂「理同」。若論凡聖，即上所謂「事異」。凡聖，約迷悟別抹揀。橫豎，約因果通揀。通揀者，今家通揀諸大乘經「即」義。別揀者，爲依《經》中辨法別揀。辨法者，以《經》中意，雖凡聖迷悟高下不同，其法體未嘗不同，即雙遊並息元意，即《大經》談常之大綱。

五義不同，總是準《大經》本《疏》一文，開演《涅槃》大

義如此。

釋疑者，略有五重。初釋「唯在大經」之疑。二釋「事造無常」之疑。三釋「理造爲用」之疑。四釋「部通餘教」之疑。五釋「應身二用」之疑。

初重者，今問：一代諸大乘經無不談即，何故二用唯在《大經》？當知此乃只是文別。所以文別此經者，良由此經正談常故。如荊溪云：「《涅槃》扶律談常」，又如《妙玄》謂之「談常辨性」。若乃常破無常，即對治法，非第一義。如《疏》云：「二鳥雙遊，譬喻如來無二二用。」《釋論》云：「常與無常是對治法，非第一義。」然今此明「如來無二二用」者，非常非無常，能常能無常，與《法華》部同。若在《法華》，作權實說。若在《大經》，作常無常說。雖隨緣不同，所說有異，論其法義，殊途同歸。權之與實，常與無常，蓋同出而異名爾。若常破無常，便同《法華》「判」義：無常異于常。故若第一義，非常非無常，能常能無常，便同《法華》「開」義。如《疏》云：「開昔無常即是今常」。如此明之，二用之文，文別《大經》，不通昔教。何以故？昔教未開顯故。若不約開顯明常，直約一體相即圓常言之，此義稍通諸大乘經。

釋第二重疑者，今問：事造若是無常，正如淨覺所破之見。以淨覺正用此文。何以得知？如《義編》中引《淨名記》以三千爲非道，空中爲佛道，乃云：「寄語後學，熟思此文。」《淨名記》正以佛道非道是雙遊義。若如此，則事是無常，正合淨覺以三千爲所破。當知不然。今此二用，正顯

四明事理一體相即，豈有無常爲可破法？今此二用，既一體相即，無常全是于常，不動一法，方見二用雙遊並息。若乃破事顯理，正違二用，是則雙遊一切不成。如《妙玄》破古，謂之單輪隻翼，不能飛運，正遭此責。須了常與無常，事理三諦，一體相即，在下在高，法法宛然。若不親見此意，幾遭《淨覺》僻解所惑，何能盡見他人之非？何能深明圓即之義？〔案：如上正明五義，第二明事理中引荊溪《淨名記》所說「三千世間皆名非道，所示癡愛不離空中，明暗理同，方名佛道」，此豈但名空中爲佛道耶？「三千世間皆名非道」，然而通達其即空即假即中之實相即是佛道，豈是但以三千爲非道，但提出空中爲佛道耶？「所示癡愛不離空中」，豈是破癡愛而空中不即假耶？癡愛不離空中，則即空即中之癡愛「雖亡而存，假立假號」，此亦即是「即假」，癡愛之病除，而不癡不愛不染著之法假（假名法之法體）不除也。三千爲非道亦復如此。非道者就三千之爲識念三千而言也。通達識念之執之惡際即是實際，則三千實相即佛道也。豈以三千爲所破之無常之事，而但提出空中爲佛道耶？于以知淨覺流于偏指眞常心（清淨眞如）爲空、爲中、爲佛道，而以事造三千爲隨緣起現之俗諦，此乃緣理斷九之路也。彼令後學熟思荊溪此文，實則彼根本未解荊溪之語脈也。〕

釋第三重疑者，今問：荊溪云：「理體無差，差約事用，」如何今來所明理造並屬于用，若事若理俱名爲用？此之一問由來久矣。亦可開作二問：一問理造屬用，二問二用無體。

今試爲申釋之。此有二意：一約法體示，二約果用示。約法體者，今此二用非約事理相對，從理體起事用之義。今此謂之用者，只是造之異名。言二用者，猶言二造也。在《華嚴》謂之造，在《大經》謂之用。若信事理俱造，何疑事理不俱名用？約果用者，良由如來果上得非常非無常一體故，能順衆生或作無常説，或作常説。又開無常即常，乃如來果上所用，並屬施設，故名爲用。如《疏》云：「昔用無常，今教遍一切法悉開爲常，當知皆是佛之勝用。」得此二意，方見二用所歸，不迷元意。是故《疏》中不曾言體，只云二用，良由于此。有人乃謂「並息爲體」，又如舊師所説「還指理爲並息，二用歸體」，此皆失雙遊元意。事理體一，如向所説。〔案：「理體無差」，即「理同故即」。「差約事用」即「事異故六」。天台宗人凡言理體，皆不指分解説的眞常心而言，乃指法體而言。法法當體皆一念無明法性心本具之性德，一不可改，即此而言「理體無差」。迷悟眞似因果有殊，即此而言事用差別。若自理具而言，具即是造。此對變造三千而言，爲理爲體。然理具之具其本身即是體，以由無明法性心説具故。具是帶著迷中三千而爲具。此三千即爲用。「從理體起事用」，此理體亦非偏指眞常心而言。此迷中之理具，若迷執下去，即全成衆生之事用。此即荊溪所説「衆生但事，諸佛證理。」衆生是「理即佛」並不單指其潛在的眞常心而爲理即佛，乃是帶著迷中全部事用（理具三千）而爲理即佛。此即荊溪所謂「衆生唯有迷中之事理」。故理具亦可説用。若迷中之理具事用經過悟後而爲佛果勝

用，此便是理具勝用，荊溪所謂「眾生但理，諸佛得事」，故亦可屬用，此是荊溪所謂「諸佛具有悟中之事理」。此則差而無差，非常非無常，或云開無常而爲常。說兩種三千是事理相對而言。今兩種三千歸一三千，只從理具上說用，有迷悟兩聯，迷中爲事用，悟中爲理用。此即是于事于理皆可說用，亦是事理二用，二用相即。又，「並息爲體」亦不必定非。上文正明遊息中有云「二鳥並息以喻事理一體」。雙遊是二用相即（約二法論），並息是二用一體（約一法論）。說理爲用，用即是體，佛果勝用即佛果體也。只是「並息爲體」以及「二用歸體」若意解爲並息于眞常心以爲體，則非天台家事理二用雙遊之意。〕

釋第四重疑者，如《金錍》云：「若約部通論，一切兼帶。」又如《妙玄》云：「涅槃帶猶三乘得道」。若如此，則《大經》既通餘教偏小，如何亦得明此雙遊之義？當知如上所明，此約同《法華》開權而說，即是《經》初所開常宗。偏小若開，即知此是圓常之法，終以此爲究竟所歸。雖稟餘教，乃暫爾耳。如荊溪云：「權用三教以爲蘇息，實不保權以爲究竟，」即是此意。又復當知《大經》用權，自有二意。一爲後段，二爲滅後。爲後段者，此是追施，爲調熟故。爲滅後者，如《妙玄》云：「《涅槃》臨滅，更扶三教，誡約將來，使末代鈍根不於佛法起斷滅見。」所謂「扶律顯常」不出此之二意。

釋第五重疑者，今問：如上所明二鳥雙遊，所喻之法，如本《疏》所明三番，自是事理，中邊，亡照。若淨覺，四明，

各據以明應身二用，莫與本《疏》所解殊不相干，如何兩家可以引之？不但淨覺，如四明生身即尊特，此自是應身解脫隨機之用。若爾，三番言之，義當事理中屬事，三諦中屬假，如何可以直將雙遊證之，成應身二用？當知若依淨覺，但將二用直欲屬對生身尊特，斥四明云：「常無常二用，二鳥雙遊，如何分別？」此則不可。何也？雙遊之喻本非明應身二用。雙遊二用自是約法橫義，應身二用自是約人豎義。以由應身二用正是能顯究竟果人，佛界二身。此正如荆溪破古，謂之望聲釋義。〔案：此句所承，語意不完足。「此正如」中之「此」字蓋指淨覺之見而說，呼應上「此則不可」句也。然隔的太遠。〕今若依四明所說，正得雙遊元意。生身所以即尊特者，雙遊遍一切法，無非事理三諦，一體相即。一一互具，一一互收故，故能證成佛界二身生身尊特一體相即。所以不同淨覺，自如胡越。若丈六，若高大，一一相好，當處無不即具事理三諦。豈有一法而有缺減？如向辨兩家各據議論，四明所說有「尊特即生身」。如何方便實報所現之身〔尊特身〕倒即同居之身〔生身〕？若曉今意，不妨相即。不動一法，即具事理三諦故。豈可將兩身相合以爲相即？如四明云：「應知但得無常，則失常用。得常用者，二用雙融。」故云：「無不即具事理三諦」。所以若丈六，若高大，一一無有分齊。四明之宗妙盡于此。〔案：此解答本文開首所提出之問題：「還可說尊特即生身否？」〕

五重釋疑，兼前兩意〔即「明二用元意」中之開爲二〕，總是《大經》二鳥雙遊。

案：以上爲竹庵可觀〈雙遊篇〉之全文，釋「雙遊」義以及「生身即尊特」義，皆極恰當。淨覺作分別說，正失天台宗旨。兼之，事理，三諦（中邊），亡照（非二中而二中），亦皆作偏陂分對解釋（事爲隨緣起現之事，理爲不變眞心；空中爲理，假爲俗諦；亡照亦依此分對作解），不合天台思路。此蓋示其于天台所說之「性具」系統根本無有了解，全依華嚴之「性起」作解也。

三、辨淨覺〈三千書〉之斥四明

可觀《山家義苑・卷上》復有〈辨岳師三千書〉一文，茲錄之如下，以見淨覺（仁岳）之思路正是分別說下「偏指淸淨眞如」者。

> 岳師〈三千書〉斥四明云：「大師一生所悟法門不出三千世間之謂也。故《指要》二卷凡四十二紙，有一百五十餘處言乎三千。」熟觀岳師如此品藻，蓋欲貶抑，不意襃揚！何也？四明以三千爲所悟法門，正祖承《摩訶止觀》不思議境。一念三千全是天台己心所行。以十界十如，三種世間，因果諸法，無非三諦，互具互融，即百界千如，成三千世間。一世間即三千世間。何妨三千名爲世間？三千世間差即無差，無差即差，一體相即。何以故？法法無非三諦故。豈可聞世間之名便乃怖畏！今試問之，若執世間是差別法，既而差別，只應成十界百如，何得成百界千如耶？必須十界因果差別當處無非三諦，一一互具互融，故成三千，名不思議

境。山家教門圓三諦者，不一不異，只一體故。故差與無差不可定分對也。此義易解。但學者不得其門而入之，遂疑之為難解。《指要》所解《十不二門》所明十妙所詮因果自他之法，指歸《摩訶止觀》一念三千，故云「一期縱橫不出一念，三千世間即空假中」。荊溪明文點示十門法法三千。何怪《指要》「四十二紙有一百五十餘處言乎三千」？正是四明深領荊溪之意，故能作此《鈔》也。四明處處點示三千，如處璇璣以觀大運，據會要以觀方來也。

〈書〉曰：

> 以見《輔行》云：「《止觀》正明觀法並以三千而為指南」，便認**實相須存三千**，而不知是**心性所具俗諦之法**。良由《法華》開權顯實，意在于權。故不談三千，開權不周。不觀三千，照境不遍。必須遍攬因果、自他、依正，觀于己心。指南之意正在此耳。

辨曰：今謂指南者言其要也。三千同一性，故唯一法。唯一法，故具一念。三千妙境又出《法華》。《摩訶止觀》正宗《法華》。權實正體、正明觀法、乃以此為終窮究極之說。若云「為欲遍攬因果、自他、依正，觀于己心」為指南者，斯乃迷方，指南何在？每歎岳師孤負宗教，欺罔後賢，一至于此！又執「三千是心性所具俗諦之法」者，俗諦是事造三千，事造三千即理造三千。事理一體，即義方成。具在一

心，誰分事理？大都岳師于「即」字之義不明，故作此僻解，本無他也。予又嘗與學者語，岳師聰明傑出之士，自非顯教，豈應作此僻解？夫何斷送三千是心性所具俗諦一邊！人到于今有乖謬者，尚或傳爲口實，以爲天台宗教三千三諦須作此說。理無事有，全同別教。又，如《義編》消「亡泯三千」云：「亡者無也，泯者滅也。」此約字訓，何足言也？請執卷者，研詳圓頓教旨，凡言無者，無于何法？滅者，豈斷滅之滅，乃寂滅之滅，亦寂二邊偏見而見中道。何得滅三千法，使空無一物，而始謂之空耶？一念三千，離諸見已，任運三諦，事理一體，豈應僻解理無事有？四明觀心雖已明矣，而必須符契祖文三千即空，三千即假，三千即中。又，「三千並常，俱體俱用」。「修性體用，法法三千。」斯乃圓詮諸法，其妙如此。是故四明「除無明有差別」，顯「六即蛣蜣」，示「四土金寶」〔見《妙宗鈔》〕，中興天台，今古絕唱！

〈書〉曰：

> 殊不了三千是所立之法。將所立之法作無住之本，璿師所破。除無明有差別，但有具義，而無即義。以不說差別法，即一眞故。誠哉斯言也。

辨曰：原夫四明建立「無住之本有三千法」者，以無住之本具所立之法，所立之法即無住之本故。豈不聞「良由理具，方有事用」？所以事用一一即理。凡言即者，全體而是，不

可作二法相合而説。此義已如《指要》據文明白點示，不勞繁引。然岳師取璿師所破四明「但有具義而無即義」者，噫！岳師登四明之門一紀，殊不知即具不可異途。當知一法對諸法，示本有體德，故談具也。二法相對，示本妙體同，故談即也。除無明有差別，即具之義已兩全矣。圓教點諸法是差別者，義如《法華》開權，此權任運已，自與實同體而妙也。如《淨名》云：「但除其病，而不除法」，豈可不信？〔案：如仁岳所解示其對于荊溪所言「從無住本立一切法」以及體同體別，自住他住，等義根本未有了解也。其忽視其祖師之文獻亦甚矣！〕

〈書〉曰：

《妙樂》云：「鏡明，性十界。像生，修十界。」應知此有兩重無住本立法之義。一則約性自辨，鏡喻實相，即無住本也；明喻十界，即所立法也。一則修性對辨，鏡明合爲無住本，像生十界即所立之法故。故十界之法，在修在性，皆是末事。今有稟《指要鈔》者，謂「三千皆實，相相宛然。修性本末，二俱有相。」仍謂鏡喻未親，一何妄想！〔案：「三千皆實，相相宛然」，是知禮語。「修性本末俱有相」，是仁岳增述語，或是彼所說稟《指要鈔》者之引申而彼引述之。〕

辨曰：今謂全指實相以爲鏡明，不妨云鏡明本無十界，以對

像故，故有十界。性本無相，以即修故，故性有相。性雖云無，乃無染礫〔礙〕；以即修故，相相宛然。四明所以本末俱有相者，修性一體，體相即故。以此之法，取鏡為喻，其喻泯齊。何也？修性二俱有相，既約一體相即而說，當知境喻須取同時。明像同時，修性一體。雖「像非明而不現，明非像而無相」，此屬異時。圓頓教旨，不取異時。若取異時，非今所用。然此喻，非獨岳師不曉，只四明宗下，多云難會。〔案：淨覺仁岳所以不曉，只因不切解「從無住本立一切法」故。此須從《維摩詰經》徹底了起，荊溪言之詳矣。四明宗下多不從頭讀起，自覺難會矣。知禮工夫深，文獻熟，故能言之精切。只如「鏡明，性十界，」即「理具三千」也。「像生，修十界」，即「事造三千」也。修性不二，俱體俱用。于「性十界」說實相觀，「即于識心體其本寂，三千宛然，即空假中。」于「修十界」說唯識觀，「照于起心變造十界，即空假中」，仍是相相宛然。（括號中語皆知禮《指要鈔》語。）故荊溪《止觀義例》云：「夫觀心法有理有事。從理，則唯達法性，更無餘途。從事，則專照起心，四性叵得。亦名本末相映，事理不二。」實相是就三千法即空假中而為實相，非偏指清淨真如〔真常心〕而為實相也。仁岳說：「鏡喻實相，即無住本；明喻十界，即所立法。」則是偏指清淨真如為實相，故以所立法為末事，亦即是「心性所具俗諦之法」，故又云：「以不說差別法，即一真故。」因此，遂反對「除無明有差別」。此明是偏指真心，緣理斷九之流也。荊溪處處精簡，言之諄諄，何仁岳曾

不一顧！〕

　　〈書〉曰：

須解「自行唯在空中，化他三千赴物。」智者云：「第
一義中，一法不可得，況三千法？世諦中，一心尚具無
量法，況三千耶？」荊溪云：「三千世間皆名非道。不
離空中，方名佛道。」如是明文，甚好研詳。

辨曰：四明仁岳各據數文。後學不決，恣情取捨。越百餘
年，尚勞分辨。岳師專守如上二文，可以盡見胸中不明。諸
一乘經凡言「不可得」者，為何等語？學者應知是遣著語，
豈同灰斷，滅色入空？荊溪以經「非道」是三千者，乃點化
法。九界三道即佛界三德，一一互具互融，成三千法。「三
千世間皆名非道」，點即具也。不知岳師欲以三千置之何
地？豈有空中之外，自成三千，猶待即空中耶？諸文凡言三
千即空即中者，點事理一體相即也。三千即空假中者，點境
觀一體相即也。詳夫岳師見解，拆圓三諦，分對有無，初學
一往易曉，便于四明之學或歎為難，或謗為非。縱專守如上
二文，且「三千即空，三千即假，三千即中」，又「三千並
常，俱體俱用」之文，直如何消？〔案：荊溪云：「自行唯
在空中，化他三千赴物」。此是分顯自行化他而偏重說耳。
豈是「自行」中只有空中之但理而無假耶？豈是寡頭修耶？
豈是「化他」中只是「三千赴物」而不即空即中耶？「三千
赴物」豈是作意而現，都非性德本有耶？「如是明文，正好

研詳」，而仁岳正未研詳也；或研詳之，而未得其旨也；或於不自覺只依華嚴宗之思路而研詳之耳。〕

予于山家一念三千，苦心四明之學二十餘年矣。茲因山居讀岳師與廣智書，又見廣智答書，迂而且疏，輒爲略辨大體而已。岳師更有所涉文義。若得大體，不勞餘力。與我同志者，幸詳覽焉。

以上爲可觀〈辨岳師三千書〉之全文。讀之可知淨覺是華嚴宗之思路，一往是分解者。凡分解者皆易曉也。然則天台圓教固有其所以爲圓者。此一獨特模式，天台得之，華嚴宗並未得之，此其所以終爲別教也。前山外後山外於此始終無覺何耶？淨覺「登四明之門一紀」，而猶如此悖謬，可見其不肖。然則其當初在知禮門下助其師破繼齊、咸潤者，乃只是鸚鵡學語耳，其所學者本未進入其生命中也。一旦自己用心，乃不能入，反不自覺自然流於眞常心之義理間架，而又處處粘附著天台語句辨說，此其所以爲混亂也。此不但不解四明，且並於天台全部教義不能入也。須知天台圓教乃由消化一切權教而透出，本即思議爲不思議，即次第爲不次第；即權而爲實，本不與任何權教爲敵，而亦不與任何權教爲同一層次。視之爲一權教性的特定之說，而依據另一特定之說以與之辯，皆不能得其實，亦不能了解其語句與思理之眞實意義。是故學佛本不能下手即自天台入。自學習歷程言，本應先自分解入，了解諸法相，了解諸義理，了解諸層面，了解諸系統。既了解已，然後知反省層面上的消化何以說權，何以說實，何以說圓不圓，總之，知何以有如此之判教。前次之基本訓練不足，空頭說圓不圓，只是學語，並無實

得，日久必生厭，甚之起反動，淨覺即此類也。若先有充足之分解訓練，則自然流入圓實之教，即使自己不能自然流入，一經點示，亦可自然契入。到此自然覺得灑脫圓足，心安理得。尙何有爭辯之足云，再于此起風波耶？須知圓實教是終窮究極說，亦說而無說。說者只是就思議次第以顯示不思議不次第耳。凡荊溪、知禮之精簡（智者立範）皆是在此「就顯」關係上以生或遮或表之辨說，辨說以顯圓實，而此所顯示之圓實本身則無可說，亦無可爭辯，因其本非一特定概念也。必于圓實本身有恰當之了悟，有自然之契入，然後始可知那些「就顯」關係上的辨說語句之眞實意義。依據另一特定之說而爭辯，則示其不解。不解由于其對于圓實本身無了悟，無契入。至此，只應暫置不論，退而勤學可也。故當淨覺在知禮門下時，知禮只應督促其先作下學工夫，不宜使其參與權實之爭辯，以虛浮其心志。當然，若有大根器，由圓聞生圓信，由圓信生圓解，本亦豁然貫通，自然契入。然此談何容易！不知經過幾翻出入浮沉始能豁順。亦有終生不豁順者。是故頓悟成佛與歷劫成佛，皆須予以正視。且不要說成佛，即了解亦不易也。

　　淨覺之背叛完全由于不契《妙宗鈔》。《妙宗鈔》是知禮晚年之作品，其中並無若何特別新主張，只不過就智者《觀無量壽佛經疏》作進一步之闡釋，此種闡釋即名曰《妙宗鈔》。闡釋之最詳而又富義理趣味者在釋六即。《疏》文以六即釋佛字。《鈔》進而對于《疏》文再作詳釋。六即本天台章疏所常見，處處皆可見到。知禮之《鈔》釋亦不過是天台之舊義，其中各種義理背景皆不出其《指要鈔》。寂光有相，蛣蜣究竟，生身即尊特，諸義，只不過隨解說圓教自然說到，並無甚難解處，而竟成爲淨覺仁岳背叛之藉

口，豈不可怪？淨覺之背叛實不在其不了解「寂光有相」等三義，乃在其對于天台教義全部不了解也。是故諸如三千，三諦，事理，權實，體用，互具，別圓，六即，諸基本義理，淨覺所解皆歸于別教之思路，是則乃墜陷，非進昇也，對于圓實根本未有了悟也。豈在「寂光有相」等口實乎？自淨覺背叛後，初學天台者，皆以爲淨覺之說「易曉，于四明之學或歎爲難，或謗爲非」。實則並非四明之學爲難，乃實在天台教義根本非初學者所能把握也。延續至南宋，將近百餘年，可觀，宗印，善月，始出而正式破淨覺，天台教義得以持續而不墜。如上所錄。宗印《北峰敎義》列十義以對淨覺《雜編》之十科，（此總曰《三千章十科》）：一、出本文。二、辨三諦。三、明事理。四、簡權實。五、顯體用。六、述互具。七、譬喻。八、示別圓。九、對四土。十、判六即。凡此十義，一一分四明正說與淨覺異見而對駁之。「判六即」一段已錄于上。其餘九義多瑣碎，文義不甚嚴整，故不錄。然其中如三千，三諦，事理，權實，體用，互具，別圓，諸基本義理，淨覺之異見亦可見于上錄三文中，亦足示其對于天台敎義根本未有了悟也。

附錄
分別說與非分別說

分別說與非分別說

一、《諸法無行經》之兩譯與《觀察諸法行經》

此《經》復有隋天竺三藏闍那崛多之譯本，名曰《佛說諸法本無經》，開爲上中下三卷，《大藏經》第三十冊列爲六五一號。諸法本無」與「諸法無行」語意不同，而「本無」義似較明確。「諸法本無」者，諸法本自性空，無所有，不可得之謂也。此是從法空立名，無「行」字。鳩摩羅什譯爲「諸法無行」，「無行」者「無行轉」義。

《經》末，羅什譯云：「爾時阿難即從坐起，偏袒右肩，白佛言：世尊！當以何名此《經》？云何奉持？佛告阿難：是《經》名爲《諸法無行》。」而隋譯則爲：「爾時命者阿難陀白佛言：世尊！云何名此法本？我云何持？佛言：阿難陀！此法本名《說諸法不轉》，此名當持。」「經」，隋譯爲「法本」；「諸法無行」，隋譯爲「諸法不轉」。「不轉」即不動轉義，此是就諸法性空本無，不動不轉，而說，雖與「諸法本無」字面不同，而義相順。經中從各方面，如從四聖諦、四念處、八聖道分、五根、七菩提分，

說諸法無所有，不可得，不應於諸法起分別。列舉地說此義已，復以「不動相」與「種性」（隋譯爲「雞羅句與種子句」）爲陀羅尼門來說此義。如依此「不動相」陀羅尼而言，則以「諸法不轉」名此經亦符合經旨。如以不動不轉爲準來解「無行」，則「諸法無行」意即諸法無流轉行布，此即是諸法不動相。

《諸法無行經》外，尚有一《觀察諸法行經》。《大藏經》第三十冊，六四九號爲《觀察諸法行經》四卷，亦隋天竺三藏闍那崛多譯，此則無羅什譯。此經主要地是說「決定觀察諸法行三摩地」。三摩地即三昧。「決定觀察諸法行」意即決定觀察修習諸法之行，亦即有可習行之法，具足此可習行之法之行也。此經中決定何者當行，何者不當行，何法當有，何法當無。此正是分別說。但《諸法無行經》則重在不分別說：「若有人分別貪欲瞋恚癡，是人去佛遠，譬如天與地。」若《觀察諸法行經》是決定何法當行，何法不當行，決定修習當行諸法之行，則《諸法無行經》即是從實相般若見諸法畢竟空，無所有，不可得之立場說「諸法無行」（諸法不轉）也。此兩經相連，一則分別地說諸惡莫作，衆善奉行，「諸白法行，取而不厭」；一則詭譎地說諸法無所有，不可得，無可行，即是修「無」行，不可思議行，不斷斷之斷行，佛所行，亦即是實相觀，般若行，以不行行也。此正是兩種精神，一種是分別地說法立教義，一種是不分別地蕩相遣執，皆歸實相，實相一相，即是無相。

二、《觀察諸法行經》之性格

《觀察諸法行經·卷第三授記品第三之一》云：

爾時喜王菩薩摩訶薩白佛言：……世尊！何法具足，菩薩得此三摩地？佛言：喜王！一法具足，菩薩得此三摩地。何者爲一？喜王！于中菩薩牢固誓願，住阿耨多羅三藐三菩提中。……

喜王！又別二法具足，菩薩得此三摩地。何者爲二？如言如作，諸白法行、取而不厭。……

喜王！又別三法具足，菩薩得此三摩地。何者爲三？此菩薩三種禁戒成就。何者爲三？彼謂身、語、意戒。又無三種煩惱燒熱。何者爲三？彼謂貪欲燒熱，瞋惡燒熱，愚癡燒熱。及三界中不依，而行梵行。此三法具足，菩薩得此三摩地。

喜王！又別四法具足，菩薩得此三摩地。何者爲四？彼謂知因生法；知彼因已，及知因三法已，即捨其因，及不著因生法。彼如是智具足，菩薩不見有一法非因生者。彼如是念：若彼法因緣生者，彼空本性不生。又彼如是智具足已，不起無明，令滅無明故，爲衆生說法；不起諸行，令知諸行故，爲衆生說法；如是乃至不起老死，令超老死故，爲衆生說法。喜王！此四法具足，菩薩得此三摩地。……

喜王！又別五法具足，菩薩得此三摩地。何者爲五？喜王！彼謂菩薩知作、知合、知門、知行、知道。于中何者是作？

而言作者，若于諸眾生中，等心捨種種想，諸眾生中以一味慈，此名爲作。于中何者是合？若知身中報熟，所作善業迴向菩提，于中不觸，此名爲合。于中何者是門？所謂門者，空門，又甘露門，于中亦不由他，此名爲門。于中何者是行？彼謂空行、獨行、如行，諸法本性普淨之行，此名爲行。于中何者是道？所謂離于我作及我所作，聖正見者，此名爲道。喜王！此五法具足，菩薩得此三摩地。……

喜王！又別六法具足，菩薩得此三摩地。何者爲六？彼謂知眼及知眼自性。彼知眼已，及知眼自性已，于意憙色不意色中無有著礙，到于等量，此色眼根不燒。如是知耳鼻舌身意，及知意自性。彼知意已，知意自性已，于意憙法不意法中無有著礙，到于等量，此法意根不燒。喜王！此六法具足，菩薩得此三摩地。……

喜王！又別七法具足，菩薩得此三摩地。何者爲七？彼謂不諂故，純直故，欲法故，求法故，觀察法故，開法故，行法故。喜王！此七法具足，菩薩得此三摩地。……

喜王！又別八法具足，菩薩得此三摩地。何者爲八？彼謂戒聚普淨故，諸愛著遠離故，常出家心故，樂住寂靜處故，不用諸利養故，不惜身心故，高大信解故，于愛不愛等心故。喜王！此八法具足，菩薩得此三摩地。……

喜王！又別九法具足，菩薩得此三摩地。何者爲九？喜王！彼謂此菩薩捨九瞋事，超九眾生住處，成就九次第定，過八邪倒，入八正中，離八不閑，證八解脫，知七識住，修七覺分。喜王！此九法具足，菩薩得此三摩地。……

喜王！又別十法具足，菩薩得此三摩地。何者爲十？彼謂捨諸所有故，堪忍純直攝取無量流轉故，滿足出世智故，不得諸眾生而大慈故，持諸所聞以多聞故，超諸施設而大悲故，不用諸樂方便善巧故，普念諸佛故，此十善業道乃至夢中亦不忘失故，說法依菩提心不羨異乘故。喜王！此十法具足，菩薩得此三摩地。……

案：此即「決定觀察諸法行三摩地」。「諸法行」者即菩薩修行其行具足一法，二法，乃至十法之諸法之行也。如此分別說「諸法行」已，于〈卷第四授記品第三之二〉最後復云：

爾時喜王菩薩摩訶薩白佛言：希有世尊！此三摩地多作利益，乃能與諸菩薩諸功德法，令其轉生。世尊！菩薩欲得此三摩地，何等法應當親近，應當念修，應當多作？何等法應當不親近，應當不念修，應當不多作？甚善世尊！有何等法？無何等法？婆伽婆！願爲廣說。修迦多！願爲分別菩薩何法有？何法無？

此下，佛即列舉地說了許多菩薩所無之事。「自餘所有不得作者，應當莫作。」進而復列舉地說了許多「于中何者有可作法」。最後則說，「喜王！略說不善法，諸菩薩無有也。諸行、諸善法，應當說有也。」總之，是諸惡莫作，眾善奉行。此是《觀察諸法行經》之所決定也。此種決定是正面分別地說諸法。佛不能不先分別地說諸法，以清眉目，建立法相。但有所建立，即隨之有所執著。有執

即起諍。是故凡分別說者皆可諍法也。如是，即進而示之以無諍法。無諍法者，實相般若也。以實相般若觀諸法畢竟空，不可得，一相不立。是故實相一相。所謂無相，即是如相。因此，無有一法可得可行。因此，遂有《諸法無行經》。無可得，以無得得。無可行，以不行行。此即是般若蕩相遣執，不壞假名而說諸法實相之精神。故「貪欲是涅槃，恚癡亦如是。如此三事中，有無量佛道。若有人分別貪欲、瞋恚、癡，是人去佛遠，譬如天與地。」此即是不分別，不戲論，故不起諍也。鳩摩羅什譯此經亦呼應《般若經》之格範也，同時亦呼應《維摩詰經》之「不二法門」也。分別說是分解的，不分別說是詭譎的。故此中多非常可怪之論。然卻是至于平、實、圓、無戲論之唯一方式。此即所謂「不斷斷」，「三道即三德」也。此即是般若之即具。不得因其「不斷斷」而可以放縱恣肆也。是故必須知分別說者是何事，不分別說者是何事。非可氾濫也。

三、《諸法無行經》之性格

《諸法無行經·卷上》開頭師子遊步菩薩以偈問曰：

> 世尊大導師，名德稱無量。今此大眾集，願說寂滅法。
> 邪見諸愛慢，嫉妬瞋恚性，云何即是道？大音方便說。
> 云何涅槃相，與世法無異？諸法無有二，大悲爲演說。
> 云何諸法性，畢竟無有礙？其性如涅槃，亦同于解脫，
> 無縛亦無解，亦復如虛空。迦羅頻伽音，大梵清淨聲，

身色喻天金，淨命無量德，演説實相法，畢竟無縛解。
云何此五蓋，而等于菩提？云何是菩提，即同諸業性？
是法是非法，云何同一相？如是畢竟淨，唯願爲演説。
無數無非數，諸法畢竟滅。一切種智相，及以菩提道，
二法云何無？惟願爲演説。無作無非作，無著無非著；
畢竟無眾生，諸法中無礙；無戒無忍辱，亦無有毀戒；
無智亦無慧，亦無非智慧；是法常清淨，惟願爲演説。
云何一切法，寂滅如虛空？無心心數法，無見、斷、
證、修；

一切諸眾生，同于虛空相；一相法亦無，心行亦叵得；
諸法無生滅，無學無羅漢，亦無辟支佛，亦無求菩薩；
無住無依止，無來亦無去，諸法無動相，常住如須彌；
無相亦無色，色性即是道；色性佛道一，如是法願説。
云何無佛、法，亦無有眾僧？是三寶一相，惟願爲演説。
無空、無「無相」，亦無有「無作」；不合亦不散，名
相法亦無；

諸法畢竟空，如響無作者；無生無無生，無滅無往來；
無天、無龍、神，夜叉、緊那等；無人無地獄，無餓
鬼畜生；

無眾生五道，願説如是法。如導世師人，外道非〔邪
〕見者，

其有所演説，云何等無二？諸文字語言，是法皆一相。
世尊大慈愍，願開是法門。

佛以偈答曰：

> 若人欲成佛，勿壞于貪欲。諸法即貪欲，知是則成佛。
> 貪欲及恚癡，無有能得者。是法皆如空，知是則成佛。
> 見非見一相，著不著亦然。此無佛無法，知是名大智。
> 如人于夢中，得道度眾生，無道無眾生，佛、法性亦然。
> 道場無所得，若得則不有。明無明一相，知是爲世尊。
> 眾生即菩提，菩提即眾生。菩提眾生一，知是爲世尊。
> 譬如巧幻師，幻作種種事。所見無有實，無智數若干。
> 貪瞋癡如幻，幻不異三毒。凡夫自分別，我貪我瞋恚。
> 如是愚癡人，則墮三惡道。實相無貪恚，癡亦不可得。
> 分別如幻法，自性煩惱熱。實相無煩惱，無眾生無佛。
> 分別無生法，凡夫願作佛。不見諸佛法，亦不見眾生。
> 知是法相者，疾成眾生尊。若人求菩提，則無有菩提。
> 是人遠菩提，譬如天與地。……
> 無分別貪欲，貪欲性是道。煩惱先自無，未來亦無有。
> 能如是信解，便得無生忍。觀好惡音聲，如非音聲性。
> 當入無文字，實相之法門。若能信是法，則無淫怒癡。
> 觀貪欲愚癡，即是無量相。是二無文字，以文字故説。
> 諸有文字處，是皆無有實。一切諸音聲，觀是一音性。
> 佛説及邪説，是皆無分別。法雖以言説，實無法無説。
> 能入一相門，則得無生忍。是忍是非忍，勿作是分別。
> 于欲瞋恚心，勿計其中利。知是二無生，當爲世中尊。

佛說偈已，即與諸菩薩問答說長行。分別地從各方面說不應著一切法。一有著便有礙，有業障。

> 爾時文殊師利法王子白佛言：世尊！如佛所說滅業障罪，云何滅業障罪？
> 佛告文殊師利：若菩薩見一切法性無業無報，則能畢滅業障之罪。又文殊師利！若菩薩見貪欲際即是真際，見瞋恚際即是真際，見愚痴際即是真際，則能畢滅業障之罪。又文殊師利！若菩薩能見一切眾生性即是涅槃性，則能畢滅業障之罪。……
> 爾時文殊師利法王子白佛言：世尊！今云何應觀四聖諦？佛告文殊師利：若行者能見一切法即是無生性，是名見苦。若能見一切法不集不起，是名斷集。若能見一切法畢竟滅相，是名證滅。若能見一切法無所有性，是名修道。文殊師利！若行者能如是見四聖諦，是人不作如是分別：是法善，是法不善；是法應見，是法應斷，是法應證，是法應修，所謂苦應見，集應斷，滅應證，道應修。所以者何？凡夫所行貪欲瞋恚愚癡，行者見是法皆空、無生、無所有、不可分別，但積集虛妄。爾時，于法無所取，無所捨；于三界中，心無所礙；見一切三界畢竟不生；見一切善不善法虛誑不實，如幻如夢，如影如響如焰。行者見貪欲性即是涅槃性，瞋恚性即是涅槃性，愚癡性即是涅槃性。……

此是就四聖諦言。以下復就四念處，八聖道，五根，七覺分，而言

不可得，不應著，不取相。此後文殊師利復要求佛說陀羅尼門，以總持一切法皆如是。佛即以「不動相」與「種性」兩法門爲陀羅尼。

> 爾時文殊師利法王子白佛言：惟願世尊當說陀羅尼。以是陀羅尼故，令諸菩薩得無礙辯才，於諸音聲無所怖畏，能令諸法皆作佛法，又信解諸法皆是一相。
>
> 佛告文殊師利：汝今諦聽！當爲汝說「不動相、種性法門」，〔隋譯爲「雞羅句及種子句」〕。諸菩薩得入是法門者，能以智慧光明照一切法，疾得無生法忍。
>
> 文殊師利白佛言：世尊！云何名不動處種性法門？
>
> 佛告文殊師利：一切眾生其心皆一，是名種性。
>
> 世尊！云何是事名爲種性？
>
> 佛告文殊師利：一切眾生皆無有心，緣性不可得故，是名種性。文殊師利！一切眾生皆同一量，是名種性。
>
> 世尊！云何是事名爲種性？
>
> 佛言：一切眾生皆如虛空量，終歸無障礙，是名種性。文殊師利！一切眾生皆是一眾生，是名種性。
>
> 世尊！云何事是名爲種性？
>
> 文殊師利！一切眾生皆是一相，畢竟不生，離諸名字。一異不可得故，是名種性。文殊師利！貪欲是不動相。
>
> 世尊！云何是事名不動相？
>
> 佛言：文殊師利！貪欲是不動相，安住法性中以不住故，是貪欲不可得、性常離故，是名不動相。文殊師利！瞋恚是金

剛。

世尊！云何是事名爲金剛？

文殊師利！瞋恚不可斷，不可壞，亦如金剛不可斷不可壞。

一切法亦如是不可斷不可壞，諸法本不決定故。是名如金

剛。

文殊師利！愚癡是智慧性。

世尊！云何是事名智慧性？

文殊師利！一切法離智慧，亦離愚癡。譬如虛空，無有智

慧，亦無愚癡。一切法亦如是，無有智慧，亦無愚癡。智

慧、愚癡、智可知法，從本已來俱寂滅故。是名愚癡智慧

處。

文殊師利！色陰是不動處。

世尊！云何是事名不動處？

文殊師利！如天帝之幢深根安固，不可動搖。一切法亦如

是，以不住法故，安住法性中。是法無來處，無去處，無取

無捨，安住無處故。是故色名不動相。

此下分別廣說種性與不動相。卷下，文殊師利亦依例廣說不動相。

世尊！一切諸佛皆成就貪欲，名不動相。

文殊師利！云何是事名不動相？

世尊！一切諸佛皆入貪欲平等法中故，遠離諍訟，通達貪欲

性故。

世尊！貪欲即是菩提。何以故？知貪欲實性，說名菩提。是

故一切諸佛皆成就貪欲名不動相。

世尊！一切諸佛皆成就瞋恚，名不動相。

文殊師利！云何是事名不動相？

世尊！一切諸佛皆說有爲法過罪者安住瞋恚平等性中，通達瞋恚性故，是名一切諸佛皆成就瞋恚名不動相。

世尊！一切諸佛皆成就愚痴名不動相。

文殊師利！云何是事名不動相？

世尊！一切諸佛能度一切貪著名字眾生，安住愚痴平等性中，通達愚痴性故，是名一切諸佛皆成就愚痴名不動相。

……

爾時佛告文殊師利法王子：若有人問汝，斷一切不善法，成就一切善法，名爲如來，汝云何答！

文殊師利言：世尊！若有人問我斷一切不善法，成就一切善法，名爲如來者，我當如是答：善男子！汝先當親近善知識，修集善道，于法無所合，無所散，勿取勿捨，莫緣莫求，勿舉勿下，莫求莫見，勿願勿分別諸法是上是中是下，然後當知不可思議行處，無行處，斷行處，佛所行處。

佛告文殊師利：汝如是答者，爲答何義？

文殊師利言：世尊！我如是答者名爲無所答。世尊！如佛坐于道場，頗見法有所生滅不？佛言不也。世尊！若法無生無滅，是法可得說「斷一切不善法，成就一切善法」不？佛言不也。世尊！若法不生不滅，不斷一切不善法，不成就一切善法，是何所見，何所斷，何所證，何所修，何所得？

案：此即不斷斷，不見見，不證證，不修修，不得得。言至此，可謂美矣。如是，諸天子皆稱讚文殊師利，而作是言：

> 世尊！文殊師利名爲無礙尸利，文殊師利名爲不二尸利，名爲無餘尸利，名爲無所有尸利，名爲如尸利，法性尸利，實際尸利，第一尸利，上尸利，無上尸利。

但文殊師利並不接受此種稱讚，語諸天子言：

> 止止，諸天子！汝等勿取相分別。我不見諸法是上是中是下，如汝所説。
> 文殊師利言：我者，我是貪欲尸利，瞋恚尸利，愚癡尸利。是故我名文殊師利。諸天子！我不出貪欲瞋恚愚癡。凡夫人分別諸法，求過、出、至、到。
> 諸菩薩于法無過、無出、無至、無到。
> 諸天子言：菩薩不到十地，不至佛法耶？
> 文殊師利言：於諸天子意云何？幻人能到十地，至佛法不？
> 諸天子言：幻化人尚無住處，何況從此住地至于餘地？
> 文殊師利言：諸天子！一切法如幻，無去無來，無過無出，無至無到。
> 諸天子言：汝不當得阿耨多羅三藐三菩提耶？
> 文殊師利言：諸天子！於意云何？凡夫貪欲覆心，能坐道場，得一切智不？
> 諸天子言：不也。

　　諸天子言：文殊師利！汝今貪欲覆心，是凡夫耶？

　　文殊師利言：如是如是！我是凡夫，從**貪欲**起，從瞋恚起，從愚痴起！我是**外道**，是邪行人！

　　諸天子言：以何故，自言我是凡夫，從貪欲起，瞋恚起，愚痴起？

　　文殊師利言：是貪欲、瞋恚、愚痴性，十方求之，不可得。我以**不住法**、住是性中故，說我是凡夫，**三毒所覆**。

　　文殊師利！汝云何名外道？

　　文殊師利言：我終不到外道。諸道性不可得故，我于**一切道為外**。

　　諸天子言：汝云何是邪行人？

　　文殊師利言：我已知一切法皆是邪，虛妄不實，是故我是邪行人。

　　說是法時，萬天子得聞是語，皆得無生法忍。各作是言：是諸眾生皆得大利，得聞真正金剛語句。何況聞已，信解受持讀誦，為人解說，如說修行？當得無礙辯才，一切法中得真慧照明，巧說諸法一相一門，能示**眾生一切諸法皆是佛法**。

　言至此，可謂極談，亦詭譎奇險之至，然卻亦是最平最實最圓。最後即是「一切諸法是佛法」，不要檢擇，不要分別，不要偏愛。

　　最後此經復說一故事，即佛令文殊師利說其「先世住初發意地，未入如是諸法相時，為起何障礙罪」。文殊說他先世時為勝意比丘。那時有一菩薩比丘名曰喜根。「時為法師，質直端正，不壞威儀，不捨世法。爾時眾生普皆利根，樂聞深論。其喜根法師於眾

人前，不稱讚少欲、知足、細行、獨處，但教眾人諸法實相，所謂一切諸法性即貪欲之性，貪欲性即是諸法性，瞋恚性即是諸法性，愚癡性即是諸法性。其喜根法師以是方便教化眾生。眾生所行皆是一相，各不相是非；所行之道心無瞋礙；以無瞋礙因緣故，疾得法忍，於佛法中決定不壞。」可是那時勝意比丘即不贊成這種作風。他「護持禁戒，得四禪、四無色定，行十二頭陀。」「是勝意比丘有諸弟子，其心輕動，樂見他過。」他們「說喜根法師過失」。他們以為「喜根比丘不實，以邪見道教化眾生，是雜行者，說婬欲無障礙，瞋恚無障礙，愚癡無障礙，一切諸法皆無障礙。」勝意比丘亦以為「喜根比丘以妄語法多惑眾人。」因此，對之「瞋恚不喜」。文殊表示那時勝意比丘「以了學入音聲法門故，聞佛音聲則喜，聞外道人聲則瞋；於梵行音聲則喜，於非梵行音聲則瞋。以不學入音聲法門故，於淨音聲則喜，於垢音聲則瞋。以不學入音聲法門故，於聖道音聲則喜，於凡夫音聲則礙。以不學入音聲法門故，於樂音聲則喜，於苦音聲則礙。以不學入音聲法門故，於出家音聲則喜，於在家音聲則礙。以不學入音聲法門故，於出世間音聲則喜，於世間音聲則礙。以不學入音聲法門故，於布施則生利想，於慳則生礙想。以不學佛法故，於持戒則生利想，於毀戒則生礙想。以不學佛法故，是勝意比丘……見喜根菩薩，語眾人言：是比丘以虛妄邪見教化眾生，所謂婬欲非障礙，瞋恚非障礙，愚癡非障礙，一切法非障礙。」

勝意比丘如是滯礙，「爾時喜根菩薩作是念：是比丘今者必當起於障礙罪業。我今當為說如是深法，乃至令作修助菩提道法因緣。爾時喜根菩薩於眾僧前說是諸偈：

貪欲是涅槃，恚癡亦如是。如此三事中，有無量佛道。

若有人分別，貪欲瞋恚癡，是人去佛遠，譬如天與地。

菩提與貪欲，是一而非二，皆入一法門，平等無有異。

……

貪欲之實性，即是佛法性，佛法之實性，亦是貪欲性。

是二法一相，所謂是無相。……

若人無分別，貪欲瞋恚癡，入三毒性故，則爲見菩提。

是人近佛道，疾得無生忍。……

佛不見菩提，亦不見佛法。不著諸法故，降魔成佛道。

若欲度眾生，勿分別其性。一切諸處生，皆同于涅槃。

若能如是見，是則得成佛。……

若人欲成佛，莫壞貪欲性。貪欲性即是，諸佛之功德。

……

若人求菩提，是人無菩提。若見菩提相，是則遠菩提。

菩提非菩提，佛以及非佛，若知是一相，是爲世間導。

……

喜根菩薩「說是諸偈法時，三萬諸天子得無生法忍，萬八千人漏盡解脫，即時地裂，勝意比丘墮**大地獄**。以是業障罪因緣故，百千億那由他劫于大地獄受諸苦毒。從地獄出，七十四萬世常被誹謗。若干百千劫，乃至不聞佛之名字。自是已後，還得值佛，出家學道，而無志樂，于六十三萬世常反道入俗。亦以業障餘罪故，于若干百千世諸根闇鈍。世尊！……其勝意比丘，今我身是。世尊！我未入如是法相門時，受**如是苦，分別苦，顛倒苦**。是故若發菩提心者，

若發小乘心者，不欲起**如是業障罪**，不欲受**如是苦惱**者，不應拒逆**佛法**。無有**處所**可生**瞋礙**。」

四、諍法與無諍法：綜述諸大小乘教法不同之關節以及最後的圓教

由以上所錄觀之，兩經恰好相反。一則說何法應當行，何法不應當行；何法當有，何法當無。另一則說一切法皆不應執、著、取、捨；皆本性自空，無所有，不可得，當體即是實相一相所謂無相；無有處所可生瞋礙；貪欲性、菩提性、涅槃性等一無二。若依喜根菩薩觀之，則《觀察諸法行經》之分別善惡正是勝意比丘之路。縱佛是方便權說，解心無染，不起業障罪，然既如此分別說，則不知佛意者，順此分別，不能聲入心通（所謂「不學入音聲法門」），即執心起諍，起瞋恚，起喜愛，因此，便必然有業障罪，墮大地獄，受諸苦毒。因此，佛之分別說即是業障罪之因緣。然佛既說法，不能不有所分別，以清眉目，故甘願受此帶累而不辭。言則響從，行則影隨，是必然之理也。此亦莊子所謂「天刑」。故吾順此而言一切聖人皆「天之戮民」也。（孔子自稱曰「天之戮民」）。以是之故，佛分別說已，必須有「異法門」以通化此分別說中之滯礙，令知雖分別權說，而一是皆寂滅無相，不可起執起礙，有所取捨。此「異法門」即般若無諍法門也。凡分別說者皆是可諍法。抑又不只隨執心而起諍也，即此分別說者之本身即是可諍，並無必然。如《觀察諸法行經》說菩薩具足一法，二法，乃至十法，可得此三摩地（三昧），即是分別說之可諍法。如此分別列

舉寧有必然耶？然佛之說此，而且以如此之方式說，本是方便權說。若知其是方便權說，並無必然，則亦不必起諍矣，是則執心即轉化而為解心，是則是善通佛意者。執心既轉，解心呈現，則必然引至般若之無諍，善滅諸戲論，滅業障罪，得真解脫。然則凡分別說者皆權迹也。即此權迹而解心無染，不壞不捨，亦不取不著，亦無縛無解，是之謂真解脫，而「天刑」亦非刑矣，天之戮民即是大覺矣。

　　吾人必須知此般若之無諍雖與分別說者為相反，然不與其為同一層次，即它們不是同層次同一方式者之對反，乃是異層而不同方式者之對反。因為實相般若之無諍只是順所已分別說者而當體通化之，寂滅之，其本身並無分別說，亦無所建立。因此，所謂異層者，即它是消化層，而非建立層。所謂不同方式（異法門）者，即它非分別說中之分解的方式，而是詭譎地體所已分別說者之實相一相所謂無相而為詭譎的方式，即，以不住法住般若，以不住法住貪欲、瞋恚、愚癡之平等性中之詭譎的方式，「般若非般若是之謂般若」之詭譎之方式，以不得得，以不行行之詭譎的方式，以不斷斷之詭譎的方式，三道即三德、生死即涅槃、煩惱即菩提、業縛即解脫之詭譎的方式。此詭譎方式之異法門目的即在巧示實相一相所謂無相，當體寂滅，歸于畢竟空，無所有也，歸于「不二法門」也。是之謂般若之妙用。一切《般若經》皆說此義。《諸法無行經》亦說此義，故此經亦屬般若部也。

　　此般若之妙用是共法，一切大小乘皆不能背。它可行于一切大小乘中，然它卻不能決定大小乘之為大小乘。因為：㈠它是消化層，無所建立故；㈡它是詭譎的方式，非分解的方式故；㈢它圓具

一切成就一切是般若之作用的圓具與成就（即不壞不捨義），而卻對于一切法並無根源的說明，因爲它無所建立，無分解的或非分解的說明故，因而這般若之作用的圓具並非一存有論的圓具。然則負「大小乘爲大小乘」之責者，負「一切法之根源的說明」之責者，乃至負「存有論的圓具」之責者，必是在般若外之另一系之概念中。此另一系之概念即悲願與佛性是。

佛性，先由佛格去了解，即佛之性格；次由因性去了解，即三因佛性（正因佛性，緣因佛性，了因佛性），成佛可能之根據，即以此因性佛性規定佛格。小乘亦是想通過解脫而成佛。既可成佛，自有佛格之佛性，但卻無因性佛性之觀念。因此，小乘佛是灰斷佛，即化緣已盡，灰身入滅。未能見佛性常住，無有變易。又，只是自度，未能度他，此即悲願不足。以此二故，故爲小乘。此非只般若蕩相所能決定者。即使能依般若之精神而至「體法空」，亦不必能是大乘。大乘之所以爲大端在悲願大，不捨衆生，以一切衆生得度爲條件，因此，佛格佛性以及因性佛性必須遍滿常而達至無限之境。

悲願大，能不捨衆生矣，然若只是功齊界內，智不窮源，則亦未眞能達到無限之境，因此佛格佛性亦未能至遍滿常之境。此即天台宗所說的通教，即通小乘而與小乘共之之教法。此教法中的佛格仍是灰斷佛，同于小乘。且仍無因性佛性之觀念。如《中論》說佛，仍只是依緣起性空之立場，說佛是依因待緣修行而成，並無自性。它所說的佛性是自性佛之自性，而自性是一種執。因此，《中論》無因性佛性遍滿常之觀念，而因性佛性之遍滿常並非是自性執也。因此，通教之所以爲大乘只在其悲願之相對地大，相對地不捨

衆生，與「體法空」之巧度而已。而體法空之觀法，嚴格講，亦無決定性之作用，故通教之為大乘只決定于相對大的悲願與無因性佛性遍滿常之觀念這兩點。

所謂「功齊界內」者，即其相對大的悲願所成之兼濟之功只齊限于三界之內，而未能通至界外，即只能解脫分段身，未能至于而且解脫變易身。變易身是不共小乘的菩薩之勝妙果報，所謂「一生補處」（補處大士）之「一生」即是變易身之變易生死也。有生死，有果報，即有無明（思惑）。此無明思惑即是三界之外者，亦類比地說為界外三界之思惑。故欲達至此變易生死而解脫之，必須徹法之源底而至無限之境始可。所謂「智不窮源」者，即通教之教法，除「體法空」外，順佛格佛性一觀念說，未能至因性佛性之遍滿常，因而亦即未能徹法之源而至乎變易生死也。因此，通教菩薩之菩薩道只是限于界內，未能徹法之源而達至無限之境。

徹法之源而達至無限之境，由此以立三因佛性之遍滿常。此即所謂「如來藏恆沙佛法佛性」一觀念。此是由絕對而無限的悲願所至者。大悲慈覆，遍滿一切。故佛性必是遍滿常，即以此故，說它是具備著恆沙佛法的佛性。「恆沙佛法佛性」一觀念即函著「窮法之源」之工作。因為恆沙佛法（無量數的佛法）只是籠統地說。落實于何處，始能見其為窮法之源之真正的存有論的無量數？是以恆沙佛法若追究其落實處，必函著對于那相應于遍滿常之佛性之一切流轉還滅之法有一根源的說明。此一說明工作即是窮法之源。此窮法之源即是存有論地窮而且決定恆沙佛法為存有論的無量數者。如果遍滿常之三因佛性代表智慧、光明、理性，則理性無限，無明亦無限。何以必說無明？以有生死流轉故。窮法之源必窮至此理性無

限與無明無限處始能算是徹其淵底。此顯然須預設著一個絕對無限的大悲慈覆。絕對無限的大悲引至遍滿常之佛性，如是之佛性引至理性無限與無明無限。大悲無限，理性無限，無明無限，此三者標識出法之淵底。在此問題上，佛分解地有種種教說，因此，有諸大小乘之分別。

在此，我必須先對于「法」有一個交代。我不想說這個字底字面意義。我只想說「法」具體地落實于何處。法基層上就是緣起法。「緣起」是表示法存在底方式，即，法是依緣起的樣子而存在。然而其落實處就是「心」。心就是緣起心，就是一切法之所在，不，簡單地就是一切法。《華嚴經》偈云：「心如工畫師，造種種五陰，一切世間中，無法而不造。」十二因緣中，無明緣行，行緣識，識緣名色，等等。無明亦根本就是心。若非心，爲能說無明？識亦是心。心造，心變，乃是佛家之通義。故心外無法也。佛家的基本觀念就是心與性（此與儒家同，但意解不同）。心是法，法之性是空。就此空性說如，說理。心是法，而法之性（法性）不是法。因爲空是個抒義字，非實體字；它是由抒緣起法之義而說出的。如果我們硬要說它亦是一個法，如說它是一個概念或觀念，那只是第二序上名言意義的法，不是基層上緣生的存在法。此種基本觀念亦是佛家之通義。故佛說心，就心說一切緣生的存在法，這心初只是劣義，即刹那生滅心，煩惱心。五陰中，心居其四，而色陰亦心所變現也。然心亦有清淨義，是故于此說清淨法，亦名曰無漏功德法。此清淨心亦可說生滅有爲，如清淨依他；即使說爲智，有時亦說爲生滅有爲，如世親說聖智屬依他，亦是生滅有爲。但亦可說爲無生滅，無爲，此即所謂眞常心是。心之如此種種紛歧義成功

諸大小乘宗派之不同。

如果心識只限于六識，則是藏教（小乘）與通教。如果進至阿陀那（亦曰末那）以及阿賴耶，以阿賴耶種子識（亦曰異熟果報識）爲中心說明一切法之根源，爲一切法之所依止，此則依天台宗爲別教，依華嚴宗爲始教，吾則重新名之曰「始別教」，即別教之開始一階段也。如果以如來藏自性清淨心（眞常心）爲中心說明一切法之根源，爲一切法之所依止，此則依天台宗亦仍爲別教，依華嚴宗則爲終教，吾重新名之曰終別教，即別教之最後階段也。如果以終別教爲支點，相應《華嚴經》之圓融無礙，圓滿無盡，就毘盧遮那佛法身而說華嚴圓教，視法界緣起爲「唯一眞心迴轉」，此則是華嚴宗之「別教一乘圓教」，依天台，仍屬別教也。天台說別教甚寬。始別教，終別教，華嚴圓教，皆屬別教。別者專就菩薩不共小乘而又非圓教之謂也。此別教菩薩證果成法身，就此佛法身而說圓融無礙圓滿無盡之圓教即是別教之圓教。此示非眞正的圓教。蓋一則「取徑紆迴，所因處拙」；一則「不開權，不發迹，不暢佛之本懷」，光就佛法身而分析地說圓融無礙圓滿無盡，此則不能決定圓教之所以爲圓教也。若依華嚴宗說，終教是大乘之最後階段，尙非圓教。圓教唯在毘盧遮那佛法身處之圓融無礙與圓滿無盡。如此之圓教而說爲「別教一乘圓教」者，此中之「別教」是專就佛法身說，不共菩薩，與天台所說之「別教」意指不同，然其義實相通也。如果華嚴宗說自家之圓教爲「別教一乘圓教」，則天台宗視之爲別教（天台義的別教）底圓教，非眞正的圓教，非圓教之圓教，亦無誤也，華嚴家亦默認而無辭以對也。

言至此，吾人須少停一停，回顧一下這些分別的教義。佛于般

若無諍法外，不能不分別說法立教義，否則蕩相遣執而歸實相，亦無所施。然一分別地說法立教義，便有許多深淺、分際、程度、乃至方式之不同，有許多交替的可能。此蓋因對機說法，眾生根器不一，故說法亦異。即使不對機，只說自意語，然若以分解的方式說（分別說），其本質上亦有許多交替的可能。一有交替的可能，即是可諍處，不必待有執心始起諍也。般若無諍法既不能決定諸大小乘之分別，則諸大小乘之分別必決定于分別地說法立教義。此則吾人集中于佛格佛性與因性佛性一觀念，以及此觀念所涵之對于一切法之根源是否有一分解的說明之問題。此是屬于佛之體段問題，成佛之根據問題，法之存在問題，法之存有論的說明問題。此四問題決定諸大小乘以及圓不圓之分別。般若無諍法無此等問題。小乘與通教只有佛格佛性之觀念，無因性佛性之觀念；對于法之存在只說至六識（界內）。始別教有因性佛性之觀念，而緣了二佛性屬後天，性相不融；對于法之存在說至阿賴耶識，而正聞熏習是客（屬後天）。終別教亦有因性佛性之觀念。而三德縱橫，不成圓伊；對于法之存在說至如來藏真心，而法性（在此是真心）與無明異體不即，自行化他俱須斷九（斷滅九界差別法始還滅而成佛）。華嚴圓教專就佛法身法界而為分析地說，不開權，不發迹，不暢佛之本懷，猶有一隔之權，此別教之圓教猶是分別說也。（分別說或分解說與就佛法身而分析地說圓教中之「分析」意義不同，須注意。「分析」取套套邏輯義。分解或分別是曲折的散說，與「詭譎融即」相對。）

　　依此，凡分別說者皆是可諍法，有許多交替之可能，皆不能圓。即使是別教之圓教，因是分別說者，故亦非真圓，蓋「所因處

拙」故也，專就佛法身而分析地說其圓融無礙與圓滿無盡，這不能決定圓教之所以爲圓教也。然則眞正圓教必非分別說者，然卻亦不只是般若無諍法。然則除般若無諍法外，必尙有一個非分別說的圓教無諍法。此即是天台宗相應《法華》開權顯實，發迹顯本，在三道即三德下，在不斷斷中，所成立之圓教也。眞正的圓教，非分別說的圓教，只有一，無二無三，故亦爲無諍。般若無諍與圓教無諍交織爲一，則圓實佛成。

是以吾人必須了解天台圓教與其他分別說的敎義爲不同層次。但它又不只是一個般若無諍，它不同于空宗之般若學。決定它的不同者亦是在「如來藏恆沙佛法佛性」一觀念以及法之存在之說明一問題。達至無限之境的三因佛性本必須是遍滿常始能說是具備著恆沙佛法。而具備又必須是「即具」的具備，它既不是分解地唯妄心（阿賴耶識）系統之緣起的具備，復亦不是分解地唯眞心（如來藏自性清淨心）系統之性起的具備。此後兩系統中的三因佛性皆非圓說，故皆爲權教。妄心系統中的三因佛性，緣了二佛性是由後天正聞熏習而說，故純屬後天漸教緣起的具備。正因佛性只是我法二空所顯之眞如，以無爲如理爲體，此即所謂理佛性，它本身既不受熏，亦非能熏，因此，它無隨緣義，此即賢首所謂「凝然眞如」。因此，它本身無所謂具備或不具備恆沙佛法，具備恆沙佛法只在事佛性處之後天緣起地具備，因此，既爲漸教，成佛無必然，（三乘究竟），又是性相不融，而三因佛性非圓伊更不待言。眞心系統中的三因佛性，正因佛性是眞心即性之空不空但中之理，並不即具恆沙佛法，而是由其不變隨緣而爲性起地具備著恆沙佛法，而緣了二佛性亦是由隨緣修顯而成，故三因佛性有縱橫非圓伊，而又必須

「緣理斷九」始能滿現而為佛界，因此，佛界非即九界而為佛界。故此兩系統中之三因佛性皆非圓佛性。圓教中三因佛性，正因佛性中道第一義空是即具恆沙佛法而為中道第一義空，故即下即是遍滿常之中道第一義空；緣因佛性解脫斷德是即具著恆沙佛法而為斷德，故即下即是遍滿常之「不斷斷」之斷德；了因佛性般若智德是即具著恆沙佛法而為智德，故即下即是遍滿常之具有「即空即假即中」三觀三智之智德。此三因佛性非縱非橫，故為圓伊。緣了二佛性是性亦是修，是修亦是性，全性起修，全修在性，故恆沙佛法性修不二。（由即具說性，由修顯說修。）

　　既即具恆沙佛法而為三因佛性，則此恆沙佛法之存在即不由阿賴耶緣起說明，亦不由如來藏真心緣起說明，因為這都是分解地說故。它們是由「一念無明法性心」即具十法界（一念三千）而說明。既非分解地說明，故是無說明之說明，故「一念三千」為不思議境也。既為無說明之說明，故此說明之系統亦為無系統相之系統。說明而無說明相，系統而無系統相，故此圓教系統亦為無諍者。一念無明法性心即具十法界，則無明與法性同體依即，無能覆所覆，故為「不斷斷」，三道即三德，而不須「緣理斷九」而為佛；而佛是即九界而為佛，十界互融而為佛，此即是低頭舉手無非佛道，何況二乘行？何況菩薩行？一念執，法性即無明，則十界皆染，雖佛亦地獄也。一念不執，則無明即法性，十界皆淨，雖地獄餓鬼亦佛也。此即是三因佛性無論在性或在修一是皆遍滿常，而一切法亦皆一體平鋪，皆圓實常住也。

　　此種圓實是相應《法華》開權顯實，發迹顯本，在「三道即三德」下，在「不斷斷」中而說成者。《法華經》是「決了聲聞法，

是諸經之王」。《法華》會上一切不隔，故其爲圓純一無雜。《法華經》只是開權顯實，發迹顯本，明一切皆受記成佛，皆歸於佛乘。它無分別說的特殊教義，它只是佛教之大綱，一切網目皆置不論。它的問題只是第二序上的開權顯實。開者決了義。決了一切權教而暢通之，皆歸於實。天台宗所立的圓教即是相應《法華》開權顯實皆歸佛乘而立者。因此它要表達這個佛乘圓教，它必須依《法華經》所說的「決了聲聞法」而決了一切分別說的權教。它決了藏教與通教而暢通之，不令其滯於六識與界內；它決了阿賴耶而暢通之，它不分解地說阿賴耶緣起（妄心系統）；它決了如來藏自性清淨心而暢通之，它不分解地說如來藏緣起（眞心系統）。它經過這一切決了而說出「一念無明法性心」即具十法界。此「一念無明法性心」，從無明方面說，它是煩惱心，陰識心，它當然是妄心，但天台圓教卻不分解地唯阿賴耶。從法性方面說，它就是眞心，但天台圓教卻不分解地唯眞心。此即所謂由決了一切分別說的權教而成圓教。故一念無明法性心不是與阿賴耶妄心以及如來藏眞心爲同一層次上隨意提出的另一交替的可能。如爲同層次的另一交替可能，則不能無諍，而圓亦是各圓其圓，即非眞圓。

此「一念無明法性心」即具十法界，心就是一切法，一切緣起法也。心始可緣起。而法不出如，故一念心具即是法性具或如理具。心具是緣起地具，因心始生滅有爲故。性具或理具則是即具，一切法趣法性趣如理之即具，而非生起地具，因法性如理非生滅故。剋就法本身說，本是心具。從勝從主說，是性具或理具。《六祖壇經》說：「心是地，性是王。性在身心存，性亡身心壞。」亦此義也。此本《中論》「以有空義故，一切法得成」而來也，亦本

《般若經》「一切法趣空，是趣不過」而言也。故性具或理具並非本體論的生起論。此爲圓談法性，而如理即是「不但中」之「中道實相理」也。由「一念無明法性心」即具十法界透出性具或理具，故凡性具或理具之一切法（十法界法）皆是迷中之一切法，而性或理亦是迷中之性或理也。依此而言「理即佛」，即客觀地依法性理而說的佛也。通過觀行，始完備而有「六即」（理即，名字即，觀行即，相似即，分眞即，究竟即）。

　　此一系列之圓說皆是由三因佛性遍滿常以及法之存在之說明而來者。至此圓說之法之存在，則十界法始能被穩定得住，此即佛教式的圓教之存有論。此圓教存有論，以非分別說故，故爲眞圓。眞圓則無諍。以此圓教之無諍爲經，織之以般若無諍爲緯，則圓實佛成，此是佛之究竟了義。

　　若以此爲準，以之判攝禪宗，則惠能禪屬天台圓教，神會禪屬華嚴宗之別教圓教。

　　綜述東來一代佛教綱脈關節如此，詳具《佛性與般若》全書。吾人以爲必如此了解方能盡南北朝隋唐一期佛教發展之實。

《牟宗三先生全集》總目